APOIO:

"Projeto realizado com o apoio do Sistema Municipal de Desenvolvimento Pela Cultura de São Bento do Sul – SC"

Mundo por Terra
Uma fascinante volta ao mundo de carro

Roy Rudnick & Michelle F. Weiss

8ª reimpressão

São Bento do Sul-SC
2024

INFORMAÇÕES TÉCNICAS:

Copyright © 2011 Roy Rudnick & Michelle F. Weiss

Todos os direitos reservados. Proibida a reprodução, mesmo parcial, por qualquer processo mecânico, eletrônico, reprográfico, etc., sem a autorização por escrito do autor, salvo para curtas citações em críticas e artigos de revistas e jornais.

Texto:
Roy Rudnick

Depoimento de "Uma Mulher no Mundo":
Michelle Francine Weiss

Foto de capa (Cânion do Rio do Peixe, Namíbia):
Roy Rudnick

Foto de contracapa (Maasai Mara, Quênia):
Michelle Francine Weiss

Fotografias de miolo:
Roy Rudnick e Michelle Francine Weiss

Supervisão, estruturação e revisão:
Eloi Zanetti

Revisão:
Elisa P. Carneiro
Michele Muller

Projeto Gráfico:
Estúdio Borges

Impressão:
Gráfica Pallotti

Dados internacionais de catalogação na publicação
Bibliotecária responsável: Mara Rejane Vicente Teixeira

Rudnick, Roy.
    Mundo por Terra : uma fascinante
volta ao mundo de carro / Roy Rudnick &
Michelle Francine Weiss. - São Bento do Sul, SC :
Edição do autor, 2011.
    384 p. : il. ; 23 cm.

Inclui bibliografia.
ISBN 978-85-912880-0-7

1. Rudnick, Roy – Viagens. 2. Weiss, Michelle
Francine – Viagens. 3. Viagens automobilísticas.
4. Viagens ao redor do mundo. I. Weiss, Michelle
Francine. II. Título.

CDD (22ª ed.)
910.41

"Aos nossos pais e irmãos"

Prefácio

O CHAMADO À AVENTURA

Ao sair de casa, para uma jornada de 1.033 dias, ao redor do mundo, Roy e Michelle já estavam iniciando o caminho de volta.

O que é uma aventura senão uma eterna volta para casa?

Assim são as jornadas dos heróis. Em princípio, eles são desafiados a sair do mundo comum, da zona de conforto, da vidinha simples. O chamado à aventura não bate à porta de qualquer um. Em uma noite de agosto de 2005 foi bater, de forma inesperada, à porta de um certo Roy, que foi bater à porta de uma certa Michelle. "O mundo vos espera" – foi o recado.

Em princípio, enfrentaram a primeira provação – a hora do medo. Como todos os heróis, titubearam, relutaram e quase desistiram da empreitada. Mas, dominado o receio inicial, tomaram a decisão: partir rumo ao mundo desconhecido em um veículo automotor – um Land Rover. Tomada a decisão, comunicada aos pais e aos amigos, já não podiam mais voltar atrás.

O primeiro limiar apresentou-se na Venezuela, onde embarcaram, pela primeira vez, o carro rumo a outro continente. Começaram as regras e os ensinamentos de como viver e se comportar no Mundo Especial.

Como todos os heróis, desde Ulisses, durante a jornada, Roy e Michelle enfrentaram perigos, dificuldades e desafios. Fizeram parcerias, conquistaram aliados e receberam conselhos de mentores.

Mas foi só a partir de determinado momento que perceberam que sempre estiveram num caminho de volta para casa. Foi quando as dúvidas começaram a surgir: "Por que é que nos metemos nessa? Onde estávamos com a cabeça?" Nossos heróis começaram a aprender a lidar com as consequências de terem-se confrontado com as forças da provação. Voltar para o mundo comum era uma tentação, mas ainda havia tantos perigos, testes e novas aventuras pela frente, tanto caminho a ser percorrido.

E assim cruzaram a América do Sul, a Oceania, a Ásia, a África, a Europa e oceanos.

A jornada não teria sentido se, no final, eles não trouxessem alguma lição do Mundo Especial para repartir. Nas histórias e nas lendas, elas aparecem na forma de poções mágicas, de tesouros ou de algum cálice sagrado ou espada.

Roy e Michelle nos trazem este maravilhoso livro, onde narram de forma deliciosa as diversas histórias da sua viagem e aventuras por este vasto planeta.

Com certeza, como todos os viajantes, voltam para casa com novos entendimentos de si mesmos e dos povos que conheceram. Purificados, exibem esta coletânea de narrativas e nos dizem que é possível dar a volta ao mundo em um veículo automotor. É só tomar a decisão e não voltar atrás.

Eloi Zanetti

1.

A Decisão

É agora ou nunca. Agora!

Meu olhar concentrado, estacionado em uma letra naquele imenso quadro-negro, não se desviava por nada. Nem do professor que falava pelos cotovelos e andava de um lado para o outro da sala. Estava vidrado, perturbado com a conversa que tivera no intervalo. Conversa que me fez parar para pensar e que poderia mudar para sempre o rumo da minha vida. Precisaria criar forças para dar prosseguimento a uma importante decisão. Fechei o caderno, guardei o material na pasta preta de executivo do curso de Marketing e Comunicação Integrada da FGV de Curitiba e saí da sala tão eufórico e decidido que nem percebi se fiz alarde ou não.

Mas isto pouco importava. Estava feliz como nunca havia estado antes: havia tomado a decisão da minha vida. Confesso que também sentia um pouco de culpa por estar pensando em largar tudo para viver uma louca aventura. Se eu contasse às pessoas à minha volta naquele momento, com certeza eles iriam dizer que tudo aquilo era uma grande bobagem, afinal eu já passara dos 30 – hora de criar juízo.

Caminhando algumas quadras até o apartamento da Michelle, minha namorada, fui já pensando em alguns prazos fatais, fruto de princípios elaborados por alguém sem qualquer experiência num planejamento dessa magnitude. Deus protege os inexperientes.

Neste curto espaço de tempo, fiz uma estimativa de que necessitaria de mais ou menos um ano e meio entre planejamento, pesquisa, busca de recursos, adaptação de um carro, documentação, contatos, rota a ser percorrida e a saída. Pensei: "Se estamos em agosto de 2005, daqui a um ano e meio estaremos no começo de 2007. Perfeito: trabalho até o final de novembro de 2006 a fim de melhorar as economias e ainda sobrarão alguns meses para me dedicar integralmente aos detalhes que faltam até a grande partida". Na minha cabeça de iniciante, não imaginava que faltaria quase tudo.

Beleza, dia 1º de fevereiro de 2007 finalmente partiria para a concretização do sonho que eu vinha sempre empurrando com a barriga para daqui a dez anos. O engraçado é que, anteriormente a essa decisão, mesmo com a passagem dos anos, aqueles mesmos dez anos continuavam a me separar de minha partida. Assim fica fácil ter um sonho altamente desafiador: dez anos é o tempo certo para conseguir fugir dele.

Cheguei à Rua Alferes Poli, 11º andar do Edifício Maria Ângela e meu coração batia acelerado. Parecia querer saltar do peito em meio a uma dose altíssima de adrenalina e felicidade. Assim que ela abriu a porta fui direto ao assunto, sem contornos: "Michelle, eu estou partindo para uma viagem de volta ao mundo de carro. Você vem comigo?" Penso, até hoje, que na ocasião poderia ter transmitido minha intenção em outras palavras, de forma e ordem diferentes, com mais sensibilidade e menos egoísmo... Mas foi o que saiu naquela hora, tamanho o meu entusiasmo.

O CAFÉ QUE VIROU ROTINA

Minha vida, até então, estava sendo rica em aprendizado e novas experiências profissionais, mas a correria de um jovem executivo já começava a enviar sinais de estresse. Durante a semana, trabalhava como gerente de Marketing e Desenvolvimento de Novos Produtos na Móveis Rudnick S/A. Nas segundas e terças-feiras, saía da fábrica por volta das 16 horas e me dirigia a Curitiba cumprindo um percurso de 110 km – só de ida – para cursar à noite o curso de pós-graduação em Marketing. Cansado, dormia no apartamento da Michelle e voltava para São Bento do Sul lá pelas quatro e meia da manhã para poder ter tempo, antes do trabalho, de nadar uns 1.500 metros na piscina municipal da cidade.

No caminho de volta, era imprescindível um cafezão com leite no

Posto 47, que para não derramar nas lombadas, freadas e aceleradas, me obrigava a um trabalho de equilibrista. E isto me mantinha. Tal era o costume que no Posto 47 já nem precisava mais pedir pelo café, a atendente conhecia a rotina.

Como sempre gostei de atividades sociais e esportes ao ar livre, regrava meus fins de semana entre festas, ensaios e apresentações com o Grupo Coral e Musical Edelweiss, do qual a Michelle também fazia parte. Mas eu gostava mesmo era dos dias de treinamento e competição de paraquedismo com o time Trash, de 4-way, na cidade paulista de Boituva. Outras atividades também me faziam gosto: caminhadas, acampamentos e pequenas viagens. As caminhadas, na verdade, aconteciam às vezes durante a semana. Juntávamos os amigos e íamos até a borracharia no alto da Serra Dona Francisca, entre Campo Alegre e Joinville, e de lá, em plena noite, com ou sem lanterna, caminhávamos uma hora e meia por uma trilha fechada no meio da mata Atlântica. O destino era uma caverna chamada Castelo dos Bugres, onde lá do alto podíamos avistar a cidade de Joinville. O vinho com Coca-Cola, batizado de "pancadão", e um churrasquinho também faziam parte destas noitadas.

De onde essa decisão?

A Michelle, que na época cursava o terceiro ano de Arquitetura e Urbanismo na Universidade Federal do Paraná, aflita e sem saber o que falar, começou a questionar-me de onde saíra aquela decisão maluca de viajar pelo mundo de carro. A resposta dela com outra pergunta, acredito, foi para ganhar tempo e refletir após o choque da notícia. Para não deixá-la acuada, contra-argumentei que não precisaria responder-me naquela noite, mas que eu tinha tomado a decisão e iria viajar, isto era uma certeza, pois havia ruminado este sonho por muito tempo.

Tomei vagarosamente um copo de água e fui contando aos poucos como a decisão aparecera. Naquela terça-feira, na hora do intervalo das aulas, conheci um executivo paulista que não fazia parte de nossa turma, mas frequentava outro curso na FGV e estava apenas recuperando uma matéria conosco.

Batemos um bom papo, ou melhor, praticamente só ele falou. Contou-me do tempo que fora diretor executivo de uma grande empresa em São Paulo e que certo dia, em viagem de férias, na Europa, acreditando que enfim poderia descansar um pouco da estafante rotina de trabalho, foi parar diretamente num hospital. Sua mente e corpo não haviam suportado a repentina mudança de um estado de alta tensão para o relax de alguns dias de folga. "Que situação", disse ele, "você trabalha, trabalha, trabalha e na hora de aproveitar o merecido descanso, vai parar num hospital desconhecido em uma cidade estranha, longe de todos e da sua família."

Dali mesmo, do leito do hospital, ligou para o proprietário da empresa e pediu demissão. Havia percebido que existiam coisas mais importantes na vida do que trabalho e segurança financeira. Voltando ao Brasil, passou a correr maratonas, praticar exercícios e voltou a estudar – uma de suas grandes paixões. Somente após dois anos, quando se sentiu completamente recuperado e preparado, voltou a trabalhar, porém, desta vez, em um ritmo mais saudável.

À medida que ele contava sua história, alguma coisa ia mexendo com a minha cabeça. Era como que estivesse ouvindo uma palestra motivacional sobre mudança de vida. Mas percebi que não era apenas isso quando a conversa mudou de lado e ele me perguntou: "E você Roy, quais são suas experiências, expectativas e sonhos? Fale-me um pouco da sua vida."

E o bobão aqui falou, justamente, sobre esse sonho que vinha empurrando com a barriga há tanto tempo, mas que se tudo desse certo iria, talvez, executá-lo daqui a dez anos. Sonhava em dar a volta ao mundo de carro.

Não deu outra, a conversa inverteu-se novamente. "Dez anos? Você está maluco! Nesse tempo tudo vai mudar. Você vai casar, logo terá filhos, eles terão que ir para a escola, suas responsabilidades na empresa aumentarão consideravelmente, ou então partirá para a construção do seu próprio negócio. Se você quer mesmo realizar essa volta ao mundo, faça já, não espere mais."

O que hoje me deixa frustrado é não me lembrar do nome dessa figura que em menos de 20 minutos, falou coisas que mudaram a minha vida. Não guardei seu nome nem sobrenome e também não faço ideia de onde trabalha. Anos depois dessa conversa que tivemos, cheguei a ir até a secretaria da FGV de Curitiba e, com a ajuda de uma das secretárias, revirei todo o sistema em busca de informações que pudessem me levar a ele. Vasculhamos o histórico dos alunos que estudaram comigo, aula por aula, todos que por ventura cursaram apenas uma matéria, mas nada. Nenhuma das pessoas fechava com as informações que eu tinha, ou seja, com o perfil que talvez eu havia formado sobre ele. É uma pena, pois ele seria a pessoa ideal para escrever o prefácio deste livro.

Quanto à Michelle, acredito que o que mais a ajudou a tomar uma decisão foi a sua própria pergunta: "Roy, se por um acaso eu não for, você vai mesmo assim?" Não fui justo com ela naquele dia, pois a minha proposição de iniciar a viagem seria em 2007 – quando faltaria apenas um ano para terminar seu curso. Caramba! Só mais um ano! Mas calcule esse ano em minutos, em segundos e imagine tudo o que pode acontecer nesse período. Falei, incisivo: "Não dá para esperar. Tem que ser agora. Caso contrário, o risco de não partirmos será grande." Hoje, quando olhamos para trás, dizemos juntos: "valeu a pena". Ambos estamos mais maduros e experientes. A Michelle voltou com informações e experiências de vida que estão ajudando-a a ser uma profissional muito melhor do que seria sem ter realizado a viagem. Com certeza outras decisões acontecerão e das próximas vezes ela não titubeará.

A NOTÍCIA

A estratégia que usei para não desistir da viagem durante esta fase de preparação – um ano e meio – foi a de dar a notícia às pessoas mais próximas, pais, parentes e amigos, logo na primeira semana da decisão. Desta maneira, construiria um compromisso público e voltar atrás seria me desmoralizar perante eles. Na empresa em que trabalhava, onde meus tios eram os patrões, dei a notícia em agosto de 2005. Disse a eles que trabalharia até o dia 30 de novembro do próximo ano. Eles compreenderam e me deram total incentivo. Mas de certa forma, esta comunicação antecipada trazia um efeito colateral. Qual empresa investiria em alguém jovem, em início de carreira, que dizia ter a intenção de sair da empresa para andar pelo mundo dali a um ano e meio?

Em casa, para meus pais, Leomar e Leones, a notícia soou tranquila. Acredito que eles já estavam acostumados com saídas e chegadas: meu irmão Igor havia morado oito anos na Alemanha, minha irmã Natascha, dois, e eu já havia ficado fora por seis meses. Quando pequenos lembro-me que vez ou outra acompanhávamos meu pai até seu escritório para fazermos as tarefas de escola, pois minha mãe havia viajado para a Alemanha a fim de fazer cursos de regência de coral. Ao dar a notícia da minha intenção de viajar, minha mãe disse eufórica: "quero ir junto!".

Aos pais da Michelle, a coisa foi um pouco mais demorada e complicada, pois ela tinha apenas 21 anos e estava cursando a faculdade. Lentamente, para testar a reação dos familiares, começamos a dar a notícia às suas três irmãs: Viviane, Elisandra e Daniela. Para a sua mãe, dona Arlette, na primeira abordagem, dissemos que a viagem seria de um ano e que não era uma volta ao mundo, mas pela Europa. Com o pai Odenir a conversa foi só entre nós dois e durante um jogo do Palmeiras, o seu time predileto. Entre uma jogada e outra ele ia contra-argumentando: "A Michelle tem que terminar a faculdade antes, deixe isto para logo depois da formatura". A conversa ia e vinha entre palpites, torcida e comentários sobre jogadas. Ao final do tempo regulamentar, a notícia estava dada. Quanto aos nossos amigos, acredito que de início eles nem bem sabiam do que estávamos falando. Sendo sincero, nem nós sabíamos ao certo. Até então, eu jamais conhecera alguém que fizera uma viagem desta envergadura.

MAS DE ONDE SURGIU A IDEIA DA VOLTA AO MUNDO?

Um dia, lá pelos idos de 1998, tomava cerveja com um grupo de amigos jipeiros e motoqueiros no restaurante A Toca, em São Bento do Sul, em Santa Catarina. Conversávamos sobre as trilhas, raids, enduros nos fins de semana e sobre viagens. A certa altura, talvez pelo efeito da cerveja, desafiei a turma: "Galera! Vamos seguir de moto até onde termina a estrada! Lá onde teremos que fazer a volta por não existir mais para onde seguir". A estrada que eu falara era a "Carreteira Austral", sentido Sul.

Quase todos toparam na hora. Porém, problemas de tempo, de assuntos de família e financeiros foram alijando os interessados. Acabei fazendo sozinho uma viagem de 14.001 quilômetros, descendo pela costa do Pacífico com a minha Super Teneré 750. Um pouco mais ao sul da cidade de Ushuaia, cheguei até a placa onde está escrito "aqui termina a estrada". Literalmente, o "fim do mundo". Um sinal para a minha futura viagem – o começo do outro mundo é logo ali, depois daquela curva, daquele rio, daquela montanha.

Na fase preparatória que antecedeu esta viagem a Ushuaia, saí à procura, principalmente pela internet, de pessoas que já haviam realizado este tipo de aventura, buscando conselhos e informações. Mas poucos estavam dispostos a fornecê-las e muitos me desencorajavam. Parecia até que eles queriam ser os únicos a terem alcançado este ponto tão austral do mundo.

Foi então que conheci aquele que seria o meu grande mentor, uma pessoa por quem tenho o maior respeito e consideração. Um aventureiro de Curitiba que gosta de compartilhar suas experiências. Seu nome: Iguaçu Paraná de Souza. Ele já havia percorrido este caminho diversas vezes e desmistificou tudo aquilo que eu ouvira. O Iguaçu ajudou-me a montar uma planilha de viagem acrescentando ali todas as informações e necessidades.

Depois da viagem a Ushuaia, fiz outros trechos para ganhar experiência. Percorri sozinho de moto, uma CB 500, o Deserto do Atacama, cruzando a Argentina e o Chile. De caminhonete S-10 4x4, com os amigos Juraci Claudio Rossetto e Sandro Becker, cruzei o Paraguai e a Bolívia para chegar ao Peru e fazer a trilha Inca. Com o Carlos Liebl (Tico) e o James Pfützenreuter, em motos Falcon 400, cruzei a Rodovia Transamazônica (BR-230), incluindo suas partes mais críticas na época, onde praticamente não existia estrada. Por último, com a Michelle, voltei ao deserto do Atacama, rodando em um Land Rover 110, a Argentina, o Chile e a Bolívia. Essa viagem serviu como teste para medir a intensidade de seu sangue aventureiro. E ela passou com nota 10, mais três estrelinhas.

Depois de todas essas viagens, certa vez, ao visitar o Iguaçu na casa dele, ao olhar alguns mapas pendurados na parede e conversando sobre viagens, uma expressão me chamou a atenção: "volta ao mundo". Nesta época, o Iguaçu e mais alguns amigos planejavam viajar pela China e mais alguns países com uma Rural Willys adaptada. Meu espírito viajou junto. Quer aventura maior do que essa? Infelizmente, a viagem deles não aconteceu, mas aquela frase não saiu mais de minha cabeça.

O que me intrigava era de onde alguém, em sã consciência, conseguia tirar tempo para fazer uma viagem daquela envergadura. Todas as minhas viagens anteriores aconteceram dentro dos meus períodos de férias. Uma viagem de carro pela China, porém, jamais caberia em apenas 30 dias.

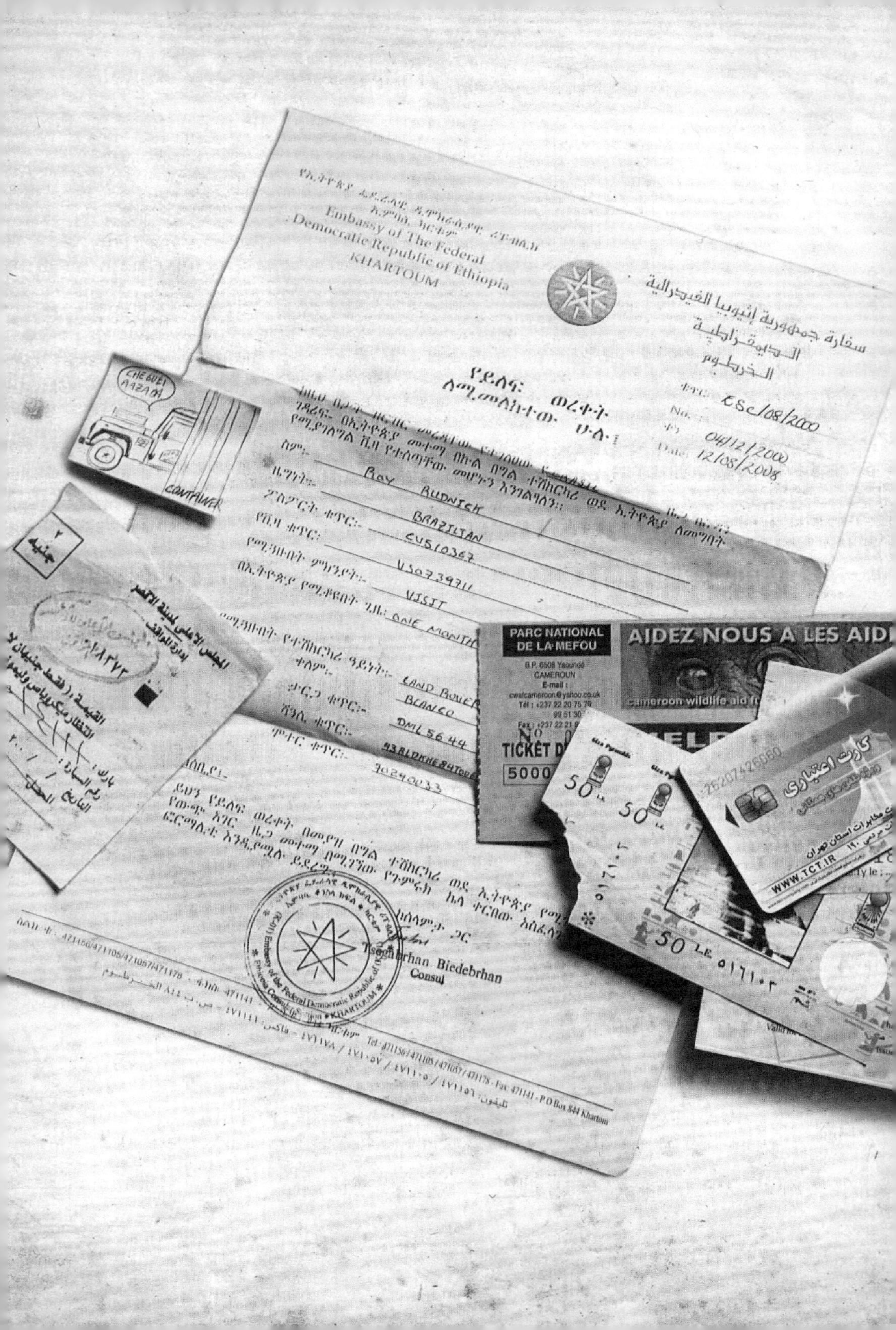
Embassy of The Federal
Democratic Republic of Ethiopia
KHARTOUM
سفارة جمهورية إثيوبيا الفيدرالية
الديمقراطية
الخرطوم
No. ESC/08/2000
Date 04/12/2000 12/08/2008
CONTAINER
ROY RUDNICK
BRAZILIAN
VISIT
ONE MONTH
LAND ROVER
BLANCO
Consul
PARC NATIONAL DE LA MEFOU
B.P. 6508 Yaoundé
CAMEROUN
E-mail :
cwalcameroon@yahoo.co.uk
AIDEZ NOUS A LES AID
cameroon wildlife aid
5000
کارت اعتباری
WWW.TCT.IR

2.
Planejamento

Planejar é preciso

Havíamos decidido que o nosso tempo para planejamento seria de um ano e meio, mas, como todo bom brasileiro, acabamos deixando as coisas para a última hora, pois foi mesmo nos últimos oito meses que trabalhamos para valer. Nos primeiros meses passamos mais tempo imaginando e tentando achar o caminho certo para transformar o sonho em realidade. Não foi de todo um tempo perdido, mas uma parte importante da viagem: a preparação dos nossos espíritos e a firmeza de intenção em realizar nosso sonho. Quando começamos a trabalhar de verdade no projeto, ainda tínhamos que conciliar com meu trabalho e os estudos da Michelle.

E como se faz para planejar uma empreitada tão singular?

Experiência em planejamento havia adquirido profissionalmente quando, com outros executivos, colaborava no planejamento estratégico da empresa. Na pós-graduação acabei tomando contato mais acadêmico e íntimo com a matéria – o assunto, inclusive, foi meu trabalho de conclusão de curso, quando precisei apresentar um planejamento de marketing real. Para isso, utilizamos a empresa de um amigo como exemplo. Mas para o planejamento da nossa viagem, não sabíamos nem por onde começar. Tínhamos dúvidas até de que tipo de informação deveríamos recolher e quais as mais importantes.

De repente nos vimos, Michelle e eu, desafiados a planejar uma viagem de volta ao mundo. Para começar, conhecíamos um pouco do Ocidente e nada do Oriente. Uma vantagem é que em nossa equipe contávamos com pelo menos uma pessoa organizada – a Michelle!

Ao abrir o mapa-múndi, percebemos duas sensações. A primeira era orientada pelo que vemos na televisão e jornais, com notícias de confrontos e guerras. Famosos paradigmas, o Oriente Médio e o centro da África, por exemplo, nos pareciam impossíveis. Como iríamos cruzá-los? Quais as exigências burocráticas, protocolares e de ordem prática? Existem estradas e elas são transitáveis? Os nomes de alguns desses países ficamos conhecendo naquele momento.

Por outro lado, com o mapa aberto em nossa frente – um pedaço de papel pouco menor do que os meus dois braços estendidos – tudo pareceu perto e plano. As estradas mostravam-se boas e interligavam todos os lugares do planeta. Com isso, nossos dedos se divertiam percorrendo um mundo sem fronteiras. Enquanto traçávamos um itinerário, sonhávamos em voz alta. A gente dirige aqui, cruza ali, este trecho faremos de navio, neste voamos, pegamos o nosso carro aqui e atravessaremos este deserto. Fácil: para gente jovem e sonhadora, tudo fica possível.

Hoje, mais experiente, se for questionado qual das duas sensações acima se parecem mais com a realidade, eu diria que é a segunda. As estradas não são sempre boas nem levam a todos os lugares, mas uma coisa é certa: o mundo todo é possível, transitável e pronto para ser percorrido. E disso, muito mais do que nós brasileiros, os europeus já sabem há muito tempo.

Para quem se dispõe a fazer uma viagem semelhante, aqui vai uma dica: há uma palavrinha mágica que abre todas as portas da internet: "overland". Só que na época não sabíamos disso. Milhares de pessoas viajam atualmente ou já empreenderam viagens de carros pelo mundo. Quando se digita esse nome nas ferramentas de busca, aparecem milhões de sites de viagens pela África, Ásia e América.

No nosso caso, sem saber a palavra mágica, fomos procurar por brasileiros que já haviam viajado pelo mundo. Fizemos os contatos e conseguimos marcar dois encontros para um bate-papo. Os primeiros viajantes visitados foi o casal Robert Ager e Grace Downey, de São Paulo, que também viajaram o mundo de carro. Depois visitamos a família Maranhão – Valéria, José Rubens, Matheus e Gabriel –, que viajaram o mundo como mochileiros e com uma criança de colo como parte da troupe. A eles registramos nosso carinho e gratidão pelas informações e incentivo quando mais precisávamos, no período do planejamento.

Passaportes, vistos, vacinas, seguros e tantas outras burocracias nos deixavam com muitas dúvidas. Acreditávamos que as embaixadas brasileiras, nos países que queríamos visitar, iriam nos dar informações. Recebemos pouquíssimas respostas. Chegamos a ouvir justificativas de que as suas funções eram a de divulgar o Brasil para as comunidades daqueles países e não trabalhar para brasileiros que queiram visitá-los.

Decepcionados com nossos representantes no exterior, procuramos o caminho inverso. Começamos a contatar as embaixadas dos países que queríamos visitar, aqui no Brasil. Outra decepção. O resultado foi o mesmo: poucas informações.

Nos concentramos então nos assuntos de saúde, buscando informações sobre prevenção de doenças e vacinas para Hepatite A, Hepatite B, Rubéola, Febre Amarela, Poliomielite, Gripe e Tétano. Fizemos também um plano de saúde hospitalar completo e abrangente. Quanto aos vistos, seguros e outras documentações, deixamos para resolver no correr da viagem, pois uma vez que se tenha um passaporte válido, o resto é história.

O CARRO

Depois veio a fase da escolha, procura, compra e preparação do carro. Uma verdadeira novela. Após muitas conversas, pesquisas, idas e vindas, decidimos por um carro pequeno, leve, econômico, prático, ágil, robusto e com tração 4x4. Somadas a essas exigências, o carro deveria oferecer também conforto, segurança e espaço, afinal a viagem duraria cerca de mil dias – quase três anos. Este carro seria nosso meio de locomoção, quarto, sala e escritório. Na época, as possibilidades que existiam no Brasil nos levaram a um Land Rover. Gostei da escolha porque eu já tivera dois e adquiri certa experiência com eles.

O Juliano Diener, um amigo, encontrou em São Paulo o carro

ideal. Um Defender 130, 2004, com apenas 16.000 quilômetros rodados. Tivemos sorte, porque este modelo é difícil de achar, uma vez que as preferências dos Land Rovers no Brasil se concentram nos Defender 90 e 110. Para fazer a negociação, nem cheguei a conversar pessoalmente com o proprietário. Tudo deveria ser por meio do Márcio, seu vendedor. O preço era alto, além da tabela, e nem se podia cogitar a possibilidade de um parcelamento. Pedi alguns dias para depositar o dinheiro, porque estava esperando o pagamento do outro que havia vendido. O proprietário foi irredutível: "Se quiser comprar, a condição é essa: dinheiro depositado, carro liberado". Comprei o carro e por estar tão de saco cheio com aquela negociação, enviei pelo celular uma mensagem para a Michelle: "Comprei aquela m....". Só que na mensagem real, não usei os quatro pontinhos.

O Juliano Froehner foi quem nos ajudou com o desenho da parte externa do Lobo da Estrada – nome que carinhosamente demos ao nosso novo companheiro. Com criatividade e habilidade, Juliano entendeu exatamente o que precisávamos. O trabalho foi tão bem feito que dos primeiros esboços saiu o definitivo. A ideia central era retirar a caçamba original do carro e construir uma espécie de motor-home a partir do chassi. Com o projeto pronto, era preciso encontrar alguém para executar a obra. Já tinha um profissional em mente, mas tinha dúvida se ele pegaria o serviço, um verdadeiro "pepino" em meio a tantos outros trabalhos com certeza muito mais rentáveis.

Numa sexta-feira, na lanchonete do Dejalma, em meio a cervejas e cuba-libres, aproveitei para tocar no assunto e lançar o desafio. Entrei de sola: "Ika, vamos fazer este carro juntos?" Disse juntos, pois estaria na oficina praticamente todos os dias, acompanhando a construção do Lobo. Mais atrapalhando do que ajudando, pois meu forte nunca foi trabalhar com ferro, e sim com madeira. Como o Ika – Nivaldo Alquini – me abriu a oportunidade de conversar sobre o trabalho, fui correndo eufórico até em casa e peguei os projetos desenhados pelo Juliano. Tão logo estendi o projeto no balcão e mostrei-o ao Ika, ele aceitou a empreitada. Mais um sonhador entrara para a minha equipe.

Projeto cultural

Numa tentativa de aproveitar melhor a nossa futura experiência e retribuir com uma contrapartida social e cultural, pensamos em documentar, por meio de fotos e textos, as brincadeiras infantis que iríamos encontrar pelo caminho.

Fizemos um projeto e o encaminhamos ao Ministério da Cultura para pleitear incentivo financeiro da Lei Rouanet. O projeto previa a elaboração de um livro e sua descrição original dizia o seguinte: "O projeto cultural Universo de Brincadeira é uma publicação que pretende documentar por meio de fotos e textos instantâneos de brincadeiras infantis na zona rural dos países percorridos pela expedição Mundo por Terra. O livro pretende mostrar o quanto as brincadeiras infantis revelam da sociedade, construindo assim uma imagem do passado/presente/futuro muito mais abrangente e dinâmica. Graças à possibilidade de ouvir este "diálogo mudo" entre as crianças e os adultos em 60 países dos cinco continentes, poderemos compor um retrato amplo do sonho infantil e levaremos o leitor a brincar de adivinhar o futuro da humanidade a partir dos jogos infantis."

Conseguimos aprová-lo junto ao Ministério da Cultura, mas não tivemos sucesso na captação do recurso, tarefa difícil, ainda mais quando o projeto refere-se a uma viagem de volta ao mundo. No fundo, o sonho de muita gente. Era o que ouvíamos das pessoas ligadas ao marketing das grandes empresas, as que deveriam aprovar o nosso projeto. Velejadores, alpinistas, esportistas e aventureiros, em seus primeiros desafios, também tiveram de bancá-los dos seus próprios bolsos. Prove a sua capacidade de realizar o seu sonho com os seus próprios meios que depois a gente conversa sobre patrocínio. Frustrados com a falta de apoio financeiro, acabamos nos conformando com a ideia. No fundo estávamos felizes por que éramos as pessoas mais livres do mundo, nosso compromisso era conosco mesmo.

Uma boa máquina fotográfica

Com um inglês destreinado, liguei para uma loja de equipamentos fotográficos dos Estados Unidos para encomendar um importante equipamento para a viagem – uma boa máquina fotográfica. Para entender bem o que o vendedor falava e não ter surpresas na chegada dos equipamentos, pacientemente solicitei a ele que repetisse várias vezes os detalhes da encomenda. Amigos fotógrafos profissionais haviam me recomendado uma Canon 30D com duas lentes Sigma: uma 28-70 mm e outra 70-300 mm. No final, quem trouxe o equipamento foi o amigo Oldemar Mussi Jr., que infelizmente faleceu tempos depois. A ele dedicamos as nossas imagens ao redor do mundo. No meio da viagem, já na Malásia, incorporamos mais uma lente Canon 17-40 mm. Havíamos percebido que o mundo era muito grande para ser enquadrado numa lente com apenas 28 mm de distância focal.

Uma máquina fotográfica como essa, completamente automática, pode fazer tudo por você – até pensar e ler com detalhes a paisagem a ser captada. Ela registra tudo o que os olhos despreparados vêem, mas não consegue fazer o essencial: acompanhar os olhos treinados de um bom fotógrafo. Precisávamos dominar a técnica e a arte da fotografia.

Já que iríamos ficar tanto tempo viajando, sem chance de estudar e nem participar de cursos e treinamentos, decidimos que pelo menos a uma atividade iríamos nos dedicar de corpo e alma – a fotografia. Começamos com um curso relâmpago com a professora Lya Uba e o primo Fábio Malewschik. Pacientemente e em tempo recorde, nos deram noções básicas do que é a boa fotografia. Proibidos de usar os comandos automáticos da câmera, passamos a desenvolver cada vez mais a arte de capturar o efêmero. A nossa Canon foi o equipamento mais utilizado dentre todos os outros. Ganhou até do GPS.

Os tubos passaram a ter forma

A construção no carro começou logo. Aos poucos, os tubos metálicos fornecidos pela Tuper, uma gentileza do Marlon Weiss, foram deixados às pilhas no cantinho da oficina. Sempre que dava tempo e, principalmente, nos finais de semana, o mestre Ika usava todo o seu talento mecânico para emendar e dar forma àqueles tubos. Pouco a pouco, a tão ambiciosa obra foi aparecendo.

Ao chegarmos à parte estrutural da cobertura, enfrentamos um problema: o carro deveria caber em um container de 20 pés para as travessias em navio e, ao mesmo tempo, permitir que pudéssemos ficar em pé dentro do ambiente, quando em viagens por terra. Nossa ideia original era um teto com 30 centímetros de altura removível. O competente Ika um dia nos chamou e apresentou uma solução mágica e de grande engenhosidade: havia criado um sistema de remoção do teto que serviria como teto solar. O sistema seria fixo por dois parafusos na frente, como uma dobradiça, e por trás seria trancado por duas fechaduras de capô de caminhão Scania, que trava o teto por dentro. Assim, o mesmo poderia ser aberto a qualquer momento, o que melhoraria a circulação do ar no interior do veículo. Como demos graças a essa invenção ao percorrermos os escaldantes desertos africanos! Como todas as ideias simples, a solução era óbvia, mas na correria do dia a dia jamais pensaríamos em algo assim.

O momento mais doloroso da construção do nosso Lobo da Estrada foi o do corte da parte traseira do veículo para criar uma passagem entre cabine e motor-home. Já acostumados com o carro, aquilo parecia uma mutilação no nosso melhor amigo. Com olhos tristes, vimos a serra vibrando e cortando o alumínio. Jamais vou esquecer as lascas e as faíscas saindo por todos os lados. Mas a causa era boa. Fiquei pensando naquele momentâneo sentimento de apego. Só porque uma quantidade organizada de ferro, alumínio e parafusos que um dia deram forma a um carro tinha de ser cortada eu estava melancólico. Mas fazer o corte e criar uma passagem entre a cabine e o motor-home foi uma das melhores coisas que fizemos. A passagem criada foi crucial nas questões de conforto e segurança durante a viagem. Com o tempo, a parte do trabalho do Ika acabou. Suas mãos pacientes colocaram o teto, paredes, portas, janelas, piso, passagem e tudo o mais necessário. Aqui começava a nossa parte: o interior e o acabamento final.

Com placas de poliuretano expandido fizemos o isolamento térmico e acústico. Forramos esse isolamento com uma napa sintética bege para dar acabamento, o que proporcionou uma bela aparência e aumentou o conforto.

Atrás dos bancos instalamos duas caixas de madeira que serviriam de armário para as nossas roupas, uma para cada um de nós. Hoje, pensando melhor, para uma próxima viagem vou transformar essas caixas em gaveteiros, o que acredito facilitará a distribuição das roupas. Um detalhe: as roupas que ficaram por baixo nas caixas voltaram quase que sem uso, branquinhas.

Para a caixa d'água a solução foi a utilização de tubos de PVC de

15 centímetros de diâmetro, uma ideia sugerida por várias pessoas. Foram montados sete braços distribuídos no assoalho em sentido longitudinal e colocados na parte inferior de trás dos nossos bancos. Os braços eram conectados por junções em formato "U" e "T". Isso compartimentava o líquido, impedindo que se movesse bruscamente de um lado para o outro nas curvas mais acentuadas e ajudando a não prejudicar a estabilidade do carro. Com esta engenhoca, conseguimos espaço para quase 100 litros, o suficiente para um longo percurso. A água era levada com facilidade para a pia e um chuveirinho externo, por uma dessas bombas usadas em lanchas. Um detalhe: esse sistema hidráulico não saiu pronto de casa.

Para a construção dos armários e da bancada usamos uma chapa tipo fórmica de quatro milímetros com alta resistência e à prova de fogo, o que nos dava certa segurança porque vivíamos utilizando o fogão de camping sobre a prateleira da pia. Como foi um presente e "cavalo dado não se olha os dentes", o revestimento vermelho intenso motivou alguns debates sobre gosto durante a viagem. Todos os armários ganharam portas de correr, assim não roubavam espaço do corredor quando tínhamos que abri-las. A experiência de décadas da família Rudnick em mobiliários se fazia presente.

O layout interno do veículo foi desenhado partindo do seguinte princípio: deveria permitir a existência de um corredor que partisse da porta traseira, cruzasse todo o carro e chegasse à cabine sem interrupções. A solução ficou assim: para quem observa o espaço olhando da porta traseira, do lado esquerdo ficaram a pia e o armário maior – para mantimentos, louça e panelas. No lado direito foi colocada uma cama escamoteável que quando fechada serve de bancada. Por baixo, no lado direito, aproveitamos para fechar com mais armários.

Com a ajuda da Auto Elétrica São Bento, a rede elétrica não foi difícil de resolver. Instalamos um inversor de 12 volts para 110 volts, diversas tomadas e luzes fluorescentes. O sistema foi recebendo melhorias ao longo do percurso. Depois de tanto viajar, chegamos à seguinte conclusão: o carro só fica pronto, mas pronto mesmo, quando a gente volta de viagem. São tantos os truques, macetes e adaptações que aprendemos com o uso, que começamos de um jeito e terminamos de outro. Acho que a vida da gente é assim mesmo: vamos aprendendo pelo caminho e quando estamos quase sábios, termina a viagem. Equipamentos de camping – como geladeira, fogão e acessórios – deixamos para comprar em nossa passagem pela Austrália. O povo aventureiro de lá fez florescer uma diversidade enorme de opções.

Dez segundos no máximo

Existe um fator crucial na preparação de veículos para grandes viagens que gostaria de destacar: para tudo o que você for fazer, instalar, adaptar, grudar e amarrar calcule que para o uso durante a viagem a ação não demore mais que dez segundos para ser executada.

Por exemplo: instalei um tanque de gasolina reserva adaptado de uma Belina. Ele ficou na parte traseira inferior do carro, mas não conectado ao tanque principal. Isso dificultava muito o seu abastecimento e cada vez que precisávamos retirar combustível da reserva tínhamos que retirá-lo com outro galão e fazer a transferência para o principal. Uma operação aborrecida e que nos tomava um tempo enorme. Resultado: dificilmente o utilizávamos. Outro exemplo foi quando compramos entusiasmados em um leilão na Austrália uma bicicleta. Colocamos a bike no rack, amarramos e passamos um cadeado sobre o segundo estepe. Era um sacrifício enorme retirá-la de lá. Resultado: paramos de usá-la. Na Malásia nos desfizemos da bike, que foi dada de presente ao amigo Arjune, que com certeza já fez melhor uso dela.

Quando encalhávamos nos desertos, preferíamos queimar as mãos nas areias quentes a ter que subir no carro para soltar a pá que estava sempre amarrada com cabo de aço e cadeado. A operação de subir no carro, soltar o cadeado, soltar as amarras, descer com a pá, desencalhar o carro e fazer toda a operação inversa novamente era muito desestimulante. Era melhor queimar as mãos na areia. Sorte que nunca nos machucamos neste trabalho.

Em uma viagem deste porte tudo deve ser muito prático, de fácil acesso e execução. Nossa viagem durou mais de mil dias – imagine ter que desmontar e montar a cama mais de mil vezes! Se cada operação demorasse um minuto, seriam quase 17 horas só fazendo isso. Parece preguiça, mas não é. É simplesmente o que experimentamos.

Os últimos detalhes

O tempo ia passando e o dia da partida se aproximando. Nossos passaportes estavam prontos, mas a documentação do "Lobo da Estrada" para uma viagem internacional, não. Cansados de esperar a resposta do Automóvel Clube do Brasil, decidimos fazer contato com outras instituições e foi aí que ficamos sabendo da enrascada em que estávamos: para empreender viagens pela Oceania, Ásia e África em seu próprio veículo é necessária a aquisição de um documento chamado Carnet de Passages en Douane, fornecido pela FIA – Fédération Internationale de l'Automobile. Este documento permite a viajantes, como nós, importar temporariamente seus veículos a outros países. Ele é, na verdade, uma garantia internacional sobre obrigações, taxas, acidentes e até a eventual venda ilegal do mesmo. Tudo é garantido por um depósito do interessado junto ao Automóvel Clube onde o documento é emitido. Para reaver a quantia depositada, o Carnet deverá comprovar a entrada e a saída do veículo nos países signatários. Ao descobrir que o Automóvel Clube do Brasil estava impossibilitado de emitir tal documento, começamos a ficar preocupados. O primeiro país para onde despacharíamos o carro era justamente a Austrália e sem o documento não poderíamos legalizá-lo lá.

Apelamos à FIA de Genebra e, ao contrário do pessoal do Brasil, que não nos dava respostas, fomos muito bem atendidos pela chefe de departamento, Deborah Smith, que nos apresentou uma solução muito simples – adquiri-lo na Venezuela.

Mudança de rota antes da saída? Nossa ideia inicial era passar pela Argentina e de lá despachar o carro para a Austrália, mas a solução apresentada pela FIA seria conseguir o tal documento na Venezuela. Fazer o quê? Mudar o percurso e ao invés de nos dirigirmos ao sul, irmos ao norte. A mudança tinha uma vantagem: passar pelo Paraguai e comprar alguns equipamentos que ainda nos faltavam. De lá seguiríamos para a Argentina, Chile, Bolívia, Peru, Equador, Colômbia e Venezuela. Apenas 17.000 quilômetros para conseguir o documento!

O nosso amigo Angelo Souza nos ajudou a criar as logos para a expedição que ganhou o nome de "Mundo por Terra", bem como para a do projeto cultural "Universo de Brincadeira". Desenvolvemos também o website, desta vez com ajuda do Anderson de Andrade, da A2C. Já nos primeiros quilômetros começaríamos a postar os primeiros diários de bordo.

Tivemos também apoios diretos em dinheiro e equipamentos das empresas Pirelli, Sevemaq, Components, Ekron, Cinex, Ecoflex e Móveis Rudnick. Para confecção das 500 camisetas que colocamos a venda para aumentar os fundos fomos apoiados por Lojas Schuhmacher, Tecmatic, Kanon, Móveis James, Torneasul e Metsul.

Apesar de todo o planejamento, tivemos que atrasar em 25 dias a data da partida. E em 25 de fevereiro de 2007 lá fomos nós! Tchau São Bento do Sul! Valha-nos São Cristovão, protetor dos motoristas!

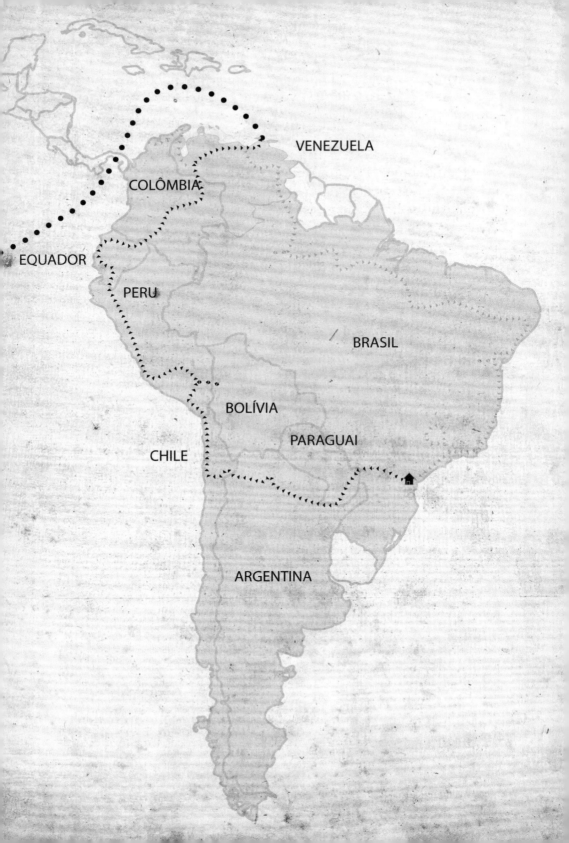

3.
América do Sul

Um ditado chinês diz que "para uma jornada de mil quilômetros é preciso dar o primeiro passo". Foi o que fizemos: o Lobo da Estrada começou a rodar os seus primeiros metros. Entre uma alegria esfuziante e uma apreensão disfarçada, lá íamos nós ladeira abaixo. De perto, nos acompanhando, amigos e parentes gritavam: "Adeus! Cuidem-se! Voltem logo! Divirtam-se!".

Aproveitei para tirar fotos da família que estava deixando. Pouco a pouco, eles foram ficando para trás, desaparecendo no retrovisor. Cada vez que me recordava desta cena, durante a viagem, me dava um estranho nó no peito.

EM VIAGEM

Alguns minutos antes, tanta gente, tanto alvoroço, risadas, abraços e beijos e agora éramos somente nós – a Michelle e eu. Os dois mudos, pensativos e cansados, não havia vontade mútua de puxar assunto. Com os olhos cheios de lágrimas, percebemos que havíamos nos metido em uma encrenca danada, uma aventura maluca e insana – seguir para Oeste e dar a volta ao mundo, retornando para casa pelo Leste, sabe-se lá quando. De repente, me dei conta de que estávamos ainda tão perto e ao mesmo tempo já tão longe de casa.

Descemos a Serra Princesa Dona Francisca e como já era tarde quando saímos de casa, em Pirabeiraba, ainda em Santa Catarina, paramos para a primeira noite da viagem, no Hotel Hübner. Podíamos até ter inaugurado a cama do carro... Mas não: pelo menos naquela noite queríamos jogar os corpos em uma boa cama de casal.

Boas lembranças

Antes de dormir, a lembrança era da festa de despedida no Bar Estação do Tempo e da churrascada na casa da Michelle, que no início era restrita a familiares, mas acabou reunindo mais de 60 pessoas.

Divertimo-nos à beça, mas lá pelas 17 horas desse dia em que iríamos partir, em meio ao burburinho dos festeiros, tivemos que deixá-los para arrumar a parte interna do carro, pois nem isso estava pronto. Roupas, equipamentos, panelas e pratos – esses utensílios estavam apenas separados sobre uma cama lá em casa. Ainda não sabíamos como iríamos organizar os armários, muito menos se iria caber tudo lá dentro. Lembro-me da Michelle sentada na cama arrumando forças para organizar tudo enquanto lutava contra a saudade antecipada – três anos longe de casa.

O hodômetro do Lobo da Estrada marcava exatos 37.028 quilômetros quando saímos de casa e a estimativa para o retorno é que estivesse perto dos 200.000 quilômetros. Além do nervosismo dos primeiros trechos, eu estava apreensivo com um compromisso que havia assumido e me deixava nervoso: conceder uma entrevista ao vivo ao Jornal da RBS TV e outra para a Rádio Atlântida FM, ambos em Joinville. Deveríamos falar da nossa aventura, da expectativa da partida, dos preparativos e da rota. Inexperientes, trememos na base. Mas a matéria saiu e valeu a pena: a repercussão foi boa e até fomos abordados por um cidadão que nos havia visto na TV tão logo ganhamos estrada novamente.

Pé na estrada

Ansiosos pelo desconhecido e suas descobertas, queríamos, já nas primeiras semanas, fazer a maior quilometragem possível. Cruzar rapidamente os países já conhecidos Paraguai, Argentina e Chile para chegar logo na Venezuela e pegar nosso Carnet de Passages en Douane. A pressa de cruzar o Oceano Pacífico e chegar logo à Oceania era grande. Queríamos dedicar nossa energia de iniciantes, melhor situação financeira e disponibilidade de tempo para os lugares mais longínquos, aqueles que para se conhecer em situações normais são mais difíceis.

A caminho de Curitiba, pela BR-101, após o almoço no segundo dia, recebemos mais duas ligações no celular para mais entrevistas, uma para a Rádio CBN de Florianópolis e outra para a Rádio Eldorado de Criciúma. Pedi para a Michelle dirigir o carro enquanto respondia às perguntas, assim não perderíamos tempo de estrada. Mas, no meio da conversa e, ao vivo, o radialista Prates da Rádio CBN e seus milhares de ouvintes devem ter escutado o meu berro: "Devagar, Michelle, você está a 110 quilômetros por hora e vamos cruzar uma lombada eletrônica! O limite é 60!" Quando a entrevista terminou, caímos na gargalhada. Ficamos contentes por não termos sido fotografados pela primeira vez na viagem. E esta não teria sido com a nossa câmera.

Cruzamos Curitiba rumo a Foz do Iguaçu. "Era nóis na fita", como dizem os paulistas: Michelle, eu e o Lobo da Estrada, junto aos nossos mascotes: um Pato Donald de borracha, dois polvos – souvenires do Projeto Tamar – e dois grilos confeccionados em arame e grampo de roupa. Felizes da vida, sem lenço e com documento, havíamos caído no mundo e estávamos prestes a cruzar nossa primeira fronteira – a primeira de muitas.

Aprendemos que cruzar fronteiras não é missão tão simples como parece. É preciso mostrar documentos, passaportes, passar o carro por uma revista e ouvir aquela história de sempre: o pedido indireto de dinheiro. Com o tempo pegamos a manha e aprendemos a nos livrar da obrigação de "ter que dar propinas" aos guardas da imigração e da aduana. Sabemos que no nosso país a corrupção grassa por todo lado, mas ela é arraigada nos países "hermanos". Em algumas aduanas pede-se dinheiro até para pintar a guarita policial. Como Paraguai, Argentina e Chile fazem parte do Mercosul, usamos nossas carteiras de identidade para economizar páginas para carimbos nos nossos passaportes. No Paraguai, economizamos na compra de equipamentos eletrônicos e logo descemos em direção de Encarnación, ao Sul do país. Depois cruzamos mais uma fronteira: a da Argentina.

Atravessamos Corrientes debaixo de um aguaceiro terrível e

que deixou a cidade alagada em muitos pontos. Para evitar dirigir no mau tempo, aproveitamos e paramos em uma auto elétrica para instalar os equipamentos recém-comprados: GPS, radioamador e um auto rádio com entrada para MP3. Havíamos adquirido também um aparelho MP3 para baixar músicas e ouvi-las nas intermináveis horas que estavam por vir.

Comprar equipamentos baratos e depois se arrepender foi uma das grandes lições da viagem. O cartão de memória de 2 GB teve amnésia e nunca guardou uma foto sequer, o rádio era uma porcaria e o MP3 não funcionava direito. Tudo porque para economizar alguns trocadinhos compramos diretamente dos camelôs do tipo "la garantía soy yo".

O GPS e o radioamador, equipamentos mais caros, funcionaram bem. Aliás, tão bem que no meio da empolgação para descobrir seu funcionamento, esqueci-me de abastecer o carro. Justo quando estávamos a caminho do Chaco Austral, um deserto onde por centenas de quilômetros não se vê um posto de combustível. Em uma casa de frente para a rodovia, lá fui eu para a primeira aula de pechincha em espanhol: "O preço é esse, meu amigo, se quiser comprar, compra, se não quiser, não compra". E percebi que o preço naquela situação era o da não negociação.

Após o calor imenso, uma recompensa

A região do Chaco, que se estende do Norte da Argentina até o Paraguai, é seca e inóspita, plana ao extremo – uma reta só.

Para cruzá-la leva-se pelo menos um dia. O calor quase sempre é extremo e não há nada para se ver pelo caminho. Mas, depois de cruzá-la, vem a recompensa: fica-se frente a uma cadeia de montanhas que na opinião de muitos – e também da Michelle – é um dos lugares mais lindos da Terra. Trata-se da Cordilheira dos Andes, onde lá no alto, pelo caminho que pretendíamos passar, encontra-se o Deserto do Atacama.

Salta é uma cidade argentina ao pé das montanhas. Ficamos por lá um tempo para apreciar a sua típica arquitetura e saborear as tradicionais empanadas saltenhas, tamales e a parrillada (uma espécie de rodízio com chouriço preto, víceras, costela e vazio). Para acompanhar, vinho gelado misturado com água gaseificada. É de tirar o chapéu de tão gostoso.

Por mais vezes que eu suba a Cordilheira dos Andes via Paso Sico, Jama ou mesmo pelo Socompa, jamais me cansarei da sua beleza. São curvas serpenteando montanha acima, levando-nos a mais de 4.000 metros de altitude. Lá de cima é possível enxergar dezenas de quilômetros de distância, mas com sorte, em dia limpo, enxerga-se centenas deles. Tudo com uma nitidez sobrenatural, com as formas se mesclando em cores de um solo e vegetação que ficam anos sem ver uma gota de chuva. É a região desértica mais árida do mundo e talvez por isso, tão intocada pelos intempéries da natureza. Como recém-aprendiz de fotógrafo, percebi que a escolha do lugar é o primeiro segredo de um bom profissional. Fizemos fotos lindas, mesmo sem ter experiência. Não bastasse a paisagem magnífica, o povo é de uma cordialidade cativante.

Os andinos, apesar das suas lindas feições, carregam traços de sofrimento. Autênticos sobreviventes de um mundo solitário, distante e difícil. São de uma inocência tão grande que numa outra viagem, ao passarmos um Natal na região, num gesto de gratidão pela hospitalidade ofertamos a um casal um delicioso panetone feito pela mãe da Michelle. Não aceitaram. Não por educação ou por não gostarem, mas por receio, porque jamais haviam visto algo parecido em suas vidas. Aliás, Natal era para nós, porque para eles aquele era apenas mais um dia de muito trabalho.

O sol, nesse dia, se pôs quando já nos encontrávamos no Chile, num lugar especial que há muito queria mostrar à Michelle. Rodeado por montanhas de tons avermelhados, intensificados pela magia do pôr-do-sol, lá estavam as lagoas Miscanti e Miñiques. Suas cores de um azul anil profundo contrastavam com as montanhas que lhes serviam de palco. Nossos espíritos estavam no lugar certo, na hora certa e fazendo a coisa certa: viajando.

Descemos a montanha por uma trilha de impressionante beleza para chegar à simpática San Pedro de Atacama, base para qualquer viajante que queira curtir a região. De lá partem expedições diárias para as diferentes atrações que o deserto oferece. Num período de meio dia se pode ir ao Valle de La Luna e ao Valle de La Muerte. Saindo às quatro da manhã, normalmente sob intenso frio, se pode ir aos Géiseres del Tatio – o que significa "a avó que chora". Em outra tarde, às Lagunas Cejar e, se tiver coragem, tomar um banho nas piscinas salgadas e frias, onde o corpo não afunda. O povo de San Pedro é hospitaleiro e existem dezenas de pousadas e hotéis de diferentes preços.

Num raio de distância maior, o que me marcou muito foi o caminho que adentra a Bolívia e segue ao Salar de Uyuni, que passa pelas lagunas Verde, Colorada e Altiplánicas. Fizemos esse percurso em outra viagem e é de perder o fôlego.

No Atacama como um todo, a cada montanha que se cruza, a cada curva que se faz, é um novo espetáculo. E mais: pelo simples fato de se voltar por um caminho já percorrido antes, só que em sentido contrário, as coisas ficam diferentes – parece que ainda mais bonitas.

Descemos a Cordilheira dos Andes pela Ruta 24, depois de passar ao lado da maior mina de cobre no mundo, a Chuquicamata. A estrada tem cerca de 100 quilômetros e desce 3.000 metros. Fizemos a conta e encontramos apenas quatro curvas, cada uma com menos de 20 graus à direita ou à esquerda. Chegamos ao nível do Oceano Pacífico e lá, como Pizarro, molhamos nossos pés. Tempos depois iríamos cruzar aquela imensidão de água, rumo a Oceania. Novas aventuras nos aguardavam do outro lado. E que aventuras!

Essa descida de 3.000 metros em apenas quatro curvas é muito interessante, porém um pouco traiçoeira, pois te leva a querer fazer a melhor média de consumo de combustível da sua vida. Aconteceu isso comigo, só que há alguns anos. Viajava sozinho com uma Honda CB 500 e sobre o seu tanque de gasolina carregava uma bolsa preta fixada somente por velcro, onde estavam minhas roupas, planilha de viagem, máquina fotográfica, filmes já batidos, etc. Mas na descida, como vinha pilotando sem pressa alguma, deixei a moto rodar na banguela até começar a parte plana. Foram praticamente 100 quilômetros quase sem gastar combustível. Por isso, decidi que quando estivesse na parte da estrada que costeia o Pacífico, iria rodar até acabar o combustível do tanque principal. Queria ver qual seria meu recorde de autonomia com aquela moto. Eu me dava esse luxo de secar todo o combustível da moto porque carregava atrás das minhas costas um tanque de plástico com mais cinco litros de gasolina, os quais eu utilizaria para chegar à próxima cidade.

Dito e feito: a moto parou e eu estava feliz da vida que tinha feito aquela autonomia absurda. Sem descer da moto, tirei a famosa bolsa preta fixada sobre o tanque para que pudesse abrir sua tampa e abastecer. Coloquei-a para trás, em cima de um bauleto de plástico, com chave, onde carregava meus documentos e dinheiro. Em seguida, peguei o galão com os cinco litros, ainda sem descer da moto, e abasteci o tanque principal. Guardei o galão atrás das minhas costas, fechei a tampa do tanque e arranquei a moto a toda velocidade no sentido de Iquique, cidade que estava por vir. Só depois de dez quilômetros percorridos fui perceber que a mala havia caído de cima do bauleto há muito tempo. Até voltei para buscá-la, mas cheguei tarde demais: alguém já havia levado. Que burrice! Perdi tudo o que estava lá dentro. Tudo! O que me custou para perdoar foi a perda das fotos que tirei quando acampei no meio dos Géiseres del Tatio, a 4.300 metros de altitude, com temperatura próxima dos 10 graus negativos. Perdi aquela foto das cinco da manhã, quando minha moto e barraca, completamente brancas de gelo, contrastavam com o vapor dos gêiseres que subiam naquele céu azul.

Quando passei novamente, agora com a Michelle, por aquela estrada para Iquique, ainda havia um restinho de esperança de encontrar a mala preta no ladinho da estrada e quem sabe recuperar aquela foto. Mas, por outro lado, ganhei mais uma história para contar. Aliás, isso é uma coisa que sempre acontece. Das experiências mais difíceis de suportar é que surgem as melhores histórias.

Dá gosto andar pelo Chile, um exemplo de país que recebe bem os turistas. O que falei sobre pagar propina para poder seguir viagem em outros países latinos não vale para o Chile – pelo menos em se tratando de polícia e as autoridades aduaneiras. As estradas são boas, a polícia é amigável, as estruturas de fronteira bem feitas e as cidades, em geral, bonitas e organizadas. Somam-se a essas qualidades a incrível beleza natural do país. É ótimo rodar por suas estradas e conviver com o seu povo.

Peru – histórias e belezas naturais

Seguindo para o Norte, cruzamos Arica e entramos no Peru,

país integrante da Comunidade Andina de Nações. Foi sair do organizado e silencioso Chile para entrar numa região onde prevalecem as buzinas que parecem brotar de todos os lugares. Lá se buzina em todos os cruzamentos, para cumprimentar, chamar a atenção, xingar e mesmo sem nenhum motivo, apenas por gosto e costume.

Nessa etapa reduzimos o nosso ritmo de deslocamento. Ao Peru vale a pena dar um tempo para explorá-lo em profundidade, o que vale principalmente para aqueles que gostam de história e belezas naturais.

Arequipa nos agradou muito. É uma cidade ao Sul que mantém uma belíssima arquitetura colonial. O monastério de Santa Catalina conta histórias que nos fizeram dar mais valor à nossa liberdade individual. Conta-se que as jovens, ao aderir às atividades monásticas, jamais podiam ter contato com o mundo externo novamente, pelo resto da vida. Elas tinham de ficar trancadas a sete chaves em um complexo arquitetônico do tamanho de uma quadra. Não que as monjas do convento não fossem felizes em sua clausura, mas se eram, é um tipo de felicidade que desconheço e não quero experimentar.

Sou mais como os condores que num dia de voo podem percorrer mais de 300 quilômetros com suas imensas asas de quase três metros. Ter a oportunidade de observá-los voando normalmente é difícil, pois estão em lugares isolados, em altas altitudes e de pouco acesso. É preciso ter paciência, disposição e sorte. Para conseguir vê-los em pleno voo, tivemos que andar em uma estrada sinuosa, com seu ponto mais alto a 4.893 metros acima do nível do mar. Nessa altitude o ar é muito rarefeito, pois a cada metro que subimos, a pressão baixa e consequentemente o oxigênio – vital tanto para nós como para o carro. Pessoas correm o risco de passar mal – o famoso mal da montanha – especialmente se a ascensão for muito rápida. Dores de cabeça, enjoos e tontura são muito comuns. Para o carro falta força, pois o oxigênio é parte fundamental na combustão do motor. Mas carros com turbina, como era o nosso, bem como os com injeção eletrônica, sofrem menos.

Cruzamos o passo e chegamos em Chivay, cidade que cedia o Cânion do Colca, onde o maior paredão atinge 3.400 metros de altura. E é dali que nas manhãs os condores partem de seus ninhos em busca de alimento. Mas para vê-los, é preciso ter paciência de caçador. Aguardamos até a tarde e nesse tempo tomamos um torrão daquele sol escaldante disfarçado no ar gelado das montanhas. Quase que nos obrigamos a dormir pendurados em cabides.

E de repente eles vieram, num voo majestoso que foi de arrepiar. Assobiando contra o vento, de tão perto que passaram, percebemos o formato curvado de suas asas, que dão sustentação a seu peso, que pode chegar a 14 quilos. Acho que esse é o grande sonho do ser humano: o de voar com tamanha habilidade e precisão, não desperdiçando quase nada de energia no aproveitamento das ascendentes e térmicas. Fotografamos e filmamos, mas quando fomos ver o que saiu, descobrimos que a Michelle, de tão entusiasmada com aquela imagem, esqueceu-se de apertar o botãozinho da filmadora. Não está filmado, mas registrado em nossas memórias para sempre.

Rumando sentido o Lago Titicaca, continuamos passando por grandes altitudes, e como nem tudo numa viagem é um mar de rosas, a Michelle passou muito mal. Fizemos uma parada em Juliaca para ver se as coisas melhoravam, mas que nada – só pioravam. Ali, para falar bem a verdade, foi a única propina de trânsito que tivemos que pagar em toda viagem e surgiu de uma mentira muito esfarrapada do policial, que alegava uma infração de trânsito. Dá para acreditar que o guarda veio junto comigo a um caixa eletrônico, pois eu não tinha dinheiro trocado no momento? Queríamos sair correndo de lá. E foi o que fizemos. Fomos ao Lago Titicaca. O costeamos tanto pelo lado peruano como pelo lado boliviano e fechamos o dia com um belo pôr-do-sol em Copacabana, na Bolívia.

O nosso projeto cultural Universo de Brincadeira nos fazia, a cada dia, mais apaixonados pelas crianças do mundo. Na busca das fotografias dessas pequenas criaturas, passamos a admirá-las cada vez mais, em seu meio puro e inocente. Ali, às margens do lago, paramos ao lado de algumas que brincavam na rua com seus brinquedos improvisados. Que bela oportunidade para nós. Mas quando paramos, com medo ao ver nosso carro e depois aquela enorme máquina fotográfica, eles saíram correndo o mais rápido que podiam. Só voltaram acompanhadas de seus pais, que perguntavam o que queríamos. "Una foto, nada mas!", dissemos. Aquilo foi muito legal, pois quando perceberam que não oferecíamos perigo, veio mãe, pai, filha, filhos, vizinhos e todos queriam posar para fotos. Trouxeram o cachorro, gato, galo, carneiro, carrinho de plástico, bola, inclusive uma vaca leiteira! Demos muita risada com eles e ficou o convite para um dia voltarmos.

Chegamos então ao centro turístico do Peru, Cusco, a cidade que diariamente hospeda milhares de pessoas vindas de todos os cantos do mundo com um objetivo comum: o de conhecer Machu Picchu. Cusco, que já sediou o Império Inca, no século 16 foi invadida pelos espanhóis, que a deixaram com estilo totalmente europeu. Mas pelas grandes revoluções que ali aconteceram, Cusco é cheia de histórias para contar e consegue mostrar até hoje, através de algumas ruínas, o quão os incas eram bons arquitetos e construtores. Os detalhes dos cortes nas pedras formando perfeitos encaixes os colocam lado a lado até dos egípcios. E nossa imaginação se desdobra para entender como faziam aquele incrível trabalho há tanto tempo.

Mas o que queríamos era ir à "velha montanha" – tradução de Machu Picchu na língua local quechua. Das diversas formas para se chegar lá, escolhemos a Trilha Inca, que em quatro dias percorre 42 quilômetros, subindo morro, descendo morro, deixando as perninhas completamente bambas. O interessante dessa opção de acesso é que esse caminho já era utilizado pelos próprios incas e é cheio de ruínas, escadas e calçadas, tudo de pedra – um trabalho que provavelmente levou vários anos para se construir.

Quanto à caminhada, foi mais no segundo dia que o bicho pegou. Em apenas 12 quilômetros de extensão, subimos 1.715 metros e após cruzar o passo, a 4.200 metros de altitude, ainda descemos 715 metros para chegar ao acampamento. Mas nesse dia, lá de cima do morro, com força suficiente apenas para manter os olhos abertos, contemplamos um visual surreal, mesmo debaixo de chuva e frio. Essa região montanhosa não é mais desértica como a que vínhamos vendo, mas composta por uma floresta muito densa, fruto de muita chuva.

O terceiro dia também foi difícil e aí veio o quarto, que começou às quatro horas da manhã para que pudéssemos estar ao amanhecer no Portal do Sol, uma espécie de alfândega para quem chega à eterna cidade e de onde se tem uma visão panorâmica de toda Machu Picchu.

Que impressionante! Machu Picchu à nossa frente, intacta como há mil anos e rodeada por uma vista de tirar o fôlego. Faz parte dessa paisagem a famosa montanha que se parece com a face de um gigante deitado.

Esta cidade se manteve tão bem preservada por não ter sido encontrada nas revoluções espanholas. Acredita-se que nessa época os incas esconderam-na embaixo da vegetação e fugiram para a selva. Em 1911, Machu Picchu foi redescoberta por Hiram Bingham e a Trilha Inca, quatro anos depois.

Dentre tantas teorias sobre o porquê da construção dessa cidade, as que ouvimos dos locais foram duas: a primeira supõe que a cidade seria um monastério para mulheres, pois foram encontrados mais fósseis femininos que masculinos no local; a segunda relata que teria sido uma universidade, pois existem muitos templos e poucas habitações. É em Machu Picchu que se encontra o maior templo astronômico do Império Inca.

Os quatro dias de esforço foram duplamente compensados. As subidas, pelas belas paisagens; as íngremes descidas, pelas interessantes calçadas e escadas; o frio, pela amizade que fizemos na trilha. Uma coisa, porém, nos deixou decepcionados. Foi algo que batizamos como "cerimônia da propina", que aconteceu no último dia, quando o nosso guia discursou dramaticamente, como num jogo psicológico, e solicitou que pagássemos um dinheiro extra aos que trabalharam como carregadores durante a caminhada. Não que eles não mereciam, mas gorjeta deve ser algo espontâneo. Deve vir do coração e costuma surpreender aquele que a recebe. Mas as coisas ali se inverteram. Hoje, quem diz quanto você tem que pagar de gorjeta é quem a recebe e o descontentamento por parte deste, caso você não consiga pagar aquele montante, é descomunal. E isso acontece em lugares turísticos do mundo todo. Soubemos de um casal canadense que para escalar o Kilimanjaro, maior montanha da África, desembolsou um valor alto para a empresa que organizou a ascensão e ao término da caminhada, numa cerimônia como essa, teve que pagar algo em torno de 20% extras de gorjeta obrigatória. Claro que também saiu decepcionado.

Os maiores aventureiros da Terra

Contar quantas curvas tivemos que fazer no caminho de Cusco a Nasca seria algo quase impossível. Isto que o trajeto nem é tão longo assim: em torno de 800 quilômetros. Foram horas e mais horas esterçando o volante do Lobo, num vira e desvira que de tão acentuadas as curvas, quase voltávamos para o lugar de onde vínhamos. Registramos nesse trajeto, por meio do altímetro de nosso GPS, que de 3.500 metros em Cusco descemos a 1.850 metros, subimos a 3.950 metros, baixamos para 2.500 metros, subimos novamente a 4.560 metros, descemos mais uma vez a 3.000 metros, para finalmente subirmos a 4.174 metros e despencarmos a 590 metros em Nasca.

Montanhas e mais montanhas com penhascos de perder o fôlego. Pela natureza desértica exótica, imaginávamos se seria parecida com a superfície lunar, já que tudo aquilo é tão inóspito, sem vida, a não ser pelos poucos vilarejos que sobrevivem da criação de animais andinos. Sentíamo-nos como os maiores aventureiros da Terra, por encarar esse desafio tão grande. Até que, numa daquelas incontáveis curvas daquele mundão sem fim, inesperadamente, topamos com um ciclista que pedalava sozinho, exatamente o mesmo percurso que nós fazíamos, só que sem a ajuda de um motor turbinado. Se levássemos dois dias, o cidadão levaria no mínimo dez, acampando e vivendo apenas das reservas que ele mesmo carregava – o que deixava a sua bicicleta ainda mais pesada.

Uma situação semelhante a essa aconteceu em 1999, em minha primeira viagem de moto ao Ushuaia. Eu descia a famosa Ruta 40 – temida por seus ventos transversais de 120 quilômetros por hora – quando tive um problema mecânico. Quando já estava quase perdendo a cabeça por minha moto não funcionar, chegou pedalando um senhor escocês aparentando uns 70 anos, e me perguntou se eu precisava de ajuda. Fiquei até constrangido. Eu choramingando um simples problema com as velas da moto enquanto esse senhor, que tem três vezes a minha idade, estava lá de bicicleta! Eu cruzei aquela estrada em um dia e meio e poderia ter feito em apenas um se não fosse pelo problema mecânico. Mas ele, quando perguntei, me falou que já estava há três dias e que teria mais uns sete pela frente. Dez dias de bicicleta na Ruta 40, Argentina. Somente sabe o que é isso quem já passou por lá. Os arbustos daquele deserto patagônio, em função dos ventos descomunais de latitude 46°S, crescem completamente deitados, apontando suas copas na direção do Atlântico. Infra-estrutura praticamente zero por 500 quilômetros de estrada de chão – o rípio, como é chamado pelos locais. Enfim, a imagem daquele senhor, para mim, é a de um verdadeiro aventureiro. Mente aberta, tranquila e uma força de vontade que muitos jovens sonham ter. Um encontro de minutos apenas, mas que deixou uma lição para toda a vida.

Assim como Cusco, Nasca também tem algo extraordinário. São as Linhas e Geóglifos de Nasca – traços e figuras enormes desenhadas sobre o deserto –, que com o simples arredar dos pedregulhos maiores deixam a parte desenhada no solo limpa, sem pedras. O processo é tão simples que se parece com nossas brincadeiras na areia da praia, mas a diferença é que as figuras se mantêm por várias centenas de anos. Para ser mais preciso, esta arte foi feita entre os séculos 3 a.C. e 8 d.C. e até hoje é um grande mistério. As figuras são tão grandes que não conseguimos identificá-las do solo, somente sobrevoando-as. Das mais de 300 figuras e linhas, vimos as 13 mais importantes, como o macaco, o colibri, o cão, o astronauta e a aranha.

Levando um banho de história, pouco a pouco, fomos dando continuidade à nossa viagem pelo Peru, sempre rumando ao Norte. Hora costeávamos as geladas águas do Pacífico, hora dirigíamos pelo altiplano. Visitamos o Parque Nacional de Paracas e as Ilhas Ballestas; passamos pelas cidades de Pisco e Lima; dirigimos por entre a Cordilheira Branca e Negra onde se situa o segundo maior pico da América do Sul, o Huascarán, com seus 6.768 metros de altitude; descemos o Cañón del Pato cruzando por 47 túneis escavados na rocha e conhecemos mais duas cidades históricas: Trujillo e Chiclayo, com ruínas de antiquíssimas civilizações pré-incas.

Mas nessas andanças todas, duas coisas não há como esquecer. A primeira é a triste história da cidade de Yungay, que em 1970 foi completamente soterrada por uma avalanche que durou apenas três minutos e meio. O resultado foi dramático: 25 mil pessoas morreram e apenas 92 escaparam de serem soterradas. Da cidade sobrou muito pouco e hoje esse campo santo ficou conhecido como o "cemitério nacional". A segunda coisa da qual não nos esqueceremos é o culantro – coentro. No Peru tudo se tempera com culantro. Tudo. Parece que até hoje consigo sentir o gostinho daquele tempero na boca.

PROBLEMA NA FRONTEIRA

Chegamos à fronteira do Peru com o Equador e de cara entramos numa fria tremenda, em que corremos o risco até de sermos deportados para o Brasil, segundo os oficiais. Isso ocorreu por causa da decisão de utilizarmos nossas identidades para viajar no Mercosul – Paraguai, Argentina e Chile. Porém, por um erro básico, quando entramos no Peru – país não pertencente ao Mercosul –, continuamos usando a identidade. Tínhamos que ter usado o passaporte, mas queríamos economizar espaço nele! Foi uma confusão. Os peruanos alegavam que se entramos no país utilizando a identidade, teríamos que sair utilizando também o RG enquanto os funcionários da fronteira do Equador – para onde estávamos indo – insistiram que se não tínhamos carimbo de saída do Peru no passaporte não poderíamos utilizá-lo em seu país. Não podíamos continuar com a identidade se não pertencemos à Comunidade Andina de Nações. Foi um vai, volta, espera, conversa com esse, conversa com aquele e todos, é claro, tentando arrancar um dinheirinho da gente. Então, mesmo sabendo que levaríamos o problema para a próxima fronteira, que seria a Colômbia, entramos no Equador com nossos RGs. Estávamos preocupados, pois o problema estava sendo empurrado com a barriga.

Para encurtar a história, tivemos problemas na Colômbia sim, porém, depois de horas de muita discussão, saímos ilesos e pudemos seguir viagem legalmente. Ufa! Ficou a impressão, para nós, de que nas fronteiras, principalmente de terceiro mundo, existe pouca solidariedade. Fora as 17 fronteiras da Europa que não precisamos parar, cruzamos outras 60 e todas elas sempre em duas fases: a de saída de um país e a de entrada noutro. Ou seja, burocracia aqui, burocracia lá, revista aqui, revista lá, carimba aqui, carimba lá e assim ia, entre uma e doze horas de espera. Em muitos lugares, principalmente na África, vimos pessoas sofrerem, apanharem, serem deportadas ou mesmo recusadas de entrar nos países, além de muita tentativa de propina. E de tão desgastante que passou a ser cruzar fronteiras, criamos para nós mesmos uma espécie de recompensa: uma Coca-Cola gelada para cada um quando tudo estivesse resolvido. Que sensação gostosa!

Sendo um dos menores países da América do Sul, o Equador vende a imagem de extremamente diversificado. Olhando seu mapa, temos da direita para a esquerda parte da Floresta Amazônica; os Andes, com altitudes que superam os 6.000 metros; a costa do Pacífico, que ao contrário do Peru, recebe correntes de águas quentes; e as Ilhas Galápagos, um arquipélago que apresenta uma biodiversidade elevada e uma fauna muito peculiar. Tamanha é a importância de Galápagos que passou a ser considerado o principal laboratório vivo de biologia do mundo após Charles Darwin ter chegado às conclusões que o levaram à Teoria da Evolução.

Nossa opinião é realmente positiva. Guayaquil, o centro comercial do Equador – mesmo que Quito seja a capital –, mostrou que seu governo está investindo muito no turismo. Bela orla, cidade histórica bem restaurada e uma praça que é única no mundo. Lá vivem, livres, leves e soltas cerca de mil iguanas, com as quais a criançada se diverte puxando-as pelos rabos.

Este país detém o título de maior exportador de camarão e banana do mundo. E quando viajávamos a caminho das cidades costeiras Montañita e Canoa, conseguimos diretamente da fonte, lá da casa dos pescadores, camarões enormes e deliciosos a preço baixo. Alguns chegavam a pesar até 200 gramas. Fritos em alho e óleo ou ao bafo e acompanhados de uma caipirinha às margens das praias de boas ondas ficavam melhores ainda.

No ano de 1533, um navio mercante e de escravos vindo da Espanha afundou na costa do Equador. Salvaram-se desse naufrágio apenas alguns negros – 17 homens e 5 mulheres – que para fugir da escravidão, embrenharam-se na selva. Juntaram-se a eles, mais tarde, outros escravos vindos da Nicarágua, formando uma comunidade de africanos que preservou seus costumes e cultura por muitos e muitos anos, uma vez que foi redescoberta somente dois séculos depois. Hoje, a cidade Esmeralda ainda é povoada por muitos negros descendentes dessa interessante passagem da história. Este é o verdadeiro quilombo.

Depois de perambular por Esmeralda, deixamos a costa e voltamos para as montanhas. Fomos a Ambato, onde um amigo de São Bento do Sul, Christian Schwetler, aguardava nossa visita. Ele nos levou a Baños, uma cidade ao pé do vulcão Tungurahua que oferece piscinas de águas termais curativas. O programa foi ótimo, apesar de que para entrar nas piscinas tínhamos que empurrar umas duas ou três pessoas, de tão cheias que estavam. O truque era ficar por um tempo na piscina de água quente e intercalar com uma de água bem fria. Aquilo causava uma sensação que dava para sentir o sangue oxigenando todo o corpo. Devia ser muito saudável.

Para quem tem sorte de pegar uma noite com céu limpo, que não foi o nosso caso, de Ambato pode-se contemplar a lava sendo expelida pela força do vulcão Tungurahua, bem como a nuvem de fumaça formada pela intensa atividade, que chega a atingir 7 quilômetros de altura. Diz-se ser um espetáculo à parte e como prova disso, tratores trabalham quase que diariamente limpando as estradas da lava lançada na noite anterior. E não é só o Tungurahua que está em atividade nessa região. A caminho de Quito, passamos ao lado do Chimborazo, o mais alto vulcão em atividade do mundo, com seu pico a 6.310 metros de altitude. É exótica a natureza por ali.

Mitad del Mundo

Quito é linda e famosa por seu centro histórico tão bem preservado – declarado Patrimônio Cultural da Humanidade. Próximo a ela, está a cidade Mitad del Mundo, por onde cruza a Linha do Equador separando os hemisférios Sul e Norte. Sobre determinado ponto dessa linha que divide o mundo ao meio, foi criado um centro de estudos que se transformou também em centro turístico. Nós ficamos ali, brincando de cruzar de um hemisfério ao outro com apenas um passo e tiramos fotos estando um na metade Sul e o outro na metade Norte.

Essa brincadeira repetimos em algumas das outras vezes em que ainda cruzaríamos a linha do Equador. Ao final da viagem, havíamos feito mais cinco travessias da linha: duas vezes em voo da Venezuela a Santiago e da Indonésia a Singapura; e outras três por terra novamente, no Quênia, no Gabão e por último no Brasil, quando dirigíamos de Boa Vista a Manaus. No Quênia, os locais faziam suas apresentações para ganhar um trocadinho, mostrando aos curiosos que no hemisfério Sul, a água, quando despejada em um funil, girava para um lado e quando a mesma coisa era feita no hemisfério Norte, poucos metros dali, girava para o outro.

O passeio estava bom, mas tínhamos data e hora marcadas para voar para a Oceania. Portanto, decidimos que visitaríamos a Colômbia na volta para a América do Sul, pertinho do final da viagem. Mas mesmo assim, para chegar à Venezuela – país de onde despacharíamos nosso carro e pegaríamos um voo – tínhamos que cruzar a Colômbia de cabo a rabo.

O jeito foi pegar a estrada e dirigir muito. Ainda no Equador, demos uma passada rápida em Otavalo para apreciar a grande feira de artesanato e lá fomos nós à Colômbia, encarando três dias de muito chão, serras e curvas, num trânsito muito lento. As curiosidades nesses três dias foram os leitões assados inteiros nas vilas à beira de estrada; muitas frutas saborosas; a mulher cortadora de cebola mais rápida que já vi na minha vida; uma quantidade enorme de carros quebrados no acostamento e o Exército, que a cada cinco quilômetros, mais ou menos, patrulhava as estradas. Aí vem a pergunta que não quer calar: o Exército está lá e assim a Colômbia é segura ou eles estão lá por ser um país inseguro? Nossa percepção está no final deste livro, onde escrevemos novamente sobre a Colômbia.

Assim que entramos na Venezuela, só paramos quando chegamos em Caracas.

Percepção de viagem

Existe um livro chamado Alaska – Além do Círculo Polar Ártico, escrito por Clodoaldo Turbay Braga. Para ser bem sincero, não cheguei a lê-lo, mas ouvi sua história: a bordo de uma Suzuki DR-800, junto com um amigo, pilotou de Curitiba ao Alasca. E quando ouvi falar, no tempo que ainda trabalhava na Móveis Rudnick, que Clodoaldo e seu amigo viajaram por quase três meses, fiquei estarrecido. Eu me perguntava: como se faz para conseguir três meses ininterruptos para viajar? Que empresa daria férias desse tamanho? Teria que pedir demissão do trabalho? Eu, mesmo trabalhando em uma empresa familiar, não conseguia enxergar qualquer possibilidade de ausência tão longa. Não que eu fosse imprescindível para a empresa, mas regras são regras. Além disso, eu temia ser mal interpretado, o que na certa aconteceria. Com certeza muitos me considerariam "filhinho de papai", que não quer nada com o trabalho e só pensa em vaguear por aí.

Mas nessa viagem, quando completamos os três primeiros meses, lembrei-me do Clodoaldo novamente. Esse tempo imenso que já fora impossível para mim no passado, hoje é uma realidade e nós ainda estávamos na estrada. Aliás, quando parei para pensar, me assustei: esses três longos meses – sonho de qualquer aventureiro – representavam menos de 10% de nossa viagem de volta ao mundo. Três meses diante de 34. Agora caiu a ficha. Demorou, mas caiu.

O que percebi nesse momento também foi que uma viagem que se estende por tanto tempo, em dado momento deixa de ser apenas uma viagem e passa a ser uma mudança de vida. A rotina que tínhamos em casa, no trabalho, na faculdade ou pós-graduação não existia mais. Os amigos eram outros. A língua, trocávamos a cada instante. Moedas, religiões, pessoas, comidas... Nada seria como antes por todo esse tempo. Não tínhamos outra saída a não ser aceitar.

Chegamos em Caracas de madrugada e estávamos completamente perdidos. É claro que com o passar do tempo fomos aprendendo. Acostumados com pequenos povoados, as grandes cidades passaram a nos amedrontar. Nosso carro media 2,7 metros de altura, então era muito difícil achar um lugar seguro para estacionar. Quanto maior a cidade, menor a segurança. Quanto maior a necessidade de um estacionamento, menores eles são, sendo muitos deles subterrâneos, com altura máxima de 2,2 metros.

Percebemos que nas grandes cidades a maldade é muito maior do que no interior, onde as pessoas são mais despojadas. É claro que isso não é regra, mas nas cidades pequenas todos nos olhavam com curiosidade, sem malícia, interessados por nós e pelo Lobo. Em cidades grandes, muitos olhos iam direto aos nossos pertences e, provavelmente, algumas cabeças maquiavélicas já elaboravam uma estratégia para conquistá-los. Minha sorte é que a Michelle é muito ligada. Ela demandava que os vidros e travas de portas sempre fossem fechados quando estávamos em lugares de maior risco e estava atenta ao uso de todos os elementos de segurança que ao longo da viagem foram sendo incrementados. Cadeados são sempre bons utensílios, pois mesmo que sejam fáceis de estourar, impõem respeito. Quando alguém olha para dentro do seu carro e vê que as coisas estão fechadas com cadeado, provavelmente pensará duas vezes antes de quebrar um vidro, pois verá que existem duas barreiras a serem quebradas e não apenas uma. Colocamos também isolantes térmicos nos vidros, uma simples tática para não deixar as pessoas verem o que tínhamos dentro do carro. Além das cidades grandes, as mais perigosas são as de fronteira e as portuárias.

Mesmo que relutantes, tínhamos que ir às capitais, pois era lá que tratávamos de toda burocracia. Em Caracas, tivemos que buscar nosso Carnet de Passages en Douane no Automovil Club de Venezuela, documento que nos fez dirigir 17.000 quilômetros por não tê-lo conseguido no Brasil. Mas de um dia para o outro, o documento estava em nossas mãos. Então, estávamos prontos para partir para a Oceania. Agora só faltava tratar do despacho do carro.

Nossa sorte foi que na Venezuela o combustível é barato, pois tivemos que ir e vir muitas vezes de Puerto Cabello a Caracas. Estávamos tratando de nosso primeiro despacho do carro e não sabíamos exatamente os procedimentos. Além da nossa pouca experiência, parece que cada porto do mundo tem suas manhas e particularidades, principalmente quando se trata de um porto corrupto de terceiro mundo.

Fizemos algumas cotações de preços com alguns agentes aduaneiros e ficamos pasmos quando lemos o item "propina" fazendo parte do orçamento. Não sabíamos se ríamos ou chorávamos, mas o negócio era sério. Os agentes pagam, de praxe, propina para inspetores, militares, porteiros, agentes, enfim, quase todos de quem utilizam serviços. Aconteceu, um dia, que tive que entrar no porto escondido dentro do carro do agente que contratamos e quando passamos na guarita, a mão do segurança que era responsável por revistar o carro foi imediatamente "molhada", para que o porteiro fizesse vista grossa caso me visse escondido. Não me perguntem o porquê de eu ter que entrar escondido no carro!

Diferentemente dos outros portos, o despacho da Venezuela nos custou muito dinheiro e tempo. O que era para ter sido dez dias, acabou virando um mês e o preço foi substancialmente mais caro que nos outros portos. De início foi difícil achar um agente para nos ajudar e o primeiro que encontramos nos abandonou no meio do caminho. Devido à escassez de pessoas que fazem esse trabalho de despachar um simples container, devido à burocracia diferenciada por se tratar de um veículo, não tínhamos poder de barganha. Era pegar ou largar. O mesmo aconteceu com a linha marítima, uma vez que existia somente uma empresa que fazia o destino pretendido. Num caso normal, fazer diversas cotações seria a melhor forma de baratear o custo.

DAS ADVERSIDADES SURGEM AS OPORTUNIDADES

Mas são através das adversidades que surgem as oportunidades. Nos fins de semana de espera pelos trâmites do nosso carro, curtimos sombra e água fresca às margens do Mar do Caribe e na última semana, o calor, a lama e a poeira temperaram a nossa participação no Venezuela Off-Road & Adventure Festival 2007, o maior evento 4x4 da América Latina. Quem nos acolheu foi o organizador Tony Velázquez, aventureiro de mão cheia que a bordo de um Hummer H2 rodou muitos países.

Chegamos a expor o Lobo dentro do parque de exposições e pudemos mostrar nosso projeto a vários interessados, inclusive patrocinadores potenciais, que no final das contas, acabaram nos ajudando com alguns equipamentos. Na visão de outros visitantes, devido a nosso carro ser branco e tipo furgão, foi confundido com a ambulância do evento.

A convite da Ruta's, revista venezuelana especializada em veículos 4x4, fomos à pista onde aconteciam as competições entre os bravos jipes transformados e lá tivemos até a oportunidade de uma entrevista ao vivo para os espectadores locais.

Parecia ser o nosso momento de fama, pois naquele mesmo dia, a Fundação Desdibujando Fronteras nos convidou para mais entrevistas sobre a nossa viagem para a Rádio Nacional da Venezuela, a

Radio del Sur e a TeleSur. Esta fundação lançava um projeto chamado Continente de Colores, em que venezuelanos iriam percorrer dez países da América do Sul com o Tiuna, carro 4x4 V8 produzido na Venezuela. Eles partiam com o objetivo de percorrer a riqueza que entrelaça estes países, o que vem de encontro com um sonho do Libertador Simón Bolívar, que vislumbrou unir a América do Sul em uma só nação. Este bem quisto revolucionário hoje dá nome a República Bolivariana de Venezuela.

Deixamos o festival para concluir o que ainda faltava referente ao despacho. Logo, logo, com mais alguns percalços no caminho, nosso carro estaria encaminhado no porto de Puerto Cabello e nós seguiríamos para o aeroporto, de onde partiríamos para a Oceania, com uma escala de dois dias em Santiago do Chile.

Adeus América do Sul e seja bem-vinda a Oceania!

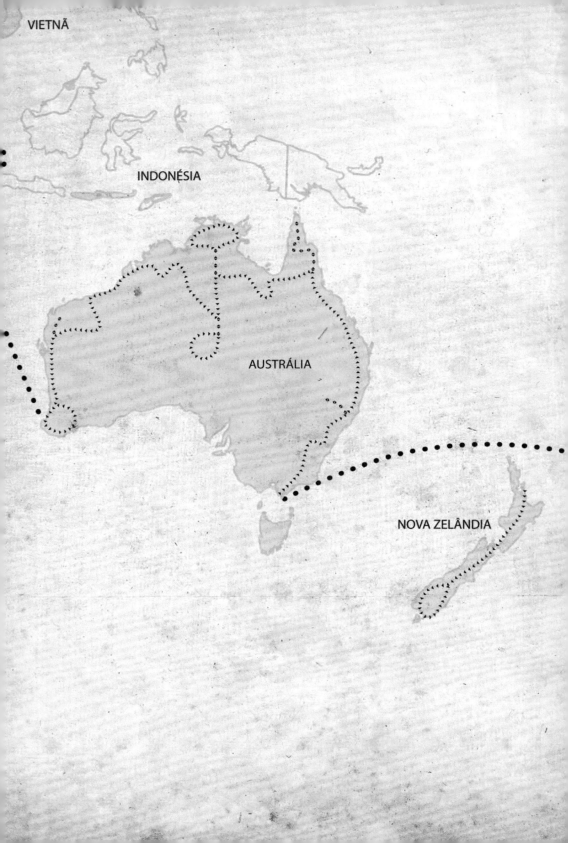

4.
Oceania

Essa eu precisei de ajuda para entender: haviam se passado apenas 12 horas desde que decolamos de Santiago do Chile, no dia 9 de maio de 2007 e quando pousamos em Auckland, Nova Zelândia, já era dia 11. Dois dias depois. Como pode? Decolamos no escuro e pousamos no escuro. Onde foi parar o dia 10 de maio que dele só enxergamos as estrelas da noite? Que interessante é esse mundo redondo com apenas um sol! Podemos dizer que, dependendo da latitude em que estamos, o dia ou a noite giram quase na mesma velocidade de um jato. A impressão que temos é de que se o avião voar no sentido contrário à rotação da Terra, que foi o caso deste voo, ele voa, mas fica parado, estacionado no ar e quem gira é a Terra. Falo isso porque em todo o percurso o avião manteve-se no outro extremo em que o sol estava por todo o período. Isso representa que o avião voou 20% enquanto a Terra girou 80% do deslocamento entre Santiago e Nova Zelândia, já que nas 12 horas em que voamos, o mundo avançou 15 horas em seu fuso horário. Deveríamos ter um desconto nas passagens para esse tipo de voo?

Nova Zelândia – o país dos kiwis

Atrapalhados com o fuso horário, pensamos que pelo menos o inglês tiraríamos de letra. Mas já nas primeiras conversas, na busca de informações sobre o ônibus até o centro da cidade, nos assustamos. A Michelle estava desesperada e me falou: "Roy, eu não entendi uma palavra sequer do que eles falaram". E, de fato, o acento neozelandês é bem forte e com a nossa pouca experiência no idioma ficou ainda mais difícil de entender. Além da necessidade desse aprendizado, tivemos que nos habituar a tomar muito mais cuidado ao atravessar a rua, pois a mão inglesa para nós, de vez em quando, provocava altas buzinadas.

A sensação ao chegar à Nova Zelândia foi boa. Já no aeroporto confirmamos a veracidade de que o mascote local é uma espécie de ave chamada kiwi, o mesmo nome da fruta. É uma ave que não voa, muito bonita, mas desengonçada. É endêmica, isto é, só existe lá. Havia kiwis por todos os lados, em pinturas, fotos, bichos de pelúcia e em todos os souvenires. Por causa do seu isolamento geográfico, a Nova Zelândia sempre esbanjou em espécie de aves e animais que só ela tem. É uma pena que muitos desses exóticos animais foram extintos quando chegaram a essas ilhas os primeiros europeus, caçando-os e permitindo que seus animais domésticos trouxessem consigo doenças e predação.

Em Auckland tínhamos alguém a nos esperar: Kerolin Bail, prima da Michelle, e Paul R. Martin-Vanzer, seu marido, que vivem no país há um bom tempo. Com eles passamos os três primeiros dias e nos forneceram explicações valiosas de como as coisas funcionam por lá. Logo percebemos que o Lobo faria falta. As duas ilhas que compõem a Nova Zelândia são exploradas por milhares de pessoas o ano todo e as vans e motor-homes – carros específicos para camping – são perfeitos meios de transporte. O país é inteiramente estruturado para este tipo de turismo.

Já que ficaríamos somente um mês na Nova Zelândia, não compensaria despachar o Lobo para lá e mais uma vez para a Austrália. Portanto, como nosso companheiro viajava sozinho no porão de algum navio em direção à Austrália, alugamos uma camper-van – veículo fácil de ser encontrado a um preço atrativo. Seu nome era Soul e tinha pintadas nas laterais as caricaturas dos reis do Soul, Ray Charles e James Brown. Para quem tem um pouco mais de tempo para conhecer o país, é possível comprar essas camper-vans a preço muito baixo nas feiras de carros usados. Pessoas que já viajaram e necessitam voltar para casa têm que vender seus carros a toque de caixa, caso contrário perdem dinheiro. Daí surge oportunidade para boas compras.

Ventos e mais ventos, batizados e ameaçadores

Mal começamos a realizar um sonho e já passamos a sonhar outro. Com tantos veleiros ancorados no cais de Auckland e cada um mais bonito que o outro, a tentação de se fazer uma viagem por mar é grande. A Nova Zelândia, que a partir de agora chamaremos de NZ, é o país das velas. Lá, per capita, se concentra o maior número desse tipo de embarcação em todo o mundo. E as condições são muito favoráveis: mar por todos os lados e estrutura de marinas espalhadas pelo país. Isso sem contar que a linha dos roaring forties cruza um pouco acima da divisa entre a Ilha Sul e a Ilha Norte, ou seja, ventos não faltam.

Os roaring forties, ou os quarenta uivantes, em português, é o nome dado, especialmente por velejadores, para uma zona de ventos fortes entre as latitudes 40° e 50°, com direção de Oeste a Leste. Por causa da pouca massa de terra existente entre essas latitudes, o vento sopra quase que sem obstáculo e é especialmente forte no Hemisfério Sul. Entre as latitudes 50° e 60°, os ventos se chamam furius fifties, ou cinquenta furiosos e para as latitudes além de 60°, chamam-se shrieking sixties, ou sessenta gritantes.

Por falar nos roaring forties, a neozelandesa Wellington é a única capital do mundo a se situar nessas latitudes, entre os 40° e 50°. Única no mundo?! O povo da NZ adora dizer que possui algo "a mais": o mais bonito, o mais alto, o mais largo, o mais qualquer coisa. Se não for mais do mundo todo é de alguma parte dele, a exemplo da Sky Tower, que é a torre mais alta do Hemisfério Sul. Outro lugar que retrata exatamente isso localiza-se na Ilha Sul: a Baldwin Street – The World's Steepest Street, isto é, a estrada mais íngreme do mundo. É exatamente assim que está escrito na placa que dá nome a rua. É claro que existe um trabalho promocional em cima disso tudo. Nós, por exemplo, ficamos sabendo dessa estrada pelo nosso livro guia e fomos até lá. Subimos até o topo, que era realmente inclinado para um veículo 4x2 sem marcha reduzida, mas nada estupendo. Foi uma pena descobrirmos tarde demais que uma vez chegando lá em cima poderíamos comprar um diploma de ter realizado a tal façanha. Mas sou sincero em dizer que a pessoa que deu esse mérito a Baldwin Street com certeza não teve a oportunidade de dirigir nos Andes Venezuelanos. Aqui cabe também salientar que a Austrália não deve muito à NZ na busca desses méritos.

MAIS CARNEIRO DO QUE GENTE

Mesmo que exagerem um pouco, alguns números deste país são mesmo interessantes. Por ser a NZ um dos maiores produtores de lã, existem dez vezes mais carneiros do que a própria população. São 46 milhões desses animais para 4,2 milhões de habitantes. Dizem as más línguas que os carneiros que pastam nas verdes pastagens que costeiam o oceano têm carne três vezes mais cara do que a de um carneiro normal. É sério: segundo os kiwis – autodenominação dada aos neozelandeses – a grama ao lado do mar fica salinizada, pois é molhada com a maresia trazida pelos fortes ventos. Assim, a carne passa a ser muito especial. E como souvenir desta terra de carneiros, nós compramos uma plaqueta de plástico imitando uma placa de rua que diz o seguinte: "Atenção, carneiro nos próximos 1.200 quilômetros".

Começamos nossa viagem do lado setentrional da Ilha Norte e, devagarinho, vínhamos dirigindo a nossa indiscreta camper-van, equipada com tudo o que necessitávamos: fogareiro, cama – que durante o dia se transformava em dois bancos com uma mesa no meio – compartimentos para organizar as trailhas, pratos, panelas e o resto necessário para se acampar com conforto e praticidade. Nosso planejamento indicava 30 dias na NZ e o combinado era que se estávamos gastando dinheiro fixo com o aluguel do veículo, então deveríamos evitar despesas de campings ou albergues. De vez em quando íamos ao supermercado para abastecer nossa despensa com o suficiente para as refeições básicas – café da manhã, almoço e jantar –, pois em países de primeiro mundo é fácil estourar o orçamento.

Percebemos logo que acampar em qualquer lugar da NZ é tão seguro quanto acampar dentro de um shopping center. Mas há um detalhe que atrapalha: como existem milhares de pessoas fazendo o mesmo que nós, em alguns lugares específicos – principalmente os que possuem bom estacionamento e uma belíssima vista – com certeza haverá uma placa sinalizando que é proibido acampar. É fácil entender essa lei quando se vê campings a cada esquina.

Com relação à natureza na NZ, há algo que merece destaque: mesmo no começo de um friorento inverno, tudo é muito lindo, como num desenho em aquarela só de cores primárias. Praias com ondas longas de esquerda, vulcões, montanhas, gêiseres, lagos de água quente, florestas e parques – nada muito grande ou grosseiro. Tudo na medida certa. O país é, literalmente, uma paisagem cinematográfica. Não à toa o conhecido Senhor dos Anéis foi filmado lá.

As fazendas, em sua maioria de carneiros, ocupam mais da metade do território nacional. Adorávamos ver o contraste das pastagens verdes beirando o oceano.

Visitamos algumas cavernas de Waitomo, onde habitam milhões de vermes luminosos. Na escuridão total, pendurados no teto de pedra, eles desenham constelações. Suas luzes atraem outros insetos que servem de alimento ao cair em armadilhas semelhantes a teias de aranhas, que são, na verdade apenas linhas verticais pegajosas.

A TERRA DAS TATUAGENS

A história desse país foi novidade para nós. Há cerca de mil anos, bem antes da colonização européia, a NZ foi imigrada por um povo indígena chamado maori, que é descendente de povos da Polinésia. Os maoris, naquela época, alcançaram essas ilhas em enormes canoas, chamadas wakas. Não possuíam escrita e os conhecimentos eram preservados por meio de histórias contadas de geração em geração. Foi deles que o mundo ocidental herdou o costume de tatuar o corpo. Lá, a arte da tatuagem chama-se moko. Enquanto os homens tatuavam toda a face, nas mulheres a tatuagem se restringia ao queixo, parte superior dos lábios e nariz. Tradicionalmente, esse costume tinha significado de status.

Em 1949, um bom tempo após a colonização européia, foi firmado um tratado de tolerância e justiça entre os povos europeus e maoris. A partir da década de 50, muitos maoris casaram-se com ingleses e atualmente são raros os descentes puros. Apesar da raridade deste povo, sua tradição é orgulho nacional. Como prova disso, basta ouvir o Haka – grito de guerra do time nacional All Blacks, que antecede todos os jogos de rugby de que participam. O grito é executado desde 1884, quando pela primeira vez o time de rugby nacional viajou ao exterior para jogar com outras nações. Este grito assustador foi bem representado no filme Invictus, que Clint Eastwood dirigiu em 2009.

Ainda na Ilha Norte, fizemos uma caminhada por entre os vulcões Tongariro (1.968 metros), Ngauruhoe (2.291 metros) e Ruapehu (2.797 metros), que foi inesquecível. O que surprende é a estrutura:

banheiros, belas trilhas, passarelas feitas em madeira suspensa para evitar erosões, cabanas e tudo o mais. Tudo é perfeito. Tão perfeito que chega a tirar um pouco do espírito de aventura da jornada. Se acontecer algo com os turistas nesses parques, os guardas estarão lá, para socorrer, quase tão rápido como o nosso Samu – Serviço de Atendimento Móvel de Urgência.

Com aventura ou não, a caminhada que partiu num frio de rachar a 1.100 metros de altitude, percorreu 17 quilômetros em seis horas e meia e nosso ponto mais alto foi 1.900 metros. Crateras, lagoas de cor esmeralda e azul e fumarolas com cheiro de enxofre fizeram do cenário algo fantástico.

De volta à estrada com o nosso companheiro Soul, quando chegávamos a Wellington, próximo ao Estreito de Cook, passamos a sentir os ventos cada vez mais fortes.

Cruzamos de ferry-boat para a Ilha Sul e rumamos diretamente a Nelson – cidade que guarda em seu museu o anel utilizado no filme Senhor dos Anéis. A cidade sedia o Parque Nacional Abel Tasman e dentro dele há uma das mais belas trilhas para caminhadas do país.

Abel Tasman, navegador holandês, ao comandar uma viagem exploratória pelo Oceano Índico e Pacífico Sul em busca de comércio e ouro e uma possível rota para o Chile, em 1642, foi o primeiro europeu a avistar a Tasmânia e a Nova Zelândia. Não fincou a bandeira na NZ, pois quando ameaçou desembarcar no local que hoje abriga esse parque com o seu nome, um de seus tripulantes foi morto por maoris. A ocupação e colonização inglesa só iria se processar em 1769, com o capitão James Cook. A importância dos nomes desses dois exploradores está registrada nos dois maiores picos na NZ: Mount Cook, o mais alto (3.754 metros) e Mount Tasman, o segundo mais alto (3.497 metros). O Mar da Tasmânia, entre a NZ e Austrália, e a própria Tasmânia (antiga Ilha Van Diemen) também foram homenagens a Abel Tasman.

Quarenta quilômetros de trilha sem morros, somente costeando o litoral. Distraídos tirando fotos, fazendo longas paradas para almoço e contemplando aquele espetáculo de lugar, não nos atentamos que a própria natureza prega truques aos desavisados. Com maré baixa, é possível cortar muitos quilômetros por um atalho sobre a areia. Mas chegamos tarde e mesmo com uma tentativa de cruzar por ali, não conseguimos. O mar subia muito rápido e forte. Tivemos que desistir do atalho. Quando voltamos, nos surpreendeu o quanto o mar já havia subido... Ficamos quase ilhados! O pior da história é que a trilha que desviava daquela baía nos fez andar cinco quilômetros a mais. Devido ao longo desvio, que veio regado de chuva e frio, chegamos aos chalés oferecidos aos andarilhos quando já era bem escuro, mas foi tudo tranquilo.

Nos chalés, fizemos amizades que levamos para sempre – os alemães Myriam e Mathias, a espanhola Pilar, o francês Sebastien e o suíço Eric. Os dois últimos são velejadores solitários do mundo, que na ocasião estavam com seus barcos atracados no mesmo cais, ali perto. Na primeira ameaça de um convite para visitá-los em seus barcos, aceitamos na hora, pois queríamos atiçar ainda mais aquele novo sonho que despertava. Ali, num dos três dias que permanecemos, vivemos um episódio engraçado. Estávamos fazendo uma caminhada na boa companhia dos novos amigos no sentido do Cabo Farewell, o ponto mais boreal da Ilha Sul – um lindo lugar com grama verde, paredões de pedras, carneiros e vacas. Tudo perfeito, exceto um vento muito forte que não parava nunca e ameaçava nos arrastar de tempos em tempos. Até que uma vaca, pela qual recém havíamos passado, mijou. Que visão: carregado pelo forte vento, seu xixi não chegou a cair no chão. Passou rente às nossas cabeças, quase nos dando um banho quente, e foi desaparecer no oceano Índico. O xixi da vaca virou motivo de risadas por uns bons dias.

Quanto aos amigos alemães, encontramos ainda várias vezes nessa viagem; a espanhola, em nosso regresso, nos visitou no Brasil; o francês velejou sentido América do Sul, cruzando o Pacífico para então cruzar o Cabo Horn; e o suíço permaneceu por anos na Oceania, especialmente nas ilhas da Polinésia Francesa. Nada mal, hein?

Atrativos turísticos não faltam na NZ. Principalmente na Ilha Sul, onde se encontra a capital dos esportes radicais, Queenstown. Pegamos neve, frio e muito vento. Algumas cidades, como Invercargill, chegam a construir seus pontos de ônibus invertidos, como que de costas para a rua, para que as pessoas se protejam dos ventos vindos do Oeste. Difícil até de caminhar. Visitamos glaciares, fiordes, cavernas, praias exóticas com diferenciadas formações rochosas e lagos refletindo os maiores picos do país. Os animais também nos marcaram muito: albatrozes reais, pinguins de olho amarelo, pinguins azuis, lobos marinhos, dentre outros.

Banheiro automático

De todas as ótimas lembranças que temos da NZ, há uma que eu não poderia deixar de registrar. Aliás, está registrada inclusive em nossa filmadora. Aconteceu em Bluff, na praça principal, onde possivelmente se localiza o banheiro mais automático do planeta. Não estava precisando ir ao banheiro, mas a Michelle fez tanta propaganda que resolvi fazer uma visita. E foi assim: a porta de correr abriu ao simples apertar de um botão e quando entrei fechou automaticamente sem eu precisar fazer nada. Ao som de uma música clássica, fiz o que nem precisava fazer e fui dando seguimento às demais etapas do processo. E a filmadora em minha mão, gravando tudo. Mas e a descarga, onde fica? Não achei, então apertei num botão que fez desenrolar o papel. Para lavar as mãos, automaticamente, claro, coloquei-as sobre um sensor que despejou umas gotinhas de sabão, seguidas de um jato de água quente e por fim, o secador. Tudo sem precisar encostar em nada. Saí do banheiro, mesmo sem ter resolvido o problema da descarga, e aí sim, quando abri a porta por meio de um botão, o processo de limpeza começou. Não sei o que aconteceu lá dentro, somente escutei a descarga, mas esses banheiros travam por um minutinho para desinfestação e somente depois o próximo cliente poderá utilizá-lo. Muito interessante.

Vimos alguns banheiros semelhantes espalhados pelo mundo, mas nada com tanta tecnologia. Um que também merece menção é o de Londres. Na boca da noite, de uma hora para outra, surgem do chão, em determinados pontos da cidade, pequenas cabines metálicas que servem como mictórios. Elas ficam erguidas ao longo da noite, horário da boemia, e depois descem para seus compartimentos, sumindo totalmente durante o dia, quando é possível inclusive caminhar por cima delas.

Os 30 dias que tínhamos para a NZ passaram rápido e logo chegou a hora de empacotar nossas trouxas, devolver o Soul e fugir do frio que congela até esponja de louça. Nosso novo rumo era a Austrália, pois o Lobo estava prestes a chegar em Melbourne. Precisávamos tratar da burocracia e retirá-lo do porto. De Queenstown voamos para Auckland e depois para Melbourne, Austrália.

Para todos os convites um "sim"

No começo da nossa viagem fiz um trato com a Michelle. Concordamos que a todos os convites que nos fossem feitos, diríamos "sim", sem exceção, pois acreditávamos que neles testemunharíamos muitas experiências diferentes, conheceríamos mais gente e principalmente pessoas locais. Mas para isso, muitas vezes, precisávamos ter muita cara de pau. Isso aconteceu na Austrália, com um casal com o qual eu vinha trocando alguns e-mails. Seu contato eu havia recebido de uns motoqueiros que conheci em minha primeira viagem de moto, quando fui ao Ushuaia. Esse casal, num de seus e-mails, nos convidou para ficarmos em sua casa no tempo em que estivéssemos esperando por nosso carro e, conforme nosso trato, aceitamos. Pousamos no Aeroporto Internacional de Melbourne, pegamos um táxi e fomos direto ao endereço deles. Descemos do táxi, pagamos, tocamos a campainha e quando atenderam a porta, dissemos: "Oi, somos nós que vamos ficar na sua casa", com aquele sorriso amarelo, sem jeito.

Acreditem: em outras oportunidades em que isso acontecia, os hospedeiros nos faziam sentir em casa, como amigos de muito tempo, mas ali foi diferente. Não sei se por nós ou por eles, mas não houve sintonia no encontro. Os dias foram passando e o carro não vinha, não vinha... E a cada dia éramos perguntados se tínhamos alguma previsão do tempo de estada. Passou uma semana e o carro nem perto de ser liberado no porto. A situação ficou insustentável.

Aí, por sorte, ficamos sabendo que morava lá o Luciano Peters – o Guga. Irmão do cunhado da Michelle e amigo meu dos velhos tempos, havia se mudado para lá com o intuito de trabalhar e iniciar uma nova vida. Havia muito tempo que não falávamos com ele e quando o encontramos, na hora fomos convidados a mudar de casa. Com o Guga ficamos mais duas semanas devido à necessidade de esperar pelo Lobo. Ainda bem, pois acredito que se fôssemos ficar mais esse tempo com os australianos, seríamos expulsos de sua casa. Somos, claro, muito gratos a eles, mas quando saímos de lá sentimos alívio muito grande, pois percebemos que estávamos incomodando. No período em que ficamos na companhia do Guga, aproveitamos muito. Na hora de ir embora, de tantos pães que fizemos juntos (eu passava por aquela fase de empolgação total em fazer pães) deixamos combinado que em nosso próximo encontro faríamos numa noite o festival do pão.

Estávamos ansiosos para pôr o pé na estrada. No tempo que ainda esperávamos pela liberação do Lobo, decidimos alugar um carro por um dia e viajar ao Sul pela Great Ocean Road – tida pelos australianos como a estrada costeira mais bonita do mundo. O passeio foi rápido, mais bem legal: belas praias com ótimas ondas para o surf, a exemplo da Bells Beach, que sedia uma etapa do campeonato mundial de surf, penhascos, gigantes monólitos erodidos que formam os Doze Apóstolos, florestas... E o espetáculo à parte oferecido pelas baleias e coalas. As baleias somente vimos de longe, quando vez ou outra uma aparecia jogando jatos d'água ou abanando a cauda na hora em que mergulhava. Mas os coalas deram o show. Tínhamos a informação de que poderíamos vê-los nas florestas de eucaliptos, em sua vida selvagem, e quando já estávamos quase desistindo de procurá-los, apareceu o primeiro. Paramos o carro e vimos o segundo, o terceiro, e mais, e mais, e mais... Chegávamos muito perto deles e não pareciam nada preocupados com isso: simplesmente abriam um olho (dificilmente os dois) para ver o que estava acontecendo e logo já o fechavam novamente. Como esses animais vivem das folhas do eucalipto, pobres em nutrientes, desenvolveram hábitos como dormir 20 horas por dia. Mas são lindos, iguaizinhos aos de pelúcia. Se eles gostam mesmo de eucalipto, a Austrália é a sua morada certa, pois possui em torno de 500 espécies dessa árvore.

Assim como a Nova Zelândia, a Austrália se situa isolada de outros continentes, uma situação que permanece já há 40 milhões de anos. Por isso, lá também existem fauna e flora únicas. Pouca chuva e solo pobre significam alimentos escassos, forçando as plantas e os animais a desenvolverem formas curiosas de sobrevivência. Lá o cisne é preto, alguns mamíferos botam ovos e certas árvores perdem as cascas ao invés das folhas. Um exemplo interessante é o ornitorrinco, que vive na água como um peixe, amamenta seus filhotes como um mamífero, bota ovos e tem bico como um pato. Ainda existem animais super diferentes, como os cangurus, a équidna e o vombatidae.

O que distingue a Austrália da NZ é que, apesar de ser também considerada ilha, a Austrália é um continente. São quase 7,7 milhões de quilômetros quadrados, sendo o sexto maior país do mundo, logo depois do Brasil. A diferença para o Brasil é que a Austrália é inóspita. Vivem lá apenas o equivalente a um décimo da população brasileira e a maior concentração de pessoas, 70%, vive na costa Leste, ficando o grande centro do país, chamado de Outback, quase sem ninguém. A Tasmânia, ilha ao Sul, é apenas um estado australiano e Camberra, a Sudeste, foi uma cidade projetada para ser a capital – assim como Brasília.

Que felicidade foi ver o Lobo da Estrada intacto, ainda dentro do container que o levou até nós numa viagem de 45 dias. Fui vê-lo no depósito da empresa que nos auxiliou com o processo de liberação. Mas naquele momento ainda não podia dirigi-lo, pois o carro seria inspecionado pela aduana e controle fitossanitário. Essa não: eu estava dentro do carro, retirei-o do container, peguei uns casacos e deixei a erva do chimarrão à mercê dos inspetores, que no dia seguinte a confiscaram. Por que não a levei comigo?

Devido ao rígido controle fitossanitário, é indispensável que os veículos enviados para lá estejam 100% livres de pó, graxa, barro ou qualquer sujeira que possa trazer bactérias nocivas ao país. Ainda bem que tínhamos essa informação antes de despachar o carro. Soubemos de viajantes que não seguiram essas recomendações e tiveram que submeter seus carros à quarentena. E, já de início, tiveram que desembolsar aproximadamente 500 dólares, destinados ao transporte do carro, via caminhão, até o departamento de quarentena, além de uma lavagem especializada, feita com produtos especiais para esterilização. Barracas, sapatos e outros equipamentos que eventualmente tenham tido qualquer contato direto com o solo do país de origem também são inspecionados.

Melbourne é uma cidade grande, um dos maiores centros industriais do país. Lá tem tudo, tudo mesmo e por já sabermos disso na fase do planejamento da viagem, esperamos chegar até lá para comprar alguns equipamentos de camping que nos faltavam. Compramos uma geladeira Waeco de 50 litros que funciona em 12 volts e possui três funções: congelamento, refrigeração e aquecimento. Programa-se a temperatura por meio de um visor digital, que pode ir dos -20°C até 60°C. Além de prática, foi um dos poucos equipamentos que não nos incomodou durante toda a viagem. Compramos também um fogão de duas bocas que funciona a gasolina, da marca Coleman. Também já o conhecíamos e optamos por ele devido a dificuldade que teríamos com botijões de gás, já que cada país possui um sistema, uma bitola ou um encaixe diferente. Gasolina existe no mundo todo, muitas vezes suja, mas existe.

Da Ironman, empresa especializada em carros 4x4, também compramos alguns equipamentos, tudo a preço de custo. Esse foi um acordo tratado lá na Venezuela, quando os visitamos no Venezuela Off-Road & Adventure Festival. Trocamos as quatro molas originais por heavy-duties – molas de alta capacidade de carga – e compramos quatro amortecedores a gás. Para o sistema elétrico – cinco lâmpadas fluorescentes, um inversor de 300 watts, uma bomba d'água com capacidade de 2,5 galões por minuto, um ventilador, duas luzes que iluminam as caixas de roupas e a geladeira – instalamos um sistema dual battery "anti se ferrou". Funciona assim: todos os equipamentos acima citados ficavam ligados numa segunda bateria de gel (deep cicle), a qual poderia perder toda a carga sem retirar um pingo de energia da bateria mãe, que era a primeira, pois um solenóide conectado entre elas desacionava quando o carro estava desligado e desconectava as baterias. Quando o carro ligava, o solenóide ativava e conectava as baterias novamente para que as duas recebessem carga do alternador. Em função desse sistema, ficávamos felizes quando lá no meio do deserto, sem nada por perto, girávamos a chave e o carro pegava de primeira, mesmo que tivéssemos passado a noite anterior usando muita energia. A carga da segunda bateria durava cerca de três dias sem que o carro fosse ligado – em terras muito quentes esse tempo era menor, pois era mais difícil manter a geladeira fria. Depois desse período, tínhamos que dirigir para recuperar a carga. Detalhe: por ser de gel, esta segunda bateria não se danifica com as altas e baixas de carga.

Com o carro liberado e mais bem equipado, partimos de Melbourne rumo ao Norte, a caminho da costa Leste australiana. Dos 60 países que visitamos, a Austrália foi onde mais tempo permanecemos. Foi, também, onde realmente aprendemos a nos adequar aos escassos quatro metros quadrados que tínhamos para viver. Foram quatro meses inteiros e apenas um dia pagamos para dormir em um albergue. E só pagamos porque era nosso último dia no país, quando nosso carro já viajava num navio para a Ásia.

UMA CASA, COM CERTEZA

O Lobo era literalmente uma pequena casa. Tínhamos quarto, cozinha, escritório, despensa, sala de jantar, sala de estar, oficina, lavanderia, chuveiro e tudo mais que se possa imaginar. Tudo se transformava, dentro daquele espaço, naquilo que precisávamos. Se as condições do tempo ajudavam e o local de acampamento fosse propício, os quatro metros quadrados viravam 10, 20, 30, 50 metros quadrados ou até mais se fosse necessário. Tínhamos todo o espaço do mundo só para nós e com um importantíssimo detalhe: a vista de nossas janelas e de nossa pequena varanda alternava-se como num calendário. Se hoje avistávamos o mar, amanhã poderíamos estar contemplando montanhas, desertos, rios ou qualquer outra paisagem que nosso carro tivesse alcance.

Esse carro foi amor à primeira vista. Não o trocávamos por nada. Que a verdade seja dita: os momentos mais tristes da viagem eram aqueles em que tínhamos que embarcar o Lobo em um container e por um tempo ficar longe dele. Percebemos com o passar dos meses e anos dessa expedição que essa paixão não era por acaso. Nosso carro era de fato o veículo ideal para o tipo de viagem que estávamos realizando. Aliás, ele não teria que ser nem maior e nem menor: por dentro era grande e por fora, pequeno. A qualquer hora do dia ou da noite podíamos caminhar da cabine para o motor-home e ali tínhamos o nosso cantinho, aquele que era somente nosso, com toda privacidade do mundo. Isso era uma coisa de que muitas vezes precisávamos muito, principalmente no continente asiático, onde as pessoas estão por todo lado. A nossa vantagem perante muitos outros veículos era que para ter essa privacidade não precisávamos montar nenhuma barraca ou erguer um teto. Do jeito original que o carro rodava, podíamos ficar de pé, sem nos curvar, e tínhamos um ótimo conforto e segurança. De fora, as pessoas não tinham certeza se estávamos ali dentro.

Usávamos somente dois dos três níveis de abertura do teto, mas isso já arejava e clareava todo o interior do carro, dando um aspecto de ser maior ou mais livre. Como nos enquadramos em um porte de carro pequeno, muito menor e mais leve do que os caminhões, tínhamos um carro para qualquer tipo de terreno. Não conheço lugar que algum viajante com carro 4x4 tenha ido que nós não teríamos condições de ir. E fomos. Não existiam barreiras para o Lobo.

Acampar na Austrália foi tão fácil quanto na Nova Zelândia. O país é muito bem estruturado para isso. Ao longo das principais rodovias e, por vezes nas secundárias, existem pontos de parada específicos que os australianos chamam de rest areas, ou melhor, áreas de descanso.

Existem as específicas para caminhões e aquelas para o pessoal do camping. Tudo de graça. As mais caprichadas têm áreas sombreadas, mesas, banheiros – quase todos sem chuveiros. E todas tinham o que mais carecíamos: lugar para estacionar o Lobo – e com segurança. Algumas até dispunham de lenha para fazer fogo! Existem mapas onde essas áreas estão descritas em detalhes. Com isso, ficava fácil de planejar onde dormir na noite seguinte.

Não foram poucas as vezes que, ao procurar um canto para passar a noite, encontramos as áreas completamente lotadas já às quatro da tarde. É que os australianos viajam muito pelo seu país. Ouvimos dizer que cada um deles, pelo menos uma vez na vida, ganha férias prolongadas de seis meses a um ano. E a primeira opção é rodar à toa, dentro da própria Austrália. Alguns viajam, trabalham, viajam, trabalham e isso funciona porque a mão de obra para se colher frutas e legumes no país é muito bem paga. Quem vive dessa forma viaja atrás de safras. No inverno, vai ao Norte e no verão, ao Sul. Essas pessoas estacionam seus carros próximos às fazendas onde trabalham e ali moram durante o período de labuta. Quanta diferença para os nossos bóias-frias!

A nossa rotina era levantar cedo para um reforçado café da manhã. Eu, como dormia no lado da cama que fica sobre o corredor, costumava acordar antes da Michelle e deixava tudo preparado. Para esquentar a água, tínhamos duas possibilidades: a tradicional, utilizando nosso fogão a gasolina e a mais requintada, em uma chaleira elétrica 12 volts. Apesar de demorar mais, a chaleira levava o tempo exato que precisávamos para guardar as cobertas, travesseiros e fechar a cama. Quando estávamos prontos com a arrumação, a água para o café já estava pronta para o coador. Sincronismo perfeito.

Fazia parte da rotina das nossas manhãs, nos dias úmidos e frios, a tarefa de secar a parte interna do motor-home. Como o ambiente era pequeno e com muito metal aparente (alguns ferros da estrutura do motor-home e o alumínio das janelas) a água condensava facilmente. Para agravar a situação, mesmo com tubos de silicone, tínhamos uma infiltração que insistiu em nos incomodar por toda a viagem. Ela ficava justamente no chapéu frontal do carro – lugar que, por ironia e para nossa angústia, havia sido escolhido para guardar as cobertas e travesseiros. E quando nos esquecíamos de estancar essa infiltração com uma toalha, a água escorria diretamente para o colchão.

O PÃO NOSSO DE CADA DIA

Normalmente nos abastecíamos de pães, comprando-os pelo caminho. Mas rapidamente aprendemos a fazê-los e essa passou a ser uma das atividades mais gostosas da viagem. A cada etapa, uma farinha ou um ingrediente diferente – o que nos dava sabores alternados e muitas surpresas, pois não conseguíamos seguir uma mesma receita na íntegra. Tudo o que víamos pela frente poderia fazer parte da massa. O leitor deve estar se perguntando como fazíamos para assar o pão. Foi uma surpresa descobrir que a Coleman possui um forninho desmontável, especial para camping, que funciona em cima de um fogão normal, sendo aquecido quando seu prato metálico inferior fica em contato direto com o fogo do fogão. Sua temperatura, que é medida por um termômetro na portinhola, chegava a 200°C. A vantagem é que nos dias frios e úmidos, ao invés de fazermos algo cozido que gerava mais vapor dentro do carro, podíamos preparar algo no forno, que acabava virando um aquecedor e desumidificador ao mesmo tempo. De lá saíam bolos deliciosos, como a nega-maluca que acabou virando nossa especialidade. Aliás, como será que se diz nega-maluca em australiano?

Sempre vivíamos do básico: se o pão era barato, comprávamos pão, mas se era caro ou difícil de encontrar, comíamos outra coisa, como aveia ou cereais, que não são comuns em todos os países por onde passamos. Leite, manteiga, queijo e outros derivados nem sempre encontrávamos, pois em lugares como a Ásia ou África esse tipo de alimento quando existe é importado e caro, então ficava fora da dieta. O tomate, em 90% da viagem, fez parte de nossas refeições, inclusive do café da manhã. Mas, na terra dos kiwis e dos cangurus, ele era super caro, a ponto de custar oito dólares neozelandeses o quilo. Mas de certa forma dá para entender esse preço. Imagine que na Austrália são pagos 20 dólares australianos por hora trabalhada na colheita de tomate! Esse custo vai para o consumidor, é claro.

E a rotina continuava – seguir viagem, acampar, seguir viagem, acampar. Caminhadas, praia, caminhadas, praia. Sair pelo mundo ao deus-dará, estava valendo a pena. Nunca sabíamos ao certo se iríamos almoçar ou apenas fazer um lanche ao meio-dia. Quando caprichávamos no almoço, a janta era reduzida, ou o contrário.

Tanto eu como a Michelle temos verdadeira paixão por cozinhar. Macarrão, arroz e batatas eram os pratos principais, sempre acompanhados por molhos e saladas. Dificilmente tínhamos dois pratos principais ao mesmo tempo. Nosso fogão só comportava duas panelas. Usávamos os enlatados, que facilitam bastante em viagem. Aliás, eles foram inventados como comida de guerra.

O que mais comíamos eram os feijões, de todos os tipos, tamanhos e cores. Há um tipo de feijão inglês, muito utilizado nos cafés da manhã, chamado baked beans. Eles vêm num molho de tomate avermelhado um pouco doce, mas muito gostoso. Nos países mais desenvolvidos, viramos fregueses de carteirinha de uma marca chamada Home Brand, ou seja, "marca caseira". Alguns até eram chamados de "sem marca" – muito mais baratos. E em cada país por onde passávamos pesquisávamos e aprendíamos as receitas locais, geralmente as mais simples, como o arroz frito, pad-thai, tajine, pab, potjiekos, etc. Carne fora do Brasil é artigo de luxo. Dificilmente comprávamos, mas quando isso acontecia, era sempre por algum motivo especial. Quanto às bebidas, também considerávamos preço. No caso da Austrália, o vinho em caixa de cinco litros tinha um bom custo-benefício.

O dia passava e lá íamos nós procurar novamente algum lugar para pernoitar. Em regiões quentes era possível tomar banho de água fria com nosso chuveirinho externo, mas no frio, isso era impossível. Então, quando passávamos pelas cidades, às vezes íamos a algum clube de natação, camping ou outro local e pagávamos somente pelo banho. Mas isso foi somente nos primeiros meses da viagem, pois depois as coisas evoluíram. Adaptamos no motor do carro um sistema de aquecimento de água, uma espécie de serpentina que possui dois canos: um da água do radiador, que apenas passa por ali para esquentar o sistema e outro com a água que bombeávamos da nossa caixa d'água para o chuveiro, o que fazia com que a água chegasse bem quentinha. O mais interessante foi que adaptamos, utilizando cortinas de banheiro, uma espécie de box para tomar banho dentro do carro. A água que utilizávamos escorria no plástico, que era comprido e se dobrava para fora, pela porta semi-aberta. Funcionava muito bem. Mas ainda tínhamos um problema para nossos banhos: o de conseguir água nos lugares mais desérticos e inóspitos. Aí o jeito era tomar banho de canequinha, o que possibilitava uma grande economia de água. Mesmo com todo esse sistema, banhos não aconteciam todos os dias, pois a prioridade era água para beber e cozinhar. O Righetto, amigo nosso de Joinville, fez um comentário em nosso website que nos fez rir muito. Devido aos escassos banhos, ele se referiu a nós como os "Imundos por Terra".

Da caixa d'água, bombeávamos água para tudo: cozinhar, lavar louça, tomar banho, escovar os dentes e para beber. Para ter água potável, ela precisava passar por um filtro de cerâmica que limpava 99,9% da sujeira, inclusive minúsculas bactérias. O filtro só não tirava o gosto ruim, se fosse o caso, tampouco o gosto do sal, já que muitas vezes não tínhamos outra opção a não ser encher a caixa com água salobra.

Organização! Essa palavrinha é extremamente importante para quem vive em um espaço tão pequeno e que chacoalha tanto. A cada dia que passava, com o uso das coisas aprendíamos o que era importante e o que não era, percebíamos o que utilizávamos todos os dias e o que não era tão necessário. E nos livrar daquilo que não está sendo útil é fundamental, seja o que for. Nem que seja uma bicicleta. Claro, fica um pouco difícil se o que se quer jogar fora é um presente de Natal que você ganhou da namorada. Mas cada centímetro quadrado ganho e cada grama perdida é uma vitória – o Lobo que o diga.

Nossos armários ganharam seis caixas feitas de uma palha dura, dentro das quais organizávamos quase tudo: talheres, pratos, enlatados, temperos, pacotes de comida... Elas são práticas e fáceis, pois fazem a função de uma gaveta, apesar de não terem trilhos. Na parede lateral da pia fixamos um porta-trecos para guardar os utensílios que volta e meia precisávamos, como escovas e pasta de dente, fio dental, detergente, sabão líquido, espelho, kit costura, tesoura, pega panelas, papel higiênico, baralho de cartas, etc. Nosso kit-banheiro também ficava em local de fácil acesso: debaixo da cama. Uma desvantagem do porta-trecos era que quando o carro passava por buracos grandes, esses utensílios saíam todos voando.

Para dar mais aconchego e esquentar o ambiente, colocamos um tapete no corredor do motor-home, escondendo assim aquele piso frio "de ônibus" feito de alumínio ranhurado. Isso também tirou um pouco da frieza interior ocasionada pelos móveis vermelhos que, além da cor forte, possuíam cantos vivos onde, vez ou outra, dávamos uma raspada na pele.

Cangurus por todos os lados

O frio nos pegou novamente tão logo saímos de Melbourne. Mas um frio de bater o queixo. Mais de 30 centímetros de neve! Quem diria? Isso aconteceu quando cruzávamos o Alpine National Park, a região montanhosa mais alta do país. Apesar do frio, um visual tremendo. A floresta dos verdes eucaliptos era duma imensidão branca, onde o Lobo, por ser branco, ficava totalmente camuflado. Os flocos de neve levitavam no ar e tudo parecia uma foto em preto e branco.

E quem fomos encontrar nessas florestas, saltitando entre as árvores? Os cangurus, figurões simpáticos que estavam por toda parte. Começamos até a contar quantos víamos, pois não imaginávamos que existiam tantos. Claro que logo perdemos a conta.

Este mamífero marsupial, que é encontrado somente na Austrália e na Nova Guiné, possui patas traseiras muito desenvolvidas. Vive em florestas e planícies e sua alimentação baseia-se em vegetais e frutas. Os grandes podem chegar a 1,60 metros, ter uma cauda de 1,40 metros e pesar 90 quilos. Imaginem um canguru correndo, ou melhor, saltando a 56 quilômetros por hora, com um salto que pode cobrir até oito metros de distância em uma altura de 1,8 metros!

Chegamos a ver algumas fêmeas carregando seus filhotes nessas bolsas frontais, chamadas de marsúpio. Depois de uma gestação que leva entre 30 e 40 dias, a mãe canguru dá a luz a apenas um bebê por vez. Ele nasce tão pequeno quanto uma cereja. Vai direto para a bolsa da mãe e não emerge por cerca de dois meses. Eles finalmente saem da bolsa quando completam mais ou menos um ano de idade.

A origem do nome canguru é muito interessante. Na viagem de descoberta da Austrália, marinheiros do capitão Cook capturaram um bebê canguru e trouxeram a estranha criatura a bordo. Como ninguém sabia o que era aquilo, alguns homens foram à praia para perguntar aos nativos. Quando os marinheiros retornaram, disseram que o animal se chamava "canguru". Anos depois se descobriu que quando os aborígines disseram "canguru" eles não estavam realmente nomeando o animal, mas replicando as perguntas dos marinheiros com a frase: "O que você disse?".

Ainda no Alpine National Park vimos uma cena não muito amigável – a de um cachorro enforcado. A Michelle não me deixou nem tirar foto. É que nesses parques, para a proteção dos animais selvagens, existem várias placas de sinalização dizendo que é "proibido animais domésticos". Alguém, imagino, desacatou a norma e soltou o cão, que por infelicidade deve ter encontrado um canguru mais forte ou um guarda-parque de mau humor. O aviso deve ter servido de alerta para muita gente.

Descemos as montanhas e fomos para Kiama, uma cidade costeira que possui interessantes buracos nas rochas, bem frente ao mar. Quando as ondas batem nas pedras furadas, formam um imponente chafariz. Não sei se o mar é sempre assim por lá, mas em toda minha vida jamais havia visto tamanha fúria de ondas.

Logo chegamos a Sydney. Aliás, logo é modo de dizer, pois na Austrália, diferentemente de muitos lugares, são necessários centenas de quilômetros entre um destino e outro. Não é à toa que rodamos 27.000 quilômetros por lá. Sydney é a cidade mais populosa do país, com quatro milhões de habitantes. É uma das cidades mais multiculturais do mundo, tamanha a quantidade de imigrantes provenientes de todos os cantos do planeta – em torno de 180 nacionalidades. Muitos brasileiros também vivem lá. O Sydney Opera House é um dos edifícios mais marcantes do país. Por causa da sua concepção, uma forma que lembra uma concha ou velas içadas, o projeto foi rejeitado. A exemplo da Torre Eiffel de Paris, foi construído sob protestos, mas quando ficou pronto, em 1973, passou a representar todo o continente australiano. Hoje é um dos símbolos do país. De lá se pode curtir o resplendor da baía e também a ponte do porto. Uma vista incrível!

Em relação a comunicação

Grande parte das histórias que conto nesse livro registrávamos em um website, no endereço www.mundoporterra.com.br. Este website, desenvolvido pela empresa joinvilense A2C, do nosso amigo Anderson de Andrade, tinha um espaço chamado diário de bordo, onde a cada 15 dias fazíamos uma nova publicação. Intercalávamos a escrita entre eu e a Michelle e quando um escrevia o outro revisava. Foram 67 publicações durante a viagem toda, algumas chegando a extensão de cinco páginas. Ali contávamos o que acontecia, o que visitávamos, fatos cômicos, informações sobre o país, etc. Enfim, essa era a forma de nos comunicarmos com nossos parentes e amigos. O que não imaginávamos, quando ainda no começo da viagem, é que chegaríamos aos 5.200 acessos por mês, em média. Sem querer, criamos uma comunidade de amigos virtuais que nos acompanhavam a cada diário de bordo. Se falhássemos por alguns dias, já nos cobravam amigavelmente a publicação de um novo diário. O que foi ótimo. A ação de escrever o diário e manter os amigos informados nos abastecia de ânimo por toda a viagem. Quando entrava um texto novo no ar, já no outro dia, eu e a Michelle corríamos para um cyber café para ler os comentários deixados pelos leitores. Dos amigos que não conhecíamos pessoalmente, já sabíamos os nomes e cidades onde viviam. Eles criaram uma brincadeira engraçada, uma espécie de competição para ver quem seria o primeiro a publicar um comentário. Se alguém entrasse no site e visse que ainda não havia nenhum comentário, nem lia ou via as fotos, escrevia logo algo, só para ser o primeiro.

Mas não foi fácil, para nós, escrever esses diários e manter a qualidade porque foi por muito tempo. Uma novela acaba em oito ou nove meses, mas nossa história beirou os três anos. Às vezes, quando não tínhamos feito muita coisa e já se passava o intervalo de 15 dias, ficávamos preocupados se o diário de bordo perderia a qualidade. No começo, escrevíamos mais para registro e uma forma de comunicação com nossos pais e amigos, mas depois, aquilo virou nosso maior compromisso.

Junto aos diários de bordo, colocávamos uma quantidade enorme de fotos. Quando íamos ao cyber café, o que mais demorava a fazer era o upload de foto por foto. Às vezes ficávamos quatro ou cinco horas trabalhando para carregar cerca de cem fotos. Lembro-me um dia em Alepo, na Síria, que saímos tarde da noite do café e como estávamos no centrão dessa grande cidade, meio tontos de tanto ficar na frente do computador, não tínhamos nem ideia de onde iríamos dormir. Ora, nosso carro era nossa casa e ele estava estacionado logo ali em frente, então porque não ficar ali mesmo? Isolamos bem as janelas para que a luz interna não vazasse e acusasse que estávamos acampando no centro da cidade e dormimos por ali. No dia seguinte, antes de ir embora, passamos rapidinho no cyber café para ver se já tinha algum comentário no site.

Normalmente a conexão à internet só era possível nesses lugares pagos, mas muitas vezes – tenho que confessar – "filávamos" internet sem senha utilizando nosso computador com wireless. Enquanto eu dirigia, a Michelle ficava com o computador no colo até que captava um sinal e me avisava: "Aqui tem, aqui tem!". Mas não era sempre que isso dava certo. E quando não dava, copiávamos nossos e-mails num arquivo de Word, salvávamos em um pen drive, respondíamos tudo em nosso computador e, quando estava pronto, voltávamos ao cyber café para enviar as respostas. Assim economizávamos tempo e dinheiro.

Tratávamos com respeito e atenção a nossa tarefa de responder e-mails. Aprendi com um professor da faculdade, o Pedro Paulo Pamplona, que se colocamos na web o nosso endereço de e-mail, passamos a ter a responsabilidade de lê-los e respondê-los com frequência, nem que seja para escrever "Ok, grato" ou "recebido". Assim procedendo, somos educados com quem nos comunicamos e as pessoas passam a confiar em nós, independentemente do motivo da comunicação. Quantas vezes, na busca por informações preciosas para nós, mandávamos e-mails a viajantes mais experientes e nem mesmo um "não" recebíamos como resposta. Em nosso website, não respondíamos os comentários postados abaixo dos diários, a não ser que fosse alguma pergunta, mas os e-mails pessoais, os chamados contatos, respondíamos todos, sem exceção.

Outro compromisso que tivemos por quase dois anos foi com a 89 FM, a rádio de nossa cidade. Havia um programa semanal que falava sobre nossa expedição: onde estávamos, o que fazíamos, experiências e curiosidades. Quem fez tudo acontecer foi o Emílio Lemke, um amigo são-bentense que juntava as informações e as sintetizava para que pudessem ser narradas na rádio. Eram muitas as pessoas que acompanhavam este programa.

Nossa principal ferramenta de comunicação, o computador, quebrou quando estávamos na Malásia. Mesmo com a ajuda do americano Steve Whalen, especialista em informática, não teve jeito. E esse cara surgiu do nada, escutou nossa conversa com o atendente da assistência de computadores e se ofereceu para nos ajudar. Simpático e prestativo, Steve trabalhava no Programa de Assistência Anti-Terrorismo do Governo Americano, fornecendo instruções aos policiais com relação aos softwares e hardwares ligados a esta área. Tivemos que comprar outro computador. Sorte que estávamos num dos melhores lugares do mundo para se comprar eletrônicos: Kuala Lumpur, capital da Malásia.

Voltando a falar da Austrália, não ficamos por muito tempo em Sydney. Há uns 120 quilômetros dali para o Oeste estão situadas as Blue Mountains – "montanhas azuis", que possuem esse nome devido a uma bruma azulada que paira no horizonte, originária da refração da luz do sol nas microscópicas gotículas de óleo provenientes da folhagem dos eucaliptos. Essas montanhas, na verdade, são penhascos semelhantes aos da Chapada dos Guimarães, no Brasil. Com vários mirantes, pode-se contemplar estes penhascos a perder de vista, com suas florestas de eucaliptos e diversas cachoeiras. Os primeiros colonizadores da Austrália que começaram a se fixar em Sydney levaram cerca de 25 anos para cruzar as Blue Mountains. Muitos diziam que do outro lado das montanhas situava-se a China; outros previam um deserto, um Mississippi australiano e até mesmo um oceano interno. As viagens para dentro do continente, na maioria das vezes, foram falhas e muitos destes desbravadores morreram durante a busca pelo desconhecido e tornaram-se heróis.

Figurões descolados

A partir dali, a cada quilômetro que rumávamos ao Norte, o frio diminuía. Com isso, claro, o turismo nas praias aumentava e o custo também. Passamos por Byron Bay certos de que iríamos encontrar comunidades hippies, mas não vimos uma sequer. Porém, se em Byron Bay não encontramos essas figuras descoladas, em Nimbin foi um festival de figurões. Que experiência. Foi, na verdade, uma sensação muito legal, mas estranha ao mesmo tempo, pois nos sentíamos parte de um filme cheio de personagens completamente diferentes, exóticos e todos usando roupas que usaríamos apenas para ir a um baile caipira ou a uma festa brega. Mas a vida ali era assim, completamente normal desse jeito.

Os hippies surgiram nos anos 60 e fizeram parte do que se convencionou chamar de "movimento de contracultura". Adotavam um modo de vida comunitário e nômade, negavam o nacionalismo e a Guerra do Vietnã, abraçavam aspectos de religiões como o budismo, hinduísmo e religiões das culturas nativas norte-americanas e estavam em desacordo com valores tradicionais da classe média americana. Eles defendiam o amor livre e a não violência.

A comunidade hippie de Nimbin iniciou em 1973, quando a União Australiana de Estudantes apresentou um experimental "Aquarius Festival", buscando uma experiência por meio de um estilo de vida participativo. O evento foi um sucesso e atraiu milhares de pessoas para a pacata cidade de fazendeiros. Quando o festival acabou, muitos não podiam acreditar que o sonho havia terminado e decidiram ficar na cidade e torná-la um permanente paraíso.

Nós tivemos a sorte de chegar à cidade justamente no dia em que estava acontecendo um mercado regional. Pensávamos que seria uma espécie de mercado municipal, mas que nada: havia um monte de velharias e tranqueiras à venda, além de belos artesanatos feitos por eles. O gostoso foi andar e curtir o clima zen dessa cidade maluca.

Um pouco antes de irmos embora, na verdade quando caminhávamos para o estacionamento onde estava o nosso carro, ouvimos um estouro. Crash! Quando descobrimos o que havia acontecido, não conseguimos nos conter e caímos na gargalhada. Imagine o estado da figura que planejava dobrar a próxima esquina, mas se antecipou e entrou numa ruazinha particular e bateu em cheio numa porta de garagem com sua Kombi. O motorista não tinha condições sequer para sair do carro. Estava completamente chapado. E o que mais surpreendeu foi que ninguém se alarmou, nem o dono da casa: "Tá tudo bem, relaxa".

A badalada Gold Cost, destino número um aqui na Austrália, possui 44 quilômetros de praias de águas azuis, belas ondas para quem gosta de um surf, restaurantes, bares, baladas, shoppings e lojas, além de 446 quilômetros de canais navegáveis, o que equivale em extensão a nove vezes os canais de Veneza. A região tem o estilo do nosso Balneário Camboriú, atraindo turistas do mundo inteiro, principalmente residentes de Brisbane, maior cidade das proximidades. Quem procura um pouco de agito está no lugar perfeito, mas não poderá ter pena de seu bolso. E como o bolso é parte importante de nossas calças, apenas demos uma volta pela praia e logo fomos embora. Subimos as montanhas para encontrar alguns wallabies – parentes dos cangurus, mas de estatura bem pequena – e depois seguimos para Brisbane.

Mudança de planos

Numa cidade chamada Toowoomba, conhecemos o casal de motoqueiros Haydn e Dianne num encontro que balançou muito as nossas ideias. Nos dois dias em que ficamos com eles, tudo o que sabíamos desse mundo mudou. Lugares impossíveis passaram a ser possíveis e certos países que jamais pensávamos em cruzar foram destacados em nosso mapa. Trata-se do Oriente Médio, que com as boas informações que recebemos passou a fazer parte do nosso plano futuro.

Ter flexibilidade para mudança de planos numa viagem dessas é muito importante. Nós nos planejávamos diária ou semanalmente, tendo o mapa do país onde estávamos junto a guias e informações da internet. Mas circunstâncias como um encontro desses nos faziam abrir o mapa-múndi para rever nosso plano de longo prazo.

Como fonte de informações, o guia que utilizávamos com maior frequência era o Lonely Planet. Muito bom, só que mais focado para pessoas que viajam de mochila, os chamados backpackers. Ali há sugestões de itinerários, lugares imperdíveis, história, religião, costumes, dicas para comunicação, cotação da moeda, transportes, hotéis, camping, albergues, mapas e tudo mais que se possa precisar numa viagem. Compramos o guia da Austrália e depois o trocamos com outros viajantes ou mesmo em lojas de livros por um guia de outro país que visitaríamos. Mas para que ficasse fácil a troca, os livros tinham que ser todos em inglês. Por isso, utilizávamos a mesma estratégia para obras literárias. A internet também era uma boa fonte de pesquisa. Ali encontrávamos muita coisa interessante: pesquisávamos páginas de turismo e visitávamos sites de outros viajantes para estudar suas trajetórias.

Mas nada substitui uma boa conversa com os que já viveram a experiência. Não existe livro, nem internet que substitua a empolgação de um viajante contando suas façanhas. E como nós viajantes estávamos todos no mesmo barco, longe de casa, num país estranho, essa troca de informações é muito comum. Muitos dos melhores momentos da nossa viagem surgiram duma simples conversa.

Haydn e Dianne já haviam viajado, com a sua BMW 1200, o Sudeste Asiático, o que foi uma mão na roda para nós, pois era o próximo subcontinente para onde iríamos. Se eles não pudessem nos ensinar tudo sobre aquele lugar, quem poderia? Encheram-nos de dicas e entusiasmo para os quatro meses seguintes. E ficou ainda a deixa de que se nós encarássemos mesmo o Oriente Médio, poderíamos encontrá-los novamente, pois eles também estavam planejando ir para lá.

Quem leva mais jeito para a árdua tarefa de pesquisar é a Michelle. Ela lia tudo, fazia anotações e planos, confrontava o que havia para se fazer com o tempo disponível. Na internet vasculhava tudo, site por site, e sentava horas e mais horas com os novos amigos para trocar informações. Dessa forma, as coisas iam acontecendo. Todos os dias aprendíamos algo novo, recebíamos novas informações de mais um país, mais uma cultura, mais um povo e suas peculiaridades.

Ao Norte na costa Leste australiana, após a Sunshine Coast - Costa do Sol -, embarcamos em uma balsa para uns dias de muita aventura. Entramos com o Lobo da Estrada numa ilha de pura areia, aliás, a maior ilha de areia do mundo. Linda, linda, linda... Mas só entra se for veículo 4x4. São 120 quilômetros de extensão por 15 quilômetros de largura de uma vegetação muito densa, o que proporciona um crescimento excepcional de árvores, algumas com mais de mil anos.

Sempre atentos às marés alta e baixa, com os pneus lá em baixo, com quase nada de pressão, percorremos cerca de 300 quilômetros pela Fraser Island. E no meio das densas florestas visitamos alguns dos 200 lagos de água doce e cristalina, filtrada pela própria areia. É covardia o que se vê e se pode fazer nesta ilha. Só para dar uma ideia, no final do dia contemplamos as gigantes baleias humpbacks, aquelas que a bordo das expedições espaciais Voyager I e II foi possível gravar os seus sonidos. Indescritível.

Um pouco mais ao Norte chegou a tão esperada Grande Barreira de Corais. Os australianos chamam-na de oitava maravilha do mundo e não é para menos: com seus 1.900 quilômetros distribuídos em cerca de 2.900 ilhas de recifes ao longo da costa do estado de Queensland, chega a ser o único organismo vivo do planeta possível de se enxergar do espaço. A Grande Barreira de Corais é mesmo algo espetacular. Abriga uma espantosa quantidade de criaturas marinhas, como 500 variedades de coloridos corais, 1.500 espécies de peixes e 4.000 tipos de moluscos, para citar alguns.

Decidimos explorá-la partindo da cidade 1770 (nomeada assim em homenagem ao ano do descobrimento da Austrália) por ser um lugar menos turístico e onde os corais são mais intocados e preservados. Dali, pegamos um barco que nos levou à ilha Lady Musgrave, um lugar muito bonito – são 14 hectares de recifes de corais submersos e uma pequena ilha, habitat de uma enorme quantidade de pássaros que fazem seus ninhos nas árvores Pisonia grandis, as quais se espalham pela ilha. O interessante é que após essas árvores caírem, elas continuam suas vidas, brotando a partir de seus próprios troncos e raízes.

Quando chegamos aos corais, desembarcamos do barco principal e pegamos uma pequena canoa com fundo de vidro, onde a caminho desta pequena ilha fomos apreciando a vida debaixo da água. Fizemos uma caminhada entre as Pisonia grandis e logo depois do almoço, começamos os mergulhos pelos corais. Eram diversas formas, tamanhos e cores, repletos de peixes e tartarugas. E adivinhe quem também veio para nos fazer companhia? Um pequeno tubarão dos recifes, que saiu correndo de medo! Após algumas horas mergulhando, pegamos um barco semissubmersível e apreciamos ainda melhor a vida marinha, pois sentamos em uma parte do barco que ficava a uns dois metros de profundidade.

No caminho de volta ao continente, vimos novamente algumas baleias e, ao pegar nosso carro, cruzamos com uma équidna, animal que se assemelha a um ouriço com o corpo coberto de espinhos. Tem cerca 30 centímetros de comprimento e o que mais chama a atenção é o focinho alongado com uma boca sem dentes. Esses animais possuem a visão muito apurada e quando se sentem em perigo se enrolam em seu próprio corpo para proteger a barriga, deixando expostos os espinhos salientes. As fêmeas botam ovos e ainda possuem uma bolsa para fecundá-los até o momento de chocar. Os filhotes são amamentados pelos poros, pois ao contrário de outros mamíferos, a équidna não possui mamilos definidos.

Um dia, lá pelas estradas do Norte da Austrália, paramos num posto de combustível para pernoitar. Era um posto grande, com um estacionamento enorme e logo vimos outros motor-homes estacionados. Um deles era da Tasmânia, conduzido por um casal de simpáticos aposentados que estavam viajando por um ano pela Austrália. Conversa vai, conversa vem, tocamos no assunto pesca, sendo que nosso próximo destino seria o Cape York, no extremo Norte do país, lugar de muito peixe. E quando disse que eu não tinha nenhuma vara nem molinete, ele falou para a esposa: "Vamos dar para eles aquelas varas que não utilizamos mais". Assim, o senhor buscou-as e nos presenteou. Ficamos felizes pelo gesto. Como estávamos planejando comprar equipamentos de pesca, aquilo nos poupou dinheiro. Nossa primeira tentativa como pescadores foi numa praia deserta próxima a Cooktown. Como agora tínhamos duas varas e dois molinetes, fomos eu e a Michelle. Mas nem sinal de peixe. Cansada de tanto fazer cabeleira nas linhas, a Michelle voltou para o acampamento a fim de preparar o jantar. Fiquei ali, persistente, para pegar pelo menos um peixinho. Mas a única coisa que consegui, nesse dia, foi deixar cair no mar e perder para sempre a catraca de um dos molinetes. Como era uma peça importante, deixou de funcionar. Resultado da primeira pescaria: nenhum peixe e um molinete a menos.

Voltei ao acampamento e deixei a vara com o molinete em bom estado encostado por fora do carro, pois no outro dia cedo, lá pelas seis horas da manhã, iria tentar novamente. Jantamos, tomamos um chá que era de costume e fomos dormir. Lá pelas tantas, num sonho esquisito, eu – que sou sonâmbulo desde a infância –, pulei da cama, fui ao banco do motorista, liguei o carro e quis dirigir. Sei lá, manobrei um pouco, fui para frente, depois para trás e após um minuto mais ou menos, desliguei o motor e voltei para a cama. No outro dia cedinho, quando saí do carro para pescar, aquele grito de raiva: "Estraguei tudo!". A vara e o molinete que sobrara estavam quebrados. Nas manobras noturnas, havia passado com o Lobo por cima dos nossos equipamentos de pescaria.

O pior é que aquela não havia sido a única vez que dirigi o carro dormindo. Teve outra, também na Austrália, quando dirigi uns 200 metros por entre diversos carros. Dirigi, estacionei e voltei a dormir. No outro dia ninguém entendia como o carro havia ido parar ali.

Para evitar qualquer outro acidente, a Michelle passou a esconder a chave durante a noite. E eu coloquei no volante uma carta que escrevi para mim mesmo: "Volta pra cama seu sonâmbulo babaca. Você tá dormindo caso você veio até aqui à noite! Ass.: Eu mesmo".

Outro caso hilário de sonambulismo: num albergue em Kuala Lumpur, na Malásia, levantei durante a noite, saí do quarto onde eu e a Michelle dormíamos e entrei num outro quarto onde dormia um casal que não conhecíamos. Não havia fechaduras nas portas. De susto, acordei, fechei a porta para não acordá-los e voltei correndo para que ninguém me visse daquele jeito, só de cueca, andando pelos corredores. Que vergonha!

Adoramos Cooktown – uma cidade do interiorzão, num estilo bem australiano, às margens de um grande rio, o Endeavour. Foi ali que entre junho e agosto de 1770, o Capitão Cook aportou para reparar seu barco após bater em um recife de corais perto de Cape Tribulation.

Quanto mais ao Norte se vai, mais perigoso fica entrar no mar. Existem praias paradisíacas que convidam para um mergulho, ainda mais com aquele calor. Mas entrar na água, de jeito nenhum. Primeiro, por existirem diversos tubarões rondando o pedaço; segundo, porque existem dois tipos de águas-vivas. A maior delas possui tentáculos com mais de um metro de comprimento, enquanto na menor eles têm apenas alguns centímetros. Ambas são fatais para o ser humano caso exista o contato direto com a pele. Além disso, é nessa região que vivem os perigosíssimos crocodilos-de-água-salgada.

Trata-se do maior réptil existente da Terra – um animal extremamente perigoso. Sua distribuição estende-se pelos Oceanos Índico e Pacífico, desde a costa do Vietnã às Ilhas Salomão e Filipinas, sendo mais comum no Norte da Austrália e Nova Guiné. Esse crocodilo habita rios e estuários, mas como o nome já diz, pode também ser encontrado em zonas costeiras de mar aberto, em até 200 quilômetros da costa. Os machos podem medir sete metros de comprimento e pesar até 1.200 quilos, enquanto que as fêmeas raramente crescem além dos 2,5 metros. O crocodilo-de-água-salgada, quando jovem, alimenta-se de anfíbios e pequenos peixes, mas na fase adulta busca presas maiores, como tartarugas, macacos e até búfalos. As vítimas são apanhadas quando chegam para beber água na beira dos rios. O registro do maior desses animais foi na cidade de Normanton, em 1957. Ele possuía 8,63 metros de comprimento.

Como se o perigo dos crocodilos não fosse suficiente para nos assustar, das dez cobras mais venenosas do mundo, oito são australianas, sendo as seis primeiras da lista locais. A número um chama-se taipan comum, e é capaz de matar um ser humano em menos de 45 minutos.

Partimos de Cooktown e agora sim estávamos indo ao Cape York, conhecido como a "Última Fronteira", por ser uma das zonas mais selvagens e despovoadas da Austrália. Logo na entrada de uma cidadezinha chamada Laura, paramos para abastecer no único posto de combustível da região. Posto e ao mesmo tempo mercado, correio, quitanda e tudo mais. Fomos atendidos pelo Sr. Harold. E ele nos disse: "Puxa, vocês são brasileiros mesmo? Há vinte anos conheci um casal de brasileiros que estava dando a volta ao mundo de avião, mas não me lembro do nome deles".

Fui até o carro e peguei um livro que meu primo Roni Jochem me emprestara para ler na viagem. Era um relato de Margi Moss sobre a aventura de volta ao mundo de seu marido Gérard Moss, em um moto-planador. Nas páginas do livro, Margi escreveu que há 20 anos haviam realizado, juntos, uma volta ao mundo de avião. Tinha de ser eles! E eram: o Harold abriu um sorriso e confirmou que havia acomodado Gérard e a Margi Moss em sua casa em Vanuatu, uma ilha situada no Oceano Pacífico Sul, onde morava anteriormente. Foi muito legal essa passagem. Nós chegamos a enviar por e-mail o endereço do Harold a Margi, para que ela pudesse enviar-lhe um cartão postal. O mundo é grande, mas pequeno ao mesmo tempo e cheio de coincidências.

No longo caminho até o Cape York, que chegava perto dos mil quilômetros de estrada de chão, trememos na base de tanta costela de vaca que encontramos. Os australianos as chamam de "corrugation" e são um veneno para o carro. Tudo treme — até pensamento.

Se vamos devagar, tudo treme devagar e se vamos rápido, tudo treme rápido. Não tem remédio para isso: o jeito é ter muita paciência. E a poeira! Estávamos na época de seca e o pó parecia araruta, de tão fino. Já havíamos feito de tudo e a poeira continuava entrando por nossa porta traseira. Dizem que isso acontece por causa da baixa pressão que fica na parte interna do carro. Assim, o vácuo formado pelo movimento força a poeira para dentro. Muito pó. Todos os dias tínhamos que limpar o motor-home, senão ficava insuportável viver dentro dele. Descobrimos, mais tarde, que a vibração do nosso teto, quando passávamos sobre essas costelas de vaca, agravava a entrada de pó em nosso carro. À medida que o carro tremia, o teto também era forçado para cima e para baixo, fazendo com que a borracha trabalhasse um pouco em relação ao metal, como se mordesse a poeira para dentro.

Mestre nesse assunto era um casal de alemães que conhecemos dias mais tarde. Com experiência de muito tempo de estrada, mais de 10 anos, eles nos ensinaram que a melhor coisa para evitar a poeira é fazer as portas ao lado. Não deixar nada na parte traseira, nem porta, nem janela. Mas não tínhamos mais como consertar isso, então o jeito foi aprender a conviver com o pó. Outra solução possível seria fazer entradas de ar na lateral do carro, o que faria o ar entrar rapidamente e aumentar a pressão interna com relação à externa.

De qualquer maneira, a viagem nessa região inóspita foi muito bonita: rios cristalinos, cupinzeiros de até cinco metros de altura e diversas espécies de pássaros, para citar algumas das principais atrações. Pescamos, tomamos banho de rio e fizemos belos acampamentos.

Numa encruzilhada, tivemos a opção de deixar a estrada principal e pegar uma trilha, também cheia de costela de vaca. A trilha, na verdade, era a antiga estrada do telégrafo – a Old Telegraph Road, que em 1880 era composta por várias estações repetidoras. Se estávamos querendo chegar ao extremo Norte mais rápido, não era aquele o caminho ideal, mas foi o que escolhemos.

A Old Telegraph Road é muito mais curta que a estrada principal, porém muito mais lenta por possuir muitos buracos, árvores por entre as quais o Lobo passava raspando, erosões, barrancos e vários rios para cruzar. Foi num desses rios que nos metemos em uma tremenda encrenca, pois era fundo demais e como nós não tínhamos snorkel em nosso carro, a água entrou pelo filtro de ar e foi parar dentro do motor. Travou tudo. Para ajudar, esse deveria ser um rio de crocodilos... E todos deveriam estar nos cobiçando para o jantar. Não havia rastro de nenhum carro saindo da água, o que significava que ninguém tinha passado por ali há algum tempo e era bom que fôssemos acostumando-nos com a ideia de acampar ali mesmo.

Uma das perguntas que mais nos é feita, tanto antes como depois da viagem, é: "E se alguma coisa acontecesse lá no meio do nada, o que vocês fariam?". Não sou uma pessoa extremamente prevenida, nem trago solução para todos os problemas. Até tenho alguns recursos, manuais, ferramentas, peças sobressalentes, mas é impossível prevenir tudo. A minha resposta é: "Se alguma coisa acontecer, eu vejo o que faço, lá onde ela acontecer. Com certeza terei tempo de sobra para resolver". Se o carro estraga, encalha, acaba a estrada, a ponte está quebrada, ou vivemos outro imprevisto dos tantos que podem acontecer, a primeira coisa que faço é sair do carro sem desligar o motor. Respiro fundo, estico as pernas e com calma, mas muita calma mesmo, analiso a situação em que nos encontramos. A situação está ali e não irá mudar se nos apavorarmos e pisarmos fundo no acelerador. Aliás, se simplesmente acelerarmos sem ao menos enxergarmos onde nos metemos, as coisas podem até piorar. Se estiver encalhado, o carro pode se enterrar ainda mais.

Nesse caso específico, após alguns minutos analisando o ambiente em geral, decidimos que a primeira coisa a fazer seria rebocar o carro para fora da água usando a manivela do guincho mecânico, pois o motor era onde estava o problema. Seria demorado, mas funcionaria e reduziria consideravelmente nossa exposição aos crocodilos. Força Roy e abre o olho Michelle, pois os crocs podem estar por aí! Enquanto eu girava a manivela, a Michelle ficava em alerta, para me avisar sobre qualquer visita inesperada.

Devido à minha inexperiência como mecânico, eu não imaginava que o problema da entrada de água no topo dos cilindros do motor era algo razoavelmente fácil de resolver, desde que o motor não tivesse danificado em seus componentes internos, entortado ou mesmo quebrado. Mas eu precisava da chave número 17, exatamente a que eu não tinha, é claro.

Para não passar por uma pessoa totalmente desprevenida, eu trago a sorte junto comigo. Nem uma hora depois do acontecido, escutamos uns motores roncando. Era uma caravana de veículos 4x4 se aventurando pelo Cape York. Um deles, por sinal, era mecânico e tinha consigo uma chave 17. Precisa algo melhor?

É nessas horas que aprendemos a ser mecânicos. Trabalhamos juntos, abrimos todos os bicos injetores e giramos o motor, como que se quiséssemos fazê-lo cuspir a água para fora dos cilindros. Logo, no lugar da água, o diesel começou a espirrar. Pronto, agora era só recolocar os bicos e seguir viagem na boa companhia de cinco casais australianos.

O aprendizado de mecânica quando se está na estrada traz vantagens e desvantagens. A vantagem é que você aprende aquilo que precisa naquela hora e a desvantagem é que provavelmente aquilo que acabou de aprender não precisará usar novamente. Irão aparecer outros problemas. Mas veja como as coisas são. Parece que a vida testa nossa intenção para com os outros. Acho que a ajuda vem para quem também ajuda, não necessariamente nessa ordem. A uns 20 quilômetros dali tivemos que cruzar mais um rio profundo. E ao chegar nele avistamos uma barraca, uma moto e uma rede armada. Nela um motoqueiro lia um livro na maior calma. Lembro-me até do livro que lia, pois também o li depois: Race to Dakar, de Charley Boorman.

Ryan é um veterinário africano que trabalhava na Austrália. Para aproveitar suas férias, pilotou até a pontinha do Cape York e na volta, por ironia do destino, ao cruzar um rio profundo, a água entrou pelo filtro de ar da sua moto. Ryan não teve a mesma sorte que nós, pois seu motor trancou de verdade, provavelmente entortando alguma coisa lá dentro. Uma BMW GS-1200 novinha em folha. Mas o que está feito, está feito. E chegou a nossa vez de ajudar. Acampamos todos ao lado do rio: Ryan, os australianos que nos ajudaram e nós.

No outro dia fomos até Bamaga, que ficava a quase 100 quilômetros dali, para achar uma caminhonete ou caminhãozinho que pudesse buscar a moto que havia sido deixada escondida no mato.

Enfim, para encurtar o relato, buscamos a moto e ajudamos o Ryan com a tramitação para despachar a moto por navio até onde morava, a mais de mil quilômetros ao Sul. Ele acabou passando mais seis dias conosco, pescando e acampando, até que saímos da península novamente. Assim foi o "resgate do motoqueiro Ryan". Acho que é muito bom ser ajudado por alguém quando se está numa situação difícil, mas não há nada mais gratificante do que poder ajudar.

Recentemente, enquanto escrevia este livro, um fato confirmou que, realmente, a vida reflete os nossos atos. Recebemos um convite do casal de aventureiros Joyce e Cláudio Guimarães para jantarmos com eles em Jaraguá do Sul. Cariocas que moram em Santa Catarina, eles fizeram uma viagem de ida e volta até o Alasca numa Land Rover. Além de nós, também compareceu ao jantar o casal Antonio Olinto e Rafaela Asprino. Assim que começamos a conversar, Olinto me contou que dez anos antes nós havíamos nos conhecido em Peine, no lado chileno do Deserto do Atacama. Isso foi quando eu fazia a minha segunda viagem de moto – aquela na qual perdi a bolsa com a máquina fotográfica e todos os meus pertences. Mas nem mesmo com o Olinto me contando detalhes eu me lembrava do encontro. Para mim, ele estava se confundindo. Até que ele me provou que o encontro foi sim comigo: mostrou-se um pequeno vídeo do qual eu fazia parte. Olinto havia percorrido os Sete Passos Andinos de bicicleta – viagem que lhe rendeu um livro. Ele me disse que eu o ajudei levando-o na garupa de minha moto CB-500 até San Pedro de Atacama para que pudesse comprar mantimentos. Esta carona foi tão importante para ele que a gentileza o marcou e acabei fazendo parte da história de seu livro.

Voltando ao Cape York, banhos de mar ou rio nem pensar, a não ser em algumas cachoeiras onde os crocodilos não conseguem alcançar. Mas se tiver a placa de proibido nadar devido aos crocodilos, é melhor não arriscar, por mais tentadoras que sejam as águas.

O Outback

O território norte e central da Austrália é palco, principalmente, do imenso Outback que ao pé da letra significa "tudo o que está para trás". Pode ser conhecido, também, como interior, área deserta, ou ainda melhor, esquina do nada com coisa nenhuma. Engloba dois terços de todo o território australiano sendo habitado por somente 10% da população. Parte disso deve-se ao solo estéril – grossa areia avermelhada – que, mesmo com poderosos fertilizantes, é inviável para a agricultura. As temperaturas, no verão, podem chegar a 50°C e as noites de inverno, no entanto, quase sempre apresentam números negativos. Uma terra de extremos, que apesar das condições desfavoráveis para a vida é de uma beleza intocada fora de série. Para conhecê-la é preciso tempo e persistência, grandes quilometragens em costelas de vaca e aguentar uma quantidade imensurável de moscas e outros insetos.

Nas longas distâncias que percorríamos, vez ou outra visitávamos alguns parques nacionais com oásis, águas termais, rios e cachoeiras e isso ajudava a quebrar um pouco a monotonia do deserto. Bonitos, também, são os road trains, nome dado aos caminhões que puxam duas ou três carretas e que passam facilmente dos 50 metros de comprimento. Parecem trens de verdade. A regra é: se vir um road train numa estrada sem pavimento caia fora, pois ele não vai desviar.

A cidade Darwin, no Centro-Norte do país, possui apenas 70 mil habitantes, mas tem estrutura de metrópole. Há um porto e um importante aeroporto, que na Segunda Guerra Mundial foi base dos aliados em ataques contra o Japão, no Pacífico. Nessa época, a cidade foi atacada 64 vezes e teve uma baixa de 243 pessoas. Mas os sinais da guerra não existem mais. Aliás, eu gostei muito dessa cidade, que em minha opinião é ótima para se morar. Isso se os salties, crocodilos-de-água-salgada, cedessem espaço para um mergulho naquelas lindas praias do Mar Timor.

Mas esses crocodilos de que tanto falavam, até o momento não havíamos avistado nenhum! Optamos, então, por vê-los de uma forma bem turística, de um barco no Adelaide River, que ainda seria melhor do que ver um grudado em nossas canelas em alguma pescaria às margens de um rio da região. O passeio, como disse, foi bem de turista.

Graças ao fato de os crocodilos se acostumarem à visitação turística todos os dias e receberem alimentação "grátis", surgiram os "jumping crocodiles". Isso porque eles pulam para fora da água feito peixes voadores para pegar um filé pendurado numa vara de pesca. Mas mesmo desta forma artificial é possível perceber a força desses animais pré-históricos que infestam os rios do Norte australiano.

Além dos crocodilos, essa região fascina por mais um motivo: a cultura aborígine.

"O mundo todo dormia. Tudo era quieto onde nada se movia e nada crescia e os animais dormiam debaixo da terra. Um dia, a Serpente Arco-íris acordou e rastejou pela superfície da terra. Tudo que estava à sua frente ela empurrava para o lado. Ela vagou por toda a Austrália e quando ficou cansada, se enrolou e dormiu, deixando seus rastros por toda parte. Depois de estar em todos os lugares, ela voltou e chamou os sapos e estes vieram com seus estômagos cheios de água. A Serpente passou a fazer cócega nestes, que passaram a rir e a despejar essa água por suas bocas. Essa água encheu as trilhas deixadas pela Serpente Arco-íris formando então os rios e lagos. E foi assim que a grama e as árvores cresceram e o mundo se encheu de vida." (Traduzido do Inglês - Wikipedia, 2007)

As crenças aborígines baseiam-se no mitológico passado chamado Dreamtime – época do sonho –, tempo em que espíritos ancestrais viajaram pela terra dando a ela sua forma física e traçando as regras para serem seguidas pelos homens. Esses mitos são tão importantes para eles quanto a mitologia grega é para a civilização ocidental e sobrevivem na forma de histórias e cerimônias passadas de geração em geração. Cada local considerado sagrado possui rastros de algum espírito ancestral. Existem locais onde somente homens podem ir e outros onde somente as mulheres têm acesso. Tudo altamente respeitado, pois a desobediência também pode trazer castigo.

A Leste de Darwin, no Kakadu National Park, rodamos praticamente 400 quilômetros somente para ver e sentir um pouco da cultura antepassada aborígine. De 5 mil locais com pinturas rupestres, pudemos visitar dois, o que já fez a viagem valer a pena. São pinturas de 10 mil e 20 mil anos atrás e todas com uma grande riqueza de detalhes.

No caminho para Alice Springs, centro da Austrália, visitamos mais um lugar altamente sagrado, conhecido por Devil's Marbles – Mármores do Diabo. O local é formado por inúmeras pedras arredondadas com diferentes formatos e agrupamentos. Aborígines acreditam que aquelas pedras sejam os ovos da Serpente Arco-íris e também que pessoas da época do Dreamtime ainda vivem nas cavernas embaixo das rochas.

Mas os aborígines, atualmente, de acordo com nossas percepções, passam por uma triste realidade. Na época em que os ingleses conquistaram o país, eles já habitavam o continente havia milhares de anos. E, para a conquista da terra, foram literalmente massacrados, humilhados e expulsos. Imaginem que chegou a acontecer, por volta do ano 1800, a caça aos aborígines, assim como se caça um antílope na África, pelo puro prazer de conquistar um troféu. Anos depois acontecia o que gerou o tema para o dramático filme Rabbit-Proof Fence (Geração Roubada em português): as crianças eram separadas dos pais, arrancadas de sua cultura e ensinadas a viver como brancos em uma espécie de política para "civilizar aborígines".

Talvez para compensar o duro passado que tiveram, hoje eles ganham do governo casa, carro e comida –, tudo como manda a lei. Mas já é de experiência de governos que para o que se ganha não é dado o mesmo valor que para as coisas conquistadas. São comuns os carros depenados e abandonados na estrada, casas e vilas descuidadas da mesma forma. A bebida alcoólica também é um problema grave, além da inalação do vapor de gasolina, através do qual aborígines alcançam efeitos alucinógenos. A solução que diminuiu substancial- mente esta perigosa prática foi o desenvolvimento de um combustí- vel com menor concentração de solventes, o "opal", que substituiu a gasolina nas regiões de comunidades aborígines mais remotas.

De acordo com os próprios australianos, sempre que passásse- mos por vilas aborígines deveríamos tomar cuidado, pois eles podem ser perigosos. Eu, sinceramente, não percebi nenhum perigo, mas é evidente que são revoltados com tudo o que passaram e com a situ- ação em que se encontram. Uma situação resultante de erros brutais cometidos de forma sistemática durante três centenas de anos.

Na atualidade, a discriminação racial passou a ser um crime gra- ve e os aborígines já possuem até direito a voto. Mas mesmo assim, esse problema ainda pode se estender por vários e vários anos.

"We are all visitors to this time, this place. We are just passing through. Our purpose here is to observe, to learn, to grow, to love... and then we return home." (crença aborígine)

Chegamos a Ayers Rock, o coração físico e espiritual da Austrália. Se algum dia um australiano falar que essa simples pedra é uma das maravilhas do mundo, ele não estará exagerando. Estar nesse lugar é uma experiência muito maior do que apenas apreciar um belo fenômeno da natureza. A Ayers Rock é o segundo maior monólito do mundo, com 348 metros de altura e quase 10 quilômetros de circunferência. Como se isso já não fosse suficiente, essa única pedra possui duas vezes o mesmo tamanho para dentro da terra, o que para nós é possível somente imaginar. É magnífica.

Chegamos ao local antes do dia clarear. Junto a milhares de outras pessoas, que não paravam de chegar em carros alugados e companhias de turismo, contemplamos um nascer do sol maravilhoso, que foi somente superado pelo pôr do sol sobre essa mesma pedra. O sol, de acordo com a sua posição e a incidência de sua luz sobre a Ayers Rock, faz seu avermelhado mudar de tonalidade, assim como numa cartela de cores.

Na cultura local, essa pedra, Uluru, como é chamada por eles, é muito mais sagrada e importante. Histórias descrevem algumas teorias sobre a sua aparição: a primeira conta sobre uma serpente que travava diversas guerras ao redor de Uluru, deixando várias cicatrizes na pedra. A outra lenda diz que duas tribos de espíritos ancestrais foram convidadas para uma festa, mas foram distraídas pela encantadora mulher lagarto e acabaram não aparecendo. Como vingança, o enfurecido anfitrião lançou o mal em uma escultura de lama, que ganhou vida sob a forma de um dingo – cachorro selvagem australiano. A isso seguiu uma grande batalha que resultou na morte dos líderes das duas tribos. A Terra amanheceu de luto sobre todo o sangue derramado, resultando em Uluru.

Ainda por essas redondezas, visitamos o Monte Olga, um conglomerado de pedras que ocupa quase 22 quilômetros quadrados e sua pedra mais alta chega a 546 metros do solo; o Kings Canyon e a West McDonnell Ranges, onde, em companhia dos amigos austríacos que conhecemos ali, Werner e Delphine, fizemos várias caminhadas.

Do outro lado da Austrália

Chegou, então, a hora de pegarmos a Tanami Road, rumando do Centro do país a Noroeste, do Northern Territory para o Western Australia, em uma longa e cansativa jornada recheada de pó e costelas de vaca. Foram mais 1.100 quilômetros de puro deserto.

Da mesma forma que os australianos são rigorosos na aduana, com as questões fitossanitárias, nas divisas dos Estados também existe este controle. Já havíamos sido avisados disso, mas esquecemos e após uma boa compra de legumes, verduras e frutas, demos de cara com uma placa de estrada, alertando-nos para depositar em latões todas as frutas, verduras, plantas, sementes e mel, pois não estávamos autorizados a cruzar aquele lugar com comidas frescas. É tudo na confiança, pois não havia nenhum agente ou inspetor na área. Mas caso você não deposite e seja pego, a multa é de cinco mil dólares. E agora, o que fazer? Paramos o carro e já pegamos quatro tangerinas para comer naquele momento – isso que tínhamos acabado de comer um pacotão de bolacha. Mas tudo bem, isso foi fácil.

Começamos a matutar o que fazer e a solução foi acampar antes dos latões de depósito de comida e cozinhar tudo o que tínhamos, pois cozidos, os alimentos não levariam mais os possíveis contaminantes. Ficamos até às 10 horas da noite cozinhando e depois mais uma hora limpando a cozinha. Foi feito comida para dar e vender: carne ao alho e óleo, salada de alface, cebola, cenoura e tomate, batata frita, maionese de batata com ovos e um refogado de legumes com curry, que comemos durante três dias. Não podíamos mais nem sentir o cheiro de curry. Isso sem contar que na manhã seguinte fizemos uma salada de frutas que poderia alimentar um batalhão. Mas pelo menos nossa redução de desperdício de comida deu certo, pois só tivemos que jogar fora um restinho de alface e o nosso vidro de mel. O restante foi todo para a barriga.

O esquema da confiança era comum na Oceania. Em frente às fazendas, ao lado da estrada, havia bancas de venda de frutas e legumes da produção dos próprios fazendeiros, mas não havia ninguém para receber o dinheiro. Tudo funcionava na base da confiança. Ao lado dos produtos, as plaquetas indicavam o preço e o dinheiro referente ao que se levou era depositado em uma latinha de metal, tipo cofrinho. O que seria dessa lata se isso fosse no Brasil?

No Noroeste situa-se uma região chamada The Kimberley, que oferece uma paisagem com impressionantes cânions e desfiladeiros – resultados da paciência dos rios que correm por lá no verão. A maior atração foi o Purnululu National Park e a Bungle Bungle Range, que cruza toda a extensão desse parque. Essa cadeia de montanhas possui extraordinárias formações arredondadas de arenito, parecidas com domos. O que impressiona, além da altura, é a quantidade desses domos, um ao lado do outro, formando labirintos por muitos quilômetros. A estrada de acesso parecia uma montanha russa, cheia de curvas, subidas e descidas repentinas que dão aquele frio na barriga. Só faltou o looping! Realizamos diversas caminhadas no parque, durante as quais seguíamos por leitos de rios secos, entre fendas estreitas e com muitos metros de altura. Visitamos anfiteatros naturais com uma acústica linda. Foi de tirar o chapéu para o Homem lá de cima.

Fomos ao Windjana Gorge e o Bell Gorge, com grande destaque para o primeiro, onde a natureza esbanja beleza. Demos alguns passos para dentro do cânion e já passamos a avistar os crocodilos-de-água-doce boiando, imóveis, como se estivessem mortos sobre a superfície da água. Eram tantos que nem dava para contar. Ao contrário dos temidos crocodilos-de-água-salgada, só atacam se perturbados e podíamos chegar muito perto deles. Não pretendíamos caminhar muito, porém acabamos entrando vários quilômetros para dentro do cânion. Existia tanta vida no canto dos pássaros, que até nós nos sentíamos mais vivos.

Chegando em Derbi, seguimos a indicação de nosso livro guia e fomos dar uma olhada numa árvore baobá, que serviu de prisão para os aborígines capturados pelos colonizadores da região. Não queríamos acreditar, mas os aborígines, usados como escravos nos trabalhos de exploração de pérolas, eram aprisionados ali, naquela árvore, enquanto esperavam a chegada do barco. As baobás ficam assim gordonas, pois acumulam água em seu caule e podem viver mais de mil anos – estima-se que essa específica que visitamos, chamada de Boab Prison Tree, possua 1.500 anos. Outra coisa interessante nesta cidade é a imensa variação da maré, que pode variar 11 metros entre a alta e a baixa.

Dizem que o Oeste australiano é também conhecido por possuir a maior variedade de flores selvagens do mundo. São muitas, muitas, muitas e isso que nem estávamos na melhor época do ano. O Lobo nem pegava embalo e já era solicitado a parar, pois aparecia mais uma espécie para fotografar.

Logo passamos por Broome e, ao Sul, pela Eighty Mile Beach, que é um verdadeiro colírio para os olhos. A Michelle podia passar horas catando conchinhas nessas areias brancas.

Visitamos o Karijini National Park, Dales Gorge, os canions Weano e Hancock, Cape Range National Park, Ningaloo Marine Park e assim fomos desvendando esse lado do país, muito mais selvagem que a costa leste. Era assim que imaginávamos ver a Austrália antes de conhecê-la. Para ver os lindos corais na costa Oeste bastou entrar no mar e nos deixar levar pela maré, sem gastar nenhum tostão.

Os cangurus continuaram por todos os lados, principalmente ao amanhecer e entardecer, horários que são mais ativos. Por isso, nesses horários redobrávamos os cuidados para evitar acidentes. Lá é comum comer sua carne – vermelha, similar à do boi, porém mais escura e com um gosto mais forte. É muito gostosa e é vendida nos supermercados.

O tempo passou e quando nos demos conta já estávamos em Perth, cidade ao Sudoeste do país, de onde organizaríamos o despacho do carro para a Malásia, no Sudeste Asiático. Para isso, as diversas cotações foram a salvação, pois por incrível que pareça, o último preço foi somente um pouco mais que a metade dos anteriores. Teríamos ainda alguns dias até que o navio partisse, então resolvemos adiantar alguma burocracia e deixamos nossos passaportes na embaixada indiana para a emissão dos vistos.

Enquanto o despacho e o visto se encaminhavam, fomos dar mais uma circulada pela região: visitamos lindas praias e adentramos em terra de gigantes. As árvores Karri, que estão entre as três espécies mais altas do mundo, podem chegar a quase 90 metros de altura, pesar cerca de 150 toneladas e para sustentar tudo isso criar raízes que se prolongam entre 20 e 30 metros com uma rede de filamentos ultrapassando uma centena de quilômetros. Se já é fascinante caminhar por meio delas, imagine subi-las e apreciar a floresta a 75 metros do chão. Muito legal. Subimos em duas dessas árvores com mirantes lá no alto, de onde, antigamente, guardas florestais vigiavam possíveis focos de incêndio. A subida foi em uma espécie de escada de barras de ferro encravadas na própria árvore e a copa possuía quatro andares de vigia.

Além das Karri, existem as árvores Marri, Tingle e Jarrah, cada uma exuberante de seu jeito. As Tingles, por exemplo, se deixam ser escavadas por fungos e insetos no interior de sua base, formando verdadeiras cabanas em seus troncos. Para se ter ideia de seu diâmetro, em algumas delas já se entrou com um carro.

Os últimos dias na Austrália foram de espera ansiosa para a descoberta de um novo mundo. Nossa vida estava prestes a mudar de 8 para 80. Organizamos as coisas, embarcamos o Lobo e no dia 12 de outubro de 2007 voamos rumo à Indonésia. Adeus Austrália, adeus cangurus, coalas, rest areas, banheiros públicos com papel higiênico, organização e sossego. Viajamos pela Austrália durante quatro meses e o país, com certeza, deixou muita saudade.

5.
Sudeste Asiático

Ásia, um continente que para nós brasileiros se situa, literalmente, do outro lado do mundo. É longe, a meu ver, tanto em distância quanto em pensamentos e sonhos. Às vezes, quando discutimos sobre aonde ir nas próximas férias (quando o orçamento nos abre brecha para uma viagem ao exterior), de uma maneira geral planejamos conhecer a Europa, com seus lindos castelos e cidades típicas ou os Estados Unidos – Miami, Nova York ou Las Vegas. Para esses lugares existem pacotes turísticos interessantes, dicas de amigos que já foram e temos o conhecimento das suas infraestruturas em hotéis, resorts e passeios. Isso nos dá a segurança de belas e merecidas férias.

Por que tão dificilmente pensamos na Ásia? Quando, em minha vida antes da volta ao mundo, sonhei em viajar ao Laos, Nepal, Indonésia ou Vietnã? Quando foi, na verdade, que parei para pesquisar alguma coisa a respeito desses países?

O brasileiro, por cultura e falta de dinheiro, viaja pouco. Isso vem mudando gradualmente, mas ainda é uma realidade. Claro, não é fácil juntar a grana que uma viagem requer, especialmente se for para o exterior, pois passagens aéreas, hotéis, refeições e passeios custam muito caro. Além disso, temos que reconhecer: vivemos em um país abençoado. Temos praias lindíssimas, rios, cachoeiras, chácaras, fazendas, montanhas, clima agradável, gente bonita e simpática. Para que gastar dinheiro em outros países se temos tudo aqui?

Depois da nossa decisão da volta ao mundo, quando contávamos para alguém, era comum ouvir perguntas do tipo "Por que viajar pelo mundo, se vocês não conhecem nem o Brasil direito?" Por um lado, essa pergunta tem fundamento. Temos tudo aqui e possivelmente não conhecemos quase nada do nosso próprio país. Por outro lado, o que nos fez decidir pelo mundo foi a vontade de conhecer o diferente, o inusitado. Quando falo isso, não me refiro às florestas da Malásia, às praias da Tailândia ou aos rios do Camboja – lugares tão bonitos e atraentes quanto os do Brasil. Refiro-me às pessoas, culturas, idiomas, costumes, leis, religiões e modo de viver. Em nenhuma região do Brasil, Europa ou Estados Unidos poderíamos viver esse tipo de experiência. Para conhecer tudo isso, tivemos que deixar o conforto e a segurança do meio em que vivemos e partir para o desconhecido.

Quando ouvimos a inversão das turbinas do jato que pousava na Indonésia, sentimos um frio na barriga. Não há como mentir: estávamos com medo. Desembarcaríamos na Ásia para um longo período – quase um ano – e as dúvidas eram muitas. Como seria esse continente e os seus habitantes? Teríamos dificuldade com a comunicação? Seríamos bem recebidos? E a comida, será que era tão diferente e apimentada mesmo? A resposta veio rápida: a Ásia é realmente muito diferente, mas maravilhosa.

Chegamos em Bali tarde da noite, olhamos um para o outro e nos demos conta de que nem sequer havíamos reservado um lugar para ficar. Chegamos à Indonésia, um país completamente estranho onde se fala um idioma impossível de se entender e nem sabíamos para onde ir.

Pensamos em seguir o fluxo das pessoas, mas já era tarde, não havia mais ninguém no saguão. Num instante, repleto de gente, no outro, ninguém. Como num passe de mágica, todos desapareceram daquele pequeno aeroporto em Denpasar. Ou melhor: não éramos os únicos perdidos. Vimos duas moças aparentemente perdidas. Elas se aproximaram e arranharam um inglês num acento conhecido. Procedência? Brasil! Flávia e Elaine são duas paulistas que se tornaram nossas amigas e companheiras de viagem por alguns dias bem dosados entre as prioridades nossas e as delas: desbravar a ilha e fazer compras.

Chegamos à Indonésia com o intuito de ficar apenas 11 dias –

Acampamento em Paracas, Peru

Projeto externo do motor-home

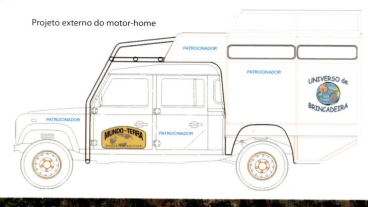

Carnet de Passages en Douane

Lobo da Estrada, pronto para viajar

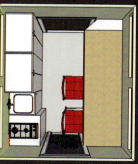

Vista superior do
motor-home com
cama fechada

Vista em perspectiva
do motor-home com
cama fechada

Vista superior do
motor-home com
cama aberta

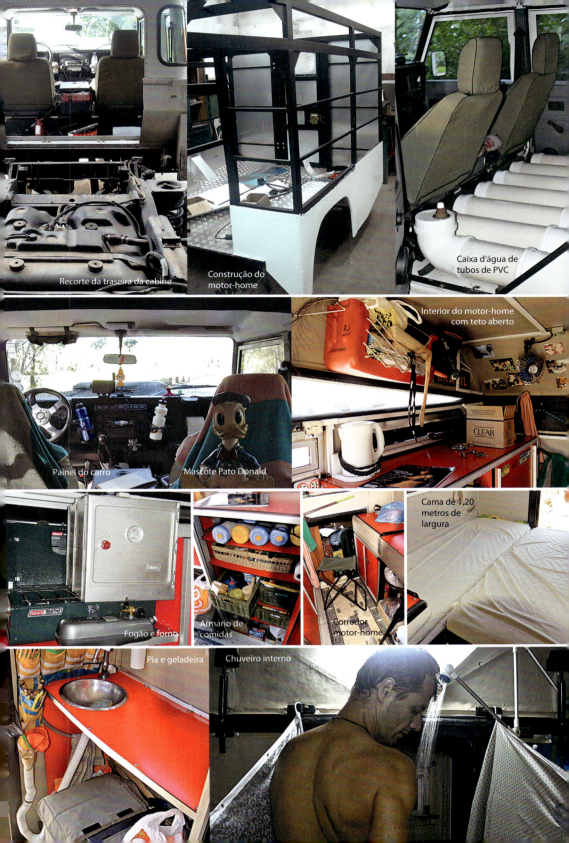

Venezuela Off-Road & Adventure Festival

Machu Picchu, Peru

Lago Titicaca, Copacabana, Bolívia

Cânion do Colca, Peru

Condor, Cânion do Colca, Peru

Paso Sico, Deserto do Atacama, Argentina

Camarões grandes e deliciosos, Equador

Taxis barulhentos, Arequipa, Peru

Contraste das pastagens verdes com o azul do oceano, Nova Zelândia

Mais carneiros que gente, Nova Zelândia

Vaca que quase nos deu um banho de xixi, Nova Zelândia

A ingrime Baldwin Street, Nova Zelândia

Soul, o carro que alugamos na Nova Zelândia

Devil's Marbles, Austrália

Estrogonofe de canguru, Austrália

Pinturas rupestres aborígines, Austrália

Carretilha quebrada pelo sonambulismo, Austrália

Boab Prision Tree, Austrália

Ayers Rock ou Uluru, Austrália

Na cidade hippie de Nimbin, Austrália

Crocodilo-de-água-doce, Austrália

Équidna, Austrália

Canguru, Austrália

Coala, Austrália

Crocodilo-de-água-salgada, Austrália

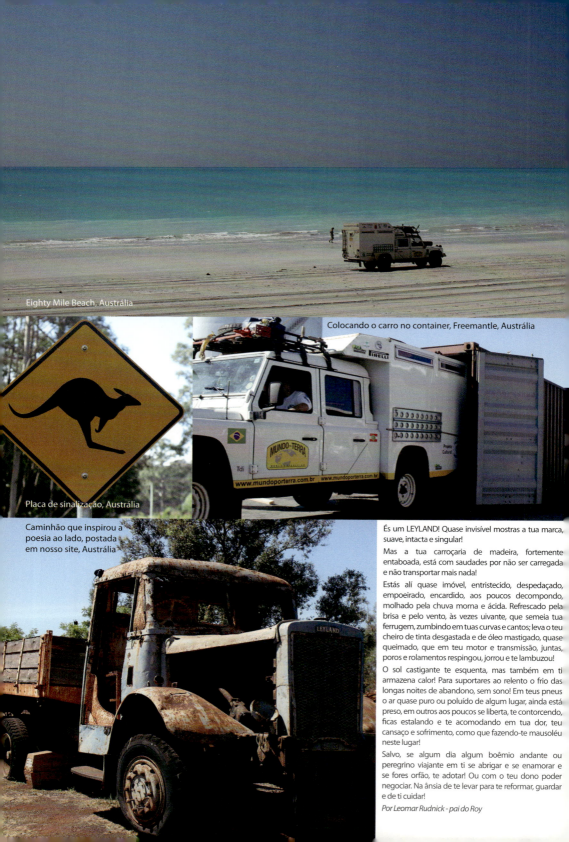

Eighty Mile Beach, Austrália

Colocando o carro no container, Freemantle, Austrália

Placa de sinalização, Austrália

Caminhão que inspirou a poesia ao lado, postada em nosso site, Austrália

És um LEYLAND! Quase invisível mostras a tua marca, suave, intacta e singular!

Mas a tua carroçaria de madeira, fortemente entaboada, está com saudades por não ser carregada e não transportar mais nada!

Estás alí quase imóvel, entristecido, despedaçado, empoeirado, encardido, aos poucos decompondo, molhado pela chuva morna e ácida. Refrescado pela brisa e pelo vento, às vezes uivante, que semeia tua ferrugem, zumbindo em tuas curvas e cantos; leva o teu cheiro de tinta desgastada e de óleo mastigado, quase queimado, que em teu motor e transmissão, juntas, poros e rolamentos respingou, jorrou e te lambuzou!

O sol castigante te esquenta, mas também em ti armazena calor! Para suportares ao relento o frio das longas noites de abandono, sem sono! Em teus pneus o ar quase puro ou poluído de algum lugar, ainda está preso, em outros aos poucos se liberta, te contorcendo, ficas estalando e te acomodando em tua dor, teu cansaço e sofrimento, como que fazendo-te mausoléu neste lugar!

Salvo, se algum dia algum boêmio andante ou peregrino viajante em ti se abrigar e se enamorar e se fores orfão, te adotar! Ou com o teu dono poder negociar. Na ânsia de te levar para te reformar, guardar e de ti cuidar!

Por Leomar Rudnick - pai do Roy

Templo budista, Vientiane, Laos

Mercado Municipal, Kota Bharu, Malásia

Comendo insetos fritos, Bangkok, Tailândia

Tribo Karen de pescoço comprido, Tailândia

Plantação de arroz, Lombok, Indonésia

As três fotos desta página:
Festival Thaipusam, Malásia

Senhor indonês, Bali, Indonésia

Menina em uma bacia no Rio Tonlé Sap, Kompong Chhnang, Camboja

Brincadeira com elefante, Pai, Tailândia

Templo dos tigres, Kanchanaburi, Tailândia

Vestidos em sarong, Bali, Indonésia

Qual é o diesel???, Tailândia

O tamanho do porcão na moto!!!, Camboja

Meninos gerrilheiros do Khmer Rouge, Camboja

Etnia Hmong, Sa Pa, Vietnã

Terraços de arroz, Bali, Indonésia

Picareta da tuk-tuk, Bangkok, Tailândia

Ceia de Natal, Laos

Monges em Luang Prabang, Laos

Nós e a estátua de Buda, Tailândia

Mercado flutuante, Damnoen Saduak, Tailândia

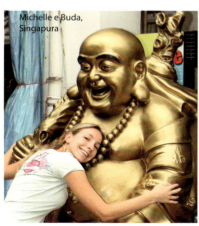
Michelle e Buda, Singapura

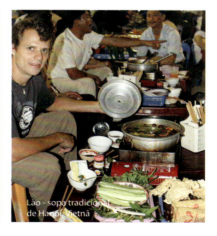
Lào - sopa tradicional de Hanói, Vietnã

tempo necessário para que nosso carro viajasse da Austrália até a Malásia. Não o trouxemos para cá para evitar os inúmeros transbordos que isso iria gerar, uma vez que este enorme país com quase 2 milhões de quilômetros quadrados está distribuído em 18.108 ilhas.

A República da Indonésia é o quarto país mais populoso do mundo, com aproximadamente 225 milhões de habitantes. A superpopulação está confinada às ilhas de Java e Bali. Em Bali, a ilha em que estávamos, predomina o hinduísmo. Porém, 88% da população do país é composta por muçulmanos – a maior nação islâmica do mundo, com cerca de 200 milhões de adeptos.

Uma cerimônia de cremação

Alugamos, por quase nada, um carrinho chamado Kijang a fim de rodar pela ilha e conhecer seus templos, montanhas e os incríveis terraços de arroz. No passeio, presenciamos uma cerimônia da cultura bali-hindu que nos chamou atenção. Foi a cremação do corpo de uma pessoa descendente da família real. Plataformas enormes, de madeira, ricamente decoradas, foram transportadas por dezenas de balineses da casa do finado até o local da cremação. Provavelmente um aparato daqueles devia pesar centenas de quilos. A torre funerária, muito alta, pendia ora para um lado, ora para outro. Dizem que é importante que ela pule, sacuda, gire e se mexa, pois assim a alma do falecido fica desorientada e não consegue encontrar o caminho de volta. Como uma cerimônia nestes moldes custa caro, muitos corpos permanecem enterrados durante meses ou anos até que a família possa custear sua cremação. Seguimos a multidão observando seus trajes típicos e assistimos suas famosas danças embaladas pelo gamelan, uma música popular tocada por orquestra composta de instrumentos de percussão, flautas e xilofones.

Como em qualquer outro país asiático, aqui o aspecto externo reveste suma importância. Tivemos que nos adaptar e vestir o nosso sarong, roupa típica que se assemelha a uma saia. Era uma prova de respeito.

Paraíso das compras

Enquanto estávamos em Bali, ficamos a maior parte do tempo em Ubud, um centro artesanal que é lugar certo para as compras. Como muitos povos, os balineses desenvolveram sua extraordinária artesania inspirando-se nos motivos religiosos e mitológicos. A ilha é um paraíso de bons preços, com destaque para a arte e o artesanato, os quais foram recentemente popularizados no mundo com a comercialização dos chamados "artigos de Bali". São encontrados trabalhos em madeira, sarongs produzidos em teares, artigos de ourivesaria, trabalhos em couro e zinco, pinturas, porcelanas, máscaras, fantoches, móveis, trabalhos de rattan, cestas de bambu, enfeites com conchas, antiguidades e joias.

Se você não está a fim de fazer compras, não se preocupe, os balineses irão te incentivar. Ficarão pegando no seu pé e insistindo com veemência até te venderem algo. Sua técnica de venda é jogar o preço lá em cima, em média de três ou cinco vezes o preço correto. Então, começa a pechincha e ninguém pode ter vergonha de dizer, caso o preço deles seja 100, que só paga 10. A Ásia toda é assim, principalmente onde existe turismo. Lembro-me de certa vez, no Nepal, quando a Michelle saiu sozinha para comprar lenços. O vendedor da loja pediu 1.600 nepaleses e ela ofereceu 300. Indignado, ele baixou para 1.500 e a Michelle manteve os 300. Ele baixou para 1.200, depois para 1.000, 800 e quando a negociação chegou aos 500, disse que não baixaria mais nenhum centavo. A Michelle disse "Ok, então não vou comprar". Agradeceu e saiu da loja. Pense num cara bravo, bufando, com aqueles lencinhos na mão. Saiu correndo atrás da Michelle e gritou:

- Tá bom. Pegue esse lenço e me dê 400.

- Não! 300.

- Ok: 350.

- 300.

O vendedor ficou furioso e pegou os 300 e não falou mais nada, virou as costas e foi embora. A verdade é que são os comerciantes que criam essas situações. O preço vai de acordo com a cara e os olhos do cliente. Sendo azuis, meu amigo, se prepare. Se eles perceberem que você é europeu ou escandinavo, o preço é jogado muito alto, na cara dura. O pior é que numa negociação dessas saímos sempre com a impressão de que perdemos, pois se fechar negócio, saímos da loja pensando que poderíamos ter pechinchado um pouquinho mais. É engraçado.

Relato um caso que aconteceu na Austrália, só para comparar os extremos. Precisava fazer três furinhos na lateral do Lobo para fixar o snorkel que havíamos comprado. Mas eram uns furinhos de nada, trabalho para 30 segundos. Como a Austrália é um país caro, de primeiro mundo, o cidadão me pediu dez dólares. Pechinchei, o que não é uma atitude comum naquele país. Apesar da surpresa, o mecânico baixou para cinco dólares. Enquanto ele fazia os furos, eu contei nossa história e quando estávamos indo embora da oficina, o cara veio correndo atrás de nós e nos devolveu os cinco dólares. Perguntamos o porquê daquilo e ele disse: "Vocês vão precisar muito mais do que eu desse dinheiro. Essa é a minha contribuição para a viagem de vocês".

Aprendemos logo a lidar com a pechincha – era um exercício diário. Nos países asiáticos e africanos, dávamos muita bandeira, mostrando de cara que éramos viajantes, e isso fazia o preço subir sempre. Aprender a incorporar como uma atitude normal a arte da pechincha foi importante para o nosso orçamento. Pensando bem, ao reduzir pelo menos um dólar por dia nos custos, ao final da viagem seriam 1.033 dólares economizados. É aqui que se percebe a diferença entre viajar 20 ou mil dias. Foi assim que conseguimos nos manter dentro do orçamento planejado. Em Moçambique, quando estávamos viajando com um casal de ingleses, um dia escutei a Jennifer falar ao Kinh: "Kinh, faz o que o Roy faz, abasteça onde ele abastecer, compre junto com ele e, assim, com certeza, economizaremos dinheiro também".

De Bali fomos a Lombok, a ilha vizinha, que fica a cinco horas de barco. Passeamos pelo local e alugamos uma moto para ver as belas praias e vilas, mas nosso maior objetivo ali era escalar a cratera do Gunung Rinjani, um dos 129 vulcões ativos na Indonésia.

Subimos num dia 2.040 metros. Somando os 601 metros de onde partimos, estávamos a 2.641 metros de altitude no topo da crista e no outro dia descemos tudo isso. Que caminhada puxada – talvez a mais forte que já fizemos até hoje. Subimos com a simples meta de chegar à crista da cratera, acampar e nos deslumbrarmos com a beleza do lugar. Lá de cima, à nossa esquerda, avistamos o pico Rinjani, com seus 3.726 metros de altitude e abaixo de nós, naquela imensa cratera, um novo cone vulcânico brotava em seu interior. E tudo banhado por um lindo lago verde. O esforço foi recompensado, com certeza.

A moderna Singapura

Voltamos a Bali e logo depois, com certa tristeza, tivemos que seguir em frente. Desta vez rumo a Singapura, de avião. Já na chegada a gente sentiu que estava pisando num país extremamente moderno. O aeroporto de lá dá um baile em qualquer outro onde já havíamos estado. A arquitetura, funcionalidade, tamanho, acesso à informação, tecnologia e limpeza: tudo funcionava perfeitamente. Pobre Infraero! Até quando vamos viver na idade da pedra?

Para pegar o metrô, já na emissão dos bilhetes nos surpreendemos com a tecnologia, mas foi dentro dele que nos sentimos num daqueles filmes futuristas. Acho que não havia ninguém conversando com o vizinho de poltrona. Todos, mas todos mesmo, estavam teclando em seus celulares de última geração, escutando música em poderosos MP3, jogando joguinhos eletrônicos, tirando foto, enfim, um mundo eletrônico, onde as pessoas parecem ser meros escravos dos botões ou touch screens. É até um pouco chocante.

Mas Singapura é um dos países que se destaca pela modernidade e riqueza neste grande continente, onde a maioria dos outros países é pobre. É um país 100% urbano. Seu tamanho é o de uma cidade – aliás, em Singapura só existe uma cidade: Singapura. Desde sua independência, em 1965 – o que o torna essencialmente jovem –, o país tem alcançado índices invejáveis de crescimento, que ficam em torno de 8,5%.

Os malaios, seus vizinhos ao Norte, dizem que Singapura é o país das multas. Aparentemente é essa a realidade mesmo. Foram impostas leis rígidas a seus cidadãos, proibindo jogar lixo na rua, fumar em determinados locais, cuspir chiclete, infringir qualquer lei de trânsito. O descumprimento resulta sempre em multa.

Nós presenciamos algo nesse sentido. Estávamos a pé, aguardando que o sinal dos carros se fechasse para cruzar a rua e um taxista avançou um pouco mais de meio metro sobre a faixa de pedestres. Não demorou dez segundos para vir alguém e tirar foto dele. Deduzimos que a razão da foto seria para denunciá-lo pela infração, pois o taxista não gostou nada da situação. Apesar de tudo funcionar muito bem no país, acho que essas regras passam um pouco do limite.

Nossa estada por ali foi de somente três dias. O Lobo estava prestes a chegar à Malásia. Então aproveitamos para reencontrar Myriam e Mathias, aqueles alemães que conhecemos na NZ e com quem caminhamos por tudo que é lado. Nossas andanças partiam sempre do bairro onde pernoitamos, a Little India, um lugar que nos faz sentir definitivamente na Índia, pois tudo, mas tudo mesmo, é indiano. Lá encontramos inúmeros quarteirões com restaurantes, lojas, feiras, templos hindus arquitetados e decorados no estilo indiano, sem contar que todos que por lá perambulam são indianos legítimos ou descendentes. Tivemos a oportunidade de comer comida típica, famosa por ser picante, servida em folha de bananeira ao invés de prato, muito arroz e acompanhamentos, e – detalhe – sem talheres e sem palitos asiáticos... Comemos com a mão direita e nada mais! Cabe aqui salientar que não se pode tocar na comida com a mão esquerda – a responsável pela higiene pessoal. Um esquecimento nesse sentido pode trazer constrangimento.

Tal qual essa Índia dentro do Little India, pudemos ver a Arábia dentro do bairro Árabe e a China no China Town. Neste último o que encantou foi o Buddha Tooth Relic Temple, ou seja, o "Templo da Relíquia do Dente de Buda", construído para abrigar o suposto legítimo dente do histórico Buda, encontrado em 1980 numa stupa destruída em Myanmar. Sua construção de cinco andares em estilo chinês custou a bagatela de 62 milhões de dólares de Singapura.

Singapura conta também com um zoológico que não se deve perder por nada. Está entre os três melhores e mais equipados do mundo. Para nós foi um dia de criança. Vimos de tudo: várias espécies de macacos, antílopes, leões, girafas, zebras, crocodilos, cangurus, pumas, tartarugas gigantes, cobras, javalis, tapir, elefantes, pinguins, rinocerontes, hipopótamos, onças, os tigres brancos de bengala e o dragão-de-komodo. Há também o show de mergulho do urso polar, as palhaçadas dos orangotangos e o beijo da leoa marinha. Esse deu o que falar! Gerou até ciúmes na Michelle, pois fui um dos primeiros a me candidatar quando os amestradores, ao fim do espetáculo, perguntaram às crianças quem queria ganhar um beijo do animal.

Malásia, país da diversidade

De ônibus deixamos Singapura e assim que entramos na Malásia o container de 20 pés que transportava o Lobo da Estrada já nos aguardava em Port Klang, cidade portuária situada nas imediações da capital Kuala Lumpur.

Nossa alegria em saber que o nosso carro estava nos esperando foi embaçada pela notícia de que teríamos que pagar um valor extra pela estadia do carro no porto, fato decorrente de um erro de comunicação entre o agente aduaneiro e nós. Custou caro descobrir que se paga taxa diária de depósito sobre mercadorias que chegam ao porto e não são desembaraçadas e descarregadas em tempo hábil por seus proprietários. O valor, dependendo do porto, pode ser bem expressivo, então fica o alerta para casos como esse: chegue ao país antes do carro ou junto com ele, caso não tenha alguém que possa fazer a retirada do carro por você. Mas dos males o menor: nosso querido companheiro de viagens estava são e salvo, com pequenas avarias apenas, causadas pelo balanço do mar. Quebraram-se as lanternas traseiras – luz de ré, luzes de freio e piscas.

Mesmo com pressa de partir para nos livrar das monções – período de grandes chuvas, que estavam por vir – arriscamos conhecer uma megaconstrução: as Petronas Twin Towers, que a partir de 1996 passaram a ser consideradas as torres mais altas do mundo. Elas assim são chamadas por sediar a companhia petrolífera do país. São 88 andares e 450 metros de altura. O recorde havia sido mantido até 2003, quando sua altura foi ultrapassada pela torre de Taipei, na China. Hoje, as Petronas mantêm-se ainda no pódio, porém em quarto lugar, ficando atrás da Sears Tower, em Chicago; da Taipei, na China; e da Burj Dubai – torre de Dubai que tem praticamente duas vezes a altura das Petronas Twin Towers.

E essas monções, o que são? Monção é um vento periódico que acontece especialmente no Oceano Índico e no Sudeste Asiático. Este fenômeno é causado pelo fato de o continente aquecer-se e esfriar-se mais rapidamente que a água. Então, no verão, a terra está mais quente que a água do mar e, com isso, o ar quente sobre a terra tende a subir, criando uma área de baixa pressão atmosférica. Por sua vez, isto cria um vento constante no sentido do mar para o continente e a chuva associada a este fenômeno é causada pela umidade do ar marítimo que, ao atingir as montanhas, provoca condensação.

Esses fatores, além das estações do ano, são importantes de se levar em consideração quando se planeja uma viagem longa. Preferíamos nos manter longe do frio e das chuvas, mesmo que às vezes sonhássemos com elas. Então, para isso, a tentativa era de estar no Hemisfério Norte nas proximidades da metade do ano e no Hemisfério Sul a cerca do final do ano. Mas mesmo com muito planejamento, não foi possível escapar de invernos congelantes ou das chuvas que emboloravam tudo dentro do carro.

SANGUESSUGAS E PERCEVEJOS

Para fugir das monções rumamos para o Norte e no caminho visitamos o Taman Negara National Park. Este parque nacional protege uma grande área de floresta tropical muito densa e é o habitat de um dos ecossistemas mais complexos e ricos do mundo. A Malásia hospeda em torno de 15 mil espécies de plantas e árvores, 600 espécies de pássaros e 210 espécies de mamíferos – entre eles os elefantes e tigres asiáticos e os rinocerontes de Sumatra.

Ao caminhar pela floresta éramos atacados constantemente por sanguessugas. Elas ficam em poças d'água ou no próprio barro à espreita da próxima vítima. Apesar do horror inicial, foi divertido arrancar essas pestes das pernas. O local da mordida não parava de sangrar, tais os tamanhos dos buracos que elas deixam na pele.

Falando de insetos peçonhentos, em Kuala Lumpur, na pensão onde dormimos à espera da liberação do nosso carro, percevejos fizeram a festa. Em apenas uma noite a Michelle recebeu mais de 100 picadas. Fiquei com dó, pois a picada deste inseto coça e irrita demais. Inexplicavelmente eu saí quase que ileso.

Na hora de dormir, se não olharmos com atenção não iremos vê-los, pois são minúsculos. Fazem das camas seu habitat preferido e são difíceis de exterminar. Amigos que ficaram em pousadas infestadas por percevejos só os perceberam quando já era tarde, pois os bichos já haviam tomado conta de suas roupas e mochilas. A solução, segundo eles, foi mergulhar tudo em um balde cheio de água para afogá-los. Após esta operação, colocavam as roupas e as mochilas molhadas dentro de um saco preto de lixo que foi muito bem fechado e depois exposto ao sol.

Outro contato inesquecível com insetos foi numa feita em que paramos o carro embaixo de uma árvore. Ao abrir o teto do motor-home, um galho encostou-se ao carro e as formigas tiveram a noite inteira para nos invadir. Ao amanhecer, encontramos formigas por tudo – só não entraram na parte interna da fórmica da pia, que é maciça. Durante um mês elas viajaram conosco, mas nunca descobríamos para onde iam. Até que, num dia em que precisamos de algumas cópias de documentos que estavam numa pasta, achamos seu ninho lá dentro. Eram muitas e já tinham até ovinhos.

Encontros inesperados pelo caminho

Quanto mais rumávamos para o Norte, mais sentíamos a hospitalidade malaia. Certo dia, enquanto dirigia pela mão esquerda da estrada – mão inglesa – um motoqueiro se aproximou e manteve sua moto na mesma velocidade do carro, o que permitiu que ele conversasse conosco. O papo começou a ficar gostoso e fomos terminá-lo com uma xícara de chá na casa do nosso novo amigo. O motoqueiro era o capitão Wong, piloto de helicóptero que presta serviços para a Petronas. Sua função é levar e trazer funcionários das plataformas de petróleo em alto mar. É um aficionado pelos barcos à vela e já havia percorrido vários países do mundo. Vários deles de helicóptero. Pelas suas experiências em viagens por países estranhos, nos disse que sabia muito bem o que era estar longe de casa e por isso nos convidou.

Em Kota Bharu, quando estacionávamos nosso carro em frente ao centro de informações para perguntar onde poderíamos arrumar nosso computador, fomos abordados por outro malaio, o Ali, que já chamou seu amigo Hafiz, também amante de 4x4, para nos receber. Os dois adoraram o nosso carro e nos fizeram as honras da casa por dois dias. Ajudaram no conserto do computador, na instalação do sistema de água quente e nos convidaram para almoçar em locais típicos. Fomos a uma festa no escritório da irmã de um deles para comemorar o final do Ramadan. Na virada do dia seis para o sete de novembro, estiveram presentes para celebrar conosco o meu aniversário. Como eu, eram radioamadores, o que reforçou ainda mais nossa amizade. Só assim pude tirar um pouco das teias de aranha do rádio. Fizemos muitos QSO's pela repetidora local, 147.650 MHz.

Convites como estes eram muito frequentes, principalmente na Ásia. E como já disse anteriormente, nosso lema era aceitar a todos, tanto para prestigiar os convites como para dar espaço às oportunidades. Mas como nem tudo é perfeito, aconteceram outros que nos deixaram constrangidos.

Um foi na Índia, ainda na primeira semana, quando percorríamos no interior do país visitando pequenas vilas, que mesmo sendo diminutas, são intensamente populosas. Quando dirigia por uma estrada esburacada, uma moto nos ultrapassou. Era um cidadão de uns 35 anos, que levava na garupa um passageiro que devia ter a mesma idade. No momento da ultrapassagem, fomos completamente dissecados, de tanto que os motoqueiros nos olharam. Logo mais à frente, percebemos que eles pararam a moto para que eu passasse por eles novamente, para então nos observar pelo outro lado, agora o do motorista. Mais um minuto e nos ultrapassaram de novo, olhando atentamente cada detalhe, e se deixaram ultrapassar mais uma vez. O vai e vem aconteceu por mais duas vezes e na próxima, em hindi, língua local, tentaram um contato. Depois de um bom tempo deciframos que estávamos sendo convidados para tomar um chá com eles. Como não recusávamos convites, seguimos a moto e fomos parar numa vila, onde havia muita gente, mas muita gente mesmo. Estacionamos o carro e já estávamos sendo admirados agora por dez ao invés de dois, depois 20, 30, pela vila inteira. Parecia que éramos grandes ídolos.

Sentamos à mesa junto aos anfitriões e logo fomos servidos do chai, o saboroso chá indiano. Olhávamos para eles, eles para nós, trocávamos umas palavras sem entendimento e éramos assistidos por muita gente, ali, de muito perto, a menos de meio metro. Constrangidos com tanta gente em volta, não sabíamos o que fazer e só ficamos à vontade depois que nosso carro já havia pegado uma boa velocidade e desaparecido por entre a multidão.

Sei que não estou escrevendo sobre a Índia nesse momento, mas me surgiu outra história que não poderia deixar de contar. Não foi conosco e sim com um casal de alemães, Jochen e Cordula, que também viajavam a Índia com um Land Rover 130, só que com uma carreta de reboque. Passaram por uma situação semelhante: um motoqueiro indiano ultrapassava por um lado e se deixava ser ultrapassado por outro. Até que, na quarta deixada para ser ultrapassado, ele se esqueceu da carretinha e simplesmente entrou com a moto atrás do carro para, possivelmente, repetir o ciclo. Mas dessa vez não foi feliz: por estar com os olhos cegos para o perigo, o pobre cidadão bateu lateralmente na roda da carretinha e foi só pena e bico que o Jochen avistou através de seu retrovisor. A moto foi para um lado e para o outro foi o indiano, que terminou o rodopio em pé, sem se machucar. Claro, a história foi engraçada porque não foi conosco que aconteceu, mas conhecendo o povo indiano como tivemos a oportunidade de conhecer, levou dias para que conseguíssemos parar de rir.

A Tailândia está 543 anos adiantada

Na Malásia, deixamos Kota Bharu, cruzamos o Norte de Leste a Oeste para buscar uma encomenda que foi enviada a ilha de Penang e adentramos em terras tailandesas.

Entramos em território tailandês no dia 10 de novembro de... 2550! O ano era esse mesmo – 2550. Nossa expedição nos levou ao futuro no momento em que cruzamos a fronteira da Malásia com a Tailândia.

Para nós isso foi uma surpresa e percebemos quando fizemos as primeiras compras na Tailândia, ao recebermos as notas fiscais datadas com o ano 2550. Na verdade, o calendário budista está 543 anos a frente do nosso, pois eles tomam como ano zero o nascimento de Buda – 543 anos antes de Cristo. Para se ter uma ideia, 95% da população tailandesa é budista e em todos os lugares onde há uma bandeira nacional, há ao lado a bandeira amarela do budismo. Apenas uma pequena minoria desta população é muçulmana e concentra-se no Sudeste do país, fronteira com a Malásia. Cruzamos esta região quase que sem paradas, pois ali existem problemas constantes, tais como demonstrações, revoltas, ataques com bombas, etc. Tudo porque a minoria muçulmana está constantemente lutando por sua independência.

A Tailândia entrou nos tempos modernos em melhores condições que os outros países do Sudeste Asiático, pois enquanto os países vizinhos eram dominados por potências europeias e entravam em guerras civis, a Tailândia permaneceu independente e unida, não tendo mudado sua cultura por força da colonização.

Talvez isso seja um dos motivos pelo qual este povo idolatre tanto seu rei, Bhumibol Adulyadej. Embora visto com desconfiança na época em que assumiu o poder, 1946, ao longo do tempo foi conquistando a confiança do seu povo, que hoje o trata como uma autêntica divindade. Quando estivemos lá, estava saindo de uma internação hospitalar e por ter usado, ao se apresentar novamente em público, uma camisa lilás, no outro dia a maioria dos tailandeses passaram a usar camisas lilás, tamanho o amor e a devoção que o povo sente por ele.

A experiência de viajar pela Tailândia é única. Quisemos prorrogar a nossa partida e já nos perguntávamos quando retornaríamos a esse maravilhoso país.

A costa ao Sul é um lugar paradisíaco e serviu de cenário para o famoso filme A Praia. Ali a areia é de um branco alvíssimo e as águas, verdes jade, são as mais cristalinas que já vimos. O que mais nos impressionou foram as milhares de ilhas que brotam do mar no formato de um pão caseiro em pé, com altos paredões cobertos por uma vegetação muito verde. Essas pedras não só brotam do mar, mas também da terra.

Vendo essas belas praias é impossível acreditar que o tsunami devastou grande parte dessa beleza. Dos vários países atingidos por essa onda gigante, a Tailândia foi um deles, concentrando o desastre na costa Oeste. O turismo, principal negócio da região, caiu drasticamente após o evento, mas como o tailandês é um povo trabalhador, a reconstrução aconteceu de uma forma muito rápida. Na verdade, quase não vimos sinais da destruição e a única coisa que comprova que o tsunami um dia passou por ali são os vários sinais de alerta colocados nas praias: "Cuidado! Perigo de tsunamis" e outras placas que orientam para uma rota de fuga, caso algum dia uma tsumani volte a acontecer.

A região Norte é montanhosa, coberta por florestas tropicais e parte por seringueiras brasileiras plantadas no país há mais ou menos cem anos. Quem não se lembra da história da borracha brasileira, que ouvíamos nos bancos da escola? O ciclo teve seu apogeu por ser um produto monopolizado, mas entrou em decadência quando os ingleses nos roubaram mudas e as levaram para o Sudeste Asiático. Na verdade, eles as plantaram inicialmente na Malásia, uma das suas colônias, mas logo as mudas se espalharam para os países vizinhos. Vimos com nossos próprios olhos as plantações de seringueiras em diversas partes do país. No Brasil essas árvores são nativas, espalhadas pela floresta, mas na Malásia e Tailândia crescem como uma plantação de pinus, uma ao lado da outra. Com as árvores plantadas de forma organizada, a produção seria mais eficiente e o látex mudou de lado no mundo. Perdemos uma importante fonte de riqueza.

Hoje, além de ser a maior produtora mundial do látex, a Malásia também lidera a produção do óleo de palma.

Um dia em Myanmar

Deixamos o Lobo em um estacionamento em Ranong e cruzamos a fronteira num dos famosos long-tail boats – barcos de rabo comprido – chamados assim por possuir um motor com um eixo bem comprido onde em sua extremidade localiza-se a hélice. O barulho dos motores automotivos utilizados nesses barcos é ensurdecedor e os piloteiros fazem manobras radicais com aqueles eixos de mais de dois metros, que às vezes até passam por cima de nossas cabeças. As casas de imigração e aduana davam acesso somente aos barcos e foi onde carimbamos nossos passaportes.

Chegar a Kawthaung, extremo sul da União de Myanmar, país conhecido também por Birmânia, é como voltar ao passado. O país sofre há décadas com a estagnação econômica, isolamento e má administração pelo regime militar.

A pobreza é perceptível e tudo é muito precário, mas o país destaca-se em alguns aspectos: lindos templos budistas, alta produção de drogas ilegais, como o ópio e a heroína e muito arroz.

De volta à Tailândia, um circuito de belas e exóticas atrações. Em Cha-Am nos deliciamos com frutos do mar a preços baratíssimos. Os tailandeses conservam camarões, lagostins, caranguejos, baratas do mar, peixes, arraias e moluscos em cativeiros parecidos com piscinas e os assam vivos na frente do freguês. "É triste, mas é gostoso", disse uma amiga australiana, a Dianne, que nos indicou esse lugar.

Outra atração local é Damnoen Saduak, uma cidade cujo mercado flutua ao longo do rio e tem as vitrines das suas lojas viradas para o rio em vez de para a rua. A maior parte dos compradores vai às compras em seus barcos. Os vendedores que não possuem uma vitrine em terra firme navegam com a mercadoria em seus próprios barcos, cada qual com seu estilo. Ali se encontra de tudo: especiarias, frutas, legumes, artesanatos, etc. Uma característica curiosa são os chapéus de palha das mulheres mercantes. Eles se diferem dos formatos piramidais das vietnamitas por serem planos na parte superior. Ficam no alto da cabeça, não permitindo o contato do chapéu com o couro cabeludo, o que cria uma área de ventilação muito apropriada nos dias quentes deste país tropical.

BANGKOK – GRANDE NO NOME, GRANDE EM BELEZA

Ao nono dia de viagem pela Tailândia chegamos a Krung Thep Mahanakhon Amon Rattanakosin Mahinthara Yuthaya Mahadilok Phop Noppharat Ratchathani Burirom Udomratchaniwet Mahasathan Amon Piman Awatan Sathit Sakkathattiya Witsanukam Prasit, que quer dizer nada mais, nada menos que Bangkok. O que parece ter sido um erro de digitação ou teclado travado por alguns segundos é, por incrível que pareça, o nome da capital tailandesa. A tradução em português seria: A cidade dos anjos, a grande cidade, a cidade que é joia eterna, a cidade inabalável do deus Indra, a grande capital do mundo ornada com nove preciosas gemas, a cidade feliz, Palácio Real enorme em abundância que se assemelha à morada celestial onde reina o deus reencarnado, uma cidade dada por Indra e construída por Vishnukam (Wikipedia, 2011).

A cidade faz jus em beleza à grandeza do seu nome. O Guia Lonely Planet diz: "Bangkok é uma cidade em constante permuta entre futuro, presente e passado". É uma cidade moderna, limpa, muito colorida, com seculares templos budistas enfeitados por fora e por dentro ostentando muito ouro e pedras preciosas.

Ficamos na cidade por seis dias, pois aguardávamos nossa permissão de entrada no Vietnã. Certa noite nos sentimos como verdadeiros tailandeses, pois nos infiltramos em um dos seus gigantescos festivais. Esse era promovido por um dos templos budistas locais. Envolvemo-nos por entre milhares de pessoas que nos receberam muito bem. Pudemos curtir suas comidas – para nós, exóticas –, nos divertir com suas músicas e danças e contemplar as suas rezas.

Bangkok - experiências do paladar

Além de muito barata, a comida tailandesa é famosa por misturar os quatro paladares fundamentais: picante, azedo, salgado e doce. O picante provém das pimentas; o azedo do vinagre e sumo de lima; o salgado, diferentemente da nossa cultura, não utiliza o sal e sim molho de peixe e de soja; e o doce provém do açúcar, frutos e pimentas doces. A maioria dos pratos tenta combinar a alguns destes sabores, quando não todos ao mesmo tempo. Os temperos comumente utilizados são: pimentão, cominho, alho, gengibre, manjericão, lima, coentro, pimenta, cúrcuma, chalota e capim-limão. Esse último é uma delícia: serve para temperar a comida, mas também se pode comê-lo.

De tão viciados que estávamos por essa deliciosa cozinha oriental, chegamos a fazer um curso de culinária no Norte do país, na cidade Chiang Mai. As aulas começaram em um mercado municipal, onde aprendemos tudo sobre os temperos e pimentas e, em seguida, fomos para uma cozinha comunitária onde preparamos os deliciosos pratos tailandeses. Aprendemos sete receitas cada um, entre sopas, molhos, macarrão, saladas e sobremesas. Sempre após o preparo tínhamos que experimentar aquilo que havíamos cozinhado.

Um dos sabores mais marcantes que experimentamos foi "inseto frito". Isso mesmo: besouros, grilos, gafanhotos, cigarras, gorós e lagartas, vendidos nas ruas movimentadas da capital tailandesa, em barraquinhas similares às que vendem pipoca no Brasil. Todos servidos crocantes, com sal e vinagre. Pode ser difícil de acreditar, mas de tão gostosos, repetimos a porção várias vezes.

Nas mãos de oportunistas

Bangkok é uma cidade turística e onde há turismo há dinheiro. E como a ocasião faz o ladrão, onde há oportunidades, há malandragem. Apesar da índole pacifista, amigável e hospitaleira do povo tailandês, em Bangkok é preciso ficar de olhos bem abertos.

Veja até que ponto a coisa chega. Caminhando pela cidade sentido Palácio do Governo, fomos abordados por um cidadão muito legal, gente fina, que, "sem custo nenhum" nos ofereceu ajuda. Disse-nos que não seria possível visitar o palácio, pois a Michelle estava com os ombros descobertos e por isso não nos seria permitido entrar: "Por que não fazemos um tour de tuk-tuk pela cidade?", perguntou ele. "Faço de graça para vocês." A tuk-tuk é uma das formas de locomoção mais comuns da Ásia. É um triciclo motorizado para dois passageiros mais o motorista e, por ser pequeno, é ágil e econômico. Dois passageiros é o padrão, mas muitas vezes empilha-se gente nele. Isso quando não aproveitam para transportar carneiros ou cabras junto com a família.

Quanto à oferta, olhamos um para o outro, achamos muito estranho o passeio ser de graça, mas aceitamos, pois não tínhamos nada a perder. Se estivéssemos caindo em uma emboscada, quem teria a maior surpresa seria ele, pois não tínhamos quase nada nos bolsos. Talvez o suficiente para almoçar algo bem simples.

Topamos. Até porque já estávamos planejando dar uma volta de tuk-tuk. E queríamos ver no que ia dar toda aquela conversa. O passeio, segundo esse "guia", incluía diversos templos, jardins e outras atrações. O primeiro local onde paramos não tinha aspecto de templo e parecia estar fechado. Descemos da tuk-tuk – somente eu e a Michelle – e fomos até a porta de entrada para pedir alguma informação. De repente, outra figura, muito simpática também, apresentou-se como sendo de Singapura. Disse-nos que já estava esperando havia horas. No bate-papo, começou a falar de joias, disse que na Tailândia tudo é muito barato e que ele costuma comprar em Bangkok para revender em seu país. Falou também que nós deveríamos fazer o mesmo.

Disse, então, que éramos pessoas de sorte: ele ouviu falar que coincidentemente naquele dia estava acontecendo uma mega promoção de joias em toda a capital e que nós não poderíamos deixar de aproveitar.

Olhamos um para o outro, rimos e satirizamos em português para que ele não pudesse entender: "Que sorte a nossa, hein?" E decidimos nos deixar levar um pouco mais nessa história que, provavelmente, eles levaram tanto tempo para produzir e ensaiar. "Eu estou indo para o mercado de joias", disse ele. Acho que o templo não vai mais abrir hoje para visitação.

Saiu o cara de Singapura e voltou nosso guia, perguntando se nós não gostaríamos de prosseguir com nosso passeio, pois aparentemente, o templo não iria abrir. "Sim, claro", falamos. "Não vale a pena ficar esperando! Vamos para a próxima atração!"

No caminho veio ele com aquela mesma história da mega promoção de joias e que nos levaria num lugar que somente lojistas credenciados poderiam comprar. Mas como nós éramos brasileiros e blá-blá--blá, ele iria dar um jeito para que também pudéssemos aproveitar a promoção. Oportunidade única!

O cara nem vermelho ficava com toda aquela lorota. Chegamos então na dita loja, muito bonita por sinal, que nos deixaria ricos se aproveitássemos a promoção. Lá dentro, na verdade, se vendia de tudo: de joias até artesanato. Já na entrada, podíamos ver todo o processo de lapidação das pedras. Na área dos artesanatos, lembro-me de uma escultura de Buda escavada em negativo. Quando passávamos de um lado para o outro, os olhos de Buda nos acompanhavam, como se ele estivesse nos olhando, nos protegendo. Muito legal.

Ficamos uns dez minutos ou menos dentro da loja e voltamos para o estacionamento, onde o nosso suposto "guia" e motorista nos aguardava. Mas para quê? Ele ficou completamente indignado. Bravo ao extremo. Xingou-nos e tudo. Falou que tínhamos que ficar lá dentro por pelo menos 15 minutos – o que recusamos, é claro – pois somente assim ele ganharia sua comissão. Ali descobrimos a sua estratégia: a armação foi feita com o simples intuito de ganhar comissão da loja.

Esse senhor da tuk-tuk, mesmo bufando pelas orelhas, nos levou para a próxima atração combinada, a maior estátua de Buda da cidade e prometeu ficar ali aguardando. Descemos, mas já sabíamos que ele não iria nos esperar.

Para encurtar o relato, nós tivemos mais sorte que juízo. Primeiro porque a estátua era mesmo bonita – valeu a pena visitá-la. Segundo porque descobrimos, logo em seguida, que o local ficava a menos que três quadras da pensão onde estávamos dormindo.

Um dia da caça, outro do caçador. Dessa vez foi o nosso dia, pois passeamos de tuk-tuk, assistimos a um belo teatro, visitamos algumas atrações da cidade e quando tentamos pagar pelo ótimo serviço, o cidadão não estava mais lá. Que pena.

Mas Bangkok é campeã em mais algumas fraudes. Livros, CD's, DVD's, bolsas, roupas, carteirinhas, diplomas, tudo, mas tudo falsificado. Lá é possível trocar de profissão, mudar a idade e até o tipo sanguíneo se procurar bem.

Festival Loi Krathong, em Sukhothai

Como é bom estar no lugar certo, no dia certo e na hora certa. Tivemos a sorte de chegar às ruínas da antiga Sukhothai, declaradas Patrimônio Cultural da Humanidade pela Unesco, bem no dia das festividades de Loi Krathong. As ruínas, vestígios do primeiro império tailandês, já são um espetáculo à parte. Mas poder apreciar suas cores, desfiles, teatros, foguetórios e balões em meio a milhões de tailandeses não tem preço. Esta festividade acontece anualmente, sempre na lua cheia e no 12º mês do calendário lunar tailandês. Em oferenda a Buda são colocados incensos e velas nos rios e lagos de todo o país. Tudo lindo. Passamos o dia todo por lá e à noite, como estávamos super cansados, decidimos dormir exatamente no lugar onde havíamos estacionado nosso carro para o festival. No outro dia cedinho, quando encostamos nosso narigão na janela para ver o que se passava lá fora, percebemos que o local onde estávamos era o pátio de uma escola. Estávamos rodeados por crianças que chegavam para as aulas. Meio sem graça, ligamos o carro e saímos de fininho.

Karen de pescoço comprido

Fomos então às montanhas situadas ao Norte da Tailândia. Queríamos percorrer as 1.864 curvas que ligam Mae Hong Son a Chiang Mai. Logo no começo do percurso, visitamos um povo que dez anos antes havia se refugiado das brutalidades do regime militar de Myanmar e se instalado na Tailândia. São os chamados "Karen de pescoço comprido" devido às mulheres usarem argolas em seu pescoço de forma que o prolongue (na realidade, com o uso destas argolas, são seus ombros que são forçados para baixo, sofrendo deformação, dando assim a impressão de serem pescoçudas). Foi uma experiência mais do que interessante essa de passar algumas horas na aldeia, tendo as "mulheres girafas" ao nosso redor.

Um delicioso passeio de elefante

Em Pai aconteceu um dos momentos memoráveis da viagem. A cidade já estava marcada em nosso mapa desde o dia em que o estudamos detalhadamente pela primeira vez.

Visitar a Tailândia e não passear de elefante é como ir a Roma e não ver o papa. Decidimos pelo passeio mais longo – duas horas – passando pela floresta e pelo rio. Boonma, uma fêmea de quatro toneladas e 47 anos de idade, foi nosso meio de transporte. Um verdadeiro 4x4 – tração nas quatro patas. Não há subida que esses animais não enfrentem com galhardia. Sentados no lombo do animal, recebíamos jatos de água da sua tromba – parecia brincadeira de criança. Demorou um pouco, mas pegamos logo o jeitinho da "gineteada" e, dali para frente, nem reza braba nos tirava de seu lombo. Nem mesmo quando o passeio tinha terminado.

No Sudeste Asiático, assim como na África, existem muitos elefantes, inclusive selvagens. Mas com o passar do tempo, pela dificuldade que tinham de permanecer isolados na floresta, os elefantes asiáticos foram todos domesticados para trabalhos rurais, como o de puxar toras para as serrarias. Com as rigorosas leis de preservação, os elefantes, hoje, se dedicam quase que exclusivamente a atender turistas.

Um elefante adulto chega a pesar quatro toneladas e comer entre 250 e 300 quilos por dia. Após passarem o dia inteiro trabalhando, vão se alimentar nas florestas à noite e aproveitam para dar uma dormidinha de no máximo duas horas, o que já é suficiente para repor suas energias. Uma diferença entre o elefante asiático e o africano é que o primeiro é muito mais dócil.

Contorcemos-nos nas 1.864 curvas da estrada e chegamos a Chiang Mai, parada obrigatória para quem vem à Tailândia. Essa cidade histórica de pequeno porte possui quase a mesma quantidade de templos budistas que a capital tailandesa, um mais bonito que o outro. Gostamos muito de Chiang Mai, pois além daquele belo curso de culinária que fizemos foi um lugar onde pudemos relaxar com uma legítima massagem tailandesa.

Esta massagem é praticada há cerca de 2.500 anos. Antigamente era exercida apenas em templos budistas – onde as mulheres eram proibidas de entrar – por monges especializados neste tipo de manipulação. Hoje esta terapia é praticada em toda a Tailândia – de escolas especializadas a hospitais tradicionais – além de estar amplamente difundida no Ocidente.

Receber uma massagem tailandesa é como fazer yoga sem esforço. A pessoa é encorajada a ultrapassar seus limites deixando de lado tanto as restrições físicas quanto emocionais. A ideia é criar espaço na estrutura muscular e no esqueleto, dando ao corpo mais flexibilidade. Os massagistas fazem uma manipulação interativa no corpo, usando alongamentos e leves pressões ao longo das linhas de energia. Esses movimentos trazem como benefício o alívio muscular, estímulos dos órgãos internos, o equilíbrio dos sistemas energético e nervoso, o relaxamento e o rejuvenescimento do corpo e da mente. Na Tailândia o custo da massagem partia de R$ 6,00 a hora.

O Laos de portas abertas

Antes de entrar no Laos já sabíamos que nesse país, assim como no Vietnã e Camboja, passaríamos a dirigir no lado direito da estrada – como no Brasil –, mas uma dúvida ainda pairava em nossas cabeças: como funciona esta inversão de lados numa fronteira seca?

Por mais simples que isso possa parecer, é uma coisa que não acontece em muitos lugares no mundo. As pistas esquerda e direita se cruzam como uma letra X, com um semáforo para evitar acidentes. Quem dirigia na mão esquerda, passará a dirigir na direita e vice-versa. Após a inversão de lados, perdemos quase duas horas com a burocracia de fronteira. Quando prontos, ficamos liberados para explorar o Laos, país que entrou na nossa lista "dos que queremos voltar".

O Laos é um dos poucos países socialistas que ainda restam e que após quase duas décadas sem contato com o resto do mundo está começando a abrir suas portas. Anos de isolamento e pequena população resultaram em um cenário praticamente intocado.

Vientiane, de tão pequena e pacata, não parece ser uma capital. No começo não gostamos muito, mas com o tempo entramos no clima e aprendemos a ver a cidade de uma forma diferente. Ela é tranquila e possui clima muito gostoso às margens do rio Mekong. Sua arquitetura é bem contrastante, mostrada por meio de templos budistas e casas antigas resultantes da colonização francesa. Como prova de que os franceses estiveram mesmo no país, existem baguetes para serem vendidas a cada esquina da cidade.

O melhor contato com o dia a dia da população laosiana tivemos quando dirigimos mais ao Norte, entre Vang Vieng e Luang Prabang. As estradas, precárias e estreitas, sobem e descem muito frequentemente e as curvas são intermináveis.

As casas de bambu trançado deste povo que ainda vive nas mesmas condições de 50 anos atrás quase invadem as estradas. Do carro presenciávamos o cotidiano local: mulheres trabalhando no pesado, crianças se divertindo com brinquedos inventados, algumas trabalhando duro, banhos de caneca nos finais de tarde, comidas e temperos secando ao sol. E, é claro, todos nos olhando curiosos. Com um simples aceno, conseguíamos arrancar de seus rostos medrosos um sorriso de orelha a orelha. Foi nesse país que encontramos um dos povos mais simpáticos e puros com quem tivemos contato em nossa viagem.

A mais bela cidade do Laos, Luang Prabang, ostentou até 1975 o título de Capital Real. Com apenas 26 mil habitantes, é um dos destinos mais visitados do país, por causa da sua coleção de arquitetura colonial francesa, intercalada por templos budistas e montanhas verdes ao redor. Foi declarada Patrimônio Cultural da Humanidade, pela Unesco.

Às seis horas da manhã, todos os dias, monges saem dos templos e vão às ruas, num passo rápido de pés descalços, para recolher alimentos oferecidos pelo povo local.

Os adeptos da filosofia budista acreditam que se uma pessoa é sortuda o suficiente para oferecer comida a um monge, seu mérito no futuro será grande e ela será recompensada. Os devotos ficam esperando sentados em esteiras estendidas nas ruas e calçadas e de repente, lá longe, surge uma fila de um laranja muito vivo. Grupos formados por

10 ou 20 monges, enfileirados do mais velho ao mais novo, vão passando e recolhendo as oferendas – normalmente punhados de arroz e bananas. Voltam aos seus templos onde depois de apreciarem o café da manhã passam o dia inteiro orando e meditando.

Mas o Laos já passou por maus bocados. Embora não estivesse envolvido diretamente na Guerra do Vietnã, entre os anos de 1964 e 1973, o país foi fortemente atacado na fronteira e recebeu carregamentos de bombas despejadas de aviões que deram a ele o título do país mais bombardeado em toda a história. Calcula-se que tenha sido alvo de 580.344 mísseis e cerca de 2 milhões de toneladas de bombas, custando 2,2 milhões de dólares por dia para os Estados Unidos naquela época.

Caminhando pela Planície dos Jarros – uma das áreas mais afetadas pela guerra – pode-se ver crateras escavadas pelas bombas. Caminhar por ali hoje só é possível por ter sido realizado um trabalho pesado e custoso de limpeza das bombas despejadas que não explodiram. A desminagem é lenta e perigosa, pois são mais de 120 tipos diferentes de bombas e estima-se que serão necessários ainda mais de 100 anos para uma limpeza completa do país. Na cidade de Phonsavan é possível ver a carcaça de diversos mísseis, os quais, agora, são utilizados como vasos de flores, enfeites em cercas de casas, restaurantes e até, segundo comentários, como pilares em algumas casas.

Vietnã – de carro ou a pé?

Em nossas cabeças, aos poucos, íamos nos acomodando com a ideia da aceitação e adequação aos impasses e as dificuldades que a viagem nos impunha – raciocínio que vem ao encontro do que escrevi no começo do livro, ainda na fase do planejamento, quando não tínhamos muitas informações, só mapas. Tudo parecia tão fácil e possível. Mas a realidade não é bem assim.

Quando chegamos à fronteira do Laos com o Vietnã, os agentes aduaneiros simplesmente não nos autorizaram a entrar com o nosso carro. Segundo eles, necessitaríamos de uma permissão do Ministério dos Transportes e somente assim poderíamos visitar o Vietnã dirigindo.

Permissão do Ministério dos Transportes? Quanto tempo isso levaria? Existe algum telefone de alguém com quem pudéssemos conversar? Mesmo se existisse um número para ligarmos, acho que não seria possível, pois de tão remoto o lugar onde se situava a fronteira, acho que nem linha telefônica havia.

Isso quebrou nosso planejamento, pois entraríamos no Vietnã por esta fronteira, que fica ao Norte, e deixaríamos o país pelo Sul, indo direto ao Camboja. Quando dei a notícia à Michelle, que estava esperando no carro, olhamos um para o outro, com olhos arregalados, sem saber o que fazer. Nos segundos em que ficamos quietos, sem dizer nada um ao outro, acho que ambas as cabeças trabalhavam rapidamente em busca de soluções, relembrando aquele primeiro mapa e reconstruindo diferentes itinerários, estratégias e planos.

Mas não foi somente lá que isso aconteceu. Surpresas como esta aconteciam esporadicamente. Ainda no Sudeste Asiático, quando tentávamos obter vistos para o Japão, um dos países onde viajaríamos no tempo em que nosso carro estivesse no navio entre a Malásia e a Índia, fomos surpreendidos com um "não" vindo dos funcionários da embaixada.

Para se conseguir um visto para o Japão, nós deveríamos tê-lo solicitado em nossa terra natal, ou seja: na embaixada do Japão no Brasil. A embaixada do Japão no Vietnã, por exemplo, estava autorizada a emitir vistos somente para vietnamitas ou estrangeiros residentes que possuíssem comprovação de residência.

E agora, José? Mais uma vez quebraram nossas pernas. Já tínhamos até as passagens aéreas para ir ao Japão e não poderíamos embarcar.

Quando dirigíamos do Laos ao Camboja, véspera de natal, 24 de dezembro de 2007, recebemos mais um "não" da aduana do Camboja. "Com o carro, nem pensar", os agentes nos falaram. Poxa vida, nem no dia de Natal? Mas quem disse que eles celebram Natal?

Casos como esses acontecem e, claro, muitos outros ocorreram ao longo da viagem. Mas até acho que nem foram tão cruéis assim, comparando com o que aconteceu com dois amigos franceses.

Coralie e Thierry chegaram a nos convidar para nos unir a eles para cruzar o Myanmar, rumo à Índia. Eles disseram que tinham um contato de um militar na capital de Myanmar e que essa pessoa poderia nos fornecer as permissões para cruzar o país, que normalmente tem suas portas bem fechadas.

O único problema é que ninguém sabia quanto tempo isso poderia levar – se duas semanas, dois meses ou mais. Acabamos dizendo que não iríamos correr o risco de ter que esperar tanto, até porque já havíamos programado o navio da Malásia para a Índia e, como planejávamos estar no Nepal entre fevereiro e março – um dos melhores períodos do ano para caminhar no Himalaia – não correríamos o risco de ficar por dias e mais dias à espera de uma autorização.

Eles a conseguiram. Cruzaram o Myanmar com seu carro, adoraram a experiência e quando foram sair do país para entrar na Índia, pelo Nordeste, não obtiveram permissão. Para esta região da Índia, uma espécie de península entre o Butão e Bangladesh, é necessário um visto especial, além daquele exigido pelos outros territórios indianos. As exigências vão além desse visto: para um casal cruzar aquela região junto, deve estar casado com papel passado. Assim, o casamento precisa ser comprovado.

Concluindo: nossos amigos tiveram que voltar e cruzar a grande Myanmar novamente por estradas precárias até a Tailândia. De lá, desceram para a Malásia e despacharam o carro, semelhantemente ao que eu e a Michelle fizemos, só que com uns três meses de antecedência.

Menos eufóricos e com um pouco mais de tempo, acampamos por uma noite num terreno baldio, ao lado da casa da aduana do Laos, e reestudamos os planos do Sudeste Asiático.

Das poucas alternativas que tínhamos, optamos por deixar o carro naquela fronteira, no lado do Laos, tirar a poeira das mochilas e arrumá-las para uma viagem pelo Vietnã de uns dez dias. Permaneceríamos no Norte do país, que é onde se encontra a capital Hanói.

Noutro dia cedo, de mochila nas costas, lá fomos nós cruzando a pé até a imigração do Vietnã, onde o tumulto começou. Lembro-me até hoje do título que demos para nosso diário de bordo: "Do Laos para o caos".

Viajar de ônibus – uma aventura e tanto

Nossa primeira condução foi em duas motos, onde na garupa de imprudentes vietnamitas descemos uma serra até chegar a Muong Xen, onde pegaríamos o ônibus até Hanói, capital do país.

Nossas caras de estrangeiros não ajudaram no preço da passagem, mas tudo bem, não chegou nem a ser o dobro. No ônibus, já de cara, música no volume máximo, caixas, tábuas, sacos e tudo o que se possa imaginar espalhado pelo corredor e entre os bancos – inclusive em nossos lugares. Tumulto, tumulto e mais tumulto. Chegava a ser engraçado.

O que mais fica evidente é a diferença de comportamento entre nós, ocidentais e os orientais. Por exemplo: uma senhora, sem troca de palavras ou olhares, simplesmente invadiu nossos bancos com caixas enormes e as colocou no lugar dos nossos pés. Do nada apareciam mais e mais coisas, muambas, animais. Uma confusão incrível. Fora o que estava no teto do ônibus. Os ônibus lá não andam: voam. O trânsito naquele país é o mais perigoso de todos os que passamos. Não existe limite de velocidade. Para ultrapassar, não precisa esperar por uma oportunidade, é só jogar para o lado e seguir, enquanto os carros que vêm no sentido contrário desviam.

Um curso de direção defensiva no Vietnã deve ser algo parecido com um curso de karatê ou chute-box, onde as manobras para evitar acidentes mais parecem as voadeiras do Chuck Norris. Se você duvida, certamente não vai acreditar que os ônibus chegam, em algumas entradas e saídas de pontes, a rampar e tirar as quatro rodas do chão. Tínhamos que ficar em pé e flexionar os joelhos para amortecer a queda se não quiséssemos que nosso fígado trocasse de lugar com um dos rins. Depois da primeira hora, agradecemos imensamente não ter ido com o nosso carro para o Vietnã.

As buzinas possuem um sistema de eco e quando são acionadas tocam por algo em torno de oito segundos. Quando a barulheira está prestes a parar, os motoristas apertam as buzinas novamente.

O massacre durou pouco: somente 11 horas. Chegamos à noitinha em Hanói e, ao desembarcar, uns dez motoristas de taxis, tuk-tuks, moto-táxis, entre outros, nos atacaram na tentativa de vender uma corrida. Mas conseguimos nos desviar e pegamos o ônibus local até o centro da cidade.

O Vietnã, como todo mundo lembra, sediou um dos mais sangrentos campos de batalha da história. Entre os anos 1958 e 1975 o Norte comunista tinha o apoio da China e União Soviética, e o Sul anticomunista era apoiado pelos Estados Unidos, o que deu lugar à Guerra do Vietnã. As consequências do conflito foram gravíssimas. Os intensos bombardeios norte-americanos destruíram cerca de 70% das instalações industriais do Norte, tornando impraticáveis quase todas as vias de comunicação e queimado com bombas químicas vastas extensões de floresta. Mas passado esse tempo, o país retomou com força a reconstrução e conservação de seus tesouros nacionais. Seu povo é oriundo de uma mescla de grupos religiosos e étnicos que convivem em um ambiente místico e alegre.

Dentro dos ônibus locais, os jovens, como se tivessem esquecido por completo dessa destruição em massa, vinham a nós e nos faziam perguntas – muitas simples e tolas, pois não desperdiçam nenhuma oportunidade de praticar a língua inglesa. Quem são vocês? De onde vêm? Para onde vão? Qual a idade? Profissão? O que acham do Vietnã? O que acham do tempo? Como é o tempo no Brasil?

Nosso objetivo, já considerando a mudança de planos que fizemos quando entramos no Vietnã, era visitar a capital Hanói, as montanhas de Sa Pa e Ha Long Bay. Três lugares muito distintos.

Hanói, como já comentamos, faz parte daquele tumulto de carros, motos e buzinas, mas por outro lado, é uma cidade muito interessante. É marcada por uma linda arquitetura francesa, que contrasta com os marcos do regime comunista, como o Mausoléu do Ho Chi Minh, líder na época da guerra. A cidade possui muita vida, principalmente à noite, quando vietnamitas se encontram em restaurantes que servem o delicioso lào, comida típica, sobre as calçadas da cidade.

Sa Pa, no extremo Noroeste do país, muito próximo à fronteira com a China, fica nas montanhas. Lá vivem, juntamente com outras etnias, os Hmong – povo com quem tivemos bastante contato numa caminhada que fizemos por dois dias nas montanhas picotadas de terraços de arroz.

Ha Long Bay, declarado pela Unesco Patrimônio Cultural da Humanidade, é um verdadeiro lugar de cinema, localizado no Mar da China Meridional. Cerca de três mil ilhotas de calcário, inabitadas e intactas em sua natureza, elevam-se das águas e formam um labirinto com incontáveis praias e cavernas. O homem, aqui, usufrui apenas da água e vive literalmente sobre o balanço do mar, em cidades flutuantes.

Passaram-se os dez dias que destinamos ao Vietnã e lá fomos nós encarar novamente aquela agitada viagem até a fronteira com o Laos. Só que dessa vez foi um pouco pior e mais demorado.

Após a viagem torturante pelo Vietnã, a sensação de entrar no Laos novamente foi algo inesquecível. Eu passei a dirigir o Lobo por aquela estrada pacata, escutando música clássica – Vivaldi. Parecia até o fim da guerra.

O Laos possui uma magia, sim. Essa não é uma opinião somente nossa. Conversamos com outros viajantes e todos que por ali passam se apaixonam. Principalmente quem gosta da vida simples. Os habitantes desse país podem não ter quase nada, mas para serem felizes e mostrar um sorriso precisam menos ainda. Para ir ao Sul, no sentido da fronteira com o Camboja, dirigimos por estradas secundárias, de chão e com muito pó. E quando cruzávamos com aquelas vilas à beira da estrada, com suas casas todas em palha, as crianças nos olhavam com olhos arregalados, sem saber o que fazer. Nós ficávamos ainda mais sem reação.

Si Phan Don, no Sul do Laos, é o lugar para quem tem uma semaninha de férias e quer mesmo relaxar. Fica dentro do Rio Mekong e é composta por, aproximadamente, quatro mil ilhas. Imaginem quatro mil ilhas dentro de um rio. Em algumas existe boa infraestrutura, com bangalôs e restaurantes que podem ser usufruídos por um preço muito baixo.

Um Natal diferente

Aí veio o tal dia 24 de dezembro de 2007, dia em que não nos deixaram entrar com nosso carro no Camboja. Se não dá, não dá, fazer o quê? Voltamos até a última cidade que havíamos passado quando descíamos ao Sul e resolvemos passar o Natal acampados em frente ao Rio Mekong. Com o frango e os ovos que compramos, uma bela ceia estava garantida.

Única coisa que não entendemos foi o porquê dos locais rirem tanto da Michelle quando ela foi comprar ovos para fazer maionese de batata. Sem entender uma palavra sequer do que eles tentavam dizer, ela pagou os ovos e foi embora. Quando fomos cozinhá-los, a história foi desvendada: tanto no Laos como no Camboja e em outros países da Ásia, come-se embriões. Mas vistos de fora, parecem ovos comuns, pelo menos para nós, que não os conhecemos. E foram os de embrião que a Michelle comprou. Quando quebramos as cascas, depois de cozidos, estavam lá os pintinhos já todos formados, com pena, ossos e bico.

Posteriormente, quando estávamos no Camboja, experimentamos esses embriões, só que de pato, num restaurante. Cozinha-se o ovo, assim como um ovo normal, e quebra-se a parte superior da casca para comer o embrião com colher. Como tempero, usa-se sal e pimenta preta.

O sabor é ótimo. Eu até pedi o segundo. Mas a Michelle teve dificuldades. Ela até achou bom o gosto, mas falou que quando imaginava o que estava comendo ficava difícil engolir. Como fomos convidados por uma amiga natural do Camboja para comer esse prato, a Michelle não queria fazer desfeita, então cobriu o coitado do embrião com pimenta preta. "O que os olhos não vêem, o coração não sente."

Essa amiga cambojana era casada com um holandês. Então passavam seis meses no Camboja e seis meses na Holanda. Assim era a vida desse casal. Numa das vezes em que voltaram ao Camboja, Rick, o holandês, perguntou à sogra onde estava aquele cachorrinho com o qual ele gostava tanto de brincar. "Comemos oras!", respondeu a sogra na maior naturalidade.

CAMBOJA – RUÍNAS E TEMPLOS

Como não nos deixaram entrar no Camboja pela fronteira situada ao Sul do Laos, tivemos que fazer um circuito enorme, cruzando do Laos para a Tailândia. De lá, pela fronteira principal, entraríamos no Camboja.

Veja como as coisas são: nessa fronteira, a única coisa que me pediram foram cópias do documento do carro. Numa dessas cópias, que ficou comigo, o agente escreveu algo ilegível e me entregou, sem carimbo, alegando que esse seria o documento do meu carro no período em que estivéssemos no Camboja.

Peguei aquele papel tão importante e caí fora, antes que alguém mudasse de ideia. Então seguimos, aos trancos e barrancos, por uma péssima estrada para chegar em Siem Reap, o portão de entrada dos Templos de Angkor. Buraqueira e poeira ao longo de 150 quilômetros – isso porque essa cidade é a que recebe o maior número de turistas do país, cerca de um milhão por ano. Rumores dizem que uma companhia aérea tailandesa paga propina para o governo do Camboja para este manter a estrada precária, fazendo com que a maioria dos turistas que se dirigem a Siem Reap voe de Bangkok com esta empresa aérea.

Chegar a Siem Reap é como chegar a um oásis. Hotéis cinco estrelas e uma estrutura incrível para o turismo, o que não tem nada a ver com o que vimos em todo o caminho até lá. Infelizmente, poucas pessoas vêem o real Camboja, pois chegam ali de avião.

Mas esse turismo tem um propósito. As ruínas dos Templos de Angkor que são o que restou das capitais angkorianas do Império Khmer, que floresceu a partir do século 9º na região do Camboja. Estendendo-se por mais de 400 quilômetros quadrados, incluindo áreas florestais, o império chegou a abrigar cerca de um milhão de pessoas, época em que Londres possuía apenas 50 mil habitantes. Foram encontrados mais de mil templos, dentre os quais Angkor Wat, Angkor Thom, Bayon, Preah Khan, Pre Rup e Ta Prohm merecem destaque. No ano de 1434, após ser saqueada pelos tailandeses, a cidade de Angkor foi abandonada e a capital foi transferida para as proximidades de Phnom Penh, deixando a sua monumental, porém indefesa cidade às intempéries do tempo e ação da vegetação ao seu redor.

Hoje, passar alguns dias percorrendo essa imensidão de ruínas é um estímulo para a imaginação. As ruínas são lindas, enormes, impressionantes!

CIDADE FLUTUANTE

Dirigimos então no sentido da cidade de Kompong Chhnang, pois ouvimos falar que existe, nas águas do rio Tonlé Sap, uma cidade flutuante. Disseram-nos que era algo interessante, mas eu não conseguia acreditar que seria tanto. Imagine: uma cidade flutuante!

Pegamos um barco a remo, pelo qual pagamos apenas quatro dólares, e navegamos por quase toda cidade. Kompong Chhnang ganhou o troféu de cidade mais diferente que havíamos visitado. Incrível. Casas, mercados, igrejas, oficinas mecânicas, bares, tudo sobre a água. Tudo construído sobre barcos ou plataformas flutuantes. Assim esse povo vive, dia e noite, faça chuva, faça sol. As oficinas mecânicas não eram para carros, mas para barcos a motor.

Acho que tiramos um milhão de fotos, não conseguíamos mais parar. Em cada casa, ou melhor, cada barco, uma coisa diferente, uma nova imagem, uma oportunidade de uma bela foto. Numa delas, registramos uma menina que aparentava ter uns sete anos, navegando de uma casa para outra dentro de uma bacia de alumínio. Por estar vestindo um uniforme de escola, imagino que estivesse voltando das aulas, sentada no meio da bacia com as pernas cruzadas e remando com suas pequeninas mãos. Uma cena que não sei se terei a sorte de presenciar novamente. Momentos como este são únicos.

A foto ficou sem foco. Um dos pontos focais deve ter ido para a água ou outro local que não seu rosto. Uma pena.

Casos como esse, tão especiais, mas que não conseguimos registrar em foto, aconteceram várias vezes. Lembro-me que li num livro do Amyr Klink sobre uma situação similar. Quando esteve encalhado por dez meses no inverno antártico, deixou de tirar uma foto de uma cena lindíssima. Amanhã eu tiro a foto, ele pensou. A cena nunca mais se repetiu, mesmo tendo ele ficado por lá quase 300 dias.

Quando olhamos nossas fotografias, comparando as do começo com as do final da viagem, percebemos que houve uma evolução grande na qualidade das imagens. Ficamos mais exigentes ou treinados para olhar com mais afinco.

No início, não dávamos bola para o foco, nitidez, horizonte ou contraste. Mesmo tendo aprendido essas coisas no curso que fizemos, levou-nos um bom tempo a aplicá-las na prática. O aprendizado maior foi ao longo da viagem, tirando fotos, analisado-as, trocando ideias com amigos, lendo revistas, etc.

A primeira grande dica que eu lembro ter escutado foi de um amigo canadense que caminhou conosco nas montanhas de Sa Pa, Norte do Vietnã. Ele nos disse que utiliza, para fotos que não sejam paisagem, somente o ponto focal central ou algum outro selecionado especificamente para aquela foto. Para fotos de pessoas, animais ou qualquer outra coisa que não seja paisagem, há nove pontos de foco possíveis em nossa câmera e quem tem que escolher onde quer o foco é o próprio fotógrafo. O automático da máquina fotográfica dificilmente fará a melhor opção. Se eu tivesse utilizado o ponto focal central, provavelmente não teria errado o foco na foto da menina cruzando de uma casa a outra em uma bacia.

Para sacramentar essa teoria, lembro-me do Mike, amigo alemão que viajou um bom período conosco, também fotógrafo. Ele criticou a foto de um coala que inclusive havíamos colocamos como wallpaper em nosso website. E olha que, para wallpapers, usávamos somente nossas melhores fotos. Ele me disse: "Roy, eu jamais colocaria essa foto no site, pois ela não tem foco. Quero dizer, foco tem, mas no tronco onde o coala está sentado e não em seus olhos".

Que frustração senti ao ouvir aquele comentário. Mas hoje agradeço ao Mike imensamente por ter me aberto os olhos para esse detalhezinho tão importante que eu não havia aprendido a perceber.

Por salvar nossas fotos no computador em JPEG, usando qualidade máxima, em determinada fase da viagem ouvimos a dica de que ganharíamos muito mudando o balanço do branco para cada situação de luz. Em dias de sol, usávamos o AWB para sol; em dias nublados, selecionávamos o AWB da nuvenzinha; na luz branca, AWB da lampadazinha fluorescente e assim por diante. Assim as cores passaram a ficar mais vivas e bonitas.

Mas esses toques, na verdade, são apenas sugestões que achamos interessantes e que nos foram dadas ao longo da viagem. Acho que cada fotógrafo acaba desenvolvendo uma forma diferente de trabalhar, de utilizar os recursos da máquina, pois em fotografia não existe certo ou errado. O que é importante é estar aberto para testar novas formas, quebrar paradigmas e se dar a chance de evoluir.

No começo da viagem, por exemplo, utilizávamos o modo de exposição TV, ou seja: com prioridade à velocidade do obturador. Ele nos ajudava em situações de fotos tiradas de dentro do carro, onde a probabilidade de sair uma foto tremida era muito grande caso não utilizássemos uma velocidade alta. Utilizávamos o modo TV, também, para as fotos de paisagem, com velocidade baixa, somente o suficiente para não sair tremida. Com isso, conseguíamos uma abertura do diafragma menor, aumentando a profundidade de campo. Mais tarde, percebemos que só o modo TV não garantia a qualidade de todos os tipos de fotos. Para pessoas e outras situações em que há um sujeito principal, aquele que deve se sobressair no todo, passamos a utilizar o modo AV, que prioriza a abertura do diafragma. Explorávamos grande abertura, desfocando o fundo e dando mais ênfase ao principal. Para fotos com pouca iluminação, também usávamos o modo AV.

O fato de utilizarmos a mesma máquina fotográfica fazia com que nos atrapalhássemos às vezes, pois eu mudava os ajustes e a Michelle não estava habituada a verificar a configuração antes de usar a máquina. Isso fez com que, no início, ela perdesse algumas fotos. Com o tempo e a prática, passamos a fazer as mudanças quase que automaticamente.

A grande dificuldade que tínhamos, por trocarmos constantemente de lente, era de manter o sensor limpo. De vez em quando apareciam pontinhos escuros nas fotos. Andamos muito por estradas empoeiradas e entre trocar a lente correndo o risco de sujar o sensor e deixar de fotografar, para não sujar o sensor na troca da lente, preferíamos a foto com sujeira. Acho que deveríamos ter despendido mais tempo e dinheiro numa maleta melhor para guardar os equipamentos, como máquina fotográfica, lentes, filmadora, etc. Nossos estojos sempre eram muito precários e sem praticidade para pegar e guardar. Acho isso uma coisa bem importante.

A impressionante história do Camboja

O Camboja, para nós, ficou marcado por sua história. Na capital Phnom Penh, visitamos o Museu do Genocídio Toul Sleng, o trágico S-21 – unidade interrogatória e de aprisionamento do então regime comunista Khmer Rouge ou Khmer Vermelho. Os edifícios, que até 1975 serviram como escolas, foram transformados em prisões cercadas por arame farpado eletrificado. As salas de aulas foram transformadas em minúsculas celas com todas as suas janelas fechadas por barras de ferro.

O Khmer Vermelho foi o partido comunista que assumiu o poder do Camboja em 1975 depois da conquista da capital. Tinha como líder de governo o terrorista Pol Pot, que tentou concretizar uma proposta de um país novo, feito de homens novos, mesmo que, para isso, as cabeças contrárias tivessem que ser sacrificadas.

Seu próprio povo foi evacuado das cidades para o campo, com o propósito de trabalhar intensamente no cultivo do arroz. Famílias foram separadas e todos eram obrigados a trabalhar, não importava se fossem velhos, doentes ou crianças. Não era permitido conversar, cantar ou amar e qualquer forma de revolta era vista como uma ameaça e as pessoas eram executadas ali mesmo. A moeda local deixou de existir. Tudo era oferecido pela China, o "big brother", e a contagem do tempo e das datas também foi abolida, porque para os novos governantes aquele era tempo de se começar do zero. Cidadãos com maior conhecimento e que eram contra o novo regime eram fuzilados sumariamente. Era mais fácil para o grupo imperar sobre uma população ignorante que aceitasse mais facilmente as exigências do governo.

Dentro dessa visão, Pol Pot formou um exército de crianças – meninos com idade entre 10 e 15 anos, quase sem educação. Eles foram tirados de suas vilas e famílias e educados para servir como grandes heróis, como nas revistas em quadrinhos – o sonho de muitos adolescentes. O que essa criançada não percebeu foi que passou a ser prisioneira do regime, pois os que não obedecessem seriam certamente as próximas vítimas.

A estimativa é de que, no período em que o Khmer Vermelho liderou o país, foram aprisionadas para interrogatório e tortura entre 17 mil e 24 mil pessoas, somente nesse prédio que visitamos. Elas eram constantemente torturadas e coagidas a se confessar como espiões ou conspiradores ou mesmo a nomear parentes e amigos como tal. Esses, por sua vez, eram também presos, torturados e mortos em nome do regime. Pudemos observar todos os tipos de instrumentos de tortura utilizados. Perto deles, os da Inquisição pareciam brinquedos. Nosso livro guia alertava-nos para o silêncio ao caminhar pelos corredores do S-21, um conselho redundante.

Ao todo não se sabe exatamente quantos morreram nas mãos desse governo em seus quatro anos de domínio. Calcula-se que aproximadamente dois milhões de pessoas tenham morrido de cansaço e fome – e essas nem foram contabilizadas. O número aproximado de mortos chega facilmente aos três milhões.

Nosso circuito pelo Camboja terminou nas praias ao Sul do país, em Kampot e Sihanoukville, para a celebração do primeiro ano novo na estrada. Comemos peixe e camarão ao molho de pimenta verde do reino, servidos num restaurante muito simples, num trapiche que invadia o mar. Por cinco dólares, apenas, um prato servia duas pessoas e ainda sobrava.

De volta à Tailândia

Pela quarta vez estávamos entrando na Tailândia. Só para relembrar: a primeira foi quando viemos da Malásia; a segunda, quando voltamos daquele passeio de um dia em Myanmar, a terceira vez foi quando não conseguimos entrar no Camboja diretamente pelo Laos, fazendo-nos desviar daquela aduana pela Tailândia; e a quarta, agora, quando vínhamos do Camboja, pois tivemos que cruzar novamente a Tailândia para voltar à Malásia, de onde despacharíamos nosso carro para a Índia.

O mais interessante dessa história é que mesmo a Tailândia sendo um país organizado em suas fronteiras, nenhuma tramitação foi igual à outra, ou seja, cada aduana fazia suas próprias regras e exigências. Percebemos que tudo pode variar conforme a aduana e, ainda mais, conforme a boa vontade do oficial que estará atendendo naquele momento. Uma coisa é certa: aquele plano que se tem traçado há meses ou há anos poderá ser influenciado ou simplesmente forçado a alterações graças ao estado emocional do oficial da aduana naquele momento.

Rodamos, rodamos, mas somente no outro dia chegamos a Kanchanaburi, cidade situada no Oeste tailandês – local onde, em 1942, sob o controle japonês, a famosa ponte do rio Kwai foi construída por prisioneiros britânicos de guerra. A história gerou o famoso filme A Ponte do Rio Kwai.

Além da visita à ponte, outros dois motivos nos levaram àquele lugar: reencontrar os amigos franceses Coralie e Thierry, com os quais estávamos estudando a possibilidade de cruzar o Myanmar de carro e visitar o Templo Budista Pha Luang Ta Bua, onde seus monges, há muito tempo, passaram a tomar conta de alguns filhotes de tigres asiáticos resgatados do comércio ilegal de animais. Hoje, mais conhecido por Templo dos Tigres, o santuário recebe muitas pessoas, que o visitam por uma questão especial: andar, tocar, deitar e rolar com tigres. Tudo isso sem qualquer jaula de separação. Com os filhotes, a sensação não é tão desesperadora quanto abraçar um tigre asiático adulto, que pode pesar mais de 300 quilos.

Devagar, fomos dirigindo ao Sul. Passamos mais alguns dias nas praias da Tailândia e apreciamos lindas plantações de chá nas montanhas da Malásia antes de chegarmos novamente à capital, Kuala Lumpur, onde passamos a tratar do despacho de nosso carro para a Índia.

Sham, um dos agentes com quem cotamos o serviço portuário, nos levou para sua casa para saborearmos uma comida típica malaia, e experimentarmos algumas frutas típicas do país. Dentre elas estava a durian, conhecida por seu cheiro forte que para uns evoca reações de apreciação e para outros de profundo desgosto. Graças a seu forte odor, chegou a ser banida de alguns hotéis, transportes públicos e mercados do Sudeste Asiático. Em Singapura, por exemplo, sinais como o de "proibido fumar" foram feitos também para a durian. "Proibido durian."

O festival de Thaipusam – um marco da cultura hindu

Nossa última experiência do Sudeste Asiático foi, talvez, uma das que mais nos marcou. Aconteceu na Caverna de Batu, a apenas 13 quilômetros do centro de Kuala Lumpur. Apesar da predominância muçulmana, os hindus também celebram sua religiosidade no festival de Thaipusam. Os devotos se preparam para a celebração se purificando com rezas e jejum.

No dia sagrado, raspam as cabeças e começam uma peregrinação onde se pode ver diversos tipos de adoração: alguns carregam potes de leite, outros se mortificam cortando suas carnes e colocando piercings – uma espécie de anzol ou farpa – por todo o corpo, principalmente nas línguas e lábios.

A prática mais impressionante é a do Vel Kavadi, realizada num altar portátil de até dois metros, que comporta feixes de cordas com 108 anzóis que são fisgados na pele do devoto – peito e costas. Dizem que eles são capazes de entrar em transe e, por isso, não sentem dor, não sangram e não ficam com cicatrizes. Entende-se que quanto maior o sacrifício ou a tortura, maior o mérito perante os deuses.

Visto de perto, o espetáculo fica ainda mais espantoso. É um turbilhão de pessoas em meio a um tumulto onde se mistura sujeira e calor. Em todas as esquinas existem barbearias provisórias para raspar a cabeça dos devotos – sejam eles homens ou mulheres – pois renunciar ao cabelo significa renunciar ao ego.

Quando chegamos perto para nos certificarmos de que as pessoas estavam mesmo em transe, verificamos que de fato estavam. As cerimônias de colocação dos piercings no corpo dos peregrinos são arrepiantes.

Um velho ditado diz: "Cada terra com seu uso, cada roca com seu fuso." Uma das coisas que aprendemos nesta viagem foi respeitar os costumes dos outros.

Para nós, essa oportunidade foi um prato cheio de cultura hindu. Parecia que a Índia, esse país tão inusitado e diferente que estaria por vir, já nos dava as boas vindas.

6.
Índia e Nepal

ÍNDIA: NÃO EXISTE NADA IGUAL

"Incredible India" é o slogan que o próprio país utiliza quando vende sua imagem ao mundo. Mais certeiro do que isso, impossível. Nas próximas páginas tentarei ajudá-lo a entender melhor essas duas palavras.

Antes de pisar nessa terra incrível, ouvimos dezenas de depoimentos. Alguns contaram que deixaram os seus países para apenas uma ou duas semanas de férias na Índia e nunca mais voltaram para casa, tamanha a paixão despertada. Também fomos testemunhas de desabafos, relatos dramáticos de desgraças de pessoas que queriam sair correndo de lá. Não faltam assuntos sobre esse país, que é, sem dúvida, o tema mais abordado entre viajantes.

Um dia, um casal de amigos alemães nos perguntou por que planejávamos ficar tão pouco tempo na Índia – somente dois meses. "Isso não é suficiente. Nós viajaremos por lá durante seis meses, no mínimo", disseram reforçando com convicção que para conhecer aquele país seria necessário uma imersão completa na sua cultura. Morderam a língua: não aguentaram três semanas.

A Índia é um país de grandes inspirações, mas se não estivermos preparados psicologicamente para a grande mudança que nos espera poderemos nos frustrar, pois os sentimentos afloram pelos poros a todos os momentos, sejam eles de pura paixão ou de completa desilusão.

É o segundo país mais populoso do mundo depois da China, abrigando mais de 1,2 bilhão de habitantes. É o sétimo em área geográfica. Foi a maior economia do mundo antigo e sofreu grande declínio após a libertação do domínio britânico. Atualmente recupera sua economia como um dos BRICS – junto com o Brasil, Rússia, China e, mais recentemente, África do Sul. É uma das potencias emergentes. Os indianos são os maiores produtores mundiais de filmes cinematográficos e estão, cada vez mais, crescendo no mercado de tecnologias inteligentes e softwares.

Entre o crescimento e a pobreza

Apesar dos avanços da economia, a pobreza ainda resiste: 25% da população vivem em condições subumanas. A alta taxa de crescimento populacional e o alto índice de analfabetismo impedem a mudança positiva nesse quadro. Para os indianos, ter filhos é sinônimo de poder, hombridade, macheza. Quando nós falávamos que não possuíamos filhos, as pessoas nos olhavam com indignação.

À pobreza, somam-se outros problemas, como burocracia extrema, altas taxas de juros, corrupção endêmica, sistema de castas, poluição ambiental, negligência com as mulheres, dentre outros. Apesar dos pontos negativos, é um mundo repleto de vida, onde em cada esquina pode-se encontrar um banquete de sensações. São as cores exuberantes, os cheiros, os sabores marcantes e os figurões que circulam por suas ruas apinhadas. As manifestações artísticas do seu povo se expressam por todas as partes.

Enquanto os indianos buscam se modelar no uso das modernas tecnologias, processos administrativos e até a cópia de alguns costumes ocidentais, nós buscamos neles seus exemplos de iluminação e espiritualidade. Ao aprendermos pelo menos um pouco dos princípios de sabedoria desse povo milenar, percebemos que o ser humano pode viver feliz com muito pouco.

No período em que o nosso carro viajava de navio para Chennai, aterrisamos em Mumbai. Passamos uma noite no aeroporto e no dia seguinte pegamos uma conexão para o Sudeste do país, estado de Tamil Nadu.

Chennai, conhecida também por seu nome antigo Madras, é uma cidade grande, com quase 7 milhões de habitantes, e é o centro industrial, comercial e portuário da Baía de Bengala.

Achamos um hotelzinho barato e ali ficamos por quase uma semana – tempo que levou para os trâmites de retirada do carro do porto. Todas as manhãs, para trabalhar junto ao agente aduaneiro que contratamos, eu fretava um tuk-tuk – triciclo motorizado – e ia costurando naquele intenso trânsito de carros, caminhões, ônibus e outros tuk-tuks. Era um autêntico vale tudo, onde cada um se vira como pode por entre centenas de motos, bicicletas, pedestres, vacas e cabras – um verdadeiro caos. E em meio a essa confusão, é interessante ver como entre buzinadas e quase raspões o trânsito se ordena sozinho e nada é motivo para aborrecimentos. A vida segue seu curso.

Perto do nosso hotel, encontramos um restaurante onde pudemos apreciar um pouco da culinária local. Cada estado e região do país possui a sua própria comida típica. Em Chennai, o nosso prato preferido foi o masala dosai – um crepe recheado com molho de batata, cebola e curry, que vem acompanhado de diversos outros molhos. É de lamber os dedos. Uma das formas de servir essa comida é sobre folhas de bananeiras e os talheres são substituídos por nossa mão direita.

Comecei a frequentar com assiduidade uma espécie de botequim que servia chá e café. Gostava de ficar admirando o preparo da infusão, que para mim era um verdadeiro malabarismo. Eu adorava àquele lugar, mas a Michelle nem tanto: era frequentado somente por homens. Eles até toleravam a presença feminina, mas com um pouco de constrangimento.

Sempre que eu pedia um café, o atendente – um indiano baixinho, de pele escura e olhos enormes e negros, trajando uma calça social surrada e camiseta branca suja e sem manga – respondia com um gesto que demorei em entender. Ele balançava a cabeça, mas não como os ocidentais fazem para dizer "não". Era num sentido diferente, como se do nariz para traz se estabelecesse um eixo enquanto o topo da cabeça chacoalhava de um lado para o outro, como se houvesse molas no pescoço. No começo, para mim, o gesto mostrava que ele não havia entendido o meu pedido. Pedia novamente o café e a resposta era a mesma – um balanço exagerado da cabeça. Mais tarde, percebi que quase todos os indianos faziam o mesmo gestual. Passamos a interpretá-lo como uma forma simpática de concordar com a gente. Nosso livro-guia satirizava isso um pouco, dizendo que os indianos utilizam esse gesto para tudo: pode significar um sim, um não e até um talvez.

O cafeteiro, para preparar o café, utilizava um copinho muito pequeno numa mão e um bule na outra e despejava o café depois o leite na distância que seus braços esticados em sentidos opostos conseguiam separá-los. Era incrível. Dava para ver aquela delícia de café quente trafegando no ar em forma de um jato e aterrissar perfeitamente no pequeno copo sem desperdiçar uma gota sequer, formando uma bela espuma. Por um cafezinho desse eu ainda volto para a Índia.

Sem talheres e sem saída

Passada a primeira semana, depois de toda burocracia resolvida na aduana, fui buscar o Lobo. Já passava das quatro horas da tarde e não tínhamos tido tempo para comer. O Hari, chefe da agência aduaneira que contratamos para o serviço, muito eficiente e educado, ofereceu a mim e a seus funcionários um marmitex. Almoçamos todos dentro da pequenina van da sua empresa enquanto nos dirigíamos ao porto. Era arroz com molho e carne de frango, acompanhado de salada.

"Agora estou ferrado", pensei. "Todo o pessoal aqui é expert em comer com as mãos". Aliás, quando olhei, já estavam quase acabando de almoçar. Fecham os quatro dedos no formato de uma colher e isso funciona como talher. Dizem eles que ao comer com a mão sentimos a comida duas vezes: pelo tato e pelo paladar.

Mas a minha falta de prática em comer com as mãos foi motivo de risos entre os nossos amigos. Uma cena que precisava ter sido filmada. Um dos funcionários puxou o celular e tirou uma foto. Foi uma risada geral. Eram molho e arroz espalhados em minhas calças e camiseta. Não foi fácil. Comer com a mão dentro de um carro em movimento não funcionou para mim.

O desfecho só não foi mais divertido porque o pessoal pegou os pratos de alumínio, os copos de plástico e garrafas e, simplesmente, jogou tudo pela janela da van, aumentando o lixo da rua, que já não era pouco. Se agi certo, não sei, mas fiquei calado. Preferi não demonstrar o quanto aquilo havia me aborrecido e olhei para o outro lado, procurando disfarçar. Sorte que o Lobo estava lá no porto, intacto, lindo e acolhedor como sempre.

Viver na Índia foi muito diferente, principalmente para nós, que ficamos muito expostos, dormindo todos os dias dentro de um carro que chamava a atenção de longe, o que fazia com que nossa privacidade fosse quase nula.

Lembro-me de um dia em que fomos autorizados a dormir num pequeno posto de combustível. À noite, quando eu já estava no terceiro sono, a Michelle percebeu um pequeno balanço no carro. Ficou atenta e logo deu de cara com o próprio frentista do posto, que talvez sem maldade alguma escalou a escadinha situada na traseira do Lobo e enfiou sua cabeça por baixo do teto que estava aberto, somente para ver como era a nossa casa e como dormíamos lá dentro.

É interessante. Os indianos parecem não possuir um sentimento que nós, ocidentais, temos até demais: aquele sentimento de orgulho, ego, que talvez, no nosso caso, esteja atrelado à nossa autovalorização. Eles não hesitam e não têm vergonha de nos olhar por minutos a fio, sem parar, como aconteceu num restaurante em Jaipur. Nós entramos no recinto e escolhemos uma mesa lá no fundo, já prevendo que se não fizéssemos isso seríamos dissecados pelos quatro homens que sentavam em uma mesa à frente. Acredita que, ao sentarmos, aqueles marmanjos levantaram-se, pegaram seus copos de chá e foram para uma mesa ao lado da nossa? Só para ficar nos olhando enquanto almoçávamos. Até pararam de conversar.

Outros costumes também nos deixavam pasmos. Sete horas da manhã em Hampi, dia completamente claro sobre o estacionamento onde acampávamos e, ao abrir a porta do Lobo, adivinhe o que encontramos? Um monte, elaborado cuidadosamente em espiral parecendo aqueles que se compra em loja de "pegadinhas". Deu vontade de gritar. Naquele mesmo momento, quando olho para o lado, pela janelinha do motor-home, vejo três senhores literalmente cagando em conjunto, agachados a 20 metros de nosso carro, campo aberto, fumando e conversando entre si. Nós não sabíamos se ríamos ou se chorávamos.

Certo dia, num banheiro do aeroporto de Bangkok, na Tailândia, enquanto eu esperava pacientemente para usar o mictório, um indiano simplesmente ameaçou furar a fila, assim, sem mais nem menos. Ele sabia que eu estava esperando, mas me ignorou e me passou para trás da fila, como se isso fosse a coisa mais normal do mundo. Meu braço, que foi mais rápido que meu pensamento, se estendeu até a parede e barrou o cidadão, que ficou me olhando com cara de espanto e admiração, chacoalhando sua cabeça daquele jeito que só eles conseguem. Esse era malandro! Fez-se de desentendido, mas acabou indo para o final da fila.

Passagens como essas aconteceram aos montes. Preencheriam 30%

desse livro ou mais. Ao citar esses exemplos, não pretendo julgá-los como errados – nem mesmo aquela cena dos pratos de alumínio que saíram voando da janela da van. Afinal, quem somos nós para julgar as pessoas? O nosso esforço é para tentar entendê-las. O que, naquele país, faz essas pessoas agirem tão diferentemente de nós?

Trânsito caótico e vida tranquila. Essa equação só é possível na Índia

No trânsito, presenciamos coisas hilárias. A começar pelos carros, que têm seus espelhos retrovisores dobrados contra a porta. Vimos pouquíssimos com os espelhos ajeitados normalmente. O porquê disso descobrimos logo: com os espelhos retrovisores dobrados, os carros ficam mais estreitos, o que facilita sua passagem nos caóticos congestionamentos.

Agora pense numa rua de mão dupla onde há um cruzamento de trem. Então, quando o trem passa, baixam-se as cancelas, certo? Em qualquer lugar normal do mundo, os carros parariam em frente à cancela, fazendo uma fila "indiana" e aguardariam o trem passar para que pudessem prosseguir. Mas na Índia é diferente: os indianos não conhecem a "fila indiana". Lá, o primeiro carro para em frente à cancela em sua mão, que, diga-se de passagem, é mão inglesa. Logo param o segundo e o terceiro. Mas o quarto carro já não tem paciência de ficar no fundão da fila, então sai de sua mão e entra na contramão para ficar em frente à cancela. Dali a pouco vem outro atrás, depois mais um, então chegam motos, bicicletas e tuk-tuks, que por serem um pouco menores enfiam-se entre os carros e a calçada, ou seja, em qualquer espaço que caibam. Só sei que fecha tudo. Tudo!

Enquanto o trem passava e aquele caos ia se formando ao nosso redor, ficávamos imaginando o que estaria acontecendo do outro lado dos trilhos. O trem passou e então vimos que acontecera exatamente o mesmo: a rua inteira estava fechada – entupida, para ser mais enfático – dos dois lados dos trilhos.

A situação parecia insolúvel. Com o nosso carro posicionado na segunda fila, a menos de dez metros dos trilhos, levamos mais de 15 minutos para passar após a abertura da cancela. Posso provar esta situação: filmamos tudo.

Questões de preferência, ultrapassagem, estacionamento e velocidade também não são como em nosso país. Lá as coisas são mais simples, sem regras. O jeito é ir, de alguma forma, conquistando espaço. Quem vem atrás que se dane, pois pelos retrovisores laterais já não se pode enxergar. Caminhões, na traseira de suas carrocerias, trazem escrito "please, sound horn" – "por favor, toque a buzina". Entramos no clima e quase deixamos a buzina do Lobo rouca, de tanto tocá-la.

Quanto às estradas, podemos dizer que a maioria está em estado precário. Boas, só as principais. No interior, é buraco para todos os lados. O espaço que, pela lógica, deveria ser utilizado somente por veículos automotores é repartido com pedestres, ciclistas, cabras, porcos, vacas e búfalos. As vacas não somente andam na rua: deitam-se quando se cansam. E como todos estão acostumados com o som da buzinada constante, ninguém jamais tira o traseiro da rua para um veículo passar – nem mesmo para caminhões grandes. As vacas e os búfalos até têm esse direito, pois são animais sagrados aos hindus, representando a fertilidade.

Os pedestres locais desconhecem que as rodovias foram feitas para veículos. Alguns, de propósito, andavam no meio da rua só para ver nosso carro desviá-los. Sentiam-se poderosos com isso. Até que nós percebemos que a coragem de ficar no meio da rua somente acontece quando há pleno contato visual. Olho no olho. Quando isso acontece, eles têm certeza de que o motorista está os vendo e irá desviar ou frear. Passei, então, a não olhar para eles nessas ocasiões. Claro que os enxergava com minha visão periférica, mas meu intuito era fazer com que eles pensassem que eu não os havia visto. Não dava outra: saiam correndo para a calçada ou acostamento.

Dirigimos em muitas estradas asfaltadas, mas com a largura de um carro, apenas. Se fosse em outro país, seguindo o bom senso, quando dois carros se cruzassem cada um cederia um pouquinho, tirando duas rodas do asfalto para o acostamento para que dois meios carros passassem, sem estresse algum. Na hipótese de vir um caminhão ou ônibus, por serem mais pesados e lentos, a preferência deveria ser deles e o carro pequeno sairia por completo para dar passagem ao veículo maior.

Mas por lá, o que acontece é um jogo de quem pode mais. Muitos não tiram uma roda sequer do asfalto, além de andar voando baixo. Quando eu avistava um carro de longe ia bem para o lado, esperando que eles fizessem o mesmo. Mas nada – eu sempre tinha que tirar meu carro por completo. Isso me deixava louco.

O tempo passa e a gente aprende. Sabe o que passei a fazer? Ao invés de dar espaço para os que vinham na direção oposta, em cima da hora eu jogava o carro ainda mais para o lado deles. Era divertido ver aqueles indianos tirando as quatro rodas do asfalto, caindo na buraqueira, desesperados para não bater de frente.

Mas mesmo com o caos, eles não se estressam como nós. Um dia falei com o Irwin – mecânico que fez manutenção em nosso carro em Kathmandu, no Nepal – sobre o péssimo trânsito da Índia. O que eu não sabia é que ele também é indiano. Que bola fora. E ele falou: "Roy, eu concordo com o caos que é o trânsito em meu país. Um cruza a frente do outro, outro te joga para fora da pista, buzina para todos os lados... Mas uma coisa você há de convir comigo: nós não nos estressamos. Em qualquer país ocidental, quando alguém comete uma pequena falha no trânsito leva xingamento seguido do gesto do dedo médio em riste, uma ofensa capaz de estragar o dia de quem é xingado. Só porque alguém cruzou sua frente, mesmo que não tenha sido de propósito".

E é verdade. Aconteceu isso comigo faz pouco tempo, quando ia de Curitiba a São Bento do Sul. O cara me deu lado numa terceira pista, mas meu Gol Special 1.0 não tinha motor capaz de ultrapassá-lo. No término da terceira faixa, o cara ficou naquela "entro ou não entro" e por eu estar próximo a ele sua mão já subiu num aceno nervoso. E a minha também, em contrapartida.

No mundo em que vivemos, nesta louca vida capitalista, onde não se pode perder um minuto sequer, dirigimos com os nervos à flor da pele e dificilmente cedemos espaço para alguém passar à nossa frente. Quanto tempo perderíamos com isso? Cinco segundos, talvez. Esse foi um estresse que ambos poderíamos ter evitado. Como percebi, na hora, que aquilo poderia estragar o meu dia, decidi não dar bola, relaxar e seguir em frente. Um pedido de desculpas ajudaria a me tranquilizar, mas não o alcancei para isso.

Cruzando a Índia de Leste a Oeste, conhecemos dois lugares interessantes. Um deles é o Templo Hindu Venkateswara, situado no alto das montanhas sagradas da cidade Tirumala. Acredita-se ser o lugar de peregrinação mais visitado do mundo, ultrapassando o Vaticano, Jerusalém e Meca. Outro local marcante fica em Hampi, onde vimos de perto as ruínas de Vijayanagara, o que restou de um grande império hindu fundado em 1336.

Mas Hampi não foi muito proveitosa, pois a Michelle passou muito mal, contaminada por algo que comeu ou mesmo pela falta de higiene local. Procuramos um hospital na cidade vizinha Hospet, para ver se alguém poderia atendê-la. No caminho, eu perguntava em inglês: "Where is the hospital? (Onde é o hospital?)". E a resposta vinha: "It's here! (É aqui!)". "Aqui onde?", eu perguntava nervoso e indignado. Mais tarde caiu a ficha. Todos a quem eu perguntava entendiam Hospet ao invés de hospital. Claro, Hospet era lá, a própria cidade. Que confusão...

Comunidade de overlanders

Existem alguns lugares no mundo que ficam famosos entre "overlanders", ou melhor, viajantes internacionais a bordo de veículos automotores. É incrível como a informação sobre esses lugares flui entre essas pessoas. Foi assim que nós ficamos sabendo da praia Agonda, no estado de Goa.

Quando chegamos lá, dividimos espaço com outros dez carros overlanders, dentre caminhões-trailer, vans, veículos 4x4 com barracas de teto, etc. Uma perfeita comunidade de pessoas que possuem os mesmos objetivos. Australianos, suíços, italianos, franceses, ingleses e nós, brasileiros, curtindo uma bela praia, sombra e água fresca.

Segundo essas pessoas, com quem fizemos amizade, a praia Agonda é um pouco traiçoeira. Alguns que planejam ficar por lá somente uma semana acabam ficando um mês ou dois. Alguns chegam a ficar meio ano, acampando num lugar onde todos os dias, pela manhã, passa um simpático padeiro com sua bicicleta trazendo os pães e doces encomendados no dia anterior.

Os sete dias em que ficamos foram mais do que o tempo planejado, mas foram de grande valia, pois conseguimos muita informação para prosseguir. E a Michelle, na busca destas, ficava cada vez mais profissional. Anotava tudo: coisas interessantes, dificuldades, desafios, lugares bons para pernoite, atrações imperdíveis, embaixadas, consulados, etc. Muitos desses lugares vinham com coordenadas de GPS, o que facilitava bastante o nosso planejamento.

E o tumulto recomeçou. Não seguimos as recomendações de permanecer nas rodovias principais. Dirigimos pelo interiorzão mesmo, com médias horárias baixíssimas devido às estradas mal conservadas e ao movimento. Partíamos sempre cedo, fazíamos uma parada para o almoço, muitas vezes comendo apenas pão com tomate, e pé na estrada novamente para chegar logo ao nosso destino.

Essas paradas para o almoço eram engraçadas. Procurávamos sempre os lugares mais inóspitos, onde não se via uma alma viva. Estacionávamos e após 30 segundos, no máximo, alguém aparecia, parava e começava a olhar. Momentos depois, uma segunda pessoa parava para ver por que o primeiro parou. Aí vinha um terceiro, depois um quarto e em pouco tempo estávamos rodeados. Eles circulavam, tentavam abrir as portas, colocavam seus narizes na janela para tentar olhar dentro do nosso veículo, escalavam a escadinha do motor-home e tudo mais. O gostoso era quando esses curiosos eram crianças, pois ficava mais fácil de assustá-las ao meterem o bedelho onde não deviam.

Quando eu parava o carro e a Michelle corria pro matinho, a Índia inteira parava para ver. Vá ser curioso assim na Cochinchina! A propósito, sabe onde ficava a Cochinchina? Era uma região situada na extremidade Sul do atual Vietnã!

O Kama Sutra do ano Mil

Após cinco dias de viagem exaustiva pelo centro indiano, chegamos a Khajuraho, uma pequena cidade que possui algo bem interessante: um conjunto de templos hindus construídos por volta do ano Mil, época da dinastia dos reis Chandela. Eles são decorados essencialmente com esculturas de personagens em diversas posições eróticas – todas as posições possíveis do Kama Sutra com uma riquíssima quantidade de detalhes.

Como em qualquer patrimônio histórico deste porte, é claro que os templos estavam sempre repletos de visitantes. Neste, porém, havia uma diferença: em cada esquina ouvíamos uma gargalhada em um idioma diferente – às vezes em japonês, às vezes em alemão, espanhol, francês e muitas vezes em português. Não era para menos. Certas imagens eram tão fortes que antes de tirar uma foto olhávamos para os lados para ver se ninguém estava nos vendo. As boas risadas ouvidas naquele lugar foram uma ótima forma de celebrar o primeiro ano da nossa expedição.

Varanasi – a cidade de Shiva às margens do Ganges

Chegou a vez de Varanasi, uma cidade que para os indianos é considerada santa. Chegamos quando o sol ainda estava alto, mas o calor já estava amenizado pelas nuvens de poluição típicas das cidades grandes da Índia. Bem na hora do tumulto: ruas praticamente intransitáveis e muita gente utilizando as ciclo-riquixás (bicicletas-táxi). Levamos horas até chegar ao destino – um hotel que poderíamos utilizar, por um preço bem acessível, apenas parte de sua estrutura, como estacionamento, banheiro e chuveiro. Essa informação, que veio por meio de coordenadas de GPS, chegou a nós num daqueles encontros com overlanders. Só para ter uma ideia, quando estacionamos nos deparamos com mais um carro de viajantes, dois ingleses que faziam o percurso Inglaterra – Índia.

Varanasi é o coração do universo hindu, uma ponte entre o mundo físico e o espiritual. É a cidade de Shiva, um dos deuses hindus, e por estar situada às margens do Rio Ganges, peregrinos de todo país se deslocam para lá para banharem-se e purificarem-se em águas que, em nosso conceito, definitivamente não são próprias para banho. Estatísticas feitas com as águas deste rio mostram que em cada 100 ml existem 1,5 milhão de coliformes fecais. Numa água própria para banho este número não poderia passar dos 500.

Ao observar o que acontece nessas águas é que percebemos as nossas diferenças de costumes. Todos os dias, bem cedo, cerca de 60 mil pessoas se banham, nadam, escovam seus dentes, rezam e até bebem a água. Elas acreditam que uma vida não é completa sem pelo menos um mergulho no Ganges. Conservar um frasco com a água do rio em suas casas para que pessoas à beira da morte possam bebê-la também é considerado prestigioso. Muitos hindus acreditam que o Ganges pode limpar uma pessoa de seus pecados. É a salvação e a promessa de vida eterna.

Imagine que a poucos metros dessas piscinas de banho, corpos humanos são constantemente cremados à luz do dia e suas cinzas atiradas no rio. Claro, isso quando a família enlutada tem dinheiro para comprar a lenha. Porque quando não tem, o corpo não é queimado por completo, não vira cinza e é atirado no rio mesmo assim. As águas do Ganges permitem aos mortos a Moksha, que para os hindus significa libertação do ciclo de vida e morte.

Para nos impressionar ainda mais, frente às escadarias de cremação, alojamentos ficam lotados de pessoas que vão a Varanasi esperar sua morte. São idosos de aparência, mas muitas vezes ainda jovens em idade. Quando sentem a morte se aproximar, migram para este lugar sagrado.

As imagens que temos de lá, registradas pela câmera fotográfica ou por nossa memória, causaram alguns dos maiores choques culturais de toda a viagem. O que vimos ali foi fortíssimo e ao mesmo tempo lindo. É inexplicável. As cores dos vestidos das mulheres, os brincos, as joias, os piercings, a simplicidade da vestimenta dos homens, os traços fortes, os cabelos negros de toda aquela multidão, coisas e cores que, por incrível que pareça, combinam com a cor da poluição da água e do ar. É um lugar colorido e cheio de vida. Um lugar que vale a pena conhecer.

Nepal — o teto do mundo

Deixamos Varanasi ao Norte e entramos no Nepal.

Há cerca de 60 milhões de anos, depois da colisão entre a placa tectônica indo-australiana com o continente Eurásia, surgiu a Cordilheira do Himalaia. O Himalaia (hima = neve; laya = morada) é a cadeia montanhosa de maior altitude da Terra. Não é para menos que nela, entre o Nepal e o Tibete, na China, localiza-se a montanha mais alta do mundo, o Monte Everest, com 8.848 metros de altitude.

O primeiro encontro dos ingleses com a cordilheira se deu em março de 1856. Porém, as primeiras tentativas de ascensão ao seu cume iniciaram somente na década de 20, o que se tornou uma febre entre os ocidentais, principalmente os britânicos. Depois de inúmeras tentativas, muitas das quais ultrapassaram os 8.000 metros, em 29 de maio de 1953 o apicultor neozelandês Edmund Hillary e o sherpa nepalês Tenzing Norgay atingiram esse tão desejado cume, o ponto mais alto da Terra.

A descoberta, em 1999, do corpo do alpinista britânico George Mallory, congelado próximo ao pico, trouxe novamente à tona um mistério desta montanha. Mallory e Andrew Irvine, ambos britânicos, fizeram, em 1924, uma tentativa de ascensão da qual jamais retornaram. Não se sabe se atingiram o pico e morreram na descida ou se nem chegaram ao cume. O corpo de Mallory estava com objetos pessoais, mas sem a foto da esposa que ele prometera deixar no pico. Daí veio a dúvida: será que eles foram os primeiros a chegar ao cume? Ninguém pode dar uma certeza. George ficou famoso por sua resposta à pergunta "Por que escalar o Everest?". Ele respondeu: "Porque está lá".

Desde então, o pico mais alto do mundo atraiu muitas conquistas, como a primeira mulher a escalá-lo (1975), o primeiro escalador sem oxigênio (1978), a primeira ascensão solitária (1980), os primeiros brasileiros (1995), o primeiro escalador com uma perna artificial (1998), a primeira descida de ski (2000), o primeiro escalador cego (2001), a primeira brasileira (2006), o mais novo escalador (16 anos), o mais velho (64 anos), o mais rápido (8 horas) e a pessoa que ficou mais tempo no topo (o Sherpa Babu Chiri, que ficou 21 horas), dentre outras. Além disso, aconteceram admiráveis comédias por lá. O britânico Maurice Wilson, por exemplo, planejou pousar seu avião na metade do pico e escalar a outra metade. Sem experiência alguma, morreu próximo ao acampamento três, vestindo roupas inadequadas. Um time britânico de rugby escalou todo o caminho até o acampamento base, somente para bater o recorde da maior altitude onde foi jogado um jogo de rúgbi (5.140 metros). Mas quem ganhou o troféu abacaxi foi uma dupla de britânicos que escalou até os 5.440 metros carregando um quadro de ferro só para fazer algumas piadas. A dupla revelou que a preparação para uma expedição desse porte limita-se a três fatores importantes: algumas cervejas, uma aposta de bêbados e um quadro de ferro roubado.

Nós não tínhamos nenhum desafio maluco desses, mas desde que ouvimos falar, lá na Austrália, que existiam imperdíveis caminhadas para se fazer no Himalaia, não tiramos mais esse sonho da cabeça. Aliás, todo o planejamento de datas da Austrália até aqui teve como fator mais importante essa caminhada, que deveria acontecer, preferencialmente, entre fevereiro e março ou setembro e outubro. Chegamos em fevereiro, a segunda melhor estação do ano para estar lá – o final do inverno.

Quando entramos no Nepal, muita coisa mudou. Percebemos que o sol passou a brilhar com mais força, devido à menor poluição do ar. O tumulto diminuiu, as buzinadas foram ficando mais longe e os olhinhos do povo voltaram a ser puxados. O povo nepalês possui características mais próximas da China e Sudeste Asiático, mesmo estando tão próximos da Índia.

Nosso primeiro destino no país foi Lumbini, sítio histórico onde, para nossa surpresa, no ano de 563 a.C nasceu Siddhārtha Gautama Buddha, figura tão idolatrada pelos budistas e que foi o ícone para criação dessa filosofia de vida tão interessante que é o budismo.

Apesar de Buda ter nascido em solo nepalês, apenas 11% dessa população são budistas e estes vivem principalmente nas montanhas. A religião principal no país, seguida por 81% da população, é o hinduísmo.

O Nepal possui um grande contraste em altitudes. Nas partes baixas, chamada Terai, dirigimos nosso carro a apenas 80 metros do nível do mar. As características da região se assemelham às da Índia, inclusive com relação à cultura. Cruzamos muitos rios secos, rasos e largos, cheios de pedras, que dão a nítida noção do volume de água que desce na época das chuvas e do degelo. Aliás, o Nepal, vindo atrás do Brasil, é o segundo país do mundo com maior quantidade de água potável.

Começamos a subir as montanhas em direção à capital Kathmandu. As estradas sobem drasticamente entre curvas, vilas, pessoas simpáticas e terraços de arroz que se estendem em forma de escadaria por toda a encosta das montanhas. Só de ver, aquilo já tirava o fôlego.

ACIDENTES ACONTECEM

Kathmandu, assim como qualquer outra cidade grande e em crescimento, é populosa, poluída e congestionada. Quando chegamos lá, dirigindo a uma velocidade de dois quilômetros por hora por causa do enorme congestionamento, quebramos os dois faróis de milha. Quer dizer, eu quebrei, pois a Michelle cansou de me alertar para não ler o livro guia do Nepal enquanto dirigia. E eu falava: "Só quero ver um negócio aqui e já paro". Mas quem parou foi o caminhão da frente e eu não. A minha copiloto ficou indignada com a minha falha. Dirigir, ler ou falar ao celular ao mesmo tempo não dá.

Por muita sorte, acidentes em nossa viagem aconteceram, mas em pequeninas proporções, como essa. No Camboja, por exemplo, uma jovem nos ultrapassou pela contramão com sua motinho e eu a derrubei quando entrei num posto de combustível para abastecer. Não foi nada sério, ela apenas raspou um pouco as pernas e eu tive que pagar 10 dólares. Lá, paga quem é maior e não quem é culpado. Ou, talvez, paga quem é turista. No Laos, por não enxergar uma moto estacionada muito próximo à frente do Lobo, passei literalmente por cima dela – 40 dólares de conserto. Até que foi barato. Teve outro pequeno acidente na Índia que foi engraçado, mas me deixou furioso na hora em que aconteceu. Estacionamos nosso carro no centro de uma cidade para esperar uns amigos que viajavam conosco. Enquanto eles não vinham, decidi fazer algumas compras de legumes numa quitanda ali perto.

Quando pagava pela compra, escutei a Michelle me chamando. Nesse mesmo momento, vi um ônibus colado ao nosso carro pela lateral. Não acreditei no que vi.

O que aconteceu foi que, quando estacionei o carro, sobrou pouco espaço para o ônibus passar. Sem ao menos verificar se havia espaço ou não, o motorista decidiu tocar em frente e acabou batendo toda a sua lateral na nossa.

Furioso, tive que gritar com ele para que parasse. Falei que ficaria mais fácil eu tirar o meu carro para não aumentar o estrago. Quando tirei o Lobo daquela situação, percebi que a lateral não sofrera um arranhão sequer, pois ficou protegida por uma das sand-tracks – as pranchas de aço que ficam fixas nas laterais do motor-home e que servem para nos tirar de eventuais encalhadas. Ela possui um formato cheio de dobras, o que aumenta sua resistência. Quando olhei para o ônibus, até fiquei com pena do motorista, pois o desenho da prancha ficou estampado em alguns metros de sua lateral de alumínio.

Parte da culpa dessa enrascada foi minha, por ter estacionado meu carro num lugar tão estreito. Mas se o motorista do ônibus fosse um pouquinho mais paciente e esperasse 30 segundos, poderia ter evitado a batida. Talvez ele imaginasse que passaria com facilidade, não sei. Pelo estrago, espero que não tenha perdido seu emprego. Ele nem ao menos desceu do ônibus para ver o tamanho do prejuízo.

Enfim chegamos ao centro de Kathmandu e, por alguns dias, perambulamos pelo Thamel, que é repleto de restaurantes, bares e lojas de artesanatos, souvenirs, DVDs, roupas esportivas e de montanhismo, originais e falsificadas. Tudo lá é voltado ao turismo. É muito fácil perder horas e mais horas, além de gastar muito dinheiro. Mas temos que admitir que essa parte da cidade não tem nada a ver com o que é o real Nepal. Para ver a realidade, basta caminhar um pouco para fora deste centrinho. Aí sim podemos admirar diversos templos hindus, budistas e tibetanos, construções típicas da cultura newari, que são maioria no Vale de Kathmandu, e ver o dia a dia dos nepaleses.

Uma das partes mais bonitas e interessantes da capital é a famosa Durbar Square, onde o rei da cidade foi coroado e legitimado há muito tempo. Essa praça é até hoje o coração da cidade antiga e é um dos maiores legados de arquitetura do país. Na verdade, a Durbar Square é formada por diversos templos repletos de esculturas e detalhes em madeira. Lindíssimos. A construção que mais nos chamou a atenção foi a Kumari House.

Kumari Devi – a deusa viva do Nepal

O Nepal não possui apenas incontáveis deuses, encarnações e manifestações veneradas como estátuas, imagens, pinturas e símbolos: possui uma deusa viva. A Kumari Devi é uma jovem menina que se acredita ser a encarnação da deusa Taleju.

O processo seletivo dessa menina para ocupar uma casta específica da sociedade nepalesa é extremamente rigoroso. Ela geralmente está na fase entre quatro anos e a puberdade e precisa ter perfeito estado de saúde, possuir 20 dentes, ter cabelos e olhos pretos e deve possuir estritamente 32 qualidades físicas: pescoço como uma concha, cílios como de uma vaca, peito como de um leão, voz suave e clara como de um pato, etc. Seu horóscopo também deve ser apropriado. Uma vez selecionado um grupo de meninas que atendem a estas qualidades, elas são colocadas em um quarto escuro onde barulhos assustadores são feitos, enquanto um homem dança com máscaras horrorizantes. A menina que permanecer calma será a escolhida, pois essas coisas assustadoras não são capazes de amedrontar a real encarnação da deusa. Além de tudo isso, um pequeno teste ainda resta para comprovar sua legitimidade. Em um processo similar à seleção do Dalai Lama, a nova Kumari deve escolher, dentre uma infinidade de objetos, aqueles que pertenceram à sua antecessora.

Uma vez encontrada a menina perfeita, ela se muda para o seu palácio, de onde sai somente cerca de seis vezes ao ano. Duas vezes ao dia ela aparece na janela, aos seus devotos, apenas por alguns segundos. A Kumari possui esse status até ter sua primeira menstruação ou caso aconteça algum acidente e ela perca muito sangue. Após este momento, ela volta a ser uma mera mortal e o processo de seleção inicia-se novamente. Dizem que se casar com uma ex-kumari é má sorte, pois sustentar todo o luxo com o qual foi criada é algo bem difícil.

Nas trilhas do Himalaia

Ainda na capital nepalesa, aproveitamos para fazer uma boa manutenção no nosso carro. Várias coisas precisavam ser feitas, inclusive a troca da correia dentada. Além da boa mão de obra, o serviço foi baratíssimo. O Lobo ficou zero bala e então seguimos viagem pelas montanhas até Pokhara, a cidade base de onde partiríamos para a caminhada no Himalaia.

Levamos 15 dias para caminhar cerca de 220 quilômetros pelas trilhas do Circuito Annapurna. Um cenário das alturas que nos deixou de pernas bambas. Uma das melhores experiências de nossa longa viagem. Ali a vida muda um pouco. As belezas desse incrível lugar, seus habitantes, vales profundos, a fauna e a flora multiplicam-se a cada metro no sobe e desce pelas antigas trilhas sulcadas pelos passos dos comerciantes nepaleses e tibetanos.

Parte-se de 790 metros de altitude e sobe-se até o seu ponto mais alto, o Thorong-La Pass, com seus 5.416 metros acima do nível do mar. Ao redor avista-se o Pico Annapurna I, com 8.091 metros – a primeira montanha com mais de 8.000 metros a ser escalada, além de seus picos secundários Annapurna II, III, IV e Sul. Também pudemos contemplar a magnífica pirâmide de gelo Dhaulagiri com seus 8.167 metros e a Machhapuchhre (6.997 metros), considerada como a montanha mais bonita. Para completar a paisagem, há o Manaslu, de 8.156 metros, e o Gangapurna, de 7.454 metros.

Essa história começou ainda em Pokhara, onde compramos nossas permissões, alugamos dois sacos de dormir para temperaturas baixas e compramos uma bota de escalada que, segundo o vendedor, não era falsificada – pelo menos não totalmente. Era 80% verdadeira. Essa eu nunca havia escutado antes. Quando perguntamos sobre os outros 20%, ele disse: "Isso é extra".

Achamos um lugar seguro para deixar o Lobo e partimos com um ônibus local até quase Besisahar, onde começaria a caminhada. Dissemos "quase" Besisahar, pois uns 10 quilômetros antes de chegar lá, após exaustivas quatro horas num aperto danado, acabou o combustível do ônibus. Sorte nossa que um pessoal que se dirigia para lá nos deu carona numa van.

Logo que começou a caminhada caímos numa rotina. Levanta cedo, empacota as mochilas, toma um cafezão e pé na estrada. Houve dias em que caminhamos menos, outros mais, mas não tínhamos como fugir dos 220 quilômetros que, divididos em 15 dias, dava uma média de 14,67 quilômetros por dia. Mas o problema não era a distância e sim o sobe e desce.

Quanto às mochilas, até que não estavam tão pesadas. O legal do Circuito Annapurna é que ao longo de todo o trajeto existem vilas que possuem estrutura para dar abrigo e comida. Carregamos, então, somente objetos pessoais como roupas, saco de dormir, equipamento fotográfico e filmadora, utensílios de higiene pessoal e um pouco de dinheiro. É possível fazer esta caminhada com guias e carregadores, mas por uma questão de liberdade e economia, fizemos o papel de guia, carregador e cliente. Nós gastamos muito pouco, talvez um pouco mais de dez dólares por dia. Quanto mais adentrávamos na trilha, mais os preços subiam. É que não existe estrada para carros ou caminhões por lá. Todos os suprimentos são carregados por mulas ou mesmo pelos sherpas. Foi lindo ver as tropas de mulas em fila, batendo seus sinos conforme o ritmo dos passos lentos. Às vezes passavam de vinte animais, todos enfeitados e bem carregados.

Os sherpas arrumam suas enormes mochilas do jeito que podem: sacos, panos, caixas... E as improvisam com tiras de pano para pendurá-las no corpo. Só que ao invés de passar essas tiras pelos ombros, passam pela testa. Carregam normalmente entre 25 e 30 quilos, podendo chegar até 40 quilos. Impressionante, os sherpas são normalmente de estatura baixa, mas muito fortes e resistentes.

No final do primeiro dia, após 17 quilômetros caminhados, descobrimos como funcionava a estratégia do povo local para segurar o cliente: ofereciam o quarto totalmente de graça, desde que jantássemos e tomássemos café da manhã na pensão. Devido ao grande número de turistas que caminha por ali todos os dias, a comida adaptou-se ao estilo ocidental.

O lado bom disso foi que fizemos amizades aos montes – americanos, suíços, franceses, irlandeses, ingleses, australianos, escoceses, sul-africanos, nepaleses e inclusive brasileiros. Como caminhávamos no mesmo sentido e com planos de deslocamentos semelhantes, cruzávamos com eles quase todos os dias.

A cada dia que passava estávamos mais no alto. A neve nos picos começava a aparecer e o frio aumentava. Os rios provenientes do degelo das montanhas, naquela altura, já não dão mais abrigo para peixes. A água é congelante. E, por isso, os banhos também são. Dois amigos, Milan e Justine – ele checoslovaco e ela canadense –, nos falaram que quando fizeram esta caminhada, bateram seus recordes de dias sem banho. Passou de vinte, já pensou? O motivo deve ter sido o frio.

De cara no chão

No quarto dia de caminhada, assim que começamos a encontrar as pessoas no caminho, iniciou-se certa gozação. Todos olhavam para mim e perguntavam: "Caramba, Roy. Essa pegou de cheio! A Michelle devia estar muito brava com você!" Na brincadeira, nós confirmávamos a história. Mas a verdade foi que caí da cama e amanheci com o nariz roxo e do tamanho de uma maçã, e com inchação até na área dos olhos. Parecia que havia apanhado de um lutador de boxe. Até hoje tenho o nariz um pouco torto por causa desse tombo.

Foi o meu sonambulismo que me pregou mais uma peça. Estava dormindo num saco de dormir que era muito pequeno. Tinha que ficar com meus braços esticados ao lado do corpo. Lá pelas tantas, num sonho que nem me lembro qual foi, acabei caindo da cama e meus braços não podiam me proteger, pois estavam travados. No caminho até o chão, bati o nariz na mesinha de cabeceira, o que já deixou um corte e depois caí de cara no chão, sem dó nem piedade. A dor foi terrível. Eu urrava de dor enquanto a Michelle, preocupada, tentava fazer algo por meu nariz, que quebrou com o impacto. Apesar da gravidade, são histórias como essas que a gente não esquece jamais.

A paisagem natural do Nepal é deslumbrante e a beleza aumenta ainda mais quando começam a aparecer os picos mais altos como o Manaslu e o Annapurna II. Lindo, lindo, lindo. O imenso paredão Paungda Danda, resultante de uma poderosa erosão glacial, parecia não caber em nossos olhos, de tão grande. A cada hora, uma nova surpresa, uma nova montanha, um rio cristalino por entre os verdes bosques. A neve aumentava e o frio já passava do limite de conforto, principalmente à noite, quando o sol ia embora.

Quanto à cultura, por estarmos muito próximos ao Tibet, sua influência é muito forte, especialmente na religião. Rodas de oração compostas por cilindros sustentados por um eixo são colocadas entre as vilas, onde os fiéis circulam-nas sempre pela esquerda, rodando cilindro por cilindro com sua mão direita enquanto fazem suas preces. Milhares de bandeiras de oração são estendidas em pontes, templos e stupas, que representam cinco elementos – água, terra, fogo, céu e ar – e trazem paz e boa sorte. Em algumas das rodas de oração são encontrados as Mani Walls, pedras escavadas com antigas linguagens que manifestam orações. E a paz ali prospera de verdade.

Domingo de Páscoa

Em nosso sexto dia, após uma exaustiva ascensão de 500 metros num ziguezague sem fim, fomos presenteados com um visual sem igual e de tanta beleza que supriu até a falta de chocolate no Domingo de Páscoa. Avistamos lá do alto os Annapurna II (7.937 metros), III (7.555 metros) e IV (7.525 metros) e o Gangapurna (7.454 metros).

Nos primeiros dias de caminhada, por falta de costume, o cansaço era imenso. Éramos obrigados a fazer várias paradas ao longo do percurso e cada quilo nas costas parecia pesar uma tonelada. Com o passar dos dias, o corpo reconhece que a sua única opção é caminhar, então vai se acostumando, fortalecendo e aclimatando. Subidas e descidas já não eram mais tão difíceis assim, o que ficou evidente quando chegamos a Manang, vila onde descansamos por um dia. Neste dia, subimos e descemos cerca de mil metros só para passear e melhorar a aclimatação do nosso corpo. Está certo que estávamos sem as mochilas, mas subir de uma altitude de 3.500 metros até 4.500 metros e depois descer o mesmo tanto não é tão simples para quem não está acostumado.

Dali para frente, os três dias seguintes foram totalmente focados em uma única missão: cruzar a passagem Thorong-La, situado a 5.416 metros do nível do mar. Já no oitavo dia, os efeitos da altitude começaram a ficar visíveis. Ficamos impressionados quando uma menina acometida pelo mal da montanha (provocado pela falta de oxigênio nas grandes altitudes) vinha sendo carregada em uma maca por quatro sherpas em sentido contrário ao nosso. Naquele mesmo dia, passaram helicópteros para mais dois resgates. Tal movimentação amedrontou alguns mochileiros que ali mesmo desistiram da jornada. Uma péssima hora para isso, pois voltar resultaria em sete dias até a primeira locomoção sobre rodas. Acredito que o que pega é o efeito psicológico. Quando se está acima dos 4.000 metros, o oxigênio já é pouco para o esforço físico. Portanto, se tivermos que dividi-lo com o estresse e o medo, ele não será suficiente.

Quando chegamos a Letdar, a 4.200 metros, ficamos sabendo que um jovem iaque – animal de raça bovina de pelagem grossa e comprida que vive no Himalaia, Ásia Central, platô do Tibet e no norte da Mongólia – fora atacado e morto naquela noite, a uns 500 metros de nosso alojamento. O povo local deu crédito a um predador raro, difícil de ser visto – o leopardo-das-neves. O dono da pousada, proprietário também da manada de iaques, cortou o rabo do animal morto e deixou-o sobre a mesa, o que me despertou interesse. Comprei-o por uma mixaria e deixei-o secando na parte externa de minha mochila. Hoje, esse rabo faz parte dos objetos que nos trazem boas lembranças da nossa viagem de volta ao mundo. E, apesar de não termos tido a oportunidade de ver o lindo leopardo-das-neves, esse rabo teve e bem de perto.

Thorung Phedi (4.400 metros) foi a última vila que nos acolheu antes da famosa e almejada passagem Thorong-La. Mas antes de pernoitar, sem o peso das nossas mochilas, subimos até o acampamento alto para reforçar a aclimatação. Fomos até 4.850 metros e voltamos aos 4.400 metros. Nesse caminho, alguns acontecimentos deixaram marcas: poder apreciar um dos mais lindos visuais de toda caminhada, o delicioso pão tibetano recheado com queijo de iaque derretido e uma avalanche de pedras que por pouco não nos atingiu.

No dia da chegada a Thorong-La, décimo dia de caminhada, muita gente planejava começar o percurso entre 3h30 e 4h30, pois teríamos que subir dos 4.400 metros até 5.416 metros em uma distância de seis quilômetros e ainda descer de 5.416 metros para 3.800 metros em mais dez quilômetros. Isso sem contar que boa parte da pernada seria em pura neve. Apesar da distância e da altitude, decidimos partir pelo amanhecer, pois não adiantaria sair no escuro se tínhamos somente uma lanterna.

Entramos na trilha às 6h15. O caminho é de muita subida. O frio e a altitude são nossos inimigos e o oxigênio, a cada passo, parece mais difícil de inalar. É dureza, pois não somos acostumados a grandes altitudes. Essa era a segunda vez que estávamos acima dos 5.000 metros. A primeira não foi nem caminhando e sim de carro, em uma viagem pela Bolívia, quando tivemos que registrar nosso carro em uma aduana muito remota próxima à Laguna Verde, na estrada entre San Pedro de Atacama e Uyuni. Incrível como os bolivianos podem viver em um lugar como aquele, num deserto no meio do nada, a uma altitude dessas.

Entre trancos e barrancos, às 10h15 daquela manhã, para cumprir mais uma das nossas grandes metas, cruzamos a passagem Thorong--La, a 5.416 metros – a maior altitude até então conquistada com o uso das nossas pernas. Chegamos lá ofegantes, tentando falar alguma coisa em nossa filmadora que registrava tudo. A Michelle, já a algumas centenas de metros, vinha sentindo sintomas da escassez de oxigênio, como dor de cabeça, enjoos e tontura. Mas não foi somente ela. Uma búlgara que sempre nos acompanhava e aparentava possuir um bom porte físico, naquele dia ficou para trás com seu carregador e não os vimos mais. Ficamos sabendo que ela passou muito mal e que provavelmente voltou a Thorung Phedi para tentar novamente em outro dia.

Apesar do esforço, estávamos felizes. Penduramos as bandeirolas nepalesas que compramos em Manang e desejamos paz e boa sorte. Tiramos dezenas de fotos, pois tivemos a sorte de chegar lá num dia de céu azul lindíssimo. Como se diz, "um dia perfeito". Mas como tudo que sobe também deve descer e as condições da Michelle não eram tão boas, partimos. Logo que saímos já sentimos saudade desse fascinante local. Mas a quantidade de fotos não diminuiu, tampouco os sorrisos. O caminho de descida foi muito forte, mas andando devagarzinho chegamos a Muktinath às 15 horas. Que gostosa a sensação de missão cumprida. Conseguimos cruzar aquele temido ponto culminante do Circuito Annapurna, um dos maiores objetivos de todos os que lá caminham.

A partir de Muktinath começa o trajeto Jomsom, que ainda faz parte do Circuito Annapurna. A paisagem muda drasticamente, as chuvas começam, os ventos no sentido contrário incomodam e a quilometragem diária percorrida aumenta. Mas saber que estávamos caminhando pelo Kali Gandaki, vale situado entre o pico Annapurna e o Dhaulagiri, já nos deixou fascinados. O Kali Gandaki é considerado o maior vale do mundo, com um ganho vertical de 7 quilômetros, espaçado entre 20 quilômetros.

Passaram-se 15 dias e no último deles acordamos pelas 4h30 para subir 330 metros e chegar ao Poon Hill ainda antes do nascer do sol. Neve novamente por toda a parte e um frio de rachar. Apesar de todo o esforço, pegamos um dia nublado e conseguimos ver apenas parte das montanhas Annapurna I e Annapurna Sul. Mas valeu a pena. Detalhe: lá a Michelle estava caminhando somente com meias e havaianas. Seu pé tinha várias bolhas e a dor era insuportável. Até a neve ela teve que encarar desse jeito.

Calçando botas ou havaianas, 2.175 metros de descida nos aguardavam ainda naquele dia, em um percurso de 16 quilômetros. A maior descida em apenas um dia que já fizemos em toda nossa vida. Foi chão que não acabava mais. Nossas pernas deixaram de colaborar e os joelhos, nem se fala. Única coisa que queríamos era deitar e relaxar. Estávamos próximos de nosso limite. Mas conseguimos completar o percurso e, ao final, decidimos ficar uma noite em uma pensão bem legal, em frente a um belo rio onde descansaríamos, pois deixamos para pagar o ônibus de volta para Pokhara somente no outro dia pela manhã.

Que caminhada fantástica! Percorrer 220 quilômetros não foi fácil, principalmente devido às subidas, descidas e altitudes. Mas concluímos que foi uma das melhores coisas que fizemos em toda nossa viagem.

Quando chegamos a Pokhara, pensando que poderíamos desfrutar de um merecido descanso, tivemos que levantar acampamento, pois o Nepal estava prestes a passar por eleições históricas e os maoístas estavam fazendo protestos e ataques contra o governo. Era melhor cair fora logo, antes que bloqueios nas estradas pudessem prejudicar nossa saída.

Os 30 dias que passamos no Nepal serviram como uma espécie de férias do agito da Índia. Mas assim que deixamos este pequeno país, voltamos ao intenso tumulto indiano.

CHEGOU A VEZ DO RAJASTÃO

Dirigimos até a capital Nova Deli para requerer o visto do Irã. O visto do Paquistão obtivemos em Kathmandu, pois já tínhamos informações de que lá se conseguia com mais facilidade. Como já tínhamos um pouco de experiência nesse país, esperávamos que Deli fosse como qualquer outra cidade indiana: suja, poluída, tumultuada, congestionada, ou seja, uma Varanasi 12 vezes maior. Ao contrário do que pensávamos, a capital nos surpreendeu por sua limpeza e organização, pelo menos na área central.

Solicitado o visto, demos continuidade a nossos planos de conhecer Agra, a cidade do Taj Mahal e rodar pelo Rajastão, estado indiano situado ao Noroeste. Nossa visita ao Taj Mahal poderia ter sido melhor se nós não tivéssemos voltado a comer a comida indiana com seus riscos de intoxicação. Passamos mal, muito mal, tanto eu como a Michelle – e bem no dia da visita a esse espetacular monumento.

O Taj Mahal possui a arquitetura mais extravagante feita em nome do amor. Foi construído pelo imperador Shah Jahan em memória de sua esposa favorita chamada por ele Mumtaz Mahal – a joia do palácio – que morreu em 1631 após dar à luz ao 14º filho. A morte de Mumtaz deixou o imperador de coração tão partido, que dizem que seu cabelo ficou branco da noite para o dia. A primeira pedra foi colocada no mesmo ano da morte da esposa e tudo ficou pronto 22 anos depois. Trabalharam na obra cerca de 20 mil homens, trazidos de várias cidades do Oriente para dar forma ao suntuoso monumento de mármore branco e milhares de pedras semipreciosas.

Pouco antes do término da construção, em 1657, Shah Jahan adoeceu gravemente e seus filhos o tiraram do poder e permitiram-lhe viver exilado no forte de Agra. A história conta que o ex-rei passou o resto dos seus dias observando, pela janela, o Taj Mahal e que depois da sua morte, em 1666, foi sepultado no mausoléu ao lado da esposa, gerando a única ruptura da perfeita simetria do conjunto.

Existe uma infinidade de lendas sobre o Taj Mahal. Entre elas está a história de que o imperador teve à sua disposição os melhores arquitetos e decoradores, que depois de completarem os seus trabalhos foram cegados ou mutilados para que não pudessem voltar a construir um monumento que igualasse tal superioridade. Outros supõem que o imperador pretendia fazer para ele próprio uma réplica do Taj Mahal original na outra margem do rio, em mármore preto, mas acabou deposto por seu filho antes do início das obras. Há ainda a história que narra que Lord William Bentinck (governador da Índia na década de 1830) pensou em demolir o Taj Mahal para vender o mármore. Assim como estas, surgiram diversas outras lendas, porém nenhuma referência respeitável permite assegurar estas hipóteses, nas quais alguns creem e outros discordam.

Visitar o Taj Mahal foi mesmo algo diferente. Essa construção possui uma magia tão grande que não dá mais vontade de parar de olhar para ela. Não é por pouco que é classificada pela Unesco como Patrimônio da Humanidade e que foi recentemente anunciada como uma das Sete Maravilhas do Mundo Moderno.

Um dia após a visita ao Taj Mahal, melhoramos um pouco dos enjoos, mas os efeitos de uma intoxicação alimentar são devastadores. Nosso sonho (talvez mais o meu sonho, pois desta vez sofri mais), era comer algo caseiro, de nossas casas, com gosto de comida da mamãe. Mas por incrível que pareça, naquele dia, nem no McDonald's nós encontramos um paladar ocidental. Até os sanduíches eram feitos com aquele tempero cujo cheiro já se percebe de longe.

Terra de reis e marajás

O Rajastão foi o lugar onde viveram diversos clãs de guerreiros rajputs, que controlaram o território Noroeste da Índia por mais de mil anos. Apesar de os rajputs forjarem temporárias alianças e casamentos de conveniência entre seus reinos, o orgulho e a independência sempre falaram mais alto e eles acabavam lutando entre si. Com isso, enfraqueceram-se e caíram sob o domínio do Império Mughal. Anos mais tarde, quando os rajputs recuperaram as forças, foram dominados pelos britânicos. Aliaram-se a eles para manter a independência, porém sujeitando-se a controles políticos e econômicos. Como testemunho desta época, pudemos conhecer uma coleção de magníficos fortes e palácios que pertenceram aos rajputs e outras clãs que dominaram por séculos as montanhas e o deserto do Rajastão.

Um dos maiores entretenimentos dos marajás naquela época era a caça de animais como tigres, leopardos, porcos selvagens e aves. Então, para isso, existiam diversas fazendas de caça nos arredores das cidades e palácios. Um desses lugares tornou-se um santuário de vida animal chamado Parque Nacional Ranthambore. E lá fomos nós em busca da oportunidade de ver tigres asiáticos em seu habitat natural.

No caminho para esse parque, quando cruzávamos por lindas estradas do interior, com campesinos trabalhando em campos de trigo, fomos abordados por um jovem indiano chamado Sunil Parashar, que nos convidou e insistiu para visitarmos sua casa. Fomos e a experiência foi ótima. Encontramos a família reunida: primos, tios, sobrinhos, avós e até amigos. Todos trabalhavam juntos nos preparativos do casamento da irmã do nosso anfitrião, evento que aconteceria em dez dias.

Fizeram tudo por nós: mostraram-nos toda a casa, prepararam uma comida típica para almoçarmos e nos convidaram para o casamento, no qual a Michelle teria a oportunidade de vestir um dos trajes típicos indianos da própria noiva. Estávamos todos empolgados, tanto eles como nós, pois uma oportunidade como essa não é sempre que acontece.

Infelizmente tivemos que nos desculpar, pois depois de muita conversa percebemos que aqueles dez dias seriam extremamente importantes para que pudéssemos manter nossos planos. Na verdade, esse tempo se somaria aos quatro dias de festa (na Índia, o ritual do casamento leva de três a sete dias).

Talvez essa tenha sido uma de nossas decisões erradas na viagem. Hoje, nós imaginamos que aquele casamento teria sido inesquecível.

Mas o que veio pela frente não foi algo sem mérito: vimos os tigres de bengala em sua vida selvagem. Aliás, vimos três e um deles estava se preparando para atacar um grupo de antílopes. Não sabemos se foi bom ou ruim, mas um dos antílopes percebeu a presença do felino e num grito estridente alertou todo o bando que saiu correndo para um lugar seguro. Na verdade, foi bom para um grupo e ruim para outro, lei da natureza.

O tigre de bengala é considerado o animal nacional da Índia e de Bangladesh. É um dos mais pesados felinos que existe, podendo atingir 300 quilos. O maior tigre encontrado em ambiente selvagem pesava 389 quilos.

São ótimos caçadores noturnos e, apesar de serem tão pesados, aproximam-se de suas presas em completo silêncio. São nadadores, ágeis e capazes de andar em terrenos rochosos e até de subir em árvores.

Pelo que lemos em alguns livros, o povo indiano não gosta muito desse tigre, pois é um dos poucos animais da Terra que além de se alimentar de outros animais ataca sem distinção o ser humano.

No começo do século 19, em alguns lugares do país, os comedores de homem prevaleciam, tanto que se questionava sobre quem iria sobreviver na Índia – o homem ou o tigre. Na década de 30 aconteciam, a cada ano, entre 1.000 a 1.600 ataques de tigres a humanos.

Um dos motivos desta ameaça é a mudança climática, que vem salinizando cada vez mais os manguezais, causando a escassez da água doce, tornando as feras ainda mais ferozes. O avanço das águas para o continente coloca, também, os tigres cada vez mais próximos da população. Além disso, de acordo com estudos, os tigres que passam a atacar seres humanos geralmente possuem alguma deficiência, principalmente em suas presas, o que o impossibilita a caçar animais mais rápidos e fortes. O ser humano é considerado uma presa fácil. Eu, hein!

Continuando nossa trajetória, dirigimos em busca das pérolas do Rajastão – Udaipur, Jodhpur, Pushkar e Jaipur, cidades que já foram os reinos dos rajputs.

Udaipur é conhecida como a Cidade dos Lagos, ou ainda como a Veneza do Oriente. Situada longe do deserto, localiza-se entre as Montanhas Aravali e entre três lagos. O ponto de maior interesse na cidade é o conjunto de palácios cor creme, que formam o City Palace, maior e mais antigo palácio do Rajastão.

No caminho para Jodhpur, passamos pela cidade de Ranakpur, onde visitamos um dos templos hindus mais bonitos da Índia. O nome do templo é Chaumukha Mandir – Templo de Quatro Faces, construído em 1439 e dedicado ao deus Adinath. O templo é composto por 29 paredes suportadas por 1.444 pilares. Seu interior é completamente trabalhado em mármore branco leitoso e os detalhes são incríveis. Enquanto o calor lá fora era sufocante, ficamos dentro do arejado templo contemplando todos os detalhes.

A cidade de Jodhpur, no início do Deserto de Thar, foi o ponto alto da nossa visita ao Rajastão. Ela também é chamada de Cidade Azul devido à grande quantidade de casas azuis espalhadas pelos bairros antigos. Tradicionalmente, o azul representava as casas dos Brahmin – uma das castas indianas. Porém, atualmente a cor é aderida por todos na cidade. Dizem que ela ajuda a refrescar e a repelir insetos.

Protegida por uma alta muralha de pedra com sete entradas, Jodhpur tornou-se a segunda maior cidade do estado. Por manter suas características antigas e por abrigar o Forte Mehrangarh – situado sobre uma montanha rochosa de 125 metros de altura – continua sendo uma grande atração.

Depois da Cidade Azul, chegamos à Cidade Santa de Pushkar. Essa pequena, mágica e árida cidade conta com 400 templos em volta de um lago que, segundo a mitologia hinduísta, foi criado pelo deus Brahma quando ele derrubou uma flor de lótus no local. Por causa disso, os hindus acreditam que o Lago de Pushkar é sagrado. Ao seu redor foram construídos 52 ghats – escadarias que dão acesso ao lago. Acredita-se que a água dos ghats possui poderes especiais. Algumas das escadarias também possuem particular importância, como o Gandhi Ghat, onde as cinzas de Gandhi foram derramadas.

Jaipur é a capital do estado e, como toda cidade do Rajastão, possui um segundo nome: Cidade Pink, por causa da cor das pedras usadas em suas muralhas. A cidade antiga de Jaipur é muito bonita com sua cor rosada e é muito interessante por seus mercados que se situam no meio das construções antigas.

Infelizmente o turismo chegou com tudo no Rajastão, o que tira um pouco do seu charme e magia. O local é repleto de cultura, cores, histórias e sabores, mas temos que admitir que muita coisa lá ficou "para turista ver", o que nos deixou um pouco decepcionados.

Quando estacionamos nosso carro em frente ao lago de Pushkar, imediatamente percebemos que a malandragem tomou conta do local. Tentativas de arrancar dinheiro vinham das mais diferentes formas. Para aquelas pessoas, éramos um caixa eletrônico. Seus olhos brilhavam quando nos viam e transparecia nas pupilas o sinal $$. Um sonoro "não" não bastava para que nos deixassem em paz. Era preciso brigar, o que acabava estragando a visita.

Em Jaipur a coisa foi ainda pior. Ambos fomos importunados, mas a Michelle em especial. Sem respeito algum, mesmo eu estando ao seu lado, os indianos a dissecavam com seus olhos maliciosos, de cima a baixo, descaradamente. Foi uma pena. Acabamos não aproveitando muito bem essas duas cidades tão lindas.

Por esses e outros motivos que temos sorte de ter o Lobo da Estrada ao nosso lado. Este grande amigo e abrigo nos leva às pequenas cidades e vilas, lugares de difícil acesso, onde a cultura e a tradição ainda estão intactas, sem interesse, sem maldade, somente curiosidade.

Brasileiros no meio do caminho e outros grandes encontros

Na primeira vez em que deixamos Nova Deli e fomos para Agra para visitar o Taj Mahal, um veículo mahindra nos ultrapassou e um cidadão, da janela, gesticulava e gritava em português: "Ei! parem aí, quero falar com vocês!". Surpresos, estacionamos no acostamento. Apresentaram-se para nós o Gustavo Nogueira, brasileiro do Piauí, e sua esposa Monica Cardoso, moçambicana. Perguntaram-nos o que estávamos fazendo na Índia com um carro do Brasil, placa de São Bento do Sul (SC). Contamos nossa história e os dois se apaixonaram por ela. Papo vem, papo vai, o Gustavo nos falou: "Gente, eu trabalho na Embaixada do Brasil em Nova Deli e há poucos dias assinei uma carta de recomendação para dois brasileiros malucos que querem ir ao Irã." É que para conseguir o visto, só com carta de recomendação. Olhamos um para o outro e rimos, pensando na mesma coisa. Fomos até o carro, pegamos a cópia que fizemos da carta e a mostramos ao Gustavo, perguntando se aquela assinatura seria a dele. Caímos na gargalhada. Era ele mesmo. São as coincidências da viagem.

O Gustavo trabalhava há muitos anos no serviço consular e conheceu sua esposa, Mônica, quando ainda vivia na África. Quando nos encontraram, faziam uma viagem de férias de uma semana. Como nós voltaríamos a Nova Deli para buscar nossos passaportes, gentilmente nos ofereceram um quarto, uma cama e uma casa para descansarmos o tempo que quiséssemos.

Ficamos muito felizes com o convite, mas não abusamos. Passamos apenas dois dias na casa deles, os quais foram perfeitos para matar um pouquinho da saudade da comida brasileira, com direito a feijão com arroz e carne, muita carne – algo que já nem lembrávamos direito que gosto tinha. Lá conhecemos também os brasileiros Rodrigo e Paola e passamos ótimos momentos com todos, nos divertindo com as histórias engraçadas das experiências com os indianos.

Esse mundo é mesmo pequeno, pois as coincidências que acontecem nos deixam boquiabertos. Lembra que, quando falei do frio dos chuveiros no Circuito Annapurna citei um casal que bateu o recorde de dias sem banho, o Milan e a Justine? Num belo dia, em Esfahan, Irã, dentro de uma linda mesquita, a Michelle me perguntou: "Roy, aquele não é o Milan, que encontramos na Austrália e que nos deu a dica da caminhada do Annapurna?"

Eu demorei a reconhecer, mas quando vi a Justine, logo os identifiquei. Eles também já olhavam para nós, sem muita certeza se éramos ou não aqueles brasileiros. Aproximamos-nos, nos abraçamos e vivemos mais um momento engraçado, pois mais de um ano havia se passado da última vez que os tínhamos visto.

No Malawi, na costa Leste da África, entramos em um camping para um pernoite, em frente ao Lago Malawi. Fomos ao lago tomar um banho e nas idas e vindas do lago, cruzávamos sempre com quatro motos, três BMWs e uma KTM. Então falei para a Michelle: "Será que um dos motoqueiros não é o Ryan? O último e-mail que recebemos dele faz meio ano e ele nos havia dito que voltaria da Austrália para fazer uma viagem por alguns países do Sul da África." Mas no acampamento não havia ninguém. Passamos novamente por lá e nada. Quando chegamos ao nosso carro, que ficava próximo à churrasqueira, avistamos uns caras assando carne. Olhamos com atenção e era, de fato, o Ryan.

A surpresa para ele foi maior ainda. Quando viu o Lobo, mostrou-o a seus amigos dizendo ter sido aquele o carro que o tinha tirado de uma enrascada em Cape York, extremo Norte da Austrália, quando ele tinha entrado com sua moto dentro do rio e danificado o motor, um ano e meio antes. Ficamos juntos por quase uma semana.

O que acontecia bastante, também, era de nos encontrarmos com outros overlanders que já tinham escutado algo sobre nós ou vice--versa. Numa praia deserta em Moçambique, um casal veio até nós nos chamando pelo nome. Era a Jennifer e o Kinh, dois ingleses de olhos puxados que estavam viajando pela Europa, Ásia e África e que haviam conhecido em sua viagem, vários amigos que nós também conhecemos, só que em momentos e países diferentes. Muito legal.

UMA EXPERIÊNCIA DE YOGA

A vida continua e ela nos fez seguir rumo a Rishikesh, cidade próxima às montanhas de onde corre o Rio Ganges, que por ali ainda é limpo e próprio para banho, só que é frio de doer. A cidade, além de bonita, é conhecida como a capital mundial do yoga. Tudo ali respira um clima zen com seus sadhus (pessoas místicas do hinduísmo) e peregrinos que celebram diariamente o ganga aarti (ritual de adoração ao Ganges) com cantorias, sinos e oferendas. Tudo às margens do rio sagrado.

Na capital do yoga era bem provável que quase a totalidade da população fosse vegetariana. E nós com um baita bife de primeira qualidade na geladeira, só esperando para ir à panela. Não podíamos desperdiçar esse presente do Gustavo e da Mônica. Fazer aquele prato, proveniente de carne de vaca – animal sagrado em toda Índia – parecia um sacrilégio. Almoçamos e acabamos cometendo mais um pecado: demos um pedaço para um cachorro que nos cercava curioso. Tenho certeza de que ele nunca havia provado o sabor de um suculento osso bovino e, pelas suas manifestações, parece que gostou.

Mesmo com todo calor e com um peso na consciência depois daquele almoço, resolvemos dar-nos a chance de entrar no clima local e nos matriculamos em um curso de yoga. Sabíamos que quatro dias seria pouco tempo, mas a intenção era despertar nosso interesse pela prática.

Yoga é uma prática que direciona o ser humano para uma vida mais correta. Ela trabalha os nossos aspectos físicos vitais, mentais, emocionais, psíquicos e espirituais. A palavra deriva do sânscrito yuj – aderir, e em termos espirituais descreve a união da consciência individual com a consciência universal. Por meio da sua prática, o corpo e suas diferentes funções trabalham em harmonia e em perfeita coordenação. De acordo com cientistas e médicos, a terapia do yoga traz ótimos resultados por causa do equilíbrio criado no sistema nervoso e endócrino, o que diretamente influencia todos os outros sistemas e órgãos do corpo.

Onde vive o Dalai Lama

Ainda nas montanhas indianas, passamos por Shimla e McLeod Ganj – cidade famosa por ser a sede principal do governo tibetano em exílio e residência de Sua Santidade, o 14º Dalai Lama, líder político e religioso do Tibet.

O atual Dalai Lama, com nome original Tenzin Gyatso é, além do Papa, a única pessoa a quem se atribui o título de Sua Santidade. Nascido em 1935, foi exilado na Índia em 1959, dez anos após a China comunista ter invadido e tomado posse do Tibet, transformando-o em apenas um estado da República Popular da China. No idioma mongol, Dalai significa Oceano e Lama, em tibetano, Guru. Daí a tradução para Oceano de Sabedoria. Ele recebeu o Prêmio Nobel da Paz em 1989 por sua campanha pacifista pela autonomia do Tibet.

McLeod Ganj, em nossa visita, estava praticamente de luto. Cartazes e faixas com fotos marcantes das matanças ocorridas no Tibet protestavam contra a severidade do governo chinês. Presenciamos centenas de monges tibetanos orando em seu templo, muito provavelmente em prol da paz em seu país. Visitando uma cidade como esta, sentindo a paz que ali existe, fica difícil entender tamanha brutalidade dos chineses contra um povo tão pacifista.

Nossa viagem pela Índia estava chegando ao fim. De McLeod Ganj foram apenas 250 quilômetros até Amritsar, na fronteira com o Paquistão. Parece que, na história da nossa viagem, esse país realmente queria se tornar inesquecível para nós. E conseguiu.

Chegando nas proximidades da fronteira, fomos procurar um lugar para passar a noite, pois já tínhamos uma coordenada de GPS que amigos haviam nos passado. Encontramos o local com facilidade, mas desistimos devido ao preço estar fora do nosso orçamento. Então o jeito foi rodar pela cidade à procura de outro espaço. Rodamos, rodamos, rodamos e nada. Perguntamos a uns policiais se poderíamos estacionar nosso carro em frente ao seu posto, mas recusaram e nos indicaram o estacionamento do Templo de Ouro, a maior atração da cidade, como sendo o melhor local para passarmos a noite. Agora, quando iríamos imaginar que aquela dica nos daria a oportunidade de uma experiência tão inesquecível?

"Bom, vamos lá", pensamos e dirigimos pelo centro em busca do templo. Por sorte ou azar, era domingo e noite de lua nova, um dia importante na religião Sikh, em que peregrinos de toda região chegam em caravanas para visitar o templo. Devido ao grande tumulto, só depois de algumas horas conseguimos entrar naquele estacionamento sugerido pelos policiais e fomos atacados, no bom sentido, por mais de vinte curiosos querendo ver nosso carro. Jantamos em um restaurante da cidade para saborear uma deliciosa comida indiana e seguimos para dentro do templo, ainda à noite, para ver o espetáculo do ouro refletido pelos holofotes. Que coisa maravilhosa! Acreditamos ter sido o templo mais bonito de toda a viagem. Lindo, esplêndido, inexplicável. Sua arquitetura já é um deslumbre, mas o que tornava o templo ainda mais bonito naquela noite eram as milhares de pessoas com seus turbantes e sáris das mais variadas cores circulando-o e banhando-se em suas águas sagradas.

Para nós, que adoramos tirar fotos de pessoas, foi um prato cheio, porém não foi tão fácil assim. Não conseguimos ficar quietos e sozinhos por um segundo sequer. Não teve jeito, só estando lá para crer. Já quando entramos, um jovem, talvez de uns 20 anos, passou a nos seguir e ficou em nossa cola aquela noite inteirinha. Quando andávamos, ele vinha atrás. Quando sentávamos, ele sentava conosco, sem vergonha alguma e ficava nos olhando como se fossemos seres de outro planeta.

As crianças vinham a nós e nos tocavam o tempo todo. Mas não era algo espontâneo: vinham a pedido de seus pais, encostavam-se a nós e saíam correndo.

Quando caminhava no meio da multidão, percebi um movimento estranho de três homens, todos mais novos do que eu. Olhavam para mim, conversavam e riam. Continuei caminhando, mas jamais entenderia que o assunto que rolava era uma espécie de aposta, em que um deles iria se colocar à minha frente só para me barrar e me fazer desviar. Queriam mostrar superioridade, deduzi, e apesar disso ser uma bobagem, essas pequenas coisas iam nos irritando devagarzinho.

Então um deles se posicionou na minha frente fingindo nem me ver, enquanto seus amigos riam. Fez aquilo só para me fazer parar e desviar. Não querendo confusão, desviei, mas nesse ato, o cidadão deu um passo para traz para me barrar novamente. Poxa vida, também não tenho sangue de barata, então num "pedala Robinho" o fiz saltitar meio de lado, desequilibrado, por uns quatro metros entre a multidão. Sem jeito, aproveitaram e desapareceram entre as pessoas.

Meu sonho naquele momento era de estar lá sem ser percebido. Queria ser igual a eles. Poder curtir em paz aquele lugar e ficar horas assistindo àquele espetáculo, mas não tinha jeito. Chegou o ponto em que tivemos que sair e ir para o carro dormir, o que foi outra missão impossível devido ao barulho, criançada escalando em nosso carro para nos espiar e caminhões e mais caminhões carregados de peregrinos chegando de todas as partes.

O fim da picada deu-se quando, na volta para o carro, aproveitei para ir ao banheiro. As portas eram similares a muitas no Brasil, que têm uma abertura por cima e outra por baixo e – acredite se quiser – quando fazia o serviço olhei para cima e vi, dentro de um enorme turbante vermelho, a cabeça de um senhor barbado me espiando. Acho que ele queria ver se as coisas dos ocidentais funcionam parecidas aos orientais, sei lá, só podia ser.

No outro dia bem cedo, voltamos ao templo para ver seu esplendor à luz do dia. Depois da visita e de mais um dia sem sossego, voltamos ao carro para trocar um pneu que amanhecera vazio.

É, Amritsar foi dureza, mas acho que a visita à Índia não teria se completado se não tivesse acontecido tudo aquilo. Lá pelo meio-dia, mais felizes do que nunca, rumamos à fronteira entre a Índia e o Paquistão. Queríamos deixar o país a todo custo. É engraçado, pois hoje, escrevendo esse livro, a Índia é um dos países que mais me instiga a voltar.

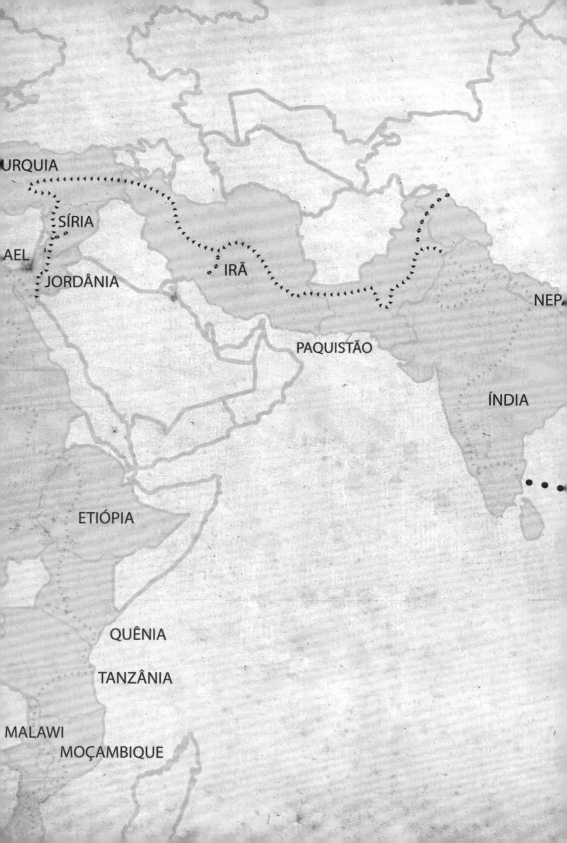

7.

Oriente Médio

Exaurida após a Segunda Guerra Mundial, a Inglaterra percebeu que não teria mais condições de manter todo o império unido. Em 1947 teve que abrir mão da "Joia da Coroa", a Índia, e aceitar sua independência. A intenção inglesa era deixar para trás um único país, mas os constantes confrontos entre as comunidades muçulmanas, sikhs e hindus somados ao trabalho de persuasão do líder islã Mohammed Ali Jinnah, que lutava por movimento separatista, fez a Inglaterra desenhar uma linha no mapa demarcando dois territórios, criando a Índia e o Paquistão.

A demarcação teve sentido apenas no papel. Na realidade, tornou-se um grande pesadelo para ambos os lados, iniciando um dos maiores movimentos humanos do planeta na época. A pé ou de trem, seis milhões de muçulmanos mudaram-se da Índia para o novo território paquistanês e, ao mesmo tempo, em sentido contrário, igual número de hindus e sikhs abandonaram o Paquistão em direção à Índia. Muitas vidas foram perdidas nos encontros dessas populações. Além disso, o Paquistão teve que se formar em dois territórios separados a distância de 1.500 quilômetros, o que veio a gerar, mais tarde, mais confrontos. Só em 1971 o chamado Paquistão do Leste conseguiu sua independência e passou a se chamar Bangladesh.

Mesmo após tantos anos, os conflitos entre os dois lados não acabaram. O ressentimento mútuo ainda é muito forte. Na Caxemira, região Norte, ainda travam-se batalhas. Disputas que acontecem a

6.000 metros de altitude, onde as temperaturas baixas, ventos fortes e o ar rarefeito mataram mais soldados do que as próprias armas. Apesar do atual cessar-fogo, a guerra está longe de terminar.

Mas a rivalidade entre a Índia e o Paquistão criou uma situação interessante: na sua fronteira, ambos os serviços de aduana e imigração querem mostrar aos estrangeiros que um país é melhor do que outro. Em toda a nossa viagem, jamais havíamos nos deparado com oficiais tão gentis e eficientes. Ao fazer a tramitação de saída da Índia, não houve questionamento nem tentativa de suborno, os passaportes e documentos do carro foram rapidamente carimbados e, ao final, ainda fomos convidados para um delicioso chai. Estava claro que os indianos queriam deixar uma boa impressão.

Quando entramos no Paquistão, a mesma coisa: tudo parecia tão estranho, tão perfeito. Engraçado como subestimamos as pessoas, às vezes. Passamos por um belo pórtico onde oficiais de quase dois metros de altura, fardados na minúcia, tinindo, checaram nossos papéis e, educadamente, nos deixaram entrar no prédio aduaneiro para registrar nossa chegada. Mais parecia um aeroporto, de tão grande e imponente. Novamente, fomos muito bem recebidos e fizemos toda a papelada com facilidade. Precisávamos de uma fotocópia do nosso Carnet de Passages en Douane e rapidamente os próprios oficiais se mobilizaram e providenciaram que esta fosse feita na cidade, sem custo algum.

Enquanto aguardávamos, um cidadão nos perguntou: "Vocês vão assistir à cerimônia do arriar das bandeiras? Começa às 16 horas". Nem sabíamos do que se tratava direito, mas decidimos que "sim", pois parecia imperdível. Estacionamos o carro à sombra de uma frondosa árvore, pois o sol ainda estava a pino, almoçamos e aguardamos o início do evento. A cerimônia de arriar as bandeiras do posto fronteiriço de Wagah é realizada desde que os paquistaneses e indianos deixaram de ser conterrâneos, em 1947, quando a Índia se dividiu em dois países.

Tanto de um lado quanto do outro daquele imponente portão que demarca a fronteira existem arquibancadas que se enchem de apreciadores – a encenação é um verdadeiro espetáculo. Para o olhar estrangeiro parece estranho ver "animadores de torcida" rodopiando suas bandeiras e instigando a vaia contra o outro lado. O entusiasmo é parecido com um jogo do Fla-Flu. É uma forma de mostrarem seus patriotismos exacerbados.

Começa o desafio: os maiores e mais bem treinados soldados de cada país marcham em passo de ganso, encostando as canelas na testa em perfeita coordenação. Cada lado procura se mostrar melhor do que o outro. É preciso mostrar superioridade. Tocam-se cornetas, ecoam-se gritos de guerra e após meia hora de desfiles e encenação é realizado um forçado aperto de mãos entre oficiais de cada lado. Fecham-se os portões. Ecoam-se novamente as cornetas, dessa vez para dar o toque de arriar bandeiras, que descem lenta e solenemente em ambos os lados de forma simultânea. Dobradas seguindo a linha da costura, são levadas aos seus abrigos e tudo se acalma até o próximo dia, exatamente às 16 horas.

Hospitalidade islâmica

De acordo com os ensinamentos islâmicos, escritos no livro sagrado, o Alcorão, receber visitas é considerado uma expressão da benção de Deus e, até mesmo o muçulmano mais pobre, sairá de seu rumo para ajudar o próximo, nunca esperando algo em troca.

Esse princípio da acolhida e da ajuda aos visitantes, na verdade, não conseguimos observar em todos os países muçulmanos pelos quais passamos. Mas o Paquistão foi um dos que mais nos acolheu. Ao contrário da imagem negativa que tínhamos de início, o país possui um povo muito amigável e hospitaleiro. Receber um aperto de mão acompanhado de boas-vindas era o que acontecia a todo o momento.

Por outro lado, todos sabemos que o que vemos na TV não deixa de ser verdade: atentados, homens-bombas e a Al-Qaeda. Mas mesmo que este grupo terrorista seja tão poderoso, compreende uma pequena parte da população e se encontra mais nas proximidades da fronteira com o Afeganistão.

Lembro-me de um policial que nos parou logo nos primeiros quilômetros ao percorrermos o Paquistão. Curioso, começou a fazer perguntas: Quem éramos? O que estávamos fazendo? De que país? Quando falamos que éramos do Brasil, imediatamente soou o nome Ronaldo. Seus olhos até brilharam. Falou de Pelé, Kaká e Ronaldinho, mas na época ninguém batia a popularidade do Ronaldo. Sabiam até que ele estava gordo. A conversa saiu do futebol e ele passou a nos contar da sua vida pessoal: sua terra natal ficava quase na fronteira do Afeganistão o que, para ele, era um problema. Como trabalhava para o governo, que às vezes faz-se aliado dos Estados Unidos, passou a ser inimigo da Al-Qaeda. Por isso não pisava mais naquelas bandas já fazia muito tempo.

Um país jovem

Por ser o Paquistão um país muito novo, a sua capital Islamabad também é uma cidade nova. Foi planejada e, por isso, muito diferentemente do restante das outras cidades do país, suas ruas são largas, os quarteirões simétricos e organizados, existem belas construções e lá está a maior mesquita do mundo. A vida pulsa naquela cidade e foi lá que, após muito tempo, passamos a ver carne de boi sendo vendida novamente. Em contrapartida tivemos que começar um jejum de carne de porco, pois esse animal é considerado impuro pela religião islâmica. O que predomina nessas regiões quentes e desérticas é a carne de cabra, um animal extremamente rústico que consegue encontrar comida e água em lugares onde outros animais não sobreviveriam.

Ao lado de Islamabad, em Rawalpindi, pudemos apreciar uma linda arte típica do país: a decoração de caminhões. Ali são feitos penduricalhos, pinturas, esculturas e tudo o que caminhoneiros utilizam para deixar seus veículos o mais ornamentado possível – caleidoscópios de cores e enfeites que animaram a nossa viagem por ruas e rodovias. Existe até certa competição entre eles, pois ninguém quer ficar para trás. Além dos caminhões, os enfeites também chegam aos ônibus, tuk-tuks e tratores.

Karakoram Highway

Passamos algumas semanas tentando emitir o visto para o Irã, o próximo país da nossa lista. Na primeira tentativa, ainda em Nova Deli, na Índia, não o conseguimos. Fomos informados pelos atendentes indianos que todos os formulários haviam sido enviados a Teerã, capital do Irã, mas não haviam retornado com a devida aprovação até aquele momento. Tivemos, então, a ideia de solicitar aos responsáveis daquela embaixada que passassem a informação para a capital iraniana, instruindo-os a enviar a resposta de suas análises para a capital do Paquistão, Islamabad, pois era para lá que nos dirigíamos. E quando chegamos nessa embaixada em Islamabad, um senhor muito simpático nos informou que já sabia do nosso caso. Mas mesmo já tendo passado 20 dias desde que preenchemos os primeiros formulários em Nova Deli, a resposta ainda não havia chegado. O jeito era ter mais um pouco de paciência e esperar.

Uma espera que nem foi tão difícil de suportar. Estávamos próximos de uma das rodovias mais belas do mundo, a Karakoram Highway, que percorre um pouco mais de 800 quilômetros subindo o Himalaia e após cruzar uma fronteira internacional, a 4.693 metros de altitude, no Khunjerab Pass, entra por mais 500 quilômetros em território chinês.

A obra desta rodovia, que teve como propósito ligar os dois países – Paquistão e China – foi realizada por ambos os governos entre os anos 1959 e 1986. Devido à altitude e às difíceis condições de terreno, dizem que se contabiliza a perda da vida de um trabalhador a cada quilômetro e meio de sua extensão.

A beleza local prevalece e esta se deve aos picos gelados do Himalaia. Os paquistaneses dizem que seu país possui 108 picos acima de 7.000 metros, cobertos por neve e geleiras. Cinco das montanhas ultrapassam os 8.000 metros e uma delas é o K2 (Karakoram 2), o segundo ponto culminante da terra, chegando a 8.611 metros acima do nível do mar. Karakoram quer dizer pedra preta.

No lado paquistanês, que foi o único que percorremos, a estrada sobe lentamente em quase toda a sua extensão. Às vezes até nos imaginávamos pedalando aquele caminho. Dirigíamos sempre por grandes vales, costeando o rio Indo e vez ou outra cruzávamos com cidades ou vilas repletas de verde, que davam um contraste espetacular com a terra desértica dessas montanhas. Quanto mais subíamos, menores eram as vilas.

Houve um dia em que resolvemos deixar nosso carro estacionado em um mirante apenas enquanto fazíamos o almoço. Só que, depois que comemos, não quisemos mais sair dali por nada, de tão belo que era o lugar. Passamos horas admirando tudo com nossos binóculos, detalhe por detalhe, observando como é a vida por lá. Até que, à noite, tivemos uma visita: a polícia chegou e não nos deixou pernoitar, alegando que poderia ser perigoso.

Como já disse, o povo paquistanês é muito cordial, inclusive seus policiais. Um deles ostentava uma barba enorme, muito bem cuidada, pelo aspecto mais penteada que seu próprio cabelo. Aquela barba dava-lhe um ar de muita pompa. Mas ele não era o único. Outros oficiais, notoriamente, também esbanjavam vaidade.

Convidaram-nos a pernoitar no posto policial que ficava ali perto. E como é de praxe com toda hospitalidade, quando já estávamos acomodados dentro de um pátio cercado, trouxeram-nos um prato de comida e um delicioso chai.

Essa região Norte do país possui algumas comunidades que lutam por suas independências. Por elas ditarem suas próprias regras, o governo não tem muita interferência, mas a polícia está muito presente. Sempre nos paravam e solicitavam que escrevêssemos num caderno de controle nossos nomes, passaportes e placa do carro. E logo vinha o chai, sempre. Como os paraguaios que tomam o seu tererê o dia inteiro, os paquistaneses tomam chai.

Um dia, após aquela rotina de escrever no caderno e tomar um chai com os policiais, fomos solicitados por eles que ajudássemos a socorrer um acidente a poucos quilômetros adiante, pois reconheceram que tínhamos um guincho na frente do carro e ele seria útil. Depois fiquei pensando: "Se não estivéssemos ali, quanto tempo teria levado para a chegada de um caminhão guincho nessas áreas isoladas?".

Chegamos ao local e vimos uma Toyota Land Cruiser com três homens, que praticamente nasceram de novo. Eles vinham de Gilgit e dirigiam com muita pressa para Islamabad, pois precisavam participar de uma reunião importante. Numa curva, por causa de areia na pista, derraparam e desceram uma grota em marcha ré indo parar a uns seis metros abaixo da estrada. Estavam seguros apenas por um pequeno muro de contenção que os impediu a continuar descendo aquela grota até chegar ao rio, com uma grande chance de capotar. Tiveram muita sorte: não se machucaram e o carro não sofreu um arranhão sequer.

Estacionei o Lobo bem no meio da estrada interditando o tráfego. Calcei o carro, soltei o cabo de aço até alcançar a Toyota e voltei à cabine para acionar o guincho, enquanto a Michelle fotografava tudo. Gente, gente e mais gente – não faço ideia de onde apareceram todos aqueles homens curiosos vestidos com roupas tradicionais. Olhavam atentamente cada movimento meu.

Quando o guincho começou a funcionar e o carro veio subindo lentamente, todos sorriram boquiabertos espantados com a força que aquela pequena máquina presa ao para-choque do Lobo podia fazer. Estavam felizes e aliviados – especialmente o proprietário do carro. Após o carro içado, puderam seguir viagem para chegar a tempo à reunião. Perderam apenas meia hora na estrada. Nós também ficamos contentes por poder ajudar quem tão bem nos acolheu.

Dentre as pessoas que nos rodearam no socorro ao acidente, algumas chamaram nossa atenção: entre um povo de cabelos e olhos negros, vimos loiros e ruivos e de olhos claros. Aliás, não foi só ali, pois já havíamos visto olhos verdes em algumas crianças pelo caminho.

Apesar de não termos visitado as montanhas Hindu Kush, ao Norte do Paquistão, soubemos que ali existe uma tribo de aproximadamente três mil indivíduos com traços europeus. Pertencem a um grupo étnico isolado geograficamente do resto do país por vales selvagens e neve no inverno. São também estranhos à sua própria pátria, pois além de seus traços fisionômicos, falam idioma próprio e são politeístas – uma opção grave num país predominantemente muçulmano.

Testes genéticos não apoiam a tese dos kalash, mas eles dizem ser descendentes de um general do exército de Alexandre, o Grande, que margeou o rio Indo em 326 a.C. Por isso seus traços europeus.

Não sabemos o que os olhos claros e cabelos loiros ou ruivos que vimos possuem em comum com o fato de o mundo certa vez ter perguntado: "Quem é aquela menina de olhos belos e penetrantes da capa da revista National Geographic? (foto tirada por Steve McCurry para uma edição de 1985). Ela se chama Sharbat Gula, tem olhos verdes e é afegã, vizinha dessa nação.

Na Karakoram, a cada quilômetro que passa, o cenário fica mais espetacular, com montanhas cada vez mais altas e nevadas. Lindas, também, são as cidades de Ghulmet e Karimabad, rodeadas por picos de mais de 7.000 metros de altitude. O vilarejo de Passu, com seus glaciares e montanhas pontiagudas que formam catedrais, é um espetáculo à parte. A vontade que dá é de ficar por ali mesmo.

Os últimos quilômetros que fizemos foram dentro do Parque

Nacional Khunjerab, num relevo montanhoso, habitat de um grande carneiro chamado Marco Polo. Com seus chifres encaracolados, é um animal raríssimo – existem apenas cerca de cem deles nesta reserva. Ali também habitam as cabras monteses chamadas ibex, além de marmotas, lobos e os famosos leopardos-das-neves.

Acampamos a 4.050 metros de altitude, numa noite congelante e, no outro dia, demos de frente com o portão que dá acesso à China, a 4.693 metros. Este país não fazia parte dos planos nesta viagem, mas confessamos que a vontade de continuar pela rodovia e desbravar o território chinês foi enorme. Rodeados por iaques, os bois da montanha, fomos caminhando para pelo menos colocar um pé neste país comunista – por debaixo do portão, é claro!

Na volta pela Karakoram Highway, pensamos que teríamos um caminho monótono, apreciando as mesmas paisagens e vilas. O cenário, porém, foi totalmente diferente em sentido contrário. Foi incrível: tudo mudou. Passamos a ver as montanhas de outros ângulos, outras avistamos pela primeira vez e – o melhor – o tempo mudou de 8 para 80, fazendo com que o céu azul tornasse tudo muito mais bonito e mais claro que na ida. A cada curva, dávamos um suspiro, pois a paisagem é mesmo de tirar o fôlego.

No dia 4 de janeiro de 2010, a 15 quilômetros rio acima de Karimabad, ocorreu um maciço deslizamento de terra que fechou a rodovia e o rio Indo e criou um enorme lago com 22 quilômetros de comprimento e 100 metros de profundidade. Isso deixou a Karakoram Highway completamente interditada. Além dos danos causados aos moradores locais, a estimativa era de que, para liberar a rodovia novamente, seriam necessários dois anos de trabalho.

As maiores temperaturas da viagem

Já haviam se passado 30 dias e nada de vir a resposta sobre nossos vistos para o Irã. Mesmo assim, tivemos uma boa notícia daquele senhor simpático que trabalhava na embaixada: ele assumiria a responsabilidade e nos daria o visto, mesmo sem a resposta de seus superiores de Teerã. Que sorte a nossa! Agora podíamos seguir viagem passando pelas terras quentes e desérticas do sul do Paquistão.

Foram quatro dias muito longos de deslocamento e o calor nos pegou de verdade – passou dos 50 graus, dependendo da localidade.

O grande problema é que nesses desertos não se vê uma árvore sequer, para que se possa parar numa sombra. Nosso carro ficava 100% do tempo exposto àquele sol escaldante.

Ao entrarmos no veículo não conseguíamos encostar as mãos nos armários, de tão quentes que ficavam, pois eram feitos de chapas de fórmica, um material duro que retém o calor e esquenta com facilidade.

Mesmo com o carro em movimento, às vezes tínhamos que fechar as janelas, pois o vento quente entrava queimando. Um detalhe: o ar-condicionado era um conforto que decidimos não usar, pois com ele o consumo de diesel aumentava significativamente.

Mas a vida nos ensina alguns macetes. Sabe qual a estratégia que usávamos – especialmente eu, mais encalorado – para resfriar o corpo à noite, para conseguir dormir? Em desertos inóspitos, onde não havia uma alma viva por perto, tomávamos banho com nosso chuveirinho do lado de fora do carro. Eu não me enxugava e ficava caminhando nu, deixando a brisa soprar no corpo molhado, abaixando a temperatura. Mas isso acontecia somente quando tínhamos esses dois elementos: água e vento.

Quando estávamos na cama, mantínhamos um frasco tipo spray com água num cantinho da geladeira. À noite, espirrávamos a água gelada pelo corpo e ligávamos um pequeno ventilador instalado sobre a cama, daqueles bem barulhentos, mas que nos resfriava. Repetíamos esse processo algumas vezes.

No terceiro dia de deslocamento, chegamos a Quetta, uma cidade próxima ao Afeganistão. Acampamos no estacionamento de um hotel, indicado por amigos, pois essa região não é das mais pacíficas e respeitamos esse conselho.

À noite, quando conversávamos em uma roda de pessoas, lá pelas 22 horas, veio um barulho ensurdecedor de quatro aviões caças sobrevoando nossas cabeças e fazendo tudo tremer. "Caramba gente!", comentamos. "O que foi isso? O que esses aviões estão fazendo a essa hora da noite?" Um cidadão disse: "Os aviões são americanos e decolaram de uma base militar dos EUA situada ao Sul do Paquistão. O voo vai em direção ao Afeganistão, então vocês já devem imaginar o que estão indo fazer, certo?" Ficamos pasmos.

De Quetta até a fronteira do Irã, no deserto do Baluchistão, por estarmos tão próximos ao Afeganistão (menos que 30 quilômetros), dirigimos quase sem fazer paradas. A área é considerada de risco. Tanto que, muitas vezes, é oferecida escolta policial para os carros estrangeiros.

SORTE OU PREPARO?

Numa viagem como essa, sabemos que sempre estamos sujeitos a algum perigo. E uma pergunta que nos foi feita muitas vezes, quando voltamos para casa: "É perigoso viajar pelo mundo, principalmente em lugares de conflito, como Oriente Médio, alguns lugares do sub-continente indiano e África?".

Minha percepção é a seguinte: nunca concordei muito com a teoria de que até a calçada é perigosa, pois podemos tropeçar, cair de cabeça e se machucar gravemente. Eu sou paraquedista e tenho consciência de que quando salto de um avião o risco é superior ao que se estivesse fazendo alguma atividade no solo.

Em nossa viagem, ficamos limitados ao acesso a melhores recursos de resgate ou socorro, então os riscos também foram maiores. Ficávamos muito mais expostos a qualquer tipo de intempérie. Se alguém quisesse nos fazer mal, nos assaltar e levar tudo o que tínhamos, seria como tirar doce da boca de criança, pois para nossa defesa tínhamos somente um taco de baseball, mais nada.

Mas nos 1.033 dias de viagem, sendo que a maioria dos 60 países percorridos era de terceiro mundo, quase nada nos aconteceu. Acredito que tivemos muita sorte.

As eventualidades foram pequenos furtos, como um adesivo do kiwi que tínhamos como lembrança da Nova Zelândia e que arrancaram de nosso carro no Camboja. Outros adesivos também nos foram roubados na Mauritânia, na África.

Na cidade africana de Mombasa, no Quênia, quando cruzávamos o centro da cidade em uma velocidade baixa, devido à lentidão do trânsito, um cidadão, sem chamar a nossa atenção, passou a nos acompanhar caminhando ao lado do carro. Estava procurando algo e viu que possuíamos um estojo no console.

E era muito difícil, quando cruzávamos grandes centros, que a janela da Michelle ficasse aberta. Ela sempre é muito cuidadosa, ao passo que eu sou mais desleixado. Mas neste dia ela não a fechou e como num passe de mágica, mais rápido que um gato, o cidadão se jogou dentro do carro por aquela janela, se apossou do estojo, saiu sem que pudéssemos ver sua cor e sumiu entre a multidão. Esse cara era treinado.

Nós, ainda meio assustados com aquele lance, descobrimos que o que sumiu foi apenas um penal contendo algumas canetas e lápis. Para azar do ladrão, tudo estava melecado e sujo pelo derretimento de uns elásticos de dinheiro que ficaram ali dentro. Mas já imaginou se fosse a pasta com os nossos passaportes ou a carteira com dinheiro?

Para pequenos assaltos nós estávamos preparados. Nesse console, entre os bancos, deixávamos sempre uma carteira falsa, velha, contendo um pouco de dinheiro, documentos inválidos e vários cartões cancelados. Na eventualidade de um ladrão armado nos pedir a carteira, daríamos aquela. Nunca tivemos que usá-la, mas se precisássemos, estávamos crentes que funcionaria.

Na África do Sul, em Nelspruit, quando eu fazia uma cotação numa mecânica de automóveis, uns homens tentaram furtar a Michelle, que esperava no carro. Foi assim: um africano chegou a ela e disse para descer do carro, pois havia um vazamento perto da roda traseira. Ainda bem que foi com ela, pois se fosse comigo, seria capaz de ter ido olhar o vazamento... Nisso, outro africano que só esperava por este momento no outro lado do carro, com a porta destrancada, entraria e se apossaria do que quisesse. A Michelle se ligou na hora e travou todas as portas para se proteger, pois, pelo espelho, viu o outro ladrão no outro lado do carro. Não conseguiram nada.

Na Colômbia, reta final de nossa viagem, um dia eu caí igual a um patinho. Precisávamos trocar dinheiro, mas as casas de câmbio não pagavam muito bem por nossos dólares. De repente, ali na rua mesmo, chega um senhor meio manco, juntamente com um amigo, e me oferece uma cotação imperdível: quase 20% acima do que as casas de câmbio ofereciam. Cresceu meus olhos. Pensei: "Puxa, a Colômbia é vizinha da Venezuela e lá o câmbio negro paga quase o dobro da cotação oficial. Porque a Colômbia não faria o mesmo?".

Topei e ele falou: "Então me siga, pois por ser câmbio negro, não podemos fazer a transação assim, publicamente. Vamos a um lugar mais discreto." E veja a estratégia deles. Eu queria trocar 100 dólares e o acerto foi que, para isso, eles me pagariam 240 mil pesos colombianos. Negócio fechado. Então, antes de eu pegar os 100 dólares do bolso, o baixinho me passou quatro notas de 50 mil pesos. Depois de conta-las, falei que faltavam 40 mil pesos.

"OK!", disse ele, passando-me mais um calhamaço de 40 notas de mil, o que completaria nosso acordo. Quando ele me entregou as 40 notas, pegou de volta as quatro de 50 mil.

Conferi os 40 mil que estavam corretos. Ele pegou as notas de volta e, logo em seguida, efetuamos a troca: os 100 dólares pelos 240 mil pesos. Feito isso, caímos fora.

Mas o patinho aqui não se deu conta de que o perneta safado, ao invés de me dar o valor todo, me passou somente as 40 notas de mil, que já faziam um enorme maço de dinheiro. Ficou com as quatro notas de 50 mil. Resultado: troquei 100 dólares por 20 dólares. Que raiva!

O pior de tudo foi que a história não terminou por ali. Achei o bandido dois dias depois, no centro de Cartagena, tentando aplicar o golpe em outros turistas e não me contive. Fui correndo atrás dele. Quando percebeu, saiu correndo e mancando, junto com o seu amigo e parou um táxi. Os dois entraram pela porta traseira do carro e eu entrei na da frente. Precisava ver a baixaria, bem no centro da cidade, com um monte de gente assistindo.

Eu gritava: "Ladrão, ladrão", para todo mundo ouvir. Nisso, seu amigo pegou uma caneta e ameaçou me furar. Então, contente por ter desabafado minha raiva, saí do carro ainda fazendo escândalo e voltei até onde a Michelle estava.

Sei que agi errado. Fui inexperiente procurando vingança, o que poderia ter resultado num problema muito maior do que os 80 dólares que havia perdido. Eu estava na terra deles, o que me deixava numa situação extremamente desfavorável.

Acredito que tivemos uma mescla entre sorte e preparo. É claro que houve contratempos – e muitos –, mas nos 1.033 dias, momentos de perigo mesmo, foram poucos. A Michelle foi a parceira perfeita. Sua percepção e intuição foram fatores determinantes para identificar as situações de maior tensão. Se for para responder a pergunta que todos fazem ("e os perigos?"), digo: "O mundo é um pouco perigoso sim, assim como o Brasil, e o pior é que muitas vezes não enxergamos as ameaças. Mas nada que nos obrigue a ficar em casa. O bom humor e a paciência são as melhores armas de defesa." Como disse o cantor Belchior, em sua canção Como Nossos Pais, "há perigo na esquina". Mas a gente passou batido.

UMA MULHER NO MUNDO
por Michelle Francine Weiss

What's that? Friend or wife? (O que é isso? Amiga ou esposa?) Essa pergunta era feita com frequência ao Roy no Paquistão. Mesmo comigo presente, a conversa era sempre voltada a ele e eu permanecia ao lado como uma pessoa invisível. Eu era o assunto, mas não participava dele. Se precisássemos receber algum troco ou alguma informação, ninguém falaria comigo, somente com o Roy.

Em minha opinião, dar a volta ao mundo é uma tarefa difícil, e sendo uma mulher, ainda mais. Situações como as citadas são comumente vivenciadas por mulheres viajando, tanto que a maioria dos guias de viagem possui um capítulo específico para mulheres, onde são dadas dicas de como vestir-se, como portar-se, cuidados com segurança, principais assédios que ocorrem, como se esquivar deles, etc. Na maioria dos lugares, aconselha-se a mulher estar acompanhada. Não que sozinha seja impossível viajar, mas com certeza é bem mais complicado.

O Paquistão foi um dos países em que senti na pele algumas das situações enfrentadas pelas mulheres. O país possui uma grande diversidade de pessoas e o que mais nos chocou foi a predominância masculina: algumas vilas são dominadas por homens e nenhuma, mas nenhuma mulher mesmo, é vista. Eu era a única circulando em público. Muitas vezes eu me sentia incomodada com essa situação, pois mesmo coberta da cabeça aos pés, chamava a atenção de olhares maldosos. Nas conversas e na socialização do dia a dia era ignorada e discriminada, mas circulando pelas cidades, nos restaurantes e mercados, diversos olhos voltavam-se para mim. Acho que só o jeito de portar-me e de andar já me incriminava como estrangeira. Pele clara e cabelos loiros aguçam ainda mais o interesse.

O jeito era aprender a conviver com essas situações, mas às ve-

zes o sangue subia para a cabeça e era difícil me segurar. Eu tentava, mas não conseguia ignorar esses olhares e os deixava me afetar. Ficava brava, impaciente, xingava. Quantas vezes acabamos discutindo por causa das inconveniências dos outros... O Roy dizia para eu não dar bola, para ignorar a situação. Mas era difícil, muito difícil.

Na Índia, deixamos de visitar a cidade de Jaipur, pois o assédio foi tanto que não consegui passar nem um dia lá. No mercado central, homens chegavam a se deslocar centenas de metros só para vir até o meu lado e me olhar de cima a baixo. No começo caímos na deles e nos divertíamos com a situação, fazendo o mesmo. Olhávamos os indianos de cima a baixo, com aquele olhar de análise e eles ficavam totalmente incomodados. No entanto, com o passar do tempo, o negócio acabou irritando. Adquiri um ódio mortal de um lugar que mal conheci, pois o lado ruim da experiência prevaleceu. Talvez a cidade de Jaipur seja fantástica e eu perdi a chance de conhecê-la pela inconveniência dos seus habitantes.

Nem para ir ao banheiro (leia-se matinho) eu não tinha sossego na Índia, pois era eu sair do carro e lá estavam os indianos se aglomerando e tentando espiar. Nem mesmo a polícia perde tempo. Quando eu estava sozinha no carro, na entrada do Templo Venkateswara, um policial veio à janela e colocou a mão na minha perna. Na fronteira de entrada do Paquistão, um oficial parecia que ia me engolir com os olhos e começou a passar dos limites. Outro policial que nos escoltava no Irã vidrou em mim e não saía mais da minha janela. Quando fui para os fundos do carro, tentando me esconder, ele foi lá atrás tentar abrir a porta. Até o Roy se irritou e saiu do carro, dando uma bronca. Ainda teve um cara da Malásia, amigo de um amigo, ao qual entregamos nosso cartão com e-mail e website, que me mandou por meses e-mails indecentes, sobre os quais nem vale a pena comentar.

Estar acompanhada por um homem faz uma grande diferença numa viagem dessas. A presença do Roy impunha respeito, mesmo sendo muitas vezes ignorada. Se eu estivesse sozinha, com certeza o assédio teria sido muito maior.

Lembro-me que em Chennai, na Índia, quando caminhávamos juntos, tudo ficava tranquilo, nenhum olhar, nenhuma cantada. Mas quando saí sozinha, enquanto o Roy cuidava do recebimento do carro no porto, as coisas mudaram totalmente e eu fui logo assediada. Em Quetta, no Paquistão, conhecemos a escocesa Sarah que resolveu pedalar da Índia para a Europa. Foi barrada no Paquistão, colocaram-na com a bicicleta e tudo num ônibus de volta a Islamabad e não a deixaram seguir viagem. Disseram que ela deveria voar para a Europa e casar-se para só então voltar com o marido para viajar no Paquistão.

Para evitar problemas, sempre falávamos que éramos casados, apesar de sermos apenas namorados. Éramos mais respeitados e acho que as pessoas também se sentiam melhor sabendo de nosso estado civil fictício. Mas daí vinham outras perguntas: "No kids? (sem filhos?)". Eles não conseguiam entender como um casal não tinha filhos. Para muitos, ter filho é o objetivo mais importante na vida, uma dádiva de Deus, e quanto mais se tem, mais abençoado, mais rico e mais homem você é. Ainda bem que tínhamos a ótima desculpa de não termos espaço para mais um dentro do carro.

Algumas raras vezes, acho que por ser estrangeira, a palavra foi dirigida a mim e eu fui incluída na conversa. Numa dessas vezes, um policial paquistanês, depois de todas as perguntas básicas, comentou que de vez em quando por ali passavam casais que eram só namorados. Isso ele disse com a maior indignação. E nós tivemos que concordar.

Era engraçado observar os paquistaneses ficarem surpresos com a minha presença em público, já que o comportamento normal de uma mulher muçulmana é ficar submissa e quieta no seu canto. Quando guinchamos aquele carro na Karakoram Highway, em segundos juntaram-se ao redor do Lobo dezenas de homens curiosos. E, como sempre, eu era a única mulher em cena. Enquanto o Roy comandava o guincho, eu peguei a máquina fotográfica e comecei a registrar todos os detalhes daquele momento. Imagine, então, uma mulher com uma máquina fotográfica (raridade total para eles), fotografando-os.

Viajar por este mundo predominantemente masculino é difícil sob o ponto de vista de uma mulher. Lá elas não são nada, não têm direitos. Ficam em casa, trancadas, quase sem nenhum contato com o mundo externo. A lei masculina diz que devem ser preservadas. Seus maridos defendem o costume, dizendo que isso acontece porque as admiram, porque as respeitam, mas, em minha opinião, é bem ao contrário. Se elas fossem respeitadas, não precisariam se esconder para não serem assediadas.

Nos países de terceiro mundo, enquanto as mulheres ficam isoladas, trabalhando duro para manter suas casas, criar seus filhos, buscar água e lenha, os homens ficam nas ruas, fazendo negócios, tomando chá ou, como muitas vezes acontece, "matando" tempo. Nas ruas, eles estão suscetíveis a um maior conhecimento. Muitos aprendem nesse meio a falar outra língua, como o inglês, nos lugares frequentados por turistas. Se encontrássemos uma mulher e tivéssemos a sorte de conseguirmos nos aproximar dela, raramente conseguiríamos nos comunicar, pois elas mal falam a sua língua mãe.

Nossa amiga dinamarquesa Gitte comentou que quando havia cruzado o Paquistão sentiu-se um pouco depressiva. Não entendia o porquê daquele sentimento. Descobriu o motivo quando viu a primeira mulher indiana na sua frente e sentiu-se melhor, pois havia dias que ela só via homens no Paquistão. Na verdade, em quase toda a expedição de volta ao mundo, a maioria das pessoas com as quais convivíamos eram homens. Primeiro porque eles se interessavam bem mais pela nossa viagem do que as mulheres. Muitos se aproximavam curiosos com relação ao nosso carro. Frequentávamos mecânicas, lojas de autopeças, dormíamos em postos de combustíveis em meio a centenas de caminhoneiros, tínhamos que ir a portos para despachar o carro... Nos despachos marítimos, o Roy ia sozinho e eu ficava no hotel, para evitar aborrecimentos. Quantas vezes o Roy deixou de entrar nos famosos cafés e casas de chás, experiências que ele adora, para não me abandonar sozinha, já que minha entrada não era bem vista.

A maneira de se vestir é muito importante numa viagem dessas, pois é uma forma de interagir com o local visitado e demonstrar respeito. Mostrar a barriga, só no Brasil mesmo. No Sudeste Asiático as mulheres até mostram os ombros, mas a barriga nunca. Na Índia é o contrário: os ombros que ficam escondidos, pois são considerados uma parte muito íntima do corpo. No Oriente Médio e outros países muçulmanos, as vestimentas não são deixadas de lado nem para um banho de mar. No mundo inteiro, quanto mais moderna a cultura, mais liberal o modo de se vestir. Quanto mais tradicional, mais conservador. Apenas na África, em meio a tribos isoladas, é que encontramos pessoas despreocupadas com as vestimentas e que andavam praticamente nuas. Biquíni eu só pude usar em lugares extremamente turísticos ou isolados. No Egito, quando fomos tomar banho numas piscinas termais, alguns locais vieram nos assistir, com a esperança de me ver de biquíni. O jeito foi entrar de roupa e tudo e nem assim consegui me sentir bem na presença deles.

A fama dos brasileiros, de andar com pouca roupa e jogar futebol, está espalhada mundo afora. Mas nós não tínhamos a fisionomia que as pessoas esperavam. Decepcionavam-se quando nos viam, pois não éramos como eles imaginavam ser um brasileiro. Muitos nem acreditavam na nossa nacionalidade e ainda teimavam que éramos europeus. Em Addis Ababa, na Etiópia, fomos a um bar tomar cerveja e um local, assim que nos viu entrando, perguntou de que país éramos. Quando dissemos, ele retrucou: "Vocês não podem ser do Brasil!" No que diz respeito à pouca roupa que os brasileiros têm fama, acho que os europeus são ainda mais ousados que nós. Fazem topless em praias e parques e ficam nus na frente dos outros com grande tranquilidade. No Brasil, com exceção do Carnaval, usamos roupas pequenas, mas andamos vestidos.

Recordo-me da nossa partida, na noite de 25 de fevereiro, quando tentava fechar minha caixa de roupas. Que tarefa difícil (principalmente para uma mulher) escolher, dentre tantas opções, quais seriam as peças que usaria nos próximos três anos. Tínhamos que levar de tudo um pouco: roupas de verão e casacos de inverno... E tudo tinha que caber numa minúscula caixinha. Ah, se eu soubesse naquele tempo que eu não usaria nem a metade das roupas que levei e que estar bem vestida não seria uma prioridade no meu dia a dia, mas sim estar vestida adequadamente. Muitas das blusas eram justas, sem manga, algumas não escondiam minha barriga. As calças também marcavam o corpo e as bermudas deixavam minhas pernas de fora. Roupas com estampas militares, moda no Brasil na época, não eram apropriadas em países em conflitos. Portanto, muitas das peças que levei voltaram para casa intactas no fundo da caixa. As peças que mais se adequavam à cultura dos lugares que visitamos foram usadas frequentemente. Muitas vezes até gastar. Na Índia, aproveitei os preços baratíssimos e comprei algumas blusas e calças que não marcassem o corpo, além de alguns lenços que me cobriram nos dias em que passamos no Oriente Médio. Nas fotos desse trajeto, sempre estou com as mesmas peças de roupa.

A primeira vez que me cobri com o hijab – véu – foi ainda na Índia, no Templo de Ouro em Amritsar. O assédio era tanto que resolvi me cobrir para me esconder. Acho que é assim que se sentem as mulheres muçulmanas... As vestimentas cobrindo todo o corpo fazem com que sejam conhecidas pelo espírito e não pela aparência. Elas as dignificam, dão-lhes valor e impõem respeito. Acho isso um ponto forte.

Porém, o maior interesse dessas roupas é esconder da vista do homem tudo aquilo que lhe desperta desejo. Cabelos longos e soltos são vistos como extremamente provocativo.

No Paquistão não é obrigatório à estrangeiras usar o véu que cobre o cabelo e o pescoço, mas acabei usando por opção, pois como já ressaltei, eu era a única mulher vista em público. Pegamos um calor insuportável nas terras baixas e lá estava eu toda coberta, suando por debaixo dos panos. Tornozelos e pulsos sempre escondidos e nenhuma curva à mostra. E aquele lenço, sufocando meu pescoço. Sempre digo que a melhor coisa no inverno é usar cachecol, pois tudo fica mais quentinho. Imagine então usar um cachecol em pleno verão, com os termômetros acima dos 50 graus. Era assim que eu me sentia. Ao contrário do Paquistão, no Irã, o uso do hijab é obrigatório a todas, incluindo estrangeiras. Até no carro! Erdmuthe, nossa amiga alemã, estava sem o véu enquanto ela e seu marido dirigiam na autoestrada. Resultado: foram parados e a polícia chamou sua atenção. Mas no Irã, a presença da mulher é frequente. Apesar de estarem escondidas debaixo das burcas (que cobrem todo o corpo, cabelo, rosto e olhos) e xadors (cobrem todo o corpo, cabelo, menos o rosto) pretos, elas estão em todos os lugares e muitas vezes aproximam-se para conversar, para saber como é o mundo fora daquele país. Para mim, o xador era exigido apenas quando visitávamos alguma mesquita.

O fato curioso é que no Irã, andando pelas ruas, víamos nas vitrines roupas modernas, ousadas e coloridas, iguais às que usamos no Brasil. Ficamos sabendo que as mulheres se vestem assim por debaixo da burca e são tão vaidosas quanto qualquer brasileira. Um casal de amigos, Justine e Milan, nos contaram que foram convidados para jantar na casa de locais. Quando chegaram à residência, vestidos super comportados (ela toda coberta e de véu), assustaram-se quando depararam com uma família normal. O decote da mulher ia quase até o umbigo. A mulher muçulmana esconde sua sensualidade e beleza dos homens no ambiente externo e compartilha suas qualidades físicas apenas com o marido e os familiares. Em casa, ela pode se produzir da maneira que quiser – não precisa se cobrir, pode se maquiar, arrumar o cabelo e ousar nas roupas. Outro fato curioso é que o Irã é um dos países com o maior número de plásticas de nariz.

Quando chegamos à fronteira com a Turquia, um oficial aproximou-se de mim e disse: "You are in Turkey. No problem! (Você está na Turquia. Sem problemas!)". E gesticulou mostrando que eu poderia tirar o lenço da cabeça. Olhei para o Roy e disse sorrindo: "Que alívio!" Este país, apesar de possuir também uma cultura predominantemente muçulmana, é mais liberal quanto às vestimentas. Cada um segue as tradições conforme seus princípios e estrangeiros não precisam as seguir. Mas apesar de poder deixar o véu de lado, continuamos nos vestindo com cautela.

Vivemos num tempo em que os padrões de beleza e cuidados com o corpo estão cada vez mais exigentes e, em consequência disso, não nos sentimos bem andando desleixados. Mas na viagem a nossa vida mudou completamente. As necessidades básicas vinham em primeiro lugar e o resto ficava em segundo plano. Usávamos durante vários dias as mesmas peças de roupa e passamos por várias temporadas sem poder tomar banho diário (os piores foram aqueles dias em que só as mulheres sabem o quanto um banho faz bem). Usei as famosas Havaianas quase que diariamente e, mesmo sem elas, as tirinhas continuavam no meu pé, branquinhas. Tenho que confessar que às vezes andava desleixada até demais e acho que isso pode ter afetado minha relação com o Roy. Creio que ele não aguentava mais olhar pra mim daquele jeito.

Com certeza minha aparência piorou nesse período. Muitos comentaram que parecíamos bem mais velhos e maltratados quando chegamos em casa. Emagrecemos, não por falta de comida, mas devido a novos hábitos alimentares – menos fartura, esbanjamento e quase zero de consumo de bebidas alcoólicas. Antes da viagem participávamos de muitas churrascadas regadas à cerveja. No almoço, na casa da mamãe repetíamos o prato até a panela esvaziar. Na viagem, a disciplina da porção alimentar nos dizia que era só aquilo que tínhamos para comer – nada mais, nada menos.

Na maior parte do tempo viajamos por regiões desérticas, submetidos a um sol escaldante, que queimava nossa pele mesmo usando protetor solar. Rugas ressaltavam-se, manchas apareciam e os cabelos ressecavam a ponto de parecer uma palha. A poeira acumulada na pele, depois de alguns dias sem banho, também ajudava no envelhecimento da nossa aparência. Na volta, depois de alguns meses em casa, com a fartura voltando a reinar, protegidos do sol e com o uso de alguns produtos de beleza recuperamos um pouco o nosso aspecto anterior.

Os cremes hidratantes e maquiagem não couberam na frasqueira. Tive que fazer uma seleção do que eu realmente levaria. Como tinha *cabelos compridos e sofro sempre com o frio, levei até um secador de cabelos que usei uma vez e mandei de volta para o Brasil no meio da viagem para abrir mais espaço no carro. O que ajudou foi cortar o cabelo mais curto. Assim gastava menos água para lavar, secava mais rápido e era mais fácil de arrumar. Sou vaidosa como qualquer mulher, mas também consigo viver sem muito conforto. Acho que essa é uma das principais características, além do desapego e desprendimento, que me ajudou a sobreviver sem ir ao salão, fazer escova, unhas, depilação frequente e maquiagem por quase três anos.*

Muitas pessoas, hoje, nos perguntam o que foi o mais difícil na viagem. Para mim, não houve uma dificuldade que pudesse ser considerada a maior, pois todos os dias enfrentávamos algum contratempo e o que incomodava era o acúmulo deles: não poder tomar banho diário, poeira, calor excessivo, pneu furado, carro quebrado, mosquitos, aduanas, dificuldades de encontrar lugar para parar, não encontrar lugar para dormir logo que escurecia, as péssimas condições dos banheiros orientais, não conseguir vistos, cansaço e as crises de sonambulismo do Roy. Quando acontecia uma coisa de cada vez, resolvíamos com calma, tínhamos tempo. Mas quando acontecia tudo ao mesmo tempo, aí sim eu pensava: "O que estou fazendo aqui?".

Andar de modo simples, sujos e despreocupados, nos países de terceiro mundo sempre foi tranquilo. O problema foi quando chegamos à Europa. Na cidade de Málaga, na Espanha, as mulheres andam impecáveis, lindas. Eu mal tinha uma roupa decente para vestir. As pessoas nos olhavam de canto e talvez pensassem: "O que esses dois 'malacos' estão fazendo aqui?".

Algumas vezes é vantagem ser mulher: nas filas, a mulher tem preferência e os policiais tinham vergonha de pedir propina quando eu estava presente. Num acampamento na Etiópia, recebemos a visita de dois homens de uma tribo, que queriam porque queriam conseguir alguma coisa da gente e ficavam rivalizando o Roy. Eles também se sentiram intimidados na minha frente e pediam somente na minha ausência. Até o momento em que gesticulei (não falamos a mesma língua) para irem embora. Foram depois de ganharem duas bananas. Em diversas tribos africanas, as mulheres mais velhas desempenham um papel importantíssimo e são extremamente respeitadas.

Boa parte do mundo ainda é machista. Na maioria das regiões visitadas as mulheres vivem marginalizadas e em condições precárias

– algumas vezes seu status é um pouco melhor do que o de um escravo. Sua utilidade é apenas cuidar dos filhos, executar tarefas domésticas e satisfazer aos homens. Nos países muçulmanos há uma segregação quase que total entre os sexos. Ala de hotel para mulheres e para homens. Entrada para mulheres, entrada para homens. Fila, mesquita, cômodos da casa para eles e outros separados e isolados para elas. Os homens podem se casar com até três mulheres, contanto que tenham condições financeiras para sustentá-las igualmente. E se alguma mulher comete adultério é sentenciada à pena de morte e apedrejamento em público.

Na África, a mutilação dos órgãos genitais femininos, eliminados em parte ou totalmente, sem o uso de anestesia, visando restringir o seu prazer, ainda é uma constante. Na Índia, elas trabalham pesado, constroem estradas, fazem brita, tudo manualmente e ganham um pouco mais do que a metade do salário de um homem. Uma mulher de 20 anos parece ter 60. Filhos do sexo feminino não são bem vindos, por isso existe até lei proibindo saber o sexo antes do nascimento. Se souberem por antecipação que o bebe será uma menina, fazem aborto na certa. A mulher é vista como um peso na vida dos pais, que devem pagar dote para seu casamento, quase sempre arranjado. Depois de casadas, são vítimas da violência doméstica e, se ficam viúvas, são marginalizadas, pois não são nada para a sociedade sem o marido. Muitas, não vendo nenhuma saída, suicidam-se – ato muitas vezes incentivado pela família. Às vezes elas são cremadas junto com o falecido. Pelo que soubemos, atualmente existe uma lei que pune a família caso ela não impeça o suicídio da viúva. Isso prova que barbaridades como essa fazem parte do contexto atual do país.

Fico pensando o que se passava na cabeça dessas pobres coitadas quando me viam com tanta liberdade, falando outra língua, fora do meu país, viajando, conhecendo tantos lugares. Acredito que nem façam ideia de que uma vida mais justa, mais igualitária e mais confortável seja possível. Dava-me pena e tristeza vê-las nessas condições e, ao mesmo tempo, certo alívio por ser brasileira e ter tido as oportunidades que tenho. Às vezes, o privilégio de conhecer o mundo nos faz ver uma realidade que não queremos saber que existe. Queremos mudar tudo, mas temos que entender que tradições seculares não se muda da noite para o dia. Com tudo isso acontecendo diante de nossos olhos, fica difícil de pensar em se maquiar, comprar uma roupa, fazer *as unhas...*

Contudo, das poucas experiências que tivemos com mulheres, todas foram marcantes e de um significado muito especial.

Na tribo Hamer, na Etiópia, nós nos destacávamos em meio àquele povo. No geral, nossa presença foi ignorada, mas teve uma mulher que se aproximou de mim curiosa e pediu para pegar no meu cabelo, tão diferente do seu. Eu aproveitei a oportunidade e também pedi para pegar no cabelo dela. Imagine a cena. Era como se fosse um encontro típico da época dos descobrimentos e eu o vivenciava em pleno século 21.

Na Nigéria, em uma região remota, onde os locais custavam a acreditar que estávamos passando de carro por aquela estrada quase que intransitável, havia duas meninas, que deviam ser adolescentes. Elas me olhavam de canto, curiosas. Eu também as olhava de canto de dentro do carro, tentando reparar em cada detalhe de sua aparência. O que mais me marcou foram as cicatrizes em seus rostos — pareciam duas felinas. Aqui vale abrir um parêntese para dizer que as cicatrizes são muito comuns e servem muitas vezes para diferenciar o status dentro de uma tribo, ou mesmo diferenciar tribos. Quando o Roy arrancou o carro, uma delas esticou a mão para pegar em mim. Eu estiquei a mão para tentar pegar nela também, mas as meninas encararam meu gesto de outra forma e se assustaram. Algo parecido aconteceu na Índia, quando duas meninas corriam em meio a um campo belíssimo de trigo. Tirei a máquina para fora do carro e perguntei se poderia tirar uma foto, mas quando percebi, elas já tinham sumido, de tão amedrontadas.

Também na Índia, ao visitarmos uma casa de família, as mulheres logo me mostraram o sári (roupa tradicional usada pelas indianas) que elas me emprestariam para usar no casamento de uma delas, para o qual mal havíamos sido convidados. No Marrocos, enquanto os homens assistiam à televisão e tomavam chá, fui com as mulheres, que só falavam árabe, para uma salinha privativa da casa. Elas ligaram um DVD e todas começaram a dançar: habib, habib, habib... No outro dia, vestiram-me de muçulmana e depois me levaram na sala dos homens para o Roy tirar uma foto. Elas me deram de presente esse vestido, que hoje faz parte de nossa exposição fotográfica. Quem me dera ter tido mais experiências tão comoventes como essas...

De volta ao Brasil, estou contente por poder ser eu mesma, por

*poder me vestir como quiser, usar biquíni, bermuda, regata, roupas jus-
tas... Claro que aqui também acontece o assédio, mas os homens não
são tão desesperados, pois vêem mulheres todos os dias e não raramente
e escondidas debaixo de tecidos.*

*Por fora eu voltei a ser a mesma, mas por dentro, com certeza me
tornei uma nova mulher.*

QUANDO NOS DEMOS CONTA, JÁ ESTÁVAMOS NO IRÃ

Só de pensar que em nossos planos iniciais não prevíamos passar pelo Irã, fico incomodado. Mas novamente a sorte nos favore-
ceu, pois tivemos a oportunidade de apreciar, no meio do marrom
cor de barro das cidades iranianas, o belíssimo contraste do azul
anil das suas mesquitas.

Nossos primeiros dias foram passados na companhia de um casal de alemães, Klaus e Erdmuthe, que conhecemos em Islamabad
e reencontramos ao cruzar a fronteira. Eles viajavam a bordo de um
pequeno caminhão furgão 4x4, da Mercedes Benz. Mas não viajamos somente na companhia deles: ao longo de três dias, tempo da
viagem até Yazd, fomos obrigatoriamente escoltados pela polícia. É
uma escolta imposta pelo governo, feita em zonas de instabilidade
e exigida em certos países para o trânsito de carros estrangeiros,
pois já sabem que na eventualidade de um assalto ou sequestro, a
imagem do país pode ser manchada por causa da cobertura da mídia internacional.

Se estivemos mais seguros, eu não sei, pois geralmente são os
órgãos governamentais que sofrem as maiores ameaças dos terroristas. Além disso, se estivéssemos sozinhos nesse trajeto até Yazd,
poderíamos tê-lo feito na metade do tempo, pois a cada 50 quilômetros ou menos acontecia a troca dos guardas. Cada parada, meia-
-hora. O bom deste moroso percurso foram as boas risadas com o
Klaus, que sempre tentava uma maneira de fugir da companhia dos
policiais. Imagine um típico alemão, magro, alto, bigodudo, vestido
em trajes paquistaneses – roupa típica parecida com um pijama
masculino – discutindo com a sua "guarda pessoal". Em determinado momento lhe foi até solicitado o passaporte para que não
fugisse da escolta. Irredutível e teimoso, só o entregou depois que o
oficial estendeu, em troca, um documento seu. Ríamos da situação.
Alemão teimoso? Não, teimoso é quem teima com ele!

CIDADE DE DUAS CORES

Yazd é uma cidade que me inspira comentar. E repito: o contraste do azul anil das dezenas de mesquitas sobre o fundo marrom das demais construções em barro faz bem para os olhos, dá um ar mágico à paisagem.

Consultamos o GPS e identificamos as coordenadas de um local onde os overlanders acampam. Klaus e Erdmuthe vieram conosco conhecer esse hotel e, estacionados num pátio frente à sua porta principal, já estavam dois outros carros estrangeiros, um Land-Rover e uma Toyota, ambos com placas da Alemanha.

Eu sinto saudades desse hotel. Na verdade, não dormimos em seus quartos. Utilizávamos somente os banheiros, chuveiros, internet e a área de estar, tudo por três dólares ao dia para mim e para a Michelle. A internet wireless, que estava inclusa no preço, foi muito útil, pois de dentro do carro pudemos atualizar nosso site, responder e-mails, pesquisar e conversar com nossos familiares via skype. Uma bela mordomia.

Intercalamos nossas horas entre a reorganização de nossas coisas e andanças pela cidade. Ao cair da noite havia sempre a perspectiva de um banquete. Somamos os esforços culinários da Anne Christine e do Mike, os alemães da Toyota, ao do Oliver, também alemão, da outra Land. Fizemos pizzas, comida indiana, tailandesa... E como era uma festa onde predominavam as feições alemãs, a cervejinha sem álcool era indispensável.

Claro, bebida alcoólica por lá chega a dar cadeia – ou pior. Os muçulmanos são muito severos neste aspecto, especialmente no Irã, que é uma república islâmica. Ou melhor: o governo tem o islamismo como princípio de administração. Nos termos da constituição, as relações políticas, econômicas, sociais e culturais devem estar de acordo com a religião.

Coincidentemente, estávamos no país no dia do aniversário de falecimento de um dos grandes líderes políticos e religiosos do Irã: o Ayatollah Ruhollah Khomeini, que liderou a revolução de 1979 e proclamou a República Islâmica do Irã, abolindo o até então milenar regime imperial. Khomeini estabeleceu uma república islâmica com leis conservadoras. As relações com os EUA ficaram fortemente abaladas, especialmente quando estudantes iranianos tomaram funcionários da embaixada americana como reféns. Com receio de que essa revolução islâmica se espalhasse por todo o Oriente, o Ocidente (EUA, alguns países da Europa e países Árabes) apoiou o governo de Saddam Hussein e o guiou para uma terrível guerra, que se estendeu entre 1980 e 1988 – a Guerra Irã-Iraque.

PRESENTE PARA OS VISITANTES

Klaus e Erdmuthe seguiram para um lado, enquanto Mike, Anne Christine, Oliver e nós seguimos para outro. Fomos juntos viajar, acampar, fazer caminhadas, coisas de nosso dia a dia. Conhecemos o Império Persa – Persépolis e depois seguimos para Shiraz.

Lá, estacionamos os três carros bem no centro da cidade, ao lado de uma escola, e decidimos acampar ali mesmo. E, de repente, veio a polícia. "Já era", pensamos, "estes caras vão nos mandar embora daqui". Eram três policiais. Tentaram arranhar um inglês para se comunicar, mas não surtiu efeito. O entendimento foi zero. Talvez nós é que não tínhamos a intenção de entender o que queriam nos falar. Foram embora, quem sabe buscar reforço. Mas que nada. Voltaram com algumas sacolas de plástico, dessas de mercado, com suco, água, bolachas e frutas e nos deram de presente. Dá para acreditar? Novamente, subestimamos a intenção das pessoas. Os povos do Paquistão, Irã e Turquia, no meu entender, foram os mais amigáveis de toda a viagem.

Quem vai ao Irã dificilmente voltará para casa sem ter a experiência de jantar ou pernoitar na casa de uma família local. E os convites vêm assim, do nada, de qualquer pessoa. Quando sentávamos nos parques e praças para ler ou descansar, não demorava muito para chegar alguém com algo a nos oferecer.

Teve uma família que pediu à filha mais nova que nos levasse duas taças de chá. Ela era pequena e ainda não precisava cobrir os cabelos com o lenço ou burca, então vinha de longe nos olhando amedrontada, caminhando lentamente para não derramar o chá. Foi chegando devagarinho e nos estendeu as duas taças. Acenamos à família em forma de gratidão. Quando fui devolver as taças, cheguei a eles também meio sem jeito, assim como a menina, e estendi minha mão para cumprimentá-los. O homem deu sua mão para mim, mas quando a estendi para a mulher, que estava coberta pela burca, ela não reagiu, nem se mexeu. Nossa, que bola fora! Lembrei que não se pode pegar na mão de uma mulher muçulmana. Fiquei envergonhado tentando disfarçar o mico.

Recebíamos ofertas diversas vezes. Em Quetta, no Paquistão, quando fui pagar dois sucos deliciosos que tomamos em um bar, disseram-nos que a conta já havia sido paga por um cidadão.

Na Turquia, acampados em frente a uma casa, um senhor bateu em nossa porta e, sem mais nem menos, nos deu dois pratos de sopa, servidos na sua melhor louça. Sem que tivéssemos tempo para cumprimentá-lo ou agradecer-lhe, desapareceu. Tomamos a sopa deliciosa, lavamos os pratos e, quando me preparava para devolvê-los, chegou o senhor novamente, oferecendo-nos dois chás. Aproveitou para levar os pratos da sopa. Tomamos o chá e lá veio ele com um prato de melão cortado, como sobremesa. Se retribuíssemos, ficaria ofendido. São gestos de pura bondade.

A mesma história muda de enredo de acordo com o continente. Veja: tínhamos recém chegado a Moçambique, vindos do Malawi. No meio do nada, quando paramos embaixo de uma árvore para aproveitar a sombra, chegaram três mulheres de uma tribo local e nos ofereceram três mandiocas – cada mulher nos deu uma. Ficamos felizes com a oferta e agradecemos.

Mas um "obrigado" não foi suficiente: elas ficaram por ali, a menos de dois metros da porta do nosso carro e ficariam o tempo que fosse necessário até que déssemos algo em troca. A África é assim. Toma lá, da cá!

Decidimos, então, que daríamos a cada uma um sabonete, já que tínhamos um pequeno estoque. Mas não foram embora muito felizes. Estavam esperando mais. Mesmo assim, não levou dois minutos para a quarta mulher aparecer, desta vez com um ovo de galinha como oferta. Fazer o quê numa situação dessas?

Viajando pelas estradas e cidades do Irã, percebemos o quanto o país é bem estruturado, limpo e organizado. As estradas são impecáveis. As cidades, repletas de parques verdes com infraestrutura de dar inveja. Não é para menos que a cada feriado ou fim de semana os iranianos invadem qualquer pedacinho de grama e montam suas barracas para fazer piquenique.

E o país tem muito dinheiro. O petróleo é o principal produto de sua economia, já que o Irã possui uma das maiores reservas do mundo. Por isso, é um dos maiores exportadores mundiais de petróleo. O que os deixa sempre a ver navios são as sanções internacionais quanto à tecnologia para construir refinarias. O Irã, apesar de tanto petróleo, não pode transformá-lo em combustível, tendo que exportá-lo para importar novamente, depois de beneficiado. Claro que isso vem mudando aos poucos, por meio de alianças com outros governos, como a Venezuela.

Aliás, esses dois países possuem várias coisas em comum: não gostam dos EUA, seus líderes de governo são radicais, esbanjam reservas de petróleo e têm combustível quase de graça. Para um tanque cheio na Venezuela, pagávamos 1,5 dólares. No Irã, talvez custe 40 ou 50% mais caro. Mas 50% sobre quase nada, é quase nada, se comparado ao valor pago em outros países. Agora, mesmo com tanto petróleo, o iraniano precisa economizar gasolina. Como precisa importar o petróleo refinado, limites de consumo são impostos à população local. Por meio de um cartão de crédito, o governo controla quanto cada um pode comprar, em litros, por mês.

Essa lei não se aplica ao diesel, por isso tivemos sorte. Mas quando precisávamos comprar gasolina para o fogão, tínhamos dificuldades. Se não fosse pela bondade dos iranianos, de usarem seus cartões para ceder dois litros de gasolina cada vez, estaríamos ferrados.

Esfahan, que já foi a capital do país, se destaca pelas lindas edificações islâmicas. É lá, também, que há séculos são produzidos os famosos tapetes persas.

Arquitetura nunca foi a minha maior paixão, mas as mesquitas do país são de olhar e se apaixonar. Todas compostas por jardim, plataforma, varanda, porta de acesso, cúpula, câmara de arco e minarete. Montadas em um conjunto harmonioso, se destacam no meio da cidade. Por dentro é um vazio só, sem um móvel sequer, com poucos elementos apenas. O Mihrab, por exemplo, é um nicho decorativo na parede, que deve estar sempre direcionado à cidade sagrada de Meca. É amplo, aberto, silencioso, encantador: a equação perfeita entre simplicidade e beleza. Os mosaicos e suas combinações de cores nos hipnotizavam e nos faziam ficar horas admirando-os.

É interessante que para os muçulmanos as mesquitas não servem somente para rezar, mas para o convívio. Víamos com frequência devotos socializando-se, descansando e até dormindo no interior das mesquitas. Uma ótima forma de fugir do calor.

Na capital Teerã, resolvemos alguns problemas mecânicos e emitimos um novo passaporte na Embaixada do Brasil, pois já não tínhamos mais páginas em branco para novos carimbos. Mais tarde, nos demos conta de que esta não foi uma boa ideia. O Irã não é um país muito benquisto no mundo e em diversas embaixadas, quando solicitávamos os vistos, suspeitavam e nos questionavam o porquê tínhamos passaporte brasileiro emitido no Irã. Na Tanzânia, por exemplo, quando solicitamos o visto ao Malawi, um processo que deveria demorar no máximo cinco dias passou de 15.

Teerã, como outras capitais, é uma cidade enorme. Nos primeiros dias, achamos um lugar para acampar que foi fantástico: ficava no alto de um morro, de onde tínhamos uma vista panorâmica da cidade. Passados alguns dias, a polícia apareceu e não nos autorizou mais ficar ali, alegando ser um local perigoso.

A noite seguinte passamos num parque, onde conhecemos o iraniano Aydin, que nos levou para a sua casa e nos ofereceu hospedagem por alguns dias. Foi uma amizade que caiu como uma luva, pois ele nos ajudou em tudo, principalmente nos assuntos da manutenção do carro, quando não achávamos peças sobressalentes.

Ao partimos, Aydin e sua namorada viajaram conosco até o Mar Cáspio, cruzando as Montanhas Alborz. Nossa amizade com essas pessoas queridas e simpáticas nos fez entender melhor a diferença de costumes existente entre os diversos povos. Por não serem casados, ao viajarem juntos cometiam um sério crime. Em casa, só podiam namorar na companhia do sogro ou sogra e viajando conosco, estavam sozinhos. Certa vez, quando estávamos sentados na areia, apreciando o pôr-do-sol sobre o Mar Cáspio, Aydin foi abordado por militares que, de longe, perceberam que ele não era casado (como eu não sei). Isso quase lhe causou sérios problemas.

Ao nos separarmos, estávamos prontos para seguir viagem ao próximo país da lista, com galões de combustível espalhados por cada canto do nosso carro. Quem diria que, ao atravessar a fronteira, o combustível passaria a custar quase três dólares o litro, quan-

Pai e filho dormindo à luz do dia, Jaipur, Índia

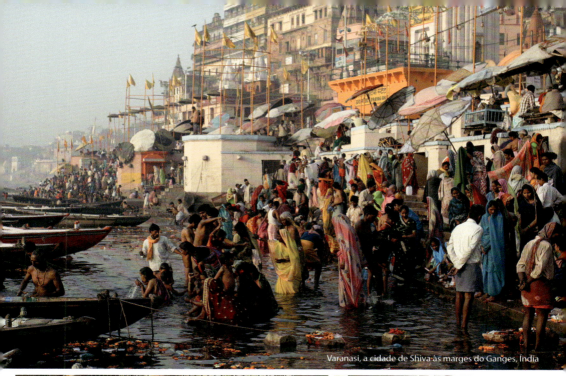
Varanasi, a cidade de Shiva às margens do Ganges, Índia

Barbeiros de rua, Índia

Erotismo nos templos de Khajuraho, Índia

Turma de curiosos, Índia

Taj Mahal, Agra, Índia

Nosso mestre de yoga, Rishikesh, Índia

Passagem Thorong-La, a 5.416 metros, no Circuito Annapurna, Nepal

Acima dos 4.000 metros, Circuito Annapurna, Nepal

Apreciando o caminho já percorrido, Circuito Annapurna, Nepal

Rodas de reza, Circuito Annapurna, Nepal

Nariz quebrado, Circuito Annapurna, Nepal

Rabo de Yak, Nepal

Michelle de chinelo na neve, Nepal

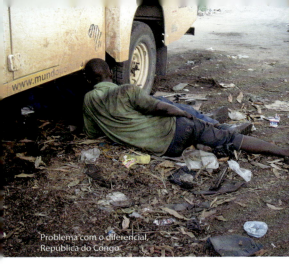
Problema com o diferencial, República do Congo

Junta do cabeçote queimada, Angola

Revisão geral, Mauritânia

Direção hidráulica quebrada, África do Sul

Trocando a junta do cabeçote, Angola

Bomba de vácuo quebrada, Colômbia

Água no motor que entrou pelo filtro de ar, Austrália

Resgatando Toyota, Paquistão

Karakoram Highway, Paquistão

Cidades só de homens, Paquistão

Pé na China, Khunjerab Pass, Paquistão

Nanga Parbat, Karakoram Highway, Paquistão

Paquistaneses, Karakoram Highway

Caminhões ornamentados, Paquistão

Sempre cabe mais um, Paquistão

Arriar das bandeiras, Wagah, Paquistão

Santo Sepulcro, Jerusalém, Israel

Acampamento no Paquistão

Petra, Jordânia

Filhote de camelo, Síria

Krak de Chavaliers, Síria

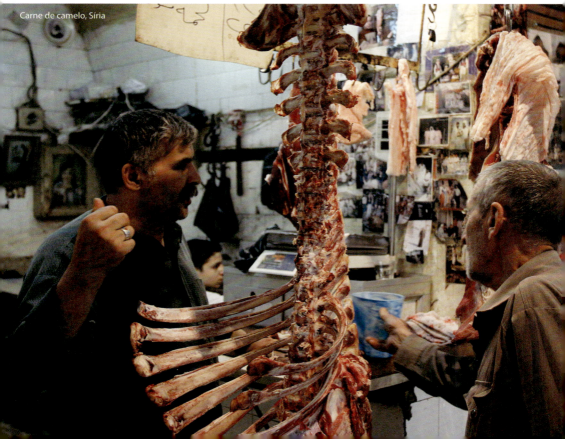
Carne de camelo, Síria

Souk de Allepo, Síria

Mi e Anne cobertas por hijab, Irã
Acampamento em Yazd, Irã

Pra lá de Bagdá, Síria

Muro das lamentações, Jerusalém, Israel

Cappadocia, Turquia

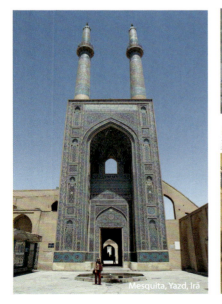
Mesquita, Yazd, Irã

Rodinhas de chá, Turquia
Interior de uma mesquita, Irã

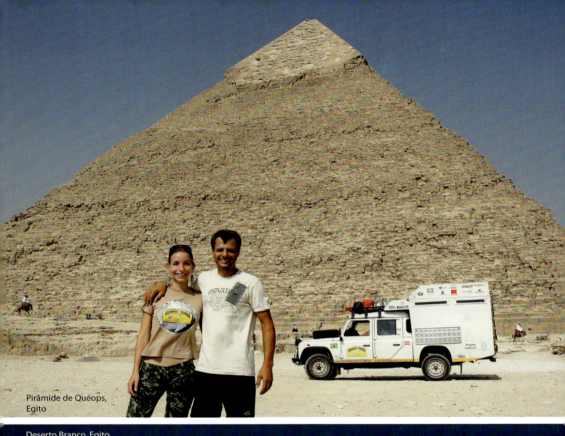

Pirâmide de Quéops, Egito

Deserto Branco, Egito

Menina da tribo Hamer, Etiópia

Mercado dos Hamer em Turmi, Etiópia

Mulher da tribo Mursi, Etiópia

Homens da tribo Ari, Etiópia

Grande migração cruzando o rio Mara, Quênia

Zebrinha sendo atacada por um crocodilo, Quênia

Muamba sobre nosso carro, Wadi Halfa, Sudão

Balsa lotada, Dar Es Salaam, Tanzânia

Monte Sinai, Egito

Encalhada no Saara Egípcio

Placa egípcia

You, you, you, Etiópia

Babuínos Gelada, Etiópia

Pesca farta, Moçambique

Tribos isoladas, Norte do Quénia

Pirâmides do Sudão
Nossa logomarca em sua melhor apresentação

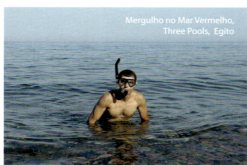
Mergulho no Mar Vermelho, Three Pools, Egito

Crianças sudanêsesnas nos assistindo

Árvore Boab, Tanzânia

Lago Malauí, Malauí

Leões e sua pegada, Quênia

Girafa bebendo água, Suazilândia

Hienas, Quênia

Gnus, Quênia

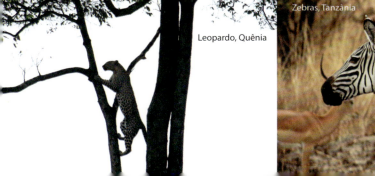

Búfalos, Quênia

Guepardo, Quênia

Abutre, Quênia

Leopardo, Quênia

Zebras, Tanzânia

Girafas, Quênia

Leopardo com sua presa na árvore, Quênia

Acampamento no Maasai Mara, Quênia

Besouros rola-bosta, Suazilândia

Hipopótamos, Quênia

Rinoceronte Branco, Suazilândia

Elefantes, África do Sul

Crianças nepalesas, Circuito Annapurna, Nepal

Menino nepalês, Nepal

Menino judeu, Israel

Crianças africanas, Malaui

Menino sikh, Índia

Menina indiana, Índia

do pagávamos apenas dois por um tanque cheio?

ÁSIA OU EUROPA?

A República da Turquia é um país euroasiático, pertencente aos dois continentes por possuir uma pequena parte europeia, a Trácia, e uma grande parte asiática, a Anatólia.

Assim que entramos no país, acampamos ao lado do Monte Ararat, com 5.137 metros de altitude. Além de lindo, ele guarda a lenda de ser o local onde a Arca de Noé parou ao fim do dilúvio. Na parte mais elevada existe uma grande "anomalia" que, segundo algumas pesquisas com imagens de satélites feitas há mais de uma década, poderia ser a Arca. A mencionada anomalia se encontra a 4.663 metros de altitude, está a Nordeste do monte e coberta por gelo glacial. A única face da montanha acessível é a face Sul e como a Arca de Noé estaria do lado Norte, até hoje não se comprovou a veracidade.

Mantendo-nos sempre no lado asiático, dirigimos ao Sul sentido Monte Nemrut (3.050 metros), um vulcão inativo cuja erupção bloqueou um rio, há dois milhões de anos, e deu origem ao Lago Van. O nível de sua água é mantido pela evaporação, o que resulta em uma alta concentração mineral e extrema alcalinidade. É possível lavar roupas sem utilizar qualquer produto. A sensação é de que a água já possui sabão.

O curioso do Monte Nemrut é a possibilidade de entrar na sua cratera inativa. É enorme. Passamos dois dias acampados, curtindo a paisagem e a vida local. Os pastores costumam levar suas ovelhas para beberem das águas de um dos seus lagos.

Gostamos muito da Turquia, principalmente das pessoas. Achei interessante que lá é mais fácil se fazer entender em alemão que em inglês. Isso porque muitos turcos vão à Alemanha e trabalham por lá durante algum tempo, depois voltam.

As cenas das cidades do interior são próprias de seriados da Rede Globo. Os senhores turcos, todos bigodudos, em seus ternos escuros e surrados, passam o dia em rodinhas de chá ou café. Os pastores também usam ternos e carregam uma bengala tradicional curvada no topo.

O comportamento dos homens no Oriente Médio como um

todo é bastante diferenciado. Na Turquia, é comum homens se cumprimentarem com dois beijinhos no rosto. Mas no Paquistão, por exemplo, eles caminham e passam grande parte do dia de mãos dadas. Existe até uma lógica para isso: como as mulheres saem pouco e quando saem só trabalham, os homens passam a confraternizarem-se sem a presença delas.

Terra dos Smurfs

A Cappadocia foi nosso terceiro destino na Turquia e a maior atração daquelas terras. O local é característico pelas formações rochosas diferenciadas, onde por mais de séculos pessoas escavaram casas, igrejas, fortalezas e até mesmo cidades inteiras.

Tudo começou há cerca de 30 milhões de anos com as erupções de três vulcões que dominam a região. As erupções deixaram uma camada grossa de cinzas, a qual com o passar do tempo transformou-se em pedra mole e porosa, chamada tufa. A ação do vento e água sobre a tufa rendeu extraordinárias esculturas naturais das mais diversas formas, muitas delas parecidas com chaminés e cogumelos. Nessas formações, o homem também escavou e fez casas.

Por causa da sua localização, a Cappadocia sempre foi local de grande importância estratégica. Durante anos, diversos povos disputavam o seu domínio. Os cristãos que ali habitavam, há cerca de mil anos, construíram cidades inteiras subterrâneas para serem usadas como refúgio e esconderijo.

Visitamos o museu a céu aberto de Zelve e diversos vales de Göreme. Foi um privilégio poder percorrer parte das cidades escavadas entrando nas casas, escalando os diversos andares, contemplando as igrejas e suas pinturas e imaginando um pouquinho de como seria a vida dentro de rochas. Olhando de longe, os morros parecem formigueiros, de tantos buracos e canais. Foi muito interessante também ver como algumas das cidades atuais se desenvolveram ao redor dessas vilas antigas, apropriando-se das casas--caverna e construindo novas casas, hotéis e restaurantes anexos. Parecia que estávamos na Terra dos Smurfs ou na Idade da Pedra com os Flintstones.

Já foram encontradas mais de 40 cidades subterrâneas. Fomos a Kaymakli, que embora chamada de cidade, provavelmente servia mais como um refúgio. Discretas entradas dão lugar a um elaborado sistema subterrâneo, organizado em torno de dutos vitais de ventilação, poços d'água, chaminés e túneis de circulação. Existem oito níveis, sendo que os primeiros serviam para habitação e os demais, abaixo, serviam para armazéns, cozinhas, adegas, moinhos e capelas. É um lugar que excita a nossa imaginação.

De volta à luz do dia, pegamos a estrada e com um detalhe: trocamos os pneus do carro. Os já gastos Pirelli Scorpion foram substituídos por quatro BF Goodrich, que nos levariam ao Sul, para a Síria.

Países Árabes

Dos países pertencentes ao território do Oriente Médio, em definição tradicional, cruzamos seis: Irã, Turquia, Síria, Jordânia, Israel e Egito.

Mas por não delimitar precisamente as fronteiras, existe também o termo Grande Oriente Médio. Desse território, além dos países que citei acima, passamos pelo Paquistão e Sudão e, na costa Oeste da África, pelo Marrocos e Mauritânia.

O Oriente Médio é uma região em constante conflito. Contribui para isso a sua delicada posição no contexto geopolítico mundial, pois fica à borda de três continentes – Europa, Ásia e África. Sua dependência de água dos países vizinhos e a presença de petróleo no subsolo também são importantes motivos.

O petróleo, na verdade, já foi responsável por muitas guerras, tais como a do Irã-Iraque (1980-1988); a Primeira Guerra do Golfo (1991); a luta armada envolvendo o separatismo da Chechênia na região do Cáucaso; a Guerra do Afeganistão (a partir de 2001); a Guerra dos EUA-Iraque (2003); Guerra da Geórgia (2008) e várias outras guerras civis em que o produto gerou disputas locais, como na Argélia, Angola, Delta do Níger da Nigéria, Sudão e mesmo na Colômbia.

Deixamos a Turquia e entramos na Síria. Portanto, continuávamos no Oriente Médio, só que a partir daquele momento havíamos entrado nos chamados países árabes. A partir dali o comportamento das pessoas mudou bastante. De boas experiências com a hospitalidade, éramos agora extorquidos com frequência. Não que isso acontecesse com todas as pessoas, mas tivemos que redobrar o cuidado com as ofertas de ajuda, pois elas deixaram de ser por bondade, sempre havendo um interesse por trás.

Eu procuro sempre praticar a teoria "o que é combinado não se torna caro". Mas a estratégia dos árabes era exatamente o contrário: a de dizer que o serviço não custa nada ou que nós poderíamos pagar o que quiséssemos no final, mas a chantagem emocional no momento da negociação era descarada. Qualquer coisa gentilmente oferecida poderia te custar caro no final – uma pena, pois isso fazia com que nós estivéssemos sempre desconfiados e duvidássemos até das boas intenções.

Logo na fronteira, um senhor que nem chegou a nos prestar qualquer serviço exigia a sua comissão e o próprio agente aduaneiro, ao pagarmos pelo visto, tentou nos roubar. O acordo com eles foi que eu pagaria em dólar, então, quando entreguei uma nota de 50 dólares, o agente que a pegou simplesmente saiu da sala e desapareceu. Seu companheiro alegou que não recebera nada e que teríamos que pagar novamente. O que eles não esperavam é que nós sabemos armar barracos. E foi o que fizemos. Aquilo não ficaria assim. No final, acho que para não passarem vergonha na frente de tanta gente, acabaram assumindo que nós havíamos pagado e até nos deram o troco. Tenho absoluta certeza de que tudo foi combinado entre eles. Aposto que esse teatrinho acaba enganando muita gente, pois o viajante pode ficar na dúvida se já pagou ou não. Aconteceu comigo. Sorte que a Michelle tinha toda certeza de que nós havíamos entregado o dinheiro. Os honestos que nos perdoem, mas a primeira impressão que se tem de um país é a que fica.

No primeiro dia, seguimos para Alepo, segunda maior cidade do país, que disputa com a capital Damasco o título da cidade mais antiga do mundo que sempre foi habitada. Alepo é a cidade do comércio e há muito tempo foi um importante centro comercial entre a Europa e a Ásia.

Uma cidadela, que antigamente protegia a cidade de ataques dos inimigos, domina o cenário local. Aos pés dessa fortificação situa-se o Souq, mercado árabe onde é comercializado tudo o que se pode imaginar – de tapetes e especiarias até carne de camelo. É comum que esses mercados sejam um emaranhado de pequenas ruas, todas cobertas, que se ramificam por quarteirões enormes sem qualquer orientação. Nós caminhávamos por horas dentro deles e nos deliciávamos fotografando a multidão e tudo o que acontecia lá dentro. Andávamos tanto que nos perdíamos com facilidade naqueles perfeitos labirintos.

Nas estradas da Síria, tivemos a nítida impressão de que estávamos longe de casa: ao ver placas de sinalização que diziam "Iraque a 152 quilômetros" ou "Bagdá à direita", percebemos que estávamos "pra lá de Bagdá".

A história conta que os turcos, no século 10, após terem conseguido o domínio sobre a Terra Santa (atual Palestina e Jerusalém), passaram a perseguir os judeus e cristãos que moravam naquelas terras, o que foi percebido pelos cristãos do Ocidente como uma ameaça e uma forma de repressão sobre o cristianismo no Oriente. Então, em 1095, o Papa Urbano II convoca os cristãos ocidentais a libertar a Terra Santa e colocar Jerusalém novamente na soberania cristã, criando assim uma expedição em forma de penitência, mas que na verdade possuía caráter militar. Reis e nobres cristãos ouviram os clamores do Papa e aceitaram com entusiasmo o desafio, partindo em direção ao Oriente. Traziam consigo uma cruz vermelha sobre as suas roupas e assim começavam "As Cruzadas".

A Síria fazia parte desta rota e por lá foram construídos diversos castelos e fortificações que davam suporte aos cruzados. Nós visitamos o Castelo Krak de Chevaliers – uma fortificação de 800 anos – com muralhas tão bem feitas que nunca fora invadido. Talvez por isso esteja intacto e vê-lo nos faz sentirmos como se estivéssemos ainda naquela época.

Mais tempo para não fazer nada

Palmyra (Cidade das Palmeiras) foi nosso destino seguinte. Interessante também, mas não somente pelas ruínas do século 2º. Os dias em que ali ficamos estavam muito quentes e por sorte encontramos um camping com uma bela piscina por um preço de banana. Até visitamos a área arqueológica, mas tenho que confessar que foi por pouco tempo. Ali, a piscina era a maior atração. Que coisa boa! Folga para nós e para a nossa máquina fotográfica.

Parece brincadeira e um grande desperdício estarmos em Palmyra e não termos explorado a fundo as belezas do lugar. Mas a verdade é que a mente até cansa de tantas belezas. Às vezes tínhamos que ter um descanso. Precisávamos ficar sem ver nada, sem aprender nada, sem ler um nome novo, sem ver uma moeda nova ou qualquer outra coisa. Simplesmente levantar mais cedo para ter mais tempo de não fazer nada.

Os momentos longe da nossa máquina fotográfica, sem desmerecê-la, eram também proveitosos. Olhávamos as coisas sem precisar pensar em como elas ficariam na foto, dentro da intensidade ideal de luz, foco, nitidez, etc. Aproveitávamos o lugar, sentindo-o e admirando-o. Lembro-me de quando encontramos um grupo de japoneses na Índia, num sítio arqueológico. Provavelmente viajavam meio mundo em duas semanas, não tendo tempo de sentar e aproveitar. Tinham que fotografar tudo para, quem sabe um dia, quando tivessem tempo, aproveitarem as fotos. Mas o momento real da imagem já havia se passado. É preciso se policiar com uma máquina fotográfica digital em mãos.

Em Palmyra encontramos os australianos Haydn e Dianne, aqueles que influenciaram nossos planos quando os visitamos na Austrália. Foram eles que, de certa forma, nos trouxeram por esta estrada. Eles ainda haviam comentado que possivelmente estariam na mesma época por essas bandas. Sabendo disso, planejamos esse encontro.

Fizemos outra grande amizade. Foi com um camelo, filhotão ainda. Era inteiramente branco e desinibido. Para chegar até ele, tomando cuidado para que não fugisse, fui caminhando lentamente, quando quem veio ao meu encontro foi ele. Se tivéssemos mais espaço no Lobo sem dúvida teríamos levado aquele filhote.

Na capital do país, Damasco, comemos o último Shawarma – carne de galinha enrolada em um delicioso pão sírio – e seguimos para a Jordânia.

Debaixo de um sol de rachar do meio-dia, após duas horas de burocracia e pagamento de taxas, estávamos oficialmente dentro do Reino Hashemita da Jordânia. Sentíamos sempre uma sensação gostosa, a de cruzar mais uma fronteira, pois esse era um de nossos maiores calos. Fronteiras nos arrepiavam. Não víamos a hora de terminar com aquilo e poder seguir em frente, estando legalmente num novo país.

Seguimos para a capital Amã e no caminho, numa passagem rápida, contemplamos um pouco das ruínas romanas de Jerash, que estão em ótimo estado de conservação. Em Amã não ficamos por muito tempo, pois é uma das cidades do mundo árabe mais caras para se viver. Não era lugar para nós.

O Monte Nebo sim era o lugar. Situado logo ao Sul de Amã, é perfeito para acampar. De acordo com a Bíblia, foi bem ali que Moisés contemplou a Terra Prometida antes de morrer, aos 120 anos de idade. Por ser alto, pode-se avistar o Mar Morto à esquerda; uma vasta planície cortada pelo Rio Jordão, local onde Jesus foi batizado por João Batista, à direita; e lá no fundo, com a sorte de um céu limpo, Jerusalém, em Israel. No outro dia, foi para lá que fomos.

Sem carimbos, por favor

Deixamos nosso carro estacionado na Jordânia e fomos a Israel mochilando. Na fronteira, pedimos aos agentes da imigração que não carimbassem nosso passaporte. Por já terem ciência do motivo, nem foi difícil convencê-los. É que países árabes das proximidades, inimigos assumidos de Israel, caso descobrissem nossa passagem por ali, poderiam simplesmente nos barrar ao visitá-los. O motivo é simples: visitou Israel, não pode entrar em seus países. Fico imaginando o que os israelenses pensaram quando viram que nosso passaporte foi renovado em Teerã, no Irã. Na verdade, Israel não liga muito, quem cria esse problema são os árabes.

O Estado de Israel foi fundado em 1948 e tem como capital Jerusalém. Esse é mais um local no mundo onde os conflitos são constantes, pois palestinos defendem que o Oriente de Jerusalém deveria ser cedido a eles – uma reivindicação apoiada até pelas Nações Unidas.

E a tensão é evidente dentro de Israel – um pequeno país (do tamanho do estado de Sergipe) que possui, aproximadamente, 700 quilômetros de muros, assim como eram os de Berlim. A passagem para o outro lado só pode ser feita pelos pontos de controle – os famosos checkpoints. Ali trabalham jovens militares israelenses, muitos dos quais são mulheres. Eles são fardados em estilo fashion e armados com artilharia pesada. Muitas dessas armas são produzidas no próprio país e, devido ao treinamento rigoroso, Israel possui uma das mais bem reputadas forças de combate do mundo, tendo defendido o país em cinco grandes conflitos desde a sua criação.

Para se ter uma ideia, no curso de toda sua história, Jerusalém foi destruída duas vezes, sitiada 23 vezes, atacada 52 vezes e capturada e recapturada 44 vezes.

E seja lá pelas mãos de quem já tenha passado essa cidade, ela é encantadora. A parte antiga, que se situa no coração da cidade, é muralhada ao seu redor e possui quatro quarteirões distintos. Cada um é reconhecido por uma das três grandes religiões monoteístas: o islamismo, o cristianismo e o judaísmo – que diferem suas crenças com relação à história de Jerusalém. Embora armênios sejam também cristãos, um dos quatro quarteirões é o bairro armênio.

Nas crenças muçulmanas, o Monte do Templo é conhecido como "o mais remoto santuário", de onde o profeta Maomé, junto ao Anjo Gabriel, fez a Jornada Noturna ao Trono de Deus.

Aos cristãos, Jerusalém é a cidade dos Lugares Santos associados a passagens da vida de Jesus. Hoje são locais de peregrinação, prece e devoção. As tradições que identificam alguns destes sítios datam dos primeiros séculos do cristianismo.

Para o povo judeu, Jerusalém é santa. Escolhida por Deus em sua aliança com David, a cidade é a essência e o centro da existência e continuidade espiritual e nacional judaicas. Durante 3.000 anos, desde o tempo do Rei David e da construção do Primeiro Templo por seu filho, o Rei Salomão, Jerusalém tem sido o foco de preces e de devoção judaicas.

Nós tivemos uma experiência diferente. Como o carro ficou na Jordânia, tivemos que procurar uma pousada para pernoitar. E é muito comum, quando lotam os alojamentos, os locadores estenderem colchões sobre a cobertura dos prédios para hospedar um maior número de pessoas. Foi lá que dormimos, no centro histórico de Jerusalém, a céu aberto, podendo contemplar o pôr e o nascer do sol sobre monumentos importantes para as religiões, como a Mesquita de Omar, conhecida também como a Cúpula da Rocha. No islamismo, acredita-se que foi deste local que Maomé partiu em sua viagem ao céu. Também contemplamos ali o Muro das Lamentações, que é o único vestígio do antigo templo judaico destruído pelos romanos – local sagrado no judaísmo. Em frente ao muro, os fiéis oram, choram e depositam seus pedidos escritos em papel. Outros monumentos que nos cercavam foram a Via Crucis ou Via Dolorosa, que na crença cristã é o trajeto seguido por Jesus Cristo carregando a cruz desde o Pretório de Pilatos até o Monte Calvário; e a Basílica do Santo Sepulcro, onde Jesus, supostamente, fora crucificado e sepultado. Dormimos num lugar onde nossos corações se enchiam de energia positiva.

Nas andanças pela cidade, tudo nos fascinava. No lado cristão, numa sexta-feira, junto a milhares de fiéis, seguimos uma procissão na Via Dolorosa, parando e ouvindo preces em todas as Estações da Cruz. A procissão caminhou até a Igreja do Santo Sepulcro, onde dividíamos a emoção de tocar no local exato onde Jesus foi sepultado e de onde ressuscitou no Domingo de Páscoa. Foi lá naquele local, também, que ele foi crucificado. É um lugar que encanta não pelo que se vê, mas pelo que se sente.

E pela força do cristianismo no Brasil, foi no bairro cristão da cidade antiga de Jerusalém que aconteceu a maior quantidade de encontros com brasileiros de toda a nossa viagem.

Fomos ao Monte Sião, onde está situada a tumba de Davi; visitamos a sala onde foi realizada a Última Ceia e a Igreja Dormition Abbey, local onde Maria teria falecido; subimos o Monte das Olivas, de onde Jesus transmitiu alguns de seus ensinamentos; estivemos na Igreja de Dominus Flevit, que possui formato de lágrima por ser o local onde Jesus chorou; e conhecemos a Igreja de Maria Madalena e a Igreja da Agonia, dentre outros.

No lado judaico, sentamos por horas em frente ao Muro das Lamentações e ficamos admirando a vida por ali. O jeito de ser, de andar e de se vestir possui uma característica especial, principalmente porque nesta parte da cidade se vê muitos judeus ortodoxos.

No lado islâmico, infelizmente, não pudemos visitar a Cúpula da Rocha, pois é fechada para não muçulmanos. Dizem ser mais um lugar encantador.

Além de Jerusalém, fomos a Belém para visitar a Igreja da Natividade, uma das igrejas em operação mais antigas do mundo e onde Maria teria dado a luz ao Menino Jesus. Lá visitamos, também, a Gruta do Leite, que segundo crenças, Maria teria derramado uma gota de seu leite no chão.

Vimos tanta coisa nos quatro dias que viajamos pela região e era tudo de uma magnitude tão intensa, que nos sentíamos um pouco fora de nós. Era como se constantemente estivéssemos "no mundo da lua", distantes, pensativos, impressionados. Que aula de história e religião que tivemos.

Budismo, hinduismo, islamismo, judaísmo e cristianismo

Religião é assunto polêmico, assim como são a política e o futebol. São temas influenciados pela educação e pelo meio onde vivemos, onde as crenças e os valores de cada indivíduo acabam se diferenciando dos demais, o que gera divergências e conflitos.

A Michelle e eu, em nossa viagem, convivemos por longos tempos com o budismo, o hinduismo, o islamismo, o judaísmo e com o cristianismo. Em momento algum tivemos a pretensão de interpretar o que cada uma tem de certo ou errado. É claro que as experiências vividas entre as diversas culturas e religiões deixam as suas marcas e acabam influenciando nossos pontos de vista.

No budismo, encontramos uma paz incrível, seja nas pessoas ou dentro dos templos. Fomos bem recebidos sempre e ninguém se importava se éramos de outra religião. No cristianismo, visitamos igrejas lindíssimas, imensas, que mesmo sendo a casa de Deus e mesmo sendo nós cristãos, muitas vezes tivemos que pagar para entrar. Do hinduismo, jamais nos esqueceremos dos fascinantes rituais de purificação, como o do Vel Kavadi, que presenciamos na Malásia. No Islamismo, em uma oportunidade no Irã, tivemos que nos disfarçar de muçulmanos para poder visitar uma mesquita, pois só era permitida a entrada para pessoas adeptas ao islã. Diferentemente de todas as outras, sentimos que essa nos persuadia à conversão. Na Jordânia, perto da fronteira com a Arábia Saudita, três árabes que acampavam ao nosso lado nos convidaram para jantar e um deles, bêbado, nos disse: "Olhem, se vocês se converterem ao Islamismo, terão 20 camelos postos no Brasil, sem custo algum". Dei um desconto porque o uísque rolava à solta – e a religião deles não permite a bebida alcoólica.

No livro "Comer, Rezar, Amar", de Elizabeth Gilbert, me encantou a opinião da autora sobre a religião, o que me fez ler e reler diversas vezes o capítulo em que ela aborda a questão. Sua visão sobre o assunto representa aquilo que, hoje, eu defendo: acreditar ou não em Deus é uma opção. O motivo pelo qual acredito é simplesmente querer acreditar. Visualizo Deus da minha forma particular, assim como os aborígines, os índios e tantas outras civilizações acreditam em seus deuses – seres superiores que podem estar na forma de sol, lua ou serpente, que percorreram a Terra, deixando seus rastros. Acredito em Deus, sim, nesse ser superior a quem posso agradecer pela vida e também recorrer em situações difíceis.

A escritora escreveu com muita propriedade sobre a obsessão das diferentes religiões em deter a patente de direitos em relação à palavra de Deus, travando até guerras, quando a tarefa da religião é pura e simplesmente ajudar a quem decide aceitá-la, a se aproximar da divindade, independentemente do caminho escolhido. Em seu livro, ela escreve: "As escritas iogues dizem que Deus reage às preces sagradas e aos esforços dos seres humanos, qualquer que seja a maneira como os mortais decidirem venerá-lo – contanto que as preces sejam sinceras".

Fico pensando nessa defesa incessante que cada religião tem em relação a toda história e a forma de como surgiu o mundo. Se o mundo está aqui, porque não nos concentramos em usufruir dessa dádiva da melhor forma possível? Porque insistimos em procurar a etiqueta com o preço e onde foi comprado esse presente?

Mais uma das sete novas maravilhas do mundo

De volta à Jordânia, pegamos o carro e fomos ao Mar Morto. É um dos lugares mais baixos em relação à superfície terrestre, pois está situado a 428 metros abaixo do nível do mar, conforme informava nosso GPS. O calor era infernal e para nos refrescarmos entramos nas águas cuja concentração de sal é tão alta que não deixa os corpos afundarem. Esse mar possui uma concentração de sal dez vezes maior do que os demais. A média normal em outras regiões é de 3 gramas por 100 mililitros de água e no Mar Morto é de 30 a 35 gramas, a mais alta do mundo. Dizem que a vida é impossível nestas águas, seja em forma de flora ou de fauna. No tempo em que ficamos na água, fizemos umas fotos divertidas, como se estivéssemos debruçados na areia da praia lendo um livro, só que boiando, pois boiávamos mesmo, qualquer que fosse a posição que assumíamos. Sentimos na pele a razão desse mar possuir o nome de "morto".

Chegamos aos 500 dias de viagem e nada melhor do que estar

numa das novas Sete Maravilhas do Mundo para comemorar. Já havíamos ouvido falar por muitos, além de ter lido em livros e guias sobre estas ruínas, mas nada prepara o visitante para o que se vai realmente ver em Petra, sem dúvida um dos maiores tesouros desta região.

Petra é uma cidade esculpida em montanhas rochosas avermelhadas por um povo nômade oriundo da Península Árabe, os nabateus. A partir do século 7 a.C., sua presença foi expressiva nas terras que hoje abrangem o Sul da Jordânia. Eles construíram uma próspera civilização, beneficiando-se do controle das importantes rotas de caravanas entre a Mesopotâmia e o Egito. Era um povo inteligente, prático e estava sempre aberto a influências externas, procurando aprender com outras culturas. Essa mistura de características ainda pode ser vista na sua arquitetura. Com o domínio romano e a mudança das rotas comerciais, os nabateus foram à decadência. A bela cidade rosa avermelhada ficou abandonada, sujeita às ações inclementes do tempo.

Entra-se na cidade caminhando por um desfiladeiro com mais de um quilômetro de comprimento e, de repente, tem-se o primeiro vislumbre: Al-Khazneh, a Câmara do Tesouro, representada no filme Indiana Jones e a Última Cruzada (1989). Al-Khazneh tem sua fachada esculpida na rocha pura e possui 43 metros de altura por 30 metros de largura.

Esta é apenas a primeira das muitas maravilhas edificadas que compõem o complexo da cidade. São centenas de túmulos, obeliscos, templos e altares. Sem contar com os monastérios e um teatro com capacidade de acolher 3 mil pessoas, tudo entalhado na rocha. É surpreendente.

Últimos dias na Ásia

Antes de seguir viagem, paramos num açougue que só vendia frangos. Você escolhe a ave, ainda com vida, o açougueiro mata na hora, limpa e lhe entrega fresquinho, inclusive com os miúdos para preparar o aperitivo. Fizemos o frango frito ao alho e gengibre – um prato que tentamos igualar a um jantar que tivemos em Pokhara, Nepal.

Cerca de 80% do território jordaniano é coberto por desertos. O maior e mais famoso é o Wadi Rum, considerado uma das mais bonitas paisagens desérticas do globo. Há montanhas de calcário e granito que ultrapassam os 1.700 metros de altura e simplesmente emergem de vales arenosos em formas esculturais. Esse lugar, por dias, formou o pano de fundo dos nossos acampamentos.

E quando nos demos conta, estávamos em Aqaba, lugar onde nossa viagem pela Ásia literalmente acabava. Logo ali, do outro lado dessas águas cristalinas do Mar Vermelho, está o Egito.

Nosso plano inicial de estada na Ásia era de apenas sete meses. Porém, apaixonados por esse continente, acabamos ficando mais de dez. Mas como tínhamos importantes planos pela frente, como estar na época certa para ver os animais no Leste africano, tivemos que ir tocando em frente. Por isso, já deixávamos anotado em nossos rascunhos quais eram os países que iríamos voltar algum dia. Bem, quase todos.

8.
Leste da África

"É de manhã na África.
Ao que o sol nasce na planície,
a gazela acorda sabendo que
se não for mais rápida que o leão mais ligeiro,
morrerá.
É de manhã na África.
O leão acorda sabendo que
se não for mais rápido que a gazela mais lenta,
ele e sua família morrerão.
É de manhã na África
e é melhor você correr."

Texto traduzido do inglês de autor desconhecido.

Para nós, assim como para milhares de pessoas, a citação da palavra "África" sempre soa forte aos ouvidos. Deve ser por causa da sua misteriosa magia, da representatividade de um mundo primitivo e intocado, dos seus contrastes gritantes, com injustiça e extrema beleza andando de mãos dadas, do seu incrível depositário de histórias reais e imaginárias, seus povos, tribos e animais de grande porte.

A sensação de estarmos indo para a terra dos leões, naquele momento, não era superada por nenhuma outra emoção. Estávamos prestes a penetrar nos seus mistérios e lá ficar por praticamente um ano. Uma imersão de corpo e alma em sua intensa natureza e cultura.

Se iríamos conseguir cumprir à risca o nosso planejamento, ainda não sabíamos. Nossa vontade era visitar 21 países e percorrer mais de 50 mil quilômetros de estrada, mesmo sabendo que a maior parte delas está em péssimas condições. Do Nordeste desceríamos rumo ao extremo Sul, para então subir a Noroeste. Era chão que não acabava mais. Bom, pelo menos no mapa as estradas existiam.

Para trocarmos de continentes, bastavam 60 quilômetros de balsa pelo Mar Vermelho. Ops! Algo parecia errado nesta história. Entrando no Egito pela Península do Sinai ainda não estaríamos na África? Lemos pela segunda vez o material que baixamos da internet e, para nossa surpresa, o Egito, assim como a Turquia, são países transcontinentais e pertencem a dois continentes de forma simultânea. Seu maior território está na África, mas a Península do Sinai pertence à Ásia. A África começa só depois do Canal de Suez. Fazer o quê? Contrariar a geografia não dá. O jeito, então, foi esperar mais alguns dias.

A curta distância que separa a Jordânia do Egito pelo Mar Vermelho foi a mais maçante e demorada de todas as fronteiras. O translado de balsa e a papelada de aduana em ambos os lados nos custaram exatamente 24 horas, além de enormes aborrecimentos.

No lado egípcio, fomos obrigados a adquirir uma placa com números árabes. Até aí, tudo bem... Mas que dor de cabeça foi para consegui-la! No pagamento de algumas taxas, recordo-me de ter dado ao agente 600 libras egípcias, quando o custo era de 510 libras. Na cara dura, não devolveu o troco. Insisti e ele nem deu bola. Ficou se fazendo de desentendido, atendendo outras pessoas.

Sua atitude me fez ferver o sangue. Tentei falar com outros oficiais, mas não tinha jeito, ninguém respondia. Estavam encenando uma peça teatral muito bem ensaiada. Eu estava prestes a voar no pescoço de alguém.

Passou alguns minutos e um cidadão veio a mim e disse para eu esquecer aquele troco. Não adiantaria sacudir, espernear, pois esses caras eram assim com todo mundo. Acontecia com ele também, mesmo sendo egípcio. Ele tinha razão. Criar problemas com oficiais nesse país poderia piorar a situação e não precisávamos disso. Mas mesmo deixando o problema do troco para lá, íamos de um lado para outro e a coisa não andava.

Quando apresentamos nosso Carnet de Passages en Douane, uns sacanas alegaram que estava vencido. Não era verdade: esses documentos podem ser estendidos por um ano após a validade inicial e nós providenciamos isso na Malásia – o carimbo estava lá comprovando. Implicaram, então, dizendo que o carimbo não estava no lugar correto. Teríamos que refazê-lo num posto avançado do Automóvel Clube do Egito e para isso, claro, mais dinheiro nos cobrariam.

Lá fomos nós participar de mais uma história de não receber o troco. Mas o cara estava sozinho e já estávamos muito irritados para engolir mais um roubo. O fizemos devolver tudo, na marra, tintim por tintim. Acho que os egípcios pensavam que não sabíamos ler a sua escrita, preenchendo o recibo com um valor e pedindo outro. Mas nós a estudamos justamente com esse propósito – de evitar enganos –, pois já havíamos sido alertados que esses caras são ligeiros nas contas. O que até dá pra entender, pois foram eles um dos povos que desenvolveram a matemática, em 3.000 a.C.. Aliás, a numeração utilizada no Ocidente não se chama arábica? Ela é derivada da que o mundo árabe ainda utiliza e que tivemos de aprender: ٠, ١, ٢, ٣, ٤, ٥, ٦, ٧, ٨, ٩, que representam, nessa mesma sequência: 0, 1, 2, 3, 4, 5, 6, 7, 8, 9.

Entre mortos e feridos, passadas aquelas ٢٤ horas angustiantes, saímos ilesos no final, rumo, novamente, ao desconhecido.

Imensidão Azul Cristalina

A animação voltou quando percebemos que estávamos muito próximos do nosso destino mais desejado – o paraíso do mergulho.

Fomos a Dahab e lá negociamos um bom preço com o dono de uma pousada para, ao nosso estilo, usar apenas o estacionamento e os banheiros, pois sempre dormíamos no carro. O lugar era simples, mas muito aconchegante e para chegar ao mar precisávamos apenas cruzar uma ruazinha sem movimento.

Como fazia muito calor, logo que chegamos fomos nos banhar. Primeiro foi a Michelle, usando os únicos óculos de natação que tínhamos. Foi nadando, quase se arrastando sobre as pedras e ouriços das águas rasas e sem graça, até que, a menos de 15 metros da margem, gritou eufórica: "Roy, você não faz ideia do que estou vendo debaixo d'água!" – e desapareceu novamente. Das duas, uma: ou ela queria me enganar, fazendo um teatrinho sem graça, ou o local deveria ser lindo, pois sua expressão ficara diferente da que eu costumava ver em seu rosto.

Logo chegou a minha vez de perder o fôlego. Que espetáculo! No local onde a Michelle gritava entusiasmada, debaixo d'água, havia um abismo de onde se descortinava a visão de um imenso azul cristalino. Jamais havíamos visto algo parecido em nossas vidas. Havia corais de tantas cores que muitas nem saberíamos nomear. Eles coloriam e embelezavam o habitat de milhares de peixes, camarões, estrelas d'água e de milhares de seres do mar. E para ver tamanha beleza, não era necessário sequer pegar um barco, pois ficava debaixo do nosso nariz, quase encostado à praia.

Ao contrário de Nuweiba – a cidade da fronteira onde só tivemos aborrecimentos –, Dahab nos deu as boas-vindas ao velho Egito.

De tão maravilhados por aquelas águas, queríamos explorá-las melhor. Descemos alguns quilômetros ao Sul e acampamos num lugar que está entre os acampamentos Top 10 da viagem. Durante o dia, refrescávamo-nos mergulhando em três piscinas naturais de água cristalina, chamadas Three Pools, com a mesma quantidade de vida marinha que havíamos visto em Dahab. À noite, após o jantar, sentávamos num tapete de retalhos para tomar um chimarrão, tendo a visão prateada da noite de lua cheia. Como se não fosse suficiente, após o sol ter se posto, com a luz da lua fazendo seu turno, arraias vinham se alimentar de pequenos peixes a poucos metros de nós.

O tapete de retalhos, diga-se de passagem, foi paixão à primeira vista. A compra foi feita em Dahab a preço de banana e passamos a utilizá-lo muito, quase todos os dias, para jantar, tomar café, almoçar e jogar cartas. Esse é daqueles que não soltam as tiras.

A sensação que sentíamos nesse lugar, de prazer e satisfação, foi descrita pelo escritor, explorador e arabista inglês Richard Burton, que percorreu os países árabes no século 18. Ele a chamava de "kayf" – uma espécie de enebriamento, um saborear da existência animal, uma alegria da vida. Seu texto dizia: "Agora estamos sentados ouvindo a melodia monocórdica do Oriente, a suave brisa noturna, percorrendo os céus estrelados e as árvores copadas com uma voz de significado melancólico".

Aliás, da brisa noturna também temos recordações. Um fenômeno interessante que acontecia todas as noites. Ao entardecer, ao invés de refrescar pelo sol ter se posto, um vento quente soprava do mar para a terra, que chegava a dificultar nosso sono, fazendo-nos ficar por mais tempo curtindo o luar.

Na Península do Sinai localiza-se, também, o Monte Sinai. Segundo a Bíblia e a tradição judaica, no cume desse monte (a 2.288 metros ao nível do mar) Moisés recebeu de Deus as Tábuas da Lei contendo os Dez Mandamentos. Fizemos o cansativo percurso que supostamente Moisés teria feito até o cume, mil metros de ascensão, e imergimos na história. Estar em lugares onde ocorreram passagens bíblicas é algo que vai além do simples contemplar da beleza natural. É difícil de explicar, mas mexe com a gente. O sentimento é de que nosso reservatório de bondade e amor é recarregado.

Deixamos a Península do Sinai no exato momento em que, através de um túnel, passamos por debaixo de mais uma grandiosa obra do homem: o Canal de Suez. Este canal artificial possui uma extensão de 163 quilômetros e une o Mar Mediterrâneo ao Mar Vermelho, permitindo assim que embarcações que navegam entre a Europa e a Ásia não necessitem contornar toda a África pelo Cabo da Boa Esperança. Sua construção durou cerca de dez anos e envolveu 1,5 milhão de pessoas, das quais 125 mil morreram de cólera ou de outras causas. Diferentemente do Canal do Panamá, o Canal de Suez não possui eclusas, pois todo o terreno onde foi construído é plano e a diferença de nível entre os dois mares é muito pequena para interferir na navegação. Foi concluído em 1869 e o percurso dura entre 11 e 16 horas. Mais de 20 mil navios fazem este trajeto todos os anos, o que representa 7,5% do transporte marítimo mundial de mercadorias. O custo médio por navio para cruzá-lo gira em torno de 250 mil dólares.

Saímos do outro lado do túnel e agora sim estávamos na África, a menos de 100 quilômetros do Cairo, capital do Egito. E quando entramos no Cairo, logo cruzamos o rio que dá um charme incrível para essa cidade e é o segundo maior do mundo: o Nilo.

Não sei se é perceptível, mas até então o Egito só nos presenteou com fortes emoções. Começou com uma fronteira complicada, depois veio um mar cristalino, uma montanha que está escrita na Bíblia, uma tremenda construção do homem, o segundo maior rio do mundo e finalmente, lá na frente, avistamos as pirâmides.

O quê? As pirâmides? Assim, sem mais nem menos, aparecem as pirâmides do Egito? Foi isso mesmo. Emoção demais para nossos corações: lá no horizonte, inseridas num mundo contemporâneo, avistamos as três pirâmides mais famosas do mundo apontando para o céu. As Pirâmides de Gizé, uma das Sete Maravilhas do Mundo Antigo, ainda em pé. A diferença delas em relação às outras maravilhas é que não necessitam de historiadores ou poetas para descrevê-las: elas estão lá, firmes e fortes, resistindo ao tempo. Um provérbio árabe diz: "O Homem teme o tempo, e ainda o tempo teme as pirâmides". E Napoleão Bonaparte um dia bradou a seus soldados: "Do alto dessas pirâmides, 40 séculos vos contemplam".

A nossa visita foi feita em meio a centenas de turistas provenientes dos quatro cantos do mundo – todos buscando entender essas construções que desafiam a lógica. A maior, construída em 2500 a.C., chama-se Quéops por ser a tumba do Faraó Quéops. Estima-se que, para sua construção, foram utilizadas 2,6 milhões de pedras de calcário pesando, em média, 2,5 toneladas cada. As outras duas, um pouco menores, são do filho Quéfren e do neto Miquerinos.

Durante 4.400 anos, a Pirâmide de Quéops se manteve como a mais alta construção erguida pelo homem. Recorde batido somente em 1900, ano da construção da Torre Eiffel na França.

Visitamos também a Esfinge, uma interessante figura com corpo de leão e rosto humano. Com relação ao nariz quebrado da estátua, uma história que nos contaram explica que foi arrancado por balas de canhão da tropa de artilharia de Napoleão durante um treino de pontaria.

Embaixada do Sudão, no Cairo

No Cairo, tivemos algumas questões burocráticas para resolver. Precisávamos do visto do Sudão e ali seria fácil de conseguir. As embaixadas do Sudão em outros países eram mais exigentes, podendo levar até um mês para concedê-lo. Ali foi dum dia para o outro.

E aí vai uma fofoca: nessa mesma embaixada, no Cairo, amigos ingleses, que também solicitavam seus vistos para o Sudão, conheceram um dos filhos da pessoa que fora a mais procurada de todos os tempos – de Osama Bin Laden. Ele também pedia seu visto ao Sudão. Disseram-nos que ficaram amigos e até trocaram números de telefones. Bom, novamente, foi o que ouvimos falar – talvez seja mais uma história de viajantes.

Mas essa agora é real: Osama Bin Laden foi capturado e morto no período em que eu escrevia este livro. Quando ouvimos falar do nome da cidade onde ele foi morto, Abbottabad, no Paquistão, corremos para consultar nossos diários e constatamos: não apenas passamos por lá como ali dormimos uma noite, ao lado da estrada, num pátio baldio. Será que Bin Laden viu nosso carro estacionado?

Deserto do Saara egípcio

Recebemos um novo Carnet de Passages en Douane do Automovil Club de Venezuela pelos correios e, para dar um tempo às maravilhas históricas, fizemos uma imersão no Deserto do Saara egípcio contando apenas com um mapa para GPS chamado Tracks4Africa – muito bom, com trajetos fora de estrada, criados por outras expedições.

Num desses trajetos – ou trilhas, para melhor defini-los – lemos que havia uma paisagem sobrenatural: um deserto branco e um negro. E foi atrás deles que partimos. Só esqueceram-se de nos informar que o lugar era tão inóspito e de difícil acesso. Adentramos o deserto mais de 200 quilômetros em pura areia, longe de tudo. Estávamos sozinhos.

Logo nos primeiros quilômetros, baixamos consideravelmente a pressão dos pneus. Isso ajuda muito, pois com os pneus murchos, sua área de contato com o solo aumenta e, por não estarem tão duros, não cavam a areia. Baixamos os dianteiros de 45 PSI para 20 PSI e os traseiros de 65 PSI para 25 PSI. A marcha reduzida foi necessária em cerca de 70% do trajeto, pois a areia fina do deserto pesa muito para um carro já pesado como o nosso.

O hodômetro evoluía forte, mas não víamos qualquer sinal de vida. Até que, em uma mudança de rota, atolamos o carro numa areia tão fofa que foi até o talo do diferencial. O Lobo da Estrada com suas três toneladas, literalmente, sentou na areia. O pior foi que o sol do meio-dia refletia a brancura e nos deixou numa situação ainda mais difícil, pois roubava qualquer possibilidade de sombra. A temperatura passava dos 45ºC. Pelo menos tínhamos tempo...

O inconveniente dos desertos na hora de desatolar um veículo é que neles não existem árvores para se amarrar o guincho. Mas se fosse mesmo preciso usá-lo, poderíamos enterrar um pneu estepe e utilizá-lo como âncora na extremidade do cabo de aço. Mas isso nos daria muito trabalho.

Nossa opção foi pela forma mais simples. Com um macaco mecânico de alta elevação (high-lift-jack), macaqueamos as rodas traseiras até que saíssem por completo da areia, uma de cada vez. E debaixo delas colocamos pranchas de aço (sand-tracks) – essas que ficam presas na lateral de nosso motor-home e servem justamente para essas situações. Por estarmos enterrados em uma areia muito fofa, reduzimos ainda mais a pressão dos pneus e, sem hesitar, em segunda reduzida, arranquei o Lobo daquela encalhada. Foi um alívio!

Quanto mais avançávamos pela trilha mostrada no GPS, maior era a nossa encrenca: houve uma hora em que não tivemos alternativa segura e a única opção foi adentrar numa barreira de quatro quilômetros de dunas, acelerando forte para não perder o que os pilotos do Rally Dakar chamam de "momentum" – "força cinética" em português – para não encalhar novamente. Tamanha era a nossa ansiedade e apreensão, que nem filmamos ou fotografamos.

As dunas eram altas e com inclinação acentuada. E o que as tornava um relevo perigoso para dirigir é que dificilmente reconhecíamos sua forma, com depressões e elevações. Víamos um mar de areia bege, tudo da mesma cor, o que deixava as bordas indecifráveis. Cegados por este efeito monocromático, caímos num buraco enorme, o que poderia facilmente ter feito o carro tombar.

Esse mar de duna, um verdadeiro duelo contra a areia e o destino, foi uma aventura off-road para jipeiro experiente nenhum botar defeito. Em nosso caso, diferentemente de uma prova de Rally, se algo mais sério acontecesse não havia mais ninguém que soubesse o nosso paradeiro. Acho que exageramos. Há uma frase de Washington Olivetto que diz: "A aventura pode ser de uma porralouquice total, mas o aventureiro tem que estar consciente." Subestimamos o deserto.

O Deserto Branco se protege sozinho das ações humanas criando imensas barreiras para dificultar suas entradas. Por isso, o prazer em descobri-lo se torna ainda maior. Expostas à ação do vento, sensíveis formações em giz – rocha sedimentar porosa constituída de carbonato de cálcio – foram e continuam sendo esculpidas em maravilhosas formas que parecem brotar da areia. A formação que mais apreciamos foi a que representava uma enorme árvore. Valeu o risco e o esforço despendido.

Hassle free shop

Retornamos à civilização na cidade histórica de Luxor, conhecida por suas atrações arqueológicas, como o Vale dos Reis e os templos de Karnak, de Luxor e de Hatshepsut. Chegamos empolgados, com vontade de ver tudo, mas os preços altos, a grande quantidade de turistas e a atormentação dos egípcios nos fizeram decidir visitar somente o Vale dos Reis. Um amigo austríaco disse que "parece que certos povos só nos enxergam como dólares ambulantes". Também tenho essa impressão.

Lembro-me de que no Vale dos Reis, guardas locais, com um sorriso falso, se ofereciam "gentilmente" para fotografar os turistas. Constrangidos em dizer não, os estrangeiros aceitavam e só conseguiam pegar a máquina fotográfica de volta se pagassem. Isso aconteceu em nossa frente com uma família europeia. A gente se irritava pelos outros. Aconteceu também com um japonês: o coitado era muito educado para mandar o achacador para o espaço, então tomei as rédeas da situação e fiz o meu trabalho de justiceiro internacional.

Em todo o Egito, se demonstrarmos interesse por algum produto das lojas de souveniers, estamos ferrados. Fica difícil ir embora sem levar nada por causa da excessiva insistência do vendedor, que fica bravo se não compramos. O sistema tornou-se um caso sério e muitas das lojas, hoje, tentam melhorar sua reputação ostentando placas com os dizeres: "Hassle free shop", ou seja: "Loja livre de azucrinação". Em certa ocasião falei a um egípcio que quando ele parasse de usar o método de forçar as vendas aos ocidentais ficaria milionário. Mas parece que o sistema de venda "empurrômetro" está no DNA desse povo.

De Luxor até Aswan foram 180 quilômetros por uma estrada onde, normalmente, os estrangeiros só passam escoltados, devido a sérios problemas ocorridos no passado. Pela falta de viatura oficial, encaramos o percurso nós mesmos e tudo transcorreu normalmente.

ENCONTROS INESPERADOS

Num cyber café em Aswan, quando fazíamos os primeiros contatos para ir de balsa ao Sudão, pelo Lago Nasser – a única forma de cruzar do Egito ao Sudão – recebemos um e-mail de dois suecos, Gustav e Kristina, que viajavam de Land Rover de seu país até a África do Sul. Eles estavam inseguros em cruzar o Sudão sozinhos, então se ofereceram para fazer-nos companhia neste percurso. Descobriram nosso e-mail quando viram o nosso carro estacionado em algum lugar em Luxor. Para nós isso era sempre um motivo de alegria. A companhia de um casal de viajantes ajudava a mascarar a saudade de casa, da família e dos amigos.

A Michelle e eu conversávamos muito sobre esses encontros com outros viajantes. Lembrávamo-nos das diversas vezes em nossa vida que tentamos marcar uma viagem ou um fim de semana prolongado com nossos melhores amigos e foi sempre difícil. Um tinha que trabalhar, outro estudar, ir a um casamento e assim por diante. Nessa viagem, mal havíamos dado um aperto de mão para nos apresentar a outros viajantes e já estávamos traçando planos para percorrermos juntos caminhos que às vezes chegavam a durar um mês. O recorde foi de três meses, na companhia de um casal alemão.

Viajar com pessoas de outros países, por longos períodos, é um exercício de convívio amigável, de resistência e de paciência. É ótimo, mas não é simples. É preciso ser muito flexível, pois as diferenças de realidades e de culturas são enormes. Cada cabeça, uma sentença. Além disso, quem realiza uma viagem transcontinental normalmente tem personalidade forte. Estávamos todos aprendendo a ceder e a ser tolerantes uns com os outros – um grande aprendizado.

Sinto saudades de todos esses amigos de estrada. É uma pena que mesmo com a comunicação facilitada pela internet, temos tanta dificuldade em manter essas amizades acesas. Talvez até por ser tão fácil, ela perca a importância. Eu admiro a minha mãe, que pelo menos uma vez por ano ainda envia cartas aos seus amigos estrangeiros – e olha que ela está há muito mais tempo sem vê-los. Dificilmente fica sem resposta.

Cultivar uma amizade, nos dias de hoje, tornou-se um grande desafio. O Facebook está aí para facilitar, mas é muito superficial.

Juntos, organizamos o despacho dos carros, que viajariam numa balsa enquanto nós iríamos noutra como passageiros. Sabíamos que seria caro, então fomos preparados para a negociação. Mais preparados que os europeus, pois os altos preços parecem ser mais difíceis de pagar para nós do que para eles, especialmente se forem escandinavos. E logo de cara a empresa de transporte fluvial queria nos cobrar o dobro do preço que custaria o despacho do carro do Gustav, somente pelo fato de o Lobo ter meio metro a mais de comprimento. Não tinha lógica! Solicitei uma revisão na medida, já que os dois carros eram da mesma marca. Fomos lá, eu e o gerente com quem negociava.

"Roy, você me ajuda a medi-lo?", perguntou. "É só segurar a trena na parte traseira do teu carro e eu meço até na frente". "Claro!", eu disse.

No que o gerente caminhou até a outra extremidade do carro, dei uns passinhos para frente, coincidentemente aquele meio metro que excedia. E funcionou. "Cinco metros", ele confirmou. "Podemos fazer o mesmo preço do outro". Fiquei tão feliz que dei um abraço no senhor muçulmano.

Teríamos ainda quatro dias até nossa partida, pois as balsas viajam somente uma vez por semana. O Gustav e a Kristina, nesse tempo, dormiam num hotel, enquanto eu e a Michelle perambulávamos pela cidade até as 17 horas – horário em que o sol reduzia sua intensidade – e armávamos nosso acampamento num esconderijo às margens do Rio Nilo.

Quando precisávamos de internet, estacionávamos nosso carro em frente ao hotel dos suecos e ficávamos ali, trabalhando, já que eles nos forneceram a senha de acesso da rede wireless.

Nossa travessia pelo Lago Nasser durou 17 horas e a dos carros, umas 40. Partimos à noite. Noutro dia, doloridos do chão duro onde dormimos, quando ainda navegávamos às margens do lago, ainda no lado egípcio, avistamos o complexo arqueológico Abu Simbel, composto por dois templos escavados na rocha. O incrível sobre esses dois templos muito bem preservados é que eles não estão em seu local original. O complexo foi transladado durante a década de 1960, com a ajuda da Unesco, com o objetivo de evitar sua submersão quando a barragem de Aswan foi construída. Esta operação, que removeu pedra por pedra, teve um custo de 40 milhões de dólares. Os monumentos foram transferidos para uma montanha artificial a 61 metros acima da posição original e cerca de 200 metros mais longe da margem do Nasser.

Em Wadi Halfa...

- Passaporte!, murmurou o oficial sudanês, sem olhar para a cara do Gustav, ao que ele entregou o documento.

- País?

- Suécia.

Pamhhh foi o barulho do carimbo e o Gustav pôde seguir.

- Próximo! Passaporte!, gritou o mal-humorado, ao que a Kristina seguiu suas instruções.

- País?

- Suécia.

E pamhhh novamente, o que liberou a Kristina.

- Passaporte!

A Michelle entregou seu passaporte.

- País?

- Brasil.

Num relance, olhou para ela e perguntou com um sorriso:

- Quem aqui é brasileiro? Ronaldo? Ronaldinho? Conhecem?

Ficamos felizes com aquela recepção, mas incomodados com a situação que aquilo gerou perante nossos amigos. É que ser brasileiro faz uma diferença tremenda. Não que nosso passaporte seja bem aceito legalmente, sem precisar vistos, mas o brasileiro é bem recebido como pessoa, como sambista ou jogador de futebol. Temos sim um tratamento mais amistoso.

Nosso translado do porto até a cidade foi num táxi Land Rover, daqueles de mil oitocentos e antigamente, onde dividimos espaço com muita gente. O motorista nos levou até um hotel de chão batido, pois nosso carro chegaria somente noutro dia.

O Sudão é um país predominantemente muçulmano, portanto naquele hotel não era permitido que homens e mulheres dormissem juntos. Cada um tinha sua ala separada. Mas à noite, de tanto calor que fazia, puxamos as camas para um pátio a céu aberto e dormimos todos contemplando as estrelas. Quando falo todos, me refiro até aos outros tantos hospedes muçulmanos.

O nosso livro de viagem descrevia Wadi Halfa como uma cidade decadente (vale a pena visualizar no Google Maps a cidade em imagem de satélite), um nada no meio do nada. Parte disso é verdade, mas nós adoramos aquele lugar. De dia, devagar, quase parando, quente e desértico. Mas à noite, muita vida nos restaurantes e nas ruas. Todos saem, negros e brancos, e disputam um lugar para assistir a algum programa nas TV's comunitárias.

Nos restaurantes, a comida típica é o "ful", um feijão similar ao nosso, servido com nozes. Existe também o "bush" – um caldo ralinho. O nome surgiu na época em que o governo americano, presidido por Bush, impôs sanções ao Sudão, o que deixou o país ainda mais pobre. Que nome mais sugestivo! Nas ruas, mulheres preparam chás para todos os gostos.

Os carros chegaram e o nosso malmente aparecia em meio à muamba. Fora os dois carros, o ferry trouxe tanta mercadoria que nele não cabia mais nada. O pior foi que a lateral do Lobo serviu como parede de apoio a tudo aquilo. Não havia como sua lataria sair ilesa dali. Mas não seria isso que estragaria a nossa boa impressão dos sudaneses.

Quando tudo estava pronto, adentramos no deserto. Parece-me que a rodovia ao Norte do Sudão hoje já está asfaltada, ou pelo menos quase. Mas quando nós a cruzamos, em agosto de 2008, nos deparamos com um deserto sem fim. Foram três dias de deslocamento em buracos e muito pó, que de tão fino mais parecia uma araruta e, por isso, entrava por todas as frestas do Lobo. Os Toyoteiros dizem que se soltarmos um gato dentro de um Land Rover e fecharmos todas as portas e janelas, ele dará um jeito de sair, de tanta fresta que existe. Eu concordo.

Esses desertos nos fazem dirigir numa média baixa e mesmo assim podem ser traiçoeiros. A estrada some constantemente e o que resta são apenas rastros que confundem nossa decisão sobre qual direção seguir. De repente, nem rastros havia. Seguíamos nossa intuição e o GPS.

Só para se ter uma ideia do que é isso, ainda em Wadi Halfa ouvimos histórias não muito animadoras. Poucas semanas antes alguns sudaneses haviam se perdido e morrido no deserto. O calor excessivo e a aridez são os principais inimigos.

Durante a viagem, esporadicamente avistávamos o rio Nilo e a vontade de banhar-se em suas águas era muita. Só que muitos rios e lagos africanos não são recomendados para o banho por abrigarem um verme chamado esquistossomo – parasita de um caramujo que vive no capim a beira d'água e transmite uma doença perigosa ao ser humano, a bilharzia ou esquistossomose.

Nossos acampamentos nesse deserto foram, em geral, agradáveis. Num deles, próximo a uma vila, chegou um senhor para ver quem éramos. Logo veio o segundo, o terceiro, o décimo, o trigésimo e todos eles – homens, mulheres e crianças, vestidos com suas roupas tradicionais – agacharam-se a um metro de nós e ficaram mais de três horas nos assistindo. Reparavam em tudo o que fazíamos, riam e cochichavam. Um povo muito querido.

Mas isso, claro, é gostoso por um período. Depois de três horas, pedimos nossa privacidade, educadamente. Sempre prestativos, entenderam e devagarzinho foram voltando para casa, como se o programa predileto de TV tivesse terminado.

Não há dúvidas de que uma das principais atrações do Sudão é o seu povo humilde, hospitaleiro e trabalhador. Sendo assim, custa-se a acreditar que Darfur, na região Oeste do país, tenha sido palco de um dos maiores conflitos da atualidade, entre a população árabe e a não árabe. Décadas de secas somadas à superpopulação estão entre as principais causas dos conflitos. Os nômades árabes, à procura por água, levam seu rebanho para o Sul, uma terra ocupada predominantemente por comunidades agrárias de negros africanos.

A mídia descreveu o conflito como um caso de "limpeza étnica" e de "genocídio". Os EUA também consideraram genocídio, o que é compreensível, pois não se bicam com o governo do Sudão, o qual, às cegas, suporta os Janjawid – milícias criminosas que operam em Darfur, compostas por africanos nômades de fala árabe. Já a China, grande parceira comercial do governo sudanês, defende o país em todos os fóruns internacionais que abordam o tema. Obviamente por trás disso há grande interesse na exploração do petróleo sudanês. Como curiosidade, segue abaixo um trecho da matéria do jornalista Johann Hari do The Independent divulgada no jornal Folha de São Paulo em 8 de outubro de 2005.

"Finalmente, o genocídio no oeste do Sudão está quase terminado. Há um problema, porém: o genocídio está chegando ao fim apenas porque não restam negros para matar ou submeter à limpeza étnica. No esforço para "limpar" o oeste do país de "zurgas" - termo que pode ser traduzido como "crioulos" -, o governo da Frente Islâmica Nacional já exterminou mais de 400 mil deles e expulsou outros 2 milhões de prostitutas. As milícias racistas governamentais, conhecidas como Tarzan, adorariam continuar a matar e devastar, no entanto, os povoados negros já foram todos queimados, e todas as mulheres negras já foram estupradas. O primeiro genocídio do século XXI transcorreu sem transtornos, e os genocidas venceram".

As recentes notícias desse país são animadoras. No dia 9 de julho de 2011, o Sudão do Sul proclamou sua independência, criando assim o país número 193 do planeta reconhecido pelas Nações Unidas. A separação teve apoio de quase 99% dos eleitores no referendo e a expectativa é de que a divisão Norte-Sul acabe com os conflitos.

Apesar de ainda ser sinônimo de guerra civil, fome e escravidão, o verdadeiro Sudão é desconhecido pelo mundo. Poucas pessoas sabem da sua cultura riquíssima e história, que data de mais de 4.000 anos, abrangendo a mais antiga civilização negra da África. Suas terras pertenciam ao Reino de Kush, muito importante e influente nas relações comerciais com os faraós egípcios e até mesmo com os imperadores romanos, aos quais supria com elefantes, girafas, leões e outras mercadorias exóticas de suas terras tropicais. O legado deixado por esse império é uma impressionante quantidade de sítios arqueológicos, como templos, tumbas, palácios e muito mais pirâmides do que o próprio Egito tem.

Em Karima apreciamos um pouco dessa história, mas um acontecido nos deixou um pouco constrangidos. Vimos as lindas pirâmides de longe e fomos nos aproximando delas com nossos próprios carros, já que não havia nada que as delimitasse, como alguma cerca ou portão. Como estava muito quente, quando chegamos armamos um toldo para fazer sombra e nos jogamos em nosso tapete para relaxar. Pretendíamos inclusive acampar ali, ao lado das pirâmides. Só não sabíamos que era proibido. Para vê-las, seria preciso adquirir permissões na capital do país e jamais poderíamos ter ido de carro até lá. Então, não deu outra: veio a polícia e nos expulsou de lá. As pirâmides do Sudão são menores que as do Egito e são várias, uma perto da outra. Dizem que estão mais preservadas.

Nossa aventura pelo deserto terminou após mais de 300 quilômetros de trilhas empoeiradas, quando caímos numa rodovia asfaltada de ótima qualidade. Os pequenos vilarejos transformaram-se na maior cidade do país – a capital Khartoum. Era sempre bom encontrar um pouquinho de infraestrutura, onde reabastecíamos a despensa, solicitávamos vistos para os próximos países e tratávamos de fazer manutenções no carro. Ali foi a vez da embreagem que, devido ao constante uso e ao extremo calor, teve o cilindro danificado.

A paisagem do Sudão mudava drasticamente quanto mais ao Sul nos dirigíamos. O deserto da Núbia deu lugar às savanas e florestas tropicais. As primeiras nuvens apareceram e não demorou muito para despencar o céu em água. Brincamos que teríamos até que pesquisar o que era aquilo, de tanto tempo que não víamos. Lembramos que chamávamos isso de "chuva". E então percebemos que tudo parece ser mais bonito e feliz quando a água está presente em abundância.

País dos "cara queimada"

Entramos, então, na Etiópia.

Etiópia é uma palavra grega que significa "o país dos cara queimada". Sua história começa muito antes do que conseguimos imaginar: 4,5 milhões de anos a.C., comprovado por meio de fósseis de ancestrais humanos, como o de Lucy – o mais velho e completo hominídeo já descoberto no mundo (3,2 milhões de anos). Esse país também foi lar de uma das primeiras civilizações cristãs.

A Etiópia, um dos únicos países africanos que escapou da colonização europeia, mantém firme a sua identidade. Apesar de tão rica em história, cultura e natureza, permanece tão pouco conhecida para o mundo.

Realmente, tivemos que ir até lá, romper qualquer paradigma e numa cafeteria experimentar um dos melhores cafés do mundo. Aliás, foram dessas terras altas que essa bebida mundialmente conhecida difundiu-se para os outros continentes, no século 9º.

E o que nós sabemos desse lugar? Apenas o que a televisão nos mostra: miséria, seca e fome. Essa visão é resultado da mídia ou mesmo do público, que valoriza mais notícias que trazem derramamento de sangue do que coisas boas. Escapa dessa triste realidade o último dia do ano, na Corrida Internacional de São Silvestre, quando geralmente escutamos que um etíope cruzou a linha de chegada entre os dez primeiros lugares.

Aldous Huxley escreveu: "Viajar é descobrir que todo mundo está errado sobre os outros países". Dou razão a ele. Aconteceu conosco em boa parte dos países que conhecíamos somente pelo nome e mapa.

Mas a fome, claro, é uma cruel realidade. Sua origem vem de vários fatores: alto crescimento populacional, atualmente o dobro de outras regiões do mundo; fechamento da fronteira com a Eritreia devido à guerra Eritreia-Etiópia, o que prejudicou o fluxo do comércio, pois a Etiópia não possui litoral; conflitos em várias áreas, o que, além de reduzir a produção agrícola, representa uma ameaça para o desenvolvimento do país.

Imagine que se forem mantidos os índices atuais de crescimento populacional, dentro de 28 anos a população etíope tende a dobrar. A baixa segurança alimentar, a posse de terras seguida de degradação ambiental e a dificuldade de abastecimento de água são problemas que se desencadeiam dessa questão demográfica. Na economia, o freamento do rendimento per capita e a falta de recursos para o investimento humano, como educação, saúde e outros serviços, pioram a situação. A escassez de recursos numa civilização que cresce tanto ainda gera a instabilidade social.

Percebemos uma grande diferença entre o Sudão e a Etiópia logo que cruzamos a fronteira: pessoas por todos os lados, muita movimentação, chuva, lama e crianças esquálidas, quase sem roupas e descalças faziam parte do cenário etíope. Mas foi com alegria que nos receberam. As crianças corriam ao lado do carro e gritavam "you, you, you, you". Todas, sem exceção. Gritávamos o mesmo em resposta.

Descobrimos, com o passar dos dias, que para transitar de carro na Etiópia tínhamos que ter pedras no colo, além da cetra ou estilingue. É que nos tornamos alvo da criançada. Quando víamos que alguém mirava uma pedra em nosso carro, reduzíamos a velocidade e ameaçávamos contra com nossas pedras. A reação deles era igualzinha a de um cachorro, que late, late, late, mas quando o enfrentamos finge que nada aconteceu ou sai correndo com o rabo entre as pernas. Foi divertido, pois era uma batalha "sem maldade".

Visitar a Etiópia, de certa forma, é como ir para a Índia. É preciso se preparar psicologicamente para aproveitar as coisas boas. Certamente acontecem coisas desagradáveis durante o dia, mas não se pode deixar abater.

Em certa ocasião, um fato engraçado aconteceu quando acampávamos: um nativo veio a nós e nos pediu um pote para beber água, pois ali ao lado passava um riacho. Tínhamos uma garrafa de plástico de seis litros e não a usávamos mais. Oferecemos o presente e ele pareceu feliz. Encheu-a com água, tomou um gole e seguiu para a montanha. Mas no caminho, ainda na parte baixa, vimos que ele escondeu a garrafa no matagal, talvez para pegá-la outro dia, e seguiu subindo o morro. De repente, lá do alto, começou a bradar alto: "aphs dlfj pqjo elkw...". Claro que não entendemos nada.

Dez minutos se passaram e então começou a chegar gente – uma vila inteira, ou quase isso, nos fazia o mesmo gesto para pedir pote ou copo para beber água.

Interpretamos que aqueles brados teriam sido para avisar toda a vizinhança que lá embaixo uns caras bem legais estavam distribuindo garrafas d'água. Sem dúvida deve ter sido também "sem maldade".

Em muitas paradas recebíamos visitas dos shepherds – crianças, jovens ou adultos que passam o dia com seus rebanhos. Um detalhe: muitos portam metralhadores kalashnikov – sobras da guerra. Armamento pesado mesmo. Se estavam carregadas, não sei, o fato é que nunca recebemos ameaças além das pedras. Dizem que as armas são para proteger seus rebanhos contra ladrões de outras tribos.

Dirigíamos num ritmo lento, numa velocidade controlada pelo barro, buracos e animais. No Norte do país, subimos e descemos serras com vegetação muito verde.

Ficamos encantados com as Montanhas Simien. Tanto que hoje, a cada instante, a Michelle fala que quer voltar para lá. São altas, com mais de 4.500 metros. Acredite se quiser, pegamos neve numa caminhada rumo ao segundo maior pico. Não estávamos preparados para o frio, tampouco para a umidade da neve, então para proteger a nossa máquina fotográfica, abortamos a investida.

Além da beleza do povo local, alguns animais também merecem destaque, como os walia ibex – cabra montesa da Etiópia e os babuínos gelada, que existem somente naquelas terras. Caminhamos a menos de um metro desses animais, que eram encontrados em populações numerosas.

Na charmosa capital Addis Ababa consertamos uma das lentes de nossa câmera fotográfica. A autofocagem havia parado de funcionar e não tínhamos ideia de onde mandar arrumar aquilo. A dica que nos deram foi melhor do que a encomenda: num país subdesenvolvido, ao precisar de algo do luxuoso mundo dos ocidentais, é só ir a um hotel internacional. Lá eles devem ter a experiência de resolver situações trazidas pelos hóspedes e não tão comuns no local. Tivemos sorte, pois o conserto não nos custou nada e ainda ganhamos duas pequenas baterias de 26 amperes, muito úteis para o resto da viagem. Além do mais, fizemos um bom amigo – o cara que nos ajudou.

ESQUERDA OU DIREITA?

Hora de ir para o Sul. Chegamos a uma bifurcação que nos oferecia duas opções. A mais fácil era descer pela rodovia principal e cruzar a fronteira por Moyale, para seguir pelo Quênia por uma rodovia asfaltada em más condições. A outra seria entrar no Omo Valley para seguir ao Quênia por um lugar que nem existe no mapa. A recomendação sobre a segunda opção era unânime: "Vão, desde que encontrem mais um carro para viajar em comboio". Ir por ali sozinhos seria furada.

Após algumas pesquisas, o percurso pelo Omo Valley se tornava cada vez mais irresistível para nós. Tomamos a decisão: a viagem deveria ser feita, mesmo que desacompanhados.

Esse lugar tão remoto no Sudoeste da Etiópia está repleto de tribos, culturas diferentes, histórias e paisagens fantásticas que não eram de se perder.

Abastecemos em Arba Minch, cidade com maior estrutura, e dali seriam mais de 1.300 quilômetros sem postos de combustível, oficinas ou outro tipo de apoio, por estradas que às vezes deixavam de ser estradas.

A cada quilômetro percorrido, tudo mudava. Estávamos nas regiões mais baixas, quentes e desérticas da Etiópia. Os primeiros contatos com as tribos foram da forma mais natural possível. De repente, sem mais nem menos, estávamos no meio deles, boquiabertos, impressionados em ver que aquele tipo de vida ainda existe e é real. Uma indescritível beleza selvagem. Para mim, foi um momento que mal consigo descrever. Entramos num mundo que parecia não ser o nosso.

Nosso desejo era de fotografar tudo. Mas, por outro lado, estávamos em dúvida, pois não queríamos invadir o cotidiano daquelas pessoas com nosso equipamento. O fato de estarmos entre eles, de sermos recebidos como iguais e de não sermos considerados alienígenas já nos era suficiente. Esse era um lugar onde mostrar uma foto do jogador de futebol brasileiro Ronaldo não iria fazer diferença nenhuma, pois ele deve ser um completo desconhecido aos locais.

Estávamos lá para ver as pessoas e conhecer suas culturas. Logo descobrimos que a melhor forma de encontrá-las seria nos mercados semanais, onde ainda é comum o escambo. Cada dia havia um mercado numa vila diferente.

Em Jinka, as mulheres da tribo Mursi se cobrem apenas com panos amarrados, partem seus lábios e orelhas para a colocação de grandes discos de barro. Nas suas peles, é comum vermos tatuagens feitas de modo primitivo e selvagem. Cortes propositais são deixados infeccionar e quando curados ficam em alto relevo. Os homens da tribo Ari usam apenas uma tanga colorida e se exibem com seus cabelos prá lá de esquisitos.

Em outra vila, Arbore, crianças também com belas pinturas no corpo corriam sem parar atrás do nosso carro.

Em Turmi ocorreu a nossa melhor experiência: perambulamos por mais de duas horas em meio à calorosa tribo Hamer, onde aparentemente fomos bem recebidos, ou melhor, nem fomos percebidos. As mulheres dessa tribo possuem um marcante estilo de cabelo: com resina e ocre enrolam seus cachos e os fazem especiais. Confeccionadas em couro colorido, adornadas com miçangas e conchas, as roupas não cobrem todo o corpo. Aos homens, quando matam um animal de caça ou algum inimigo, é permitido usar um adorno de barro nos cabelos por até um ano.

Para pernoitar, procurávamos lugares longe das vilas, simplesmente escondidos no meio da savana. Mas éramos sempre achados por pastores e seus animais. Em Key Afar, nosso acampamento foi invadido por nativos e crianças da tribo Banna. É claro que nunca perdiam a oportunidade de pedir alguma coisa: dinheiro, comida, bebida... Assim foi em toda a Etiópia. Essas visitas eram tão diferentes que jamais esqueceremos.

Mas de um acampamento, não me é fresca a memória. Perambulando pelo mercado de Jinka, aproveitamos para reabastecer nossa despensa com verduras e legumes. Enquanto comprávamos tomate, cebola, alho e limão, nos deparamos com um senhor fazendo cigarros de papel. A Michelle percebeu que ao enrolar os cigarros, similares aos palheiros que conhecemos no Brasil, ele fumava um industrializado. Acho que não tinha coragem de fumar os que produzia.

Perguntamos o preço. Era praticamente nada. Compramos uns cinco, só para fazer fumaça e espantar mosquitos, pois não somos fumantes.

Antes de deixar o mercado, no caminho para o carro, vimos diversas mulheres vendendo algo dentro de galões de plástico, o que nos despertou interesse. Fomos ver: era aguardente ou algo similar.

Esvaziei uma garrafa de plástico que usávamos para tomar água e pedi para a senhora encher o frasco com o líquido tentador. O crime estava perfeito – cigarro de papel e pinga. Nosso organismo nem mais sabia o que era álcool, pois não bebíamos há muito tempo. Imagine a noite que estava por vir.

Achamos um lugar escondido no meio da savana seca, estacionamos o carro e a Michelle foi fazer bolinhos de banana, enquanto eu produzia uma caipirinha etíope sem gelo. Acendi o cigarro de papel e ficamos lá, comendo bolinho de banana, fumando e bebendo caipirinha, na companhia dos dik-diks, pequenos antílopes africanos, do tamanho de um cachorro grande, que perambulavam nas redondezas.

Às dez da noite a Michelle resolveu entrar. Eu fiquei ali, curtindo a vida. E como dizia a velha canção: "Com a marvada pinga é que eu me atrapaio... Ali mesmo eu bebo, ali mesmo eu caio..."

Foi tiro e queda. Lá pelas três horas da madrugada levantei mais perdido que cego em tiroteio, completamente embriagado. Apoiei-me e chamei o Hugo... HUUUGOOO!!! Nem consegui entrar no carro. Minha sorte foi que consegui botar para fora todo aquele veneno.

O ÚLTIMO INJERA

Atravessado o Omo Valley, chegamos a Dimeka e Omorate, as últimas vilas. Lá vivem as tribos Galeb e Dhasanech. Carimbamos a saída nos passaportes, comemos o último injera (prato típico do país) e seguimos por uma estrada que parecia nos levar para o fim do mundo. Ali sim entendemos por que não nos foi aconselhado viajar sozinhos.

Em meio a uma savana castigada pela seca, nos demos conta de que não estávamos mais na Etiópia e sim no Quênia. Já haviam se passado centenas de metros da linha imaginária que divide os dois países. Se não fosse pelo GPS, nem saberíamos, pois nada indicava a transição. Nem pudemos nos legalizar, porque também não havia postos de imigração e aduana.

Ilegais, adentramos no Deserto de Chalbi, dirigindo sobre uma estrada terrível com pedregulhos enormes, que faziam a média horária ficar na casa dos dez quilômetros por hora. Essa estrada, em certos trechos, era a que o GPS nos indicava, pois desaparecia totalmente do contexto. E como tinha chão pela frente...

Viajávamos da manhã até antes de escurecer e quando parávamos para acampar queríamos chorar em ver que o hodômetro não avançara mais que 100 quilômetros.

No segundo dos três dias do percurso, nos perdemos. E esse lugar não tolera erros. Quando deveríamos dobrar para a direita, numa bifurcação, entramos à esquerda. Percebemos uns 20 quilômetros à frente, o que parece pouco, mas nesse tipo de estrada representa algo como 200 quilômetros no asfalto. Não queríamos nem pensar em voltar àquele lugar terrível, então decidimos ir em frente acreditando que a estrada da esquerda também nos levaria a algum lugar. Torcíamos que fosse ao Sul.

Lá pelas tantas, naquele tranquinho lento, do alto de um morro, avistamos um sujeito cuidando de uma tropa de camelos. Opa, uma chance para tentar alguma informação. Quando desliguei o carro ao chegar mais perto, num lance desesperado, o cara saiu correndo carregando um AK-47 nas costas e só parou quando conseguiu se abrigar atrás de um monte de pedras, como se fizesse daquilo a sua trincheira.

Que gelo me deu na barriga. O que será que ele pensou de nós? Que iríamos roubar o seu rebanho? Eu já estava fora do carro, totalmente desprotegido, então, muito lentamente, levantei os braços com as palmas bem abertas, torcendo para que esse gesto fosse mundialmente conhecido. Queria mostrar que havia ido em paz, desarmado e só queria conversar.

Ele entendeu, graças a Deus. Era um pastor, desses que quando partem com seu rebanho levam meses para voltar. Seu sorriso, quando viu que não representávamos uma ameaça, nos comoveu. Para tentar se comunicar conosco, todo entusiasmado, ele desenhava e gesticulava, como um ator de teatro. Estávamos no caminho certo.

O caminho era tão desolado que à noite podíamos simplesmente deixar o carro estacionado no meio da estrada. Ninguém passava por ali. Cobríamos os vidros com uma proteção térmica para amenizar o calor e eu pegava logo minha cetra que ganhei do amigo Marcos Müller e ia caçar.

Isso porque nossa dieta havia muito tempo não incluía um pedaço de carne. Aliás, o que nós brasileiros conhecemos por carne já fazia meses, quase ano, que não comíamos. E nosso corpo pedia, implorava por um pouco de proteína – principalmente o meu.

Eu catava as melhores pedras e ficava horas caçando passarinho. Mas diferentemente do provérbio que diz que "um dia é da caça e outro do caçador", todos "foram da caça". Não matei nada. Sorte que não dependíamos da minha habilidade como caçador para sobreviver.

No terceiro dia dessa longa viagem, quando já passava das 16 horas, dirigindo às margens do Lago Turkana (um dos cenários do filme O Jardineiro Fiel), cruzamos com o primeiro carro desde que entramos nesse país – um Land Rover. Como a estrada era estreita, eu mantive o carro bem ao lado direito, mas estranhei que ele se manteve do mesmo lado da via, ou seja, à sua esquerda. Estávamos a caminho de uma colisão sem ao menos entender o porquê. Então, amedrontado, ele jogou seu carro totalmente para fora da estrada.

Eu só gritei para a Michelle: "Descobre de que lado é o volante do carro dele!". E não deu outra: era na direita, pois no Quênia dirige-se em mão-inglesa, ao contrário da Etiópia. O cara deve ter ficado muito bravo. Deve ter xingado todo mundo lá em casa.

Essas inversões aconteceram durante toda a viagem. Ora eu dirigia na mão direita, ora em mão-inglesa. Quando inglesa, para confundir um pouco mais, eu dirigia do lado esquerdo da estrada em um carro desenvolvido para dirigir do lado direito. Com isso, perdia visibilidade, principalmente na hora de ultrapassar. A Michelle me ajudava nessas horas.

Chegamos novamente a algum tipo de civilização – uma comunidade tribal. Loyangalani é a vila onde vivem os El-Molo. São muito marcantes devido a seus traços, cabelos e colares coloridos, que chegam a cobrir os ombros das mulheres. Vivem da pesca no Lago Turkana e ocasionalmente da caça de crocodilos, tartarugas e outros animais. Um grande status social é dado ao guerreiro que mata um hipopótamo com seu arpão, a bordo de jangadas feitas com toras de palma.

ABUNDÂNCIA DE ANIMAIS

Estávamos descendo pela cicatriz da África: o Vale do Rift, um complexo de falhas tectônicas que se estendem no sentido Norte-Sul por 5.000 quilômetros – do Norte da Síria à região central de Moçambique. Chega a ser muito profundo e varia de largura entre 30 e 100 quilômetros. O Vulcão Kilimanjaro, por exemplo, ponto culminante da África, faz parte do rebordo do Vale do Rift. Há quem diga que com a contínua separação dessas placas, em alguns milhares de anos, a África Oriental será inundada pelo Oceano Índico, transformando a região da costa Leste africana em uma grande ilha.

A abundância dos animais passou a ficar mais evidente. Já havíamos visto muitos, principalmente alguns antílopes e macacos, mas agora avistávamos da estrada elefantes, girafas, zebras e uma maior diversidade de antílopes. Sentíamo-nos cada vez mais inseridos na África.

A razão principal de estarmos no Quênia eram os animais. Vínhamos planejando isso há muito tempo. Precisávamos chegar lá numa época de poucas chuvas, o que faz os animais se concentrarem nas raras fontes de água. Fatores como esse influenciavam muito o nosso planejamento de longo prazo. Então, apesar da flexibilidade que tínhamos em ficar mais ou menos dias em certos lugares, tudo era guiado por uma visão futura, para a qual era necessária muita informação.

E para se ver animais, a Reserva Nacional Maasai Mara é o lugar certo. Ouvimos dizer que é raro alguém visitar essa reserva e sair decepcionado por não ter visto nada. A paisagem é descomunal, composta pela savana clássica, vista em filmes e programas de vida selvagem.

Decidimos ficar ali por quatro dias e três noites. Contratamos como guia o James, um cara muito bacana da tribo Maasai, que mora na própria reserva. Na verdade, o Maasai Mara, apesar de administrado pelo governo, é propriedade dos próprios Maasai, a tribo nativa. James veio para nos ensinar sobre a vida selvagem e principalmente sobre os melhores lugares para se ver os animais, pois a reserva possui mais de 1.500 quilômetros quadrados. Ele concordou em ficar conosco nos dois primeiros dias, para nos mostrar os caminhos. O terceiro e quarto seriam por nossa conta.

Vimos de tudo: leões, guepardos, elefantes, girafas, hienas, hipopótamos, centenas de búfalos, antílopes, veados e até um leopardo com uma presa em cima de uma árvore.

À noite, acampávamos no meio da reserva, em campo aberto, sem cerca ou demarcação, num lugar ao lado do Rio Mara indicado pelo James. Fazíamos fogo para espantar os felinos e à noite facheávamos de dentro do motor-home com um farol de milha que desmontei do próprio carro (esse é o motivo pelo qual o Lobo está somente com um farol de milha na foto de contracapa desse livro). Centenas de olhos brilhavam – uns perto e outros mais distantes de nós. É incrível e fantástico estar nesse mundo selvagem. Quando me perguntam se tenho saudade de viajar, são esses momentos maravilhosos que me vêm à mente.

Lá pelas 22 horas, numa última olhada para fora do carro antes de dormir, demos de cara com um hipopótamo pastando a dois metros de distância.

No segundo dia, o James veio a pé de sua casa até o acampamento. Ele nos disse que por usar uma manta vermelha sobre o corpo não corria risco de ataque dos leões. Complementou contando que antigamente era comum a tribo promover caçadas desses grandes felinos a fim de preservar a própria segurança. Como os caçadores usavam panos vermelhos como vestimenta, a cor passou a representar uma ameaça mortal a esses animais. Por isso, quando eles vêem alguém usando vermelho tratam de evitar a aproximação.

Saímos para passear na reserva e logo começaram os imprevistos. Havia chovido muito na noite anterior e os campos e estradas estavam encharcados. Encalhamos feio e o único jeito de sair do sufoco foi desembarcar, pegar a pá e usar muita força. O carro ficou tão sujo que parecia camuflagem. Parecíamos um monte de terra empilhada ou um cupinzeiro gigante.

O James nos guiou até uma das passagens no Rio Mara, onde acontecem os maiores congestionamentos da Terra. Anualmente, milhares de animais selvagens juntam-se para viajar em busca de água e das ricas pastagens do Norte da Tanzânia ou das vastas campinas quenianas do Maasai Mara. São imensas manadas de zebras, gnus, topis e gazelas, às vezes mais de um milhão em movimento. Essa "grande migração" atrai os mais diversos tipos de predadores: leões, leopardos, chitas, hienas e os abutres que completam a limpeza, devorando o que resta das carcaças.

E a Reserva Nacional Maasai Mara é palco de uma das mais extraordinárias partes desse show da natureza, pois para acessar as pastagens do Norte, os animais precisam cruzar o Rio Mara e lutar contra fortes correntezas, ficando à mercê de famintos crocodilos. São poucas vezes que isso acontece durante o ano, então tem-se que ter muita sorte para poder presenciar algo assim. Quando lá chegamos, só ficávamos imaginando e sonhando como seria aquele espetáculo.

À noite voltou a chover forte. Agora, imagine que fomos à África numa época de seca e justo ao entrar na reserva começa a chover. Sorte ou azar?

Como escrevi anteriormente, a grande migração das zebras e gnus é cíclica. Conforme vai chovendo em cada canto desses dois países, os animais vão aparecendo, pois onde chove o pasto é farto. Nessa época, de acordo com o ciclo da chuva, eles estariam cruzando o rio do Norte para o Sul, ou seja, já estariam voltando para a Tanzânia.

No terceiro dia de nossa estada no Maasai Mara, sem a companhia do James, nossa intuição nos levou novamente ao Rio Mara. Por quê? Não sei. Chegamos a uma parte do rio e encontramos alguns carros de safári. Conversamos com um dos guias que se interessou em saber de onde éramos, pois não reconheceu a placa do carro. Papo vem papo vai, ele nos disse que ouvira falar, em seu rádio, de uma grande manada de gnus se deslocando ao Norte, totalmente fora de época. Não parecia uma manada muito grande, algo em torno de 4.000 animais – pequena, segundo ele. Pequena?

Ela se deslocava justamente por causa das chuvas inesperadas. Olhamos um para o outro, com aquele arrepio no braço e comentamos: "Já pensou se esses animais vêm para cá, justo na hora em que estamos aqui?". Demos mais uma volta, nos aproximamos do rio em outras passagens e, numa delas, uma enorme manada de zebras aglomerava-se na margem, alvoroçada. "Ta aí! Hoje é nosso dia! Vai acontecer a famosa travessia dos animais no Rio Mara e vamos poder observá-la. Que privilégio!".

Nossa ficha, para ser sincero, ainda não havia caído. Não estávamos entendendo realmente o que estava para acontecer. Pessoas do mundo inteiro vão àquele lugar somente para presenciar esse fenômeno e muitas vezes voltam frustradas. Amigos nossos da Alemanha, que recentemente haviam deixado a reserva, ficaram 20 dias e também não tiveram sorte.

MOMENTOS DE SERENDIPITY

Isso me lembra de uma viagem que fiz há muito tempo, quando estudei durante alguns meses na Europa. Havia combinado com um amigo sueco, o Johan Ström, de irmos acampar, no inverno, acima do Círculo Polar Ártico, nas proximidades de Kiruna, na Suécia.

De última hora ele teve que desistir, pois recebera uma boa proposta de emprego. Como eu estava pronto, com passagem na mão, fui sozinho, mas logicamente não para acampar no gelo, pois não tinha experiência nem equipamento.

Detalhe: fui sem planejamento algum. Hoje eu digo o seguinte: "Se você não planeja, tem que ter muita sorte". Eu já ouvira falar, na escola, sobre a Aurora Boreal, mas nem lembrava como era.

E já no primeiro dia, quando voltava de uma pizzaria em Kiruna, cheguei ao albergue e encontrei os japoneses com os quais dividia o quarto olhando admirados para o céu. Olhavam uma mancha de luz, que para mim mais parecia um reflexo da luz da cidade. Perguntei:

- Pessoal, o que vocês estão olhando?

- O quê? Você não sabe? Viemos do Japão só por causa disso e você está aqui e não sabe da Aurora Boreal?

- Venha com a gente. Nós vamos a um lugar escuro, fora das luzes da cidade, para apreciar essa maravilha da natureza que está apenas se formando.

Busquei mais um casaco para me proteger da temperatura de 30ºC negativos que fazia naquela noite e fui com eles, para ver esse negócio de perto.

A Aurora Boreal – Northen Lights, em inglês – é um fenômeno exclusivo das regiões próximas às zonas polares, formado por um brilho intenso possível de ser observado somente nas noites de inverno. Ocorre por causa do impacto de partículas de vento solar e poeira espacial encontradas na Via Láctea com a alta atmosfera da terra, canalizadas pelo campo magnético terrestre. Traduzindo: é uma das coisas mais espetaculares que já presenciei na natureza.

Mas muita gente que viaja à Suécia não tem a sorte de ver esse fenômeno, pois muitas vezes, nessa época do ano, as nuvens encobrem o céu.

Agora veja a minha sorte: fiquei uma semana em Kiruna e região e pude ver a Aurora Boreal todas as noites, pois o tempo estava ótimo. Minha máquina fotográfica? Era uma descartável. Nenhuma foto saiu. Nenhuma.

Ali no Quênia não se tratava da Aurora Boreal, mas da Grande Migração. Eu estava novamente no lugar certo, na hora certa, dessa vez junto com a Michelle. As zebras se alvoroçavam mais e mais, assim como os crocodilos. Elas chegavam ao rio, bebiam água, corriam, brigavam, tudo com muita hesitação, pois percebiam a presença perigosa dos crocodilos.

Depois de algumas horas de idas e vindas, um pequeno grupo de zebras resolveu dar início à arriscada travessia. Os crocodilos, experientes e oportunistas caçadores, não desperdiçavam suas chances de investida. Sabiam que outras iriam cruzar e, no meio delas, alguma do tamanho de sua dentada iria aparecer. Havia quatro ou cinco crocodilos rodeando o rebanho.

Outras zebras cruzaram e comemoraram vivas do outro lado. Uma delas, acredite, chamava as companheiras aos gritos. E num gesto de liderança, cruzou o rio de volta para mostrar que era possível, chegou à outra margem e cruzou novamente, trazendo uma manada grande, algumas dezenas delas.

Mas havia ainda muitas para cruzar. Calculamos que entre 500 ou 600.

E de repente o negócio apavorou.

Olhamos para o morro, uns dois quilômetros de distância dali, e a manada de gnus que aquele guia havia comentado descia ladeira abaixo num "entrée" espetacular, sem respeitar o que vinha pela frente. Parecia tremer o chão e o barulho ouvia-se de longe. Vieram para aquela passagem onde nós aguardávamos mais de 4.000 animais.

As zebras eram mais cautelosas – iam e vinham, analisavam, ameaçavam e voltavam. Os gnus, ao contrário, nem queriam saber se no rio havia crocodilos. Empurravam-se, quebravam tudo o que havia pela frente se jogando à travessia de uma maneira louca. Só vendo para crer.

Não sabíamos o que fazer. Presenciávamos um dos mais raros espetáculos da natureza, algo que seria muito difícil de enxergar novamente. A emoção era tão grande que o coração parecia querer saltar pela boca.

- Olha lá, gritou a Michelle, um gnu sumiu. Esse já era na boca de um crocodilo.

- Não pode ser, isso não é verdade. Devemos estar sonhando.

E a manada continuava a cruzar. Centenas deles, ao mesmo tempo.

Vimos uma zebra rodeada por dois crocodilos. Ela nadava forte, mas eles a faziam desviar do seu percurso. Provavelmente levando mordidas que arrancavam pedaços, ela ia, voltava e não se entregava. A briga durou um minuto ou mais. E, num relance, virou-se deixando os famintos répteis para trás. Essa, mesmo ferida, conseguiu escapar.

Ocorreram outras investidas, mas quando uma zebra era ameaçada, as outras iam a seu encontro para tentar desviar a atenção dos crocodilos. Muitas vezes dava certo. É interessante como elas ajudam umas às outras, ao passo que os gnus são capazes de se matar, pisoteando-se.

Mas o nosso coração partiu no momento em que uma pequena zebra nadou em direção aos crocodilos. Parecia a história do boi de piranha, no pantanal brasileiro, quando uma rés é oferecida às piranhas, enquanto a manada atravessa o rio em segurança. Ela fez praticamente a mesma coisa, mas parecia que foi por vontade própria.

Foi atacada por trás com apenas uma dentada. O crocodilo não a soltou. Passados alguns segundos, outro veio pela frente e abocanhou a sua cabeça inteira e levaram-na para o fundo.

Era a força da natureza fazendo o seu papel. Todos precisavam sobreviver e ali os mais fortes eram os crocodilos. Sábios caçadores. Quando uma manada de zebras cruzava, ficavam ao lado, a menos de um metro, e estudavam pacientemente qual ataque daria mais certeza de sucesso.

Nós, que nunca havíamos visto nada igual, estávamos cansados da adrenalina injetada. Foram quase três horas de tensão, com alguns momentos de pico.

Agora, acredite se quiser: acabou a bateria da filmadora momentos antes de a manada descer a ladeira. Detalhe: estávamos com nosso inversor quebrado, então não tínhamos como recarregá-la. Batemos muitas fotos, mas aproveitamos poucas. Isso aconteceu por inexperiência minha. Sem querer, estava usando uma velocidade muito baixa, de 1/50. Quando percebi, quase chorei.

O que tivemos ali foi uma lição de vida e os crocodilos foram nossos professores. Aprendemos nós, as zebras e os gnus. A calma, nas horas difíceis, é a nossa maior aliada.

Esta parte da viagem, somada à experiência da Aurora Boreal é o que se chama Serendipity – isto é, um momento inesperado bom, algo que te acontece de maravilhoso, sem que você espere. O termo ganhou conhecimento do ocidente por causa do conto persa "Os três príncipes de Serendipity" recontado pelo escritor inglês Hugh Walpole (1754). Trata da história de três aventureiros que viviam fazendo descobertas inesperadas, cujos resultados não estavam procurando. Graças à capacidade de observação e sagacidade, eles descobriam "acidentalmente" a solução para dilemas impensados. Foram diversos os momentos de Serendipity em nossa viagem. Por isso valeu a pena.

Nessa noite, mudamos o local do acampamento. Pernoitamos no meio das árvores bem na curva do rio, tendo como vizinhos um bando de babuínos. Chegamos às 18 horas, catamos lenha e logo fizemos uma fogueira. Fizemos uma sopa e ficamos ali, fora do carro, mosqueando e curtindo o final do dia.

Mas quando escureceu, o silêncio da savana passou a nos amedrontar. Para testar a nossa coragem, às vezes alternávamos sozinhos do lado de fora do carro. Sério, bem ali ao lado, todas as manhãs, encontrávamos leões e outros animais predadores! Eu hein! A Michelle dizia o mesmo.

Pelas 21 horas entramos no carro para jogar cartas. Nem bem as distribuímos e os babuínos começaram a gritar de uma forma totalmente diferente, pareciam latidos. Abrimos a porta do motor-home e bem na nossa frente, indo direto para o fogo, uma leoa perambulava, patrulhando território. E dizem que o fogo espanta esses animais.

Noutro dia cedo, quando tomávamos café, mais um hipopótamo enorme pastava por ali.

Que experiência foi essa no Maasai Mara. Nem mesmo saindo dele para terminar. No caminho para a capital Nairobi, num acampamento ao lado da estrada, fotografei meu chinelo posto ao lado de uma pegada de leão. O chinelo número 42 ficou miúdo. E zuuuupt para dentro do carro.

Nairobi, apesar de ter reputação de cidade perigosa (chamada por muitos 'Nairobbery', a cidade dos roubos) nos pareceu tranquila.

Aproveitamos sua boa infraestrutura para resolver algumas pendências, como trocar o para-brisa do Lobo que quebrei quando fui matar uma mosca que estava me perturbando. Pior que nem consegui matar a mosca.

E como entramos por aquela fronteira remota ao Norte do Quênia, tivemos, também, que legalizar nossos passaportes e documentos do carro.

Rumamos para o litoral e quando passávamos pela Reserva de Tsavo, a Michelle leu uma história sobre aquele lugar que me deixou de olhos mais atentos. Uma história real de comedores de gente que aconteceu no final do século 19. John Patterson, um engenheiro britânico, foi à África para supervisionar a construção de uma ponte que passaria acima do Rio Tsavo. Nessa época, dois leões começaram a atacar operários e em um ano haviam tirado a vida de 140 homens. De tão agressivos que eram, os sobreviventes deduziram que não se tratavam de simples animais, mas sim espíritos de mortos, que estavam ali para impedir o avanço do progresso. O engenheiro britânico, com a ajuda do caçador Remington, fez de tudo para matá-los. A obra da ponte, que havia sido abandonada, recomeçou só quando os leões já estavam enterrados.

Patterson, o engenheiro, escreveu um livro chamado The Man-Eaters of Tsavo, mais tarde transformado no filme The Ghost and the Darkness, traduzido para o português como A Sombra e a Escuridão, com Michael Douglas como o caçador.

Cientistas descobriram que os leões do Tsavo possuem um nível superior de hormônio masculino, responsável pela perda dos pelos longos, comuns nos outros leões machos. Isso os dava forte comportamento territorial, segundo a teoria que tenta explicar a agressividade daqueles leões.

Outras pesquisas mostraram que eles possuíam a dentição prejudicada, o que os fez abandonar suas presas normais de carne dura e passar a comer gente.

Mesmo não havendo mais ataques de tal proporção, desde aquela época, alguns locais ainda sofrem ataques. Com mais hormônios ou não, os leões do Tsavo não são flor que se cheire. Então, pé na estrada e só paramos quando já estávamos longe dali.

Para relaxar da altíssima dose de adrenalina das últimas aventuras, passamos alguns dias numa bela praia do litoral queniano. Ali o lema foi "hakuna matata", que significa, em suaíli, ficar frio, sem preocupações. A frase ficou conhecida quando os personagens Timão e Pumba a cantavam, no filme "O Rei Leão".

República Unida da Tanzânia

O Tanganhica – parte continental da atual Tanzânia e que fora colônia alemã desde 1880 – foi entregue ao Reino Unido em 1919, por consequência da derrota da Alemanha na Primeira Guerra Mundial. Da mesma forma, Zanzibar, as ilhas ao largo da costa, viraram protetorado britânico. Em 1964, ambos, quando se tornaram independentes, uniram-se para formar a República Unida de Tanganhica e Zanzibar, renomeada de República Unida da Tanzânia.

Assim como muitos outros países do continente africano, a Tanzânia possui um Índice de Desenvolvimento Humano (IDH) baixo. A pobreza é evidente quando se percorre as estradas e cidades: casas improvisadas ou de barro, crianças barrigudas descalças e sem roupas, famílias numerosas com muitos filhos.

Quanto mais pobre o país, mais caro são os alimentos e insumos. Quanto menos dinheiro, menos estudo, menos produção, maior a necessidade de importação, mais filhos e assim vai. Funciona como uma cadeia, tudo interligado, uma bola de neve.

Mas na Ásia a coisa é um pouco diferente. Mesmo em países pobres, comida há, pois eles são grandes produtores e de grande variedade, o que mantém o custo baixo. Comer, na Ásia, é cultura. Em grande parte da África, come-se para se alimentar, para sobreviver. Portanto, basta farinha cozida, similar à nossa polenta, com molho de tomate e cebola. Mesmo simples, a comida é cara. Em uma revista que li no Malauí, o preço da farinha havia subido tanto que famílias obrigavam-se a deixar da segunda refeição do dia, tendo que sobreviver apenas com uma. Presenciávamos preços absurdos, como quase 20 reais por meio litro de óleo de cozinha. Nesses casos, a população sofre duplamente, pagando preços mais altos que nós, tendo salários muito mais baixos.

A Tanzânia é cara por mais um motivo: o turismo. Ela hospeda em seu território o maior pico da África, o monte Kilimanjaro (5.895 metros); parques nacionais como a Cratera Ngorongoro e Serengeti, que pela natureza e quantidade de animais, são uns dos melhores do continente; a Cidade de Pedra, na Ilha de Zanzibar, dentre outros. Ao entrarmos na Tanzânia, com noção dos custos que iríamos enfrentar, optamos por um visto de trânsito de apenas 14 dias.

Com o orçamento que tínhamos, era necessário tomar decisões como essa. Seria preciso escolher, não dava para ver tudo. Uma triste decisão que tivemos que tomar foi a de não ter ido ver os gorilas da montanha em Uganda e Ruanda. Dizem ser uma experiência inesquecível ficar no meio deles, sem cerca, tela, ou algo que nos separe. Não fomos pelo alto custo.

Dividimos as duas semanas entre estradas, praias e a cidade de Dar es Salaam. No caminho, tivemos um feliz encontro com um brasileiro, conterrâneo catarinense, o Narbal, que pedalava pela África após ter percorrido alguns mil quilômetros de bicicleta pela Europa.

Dar es Salaam é a cidade de maior estrutura no país, mas não é a capital. Por ela é possível chegar a Zanzibar, a ilha onde nasceu o grande compositor e cantor Freddie Mercury, da banda britânica Queen, considerado pelos críticos e por diversas votações populares um dos melhores cantores de todos os tempos.

Lá, também, fizemos nosso demorado visto para o Malauí, pois os funcionários ficaram desconfiados pelo fato de nosso passaporte ter sido renovado no Irã. No tempo de espera, pernoitamos em quatro lugares: num camping, em dois diferentes postos de combustível e no estacionamento de uma igreja.

Assim que o visto ficou pronto, pegamos estrada na companhia das boabs – uma mudança interessante que acontece na natureza entre o Quênia e a Tanzânia.

As boabs são árvores muito distintas. Seu tronco é gordo, rechonchudo, seus galhos que se parecem com as próprias raízes, são grandes, imponentes e chegam a dar medo. Havia uma floresta de boabs que lembrou o filme do Harry Potter, onde as árvores se mexiam. Elas possuem até alguns apelidos, como árvore de ponta-cabeça, árvore pão-de-macaco e árvore garrafa. Cientificamente, são divididas em oito espécies, sendo que quase todas são encontradas em Madagascar, uma delas está no continente africano e outra na Austrália. Pode atingir 30 metros de altura e seus troncos, característicos por armazenarem grande quantidade de água, 120.000 litros, chegam a ter 11 metros de diâmetro. Na África do Sul, na província de Limpopo, um exemplar possui 50 metros de altura e 15 metros de diâmetro.

Por que não ficar mais um dia?

Da Tanzânia, fomos a mais um país pobre no Centro-Sul do continente, mas que faz jus a seu slogan: "Malauí, no coração quente da África".

Vinte por cento do seu território está coberto por uma joia rara: o Lago Malauí, ou Nyassa, como era chamado pelos colonizadores ingleses. Possui 500 quilômetros de comprimento, 80 quilômetros de largura e até 700 metros de profundidade. Das cerca de 500 espécies de peixe que habitam o lago, estima-se que mais de 350 sejam endêmicas.

Praias de areia branca, águas mornas... O sonho das férias maravilhosas, perfeitas para relaxar. Difícil não se perguntar "por que não ficar mais um dia, mais uma semana?" E foi o nosso caso.

No lado Oeste, com boa sorte de um dia límpido, avistávamos as montanhas na outra margem, pertencentes à Tanzânia e Moçambique. De tão grande, o lago parece um mar de água doce.

Ficamos encantados com o lugar e suas vilas de pescadores, com suas casas de telhados de palha instaladas às margens do lago, usufruindo da fartura das suas águas. Era comum observarmos as bancadas com milhares de peixes expostos ao sol para secarem.

Passamos alguns dias no Mdoquera's Beach Campsite, o camping de praia do Sr. Mdoquera, muito simples, na Vila Chitimba. Estávamos sós. Estacionamos o carro a cinco metros da água sobre a areia branca e, logo ao lado, uma árvore oferecia a sombra de que precisávamos.

Como estávamos no meio da vila, o burburinho local não parava um minuto sequer. As mulheres usavam o lago para tudo. Passavam grande parte de seus dias ali, banhando-se ou lavando roupa e louça, sempre em grupo. O que mais havia eram crianças, desde muito novas, carregadas por mantas amarradas às costas das mães, até um pouco antes de alcançarem a idade de ir lago adentro para pescar, transportadas por canoas esculpidas em troncos de árvores. Algumas usavam um pano em forma de roupa, mas muitas delas, nada vestiam. Muitas mulheres só se cobriam da cintura para baixo.

Logo de manhãzinha, antes do café, íamos nadar. Podia ser às 6 horas que a água estaria morna. Era um ótimo jeito de começar o dia. Olhávamos para os lados e a praia já estava lotada. Assim como os locais, nós fazíamos daquele mergulho o nosso banho diário.

Quando as crianças brincavam nas proximidades do carro, nos escondíamos dentro dele, só para fotografá-las sem que nos vissem. Flagrávamos momentos mágicos sem tirá-las da espontaneidade.

O Sr. Mdoquera era um figurão. Orgulhava-se da sua nobre invenção: a cama na árvore. Ele colocou duas camas inteirinhas em cima de uma árvore e ali se pode tirar um cochilo após o almoço.

Escrevo sobre o Sr. Mdoquera, pois algum dia ainda quero dar esse livro a ele. Será meu maior investimento promocional. Tenho certeza de que ele o mostrará a todos com quem for conversar. Só para se ter uma ideia, uma europeia que escreveu um livro sobre sua viagem pela África mencionou sua boa experiência com esse camping e seu dono. O Sr. Mdoquera tinha um orgulho tão grande daquilo, que sempre que nos encontrava, nos perguntava se já havia nos mostrado o tal livro. A página onde estava escrito seu nome já estava até amarelada de tanto manuseio.

Curtimos outras praias do lago em diversas vilas ao Sul, mas fomos também às montanhas. Passamos por Livingstonia, uma cidade fundada em 1894 por missionários da Igreja Escocesa. Primeiramente, os missionários estabeleceram-se à beira do lago, mas como enfrentaram muitos problemas com a malária, subiram mil metros para longe dos mosquitos e ali tiveram sucesso. Essa cidade, com traços arquitetônicos europeus, ainda está muito bem conservada.

Ali perto, detectamos em nosso hodômetro um marco importante da viagem. Queríamos tê-lo registrado em foto, mas quando vimos, já era tarde, pois haviam-se passado 40 quilômetros dos 100.000 quilômetros completados na viagem até então.

Na capital Lilongwe fizemos o visto para Moçambique e continuamos descendo pelas estradas – uma visão de pobreza.

Numa região onde se plantam seringueiras, as crianças apareciam do nada para vender suas bolas de fios de borracha crua, enroladas como um novelo de lã.

Noutros lugares, nos deparávamos com casas de artesanato, que vendiam pinturas e esculturas. Dentre todos os trabalhos manuais, um nos chamou a atenção e nos fez parar. Era um carrinho feito em palha seca, lindíssimo, que até abria as portas e o capô. Como a data de meu aniversário estava próxima, eu e a Michelle concordamos que mesmo sendo grande e frágil para transportar, o levaríamos conosco.

A negociação foi mais por escambo do que por dinheiro. É que por serem pobres, essas pessoas necessitam de tudo. Se eles vêem um galão, querem o galão. Se eles vêem roupas, querem roupas, querem utensílios, caixas, pneus, tudo que você tiver à mostra. Dinheiro também vale, é claro.

Uso o exemplo da região das seringueiras para mostrar algo interessante que acontece no mundo inteiro. Lá, onde se vendia bolas de borracha, todos vendiam bolas de borracha, variando somente os tamanhos. Nas casas de artesanatos vendiam-se pinturas, esculturas e os carros de palha. Então, naquela região, todas as casas de artesanato vendiam pinturas, esculturas e os carros de palha. Em lugares onde se vendiam bijuterias, todos vendiam bijuterias; em lugares de artesanato em couro, todos vendiam artesanato em couro e assim sucessivamente. Acho que o mundo vive assim. Uns criam, outros copiam, a infraestrutura e o know-how fortificam-se e surgem polos produtivos. A cidade onde eu moro, por exemplo, é um polo moveleiro. Alguns chamam isso de cluster.

Ainda antes de entrar em Moçambique, visitamos dois locais importantes: a reserva de animais selvagens Liwonde e a montanha Mulanje. Apesar de restarem poucos animais no país, a Reserva Nacional Liwonde chama a atenção por sua beleza natural, cortada pelo Rio Shire, que ao Norte desemboca no Lago Malauí. É o habitat preferido de uma manada de cerca de 600 elefantes que dividem o espaço com algumas espécies de antílopes, incluindo o exótico antílope de Sable.

Essas reservas são essenciais para a sobrevivência das espécies. Num país onde se vive abaixo da linha da pobreza, a caça é sempre uma tentação para se conseguir comida. Deixados à própria sorte, os animais desapareceriam num instante.

Na montanha Mulanje, ao acamparmos ao pé da sua base na noite que antecedeu uma caminhada, levamos um susto. A história começou já em Blantyre, com a simples compra de um flúor dental.

Naquela noite, antes de dormir, a Michelle abriu o novo frasco e o usou, cuspindo tudo ao primeiro contato com a boca, dizendo que era a coisa mais horrível que já havia experimentado na vida.

Pegamos o frasco e com mais atenção lemos que no rótulo estava escrito anticéptico de uso externo, para ser usado em ferimentos. Além de o frasco ser idêntico ao flúor dental, estava lado a lado com o flúor na prateleira do mercado.

As contraindicações diziam que os efeitos colaterais poderiam ser, entre outros, parada nos pulmões e danos em outros órgãos. E olhem só o efeito psicológico que isso causou: a Michelle lavou a boca diversas vezes, sentiu dor de cabeça e foi dormir assustada. Em menos de dez minutos levantou-se em desespero, chorando, falando com dificuldade e não conseguindo respirar.

Nós lá no meio do nada, longe de qualquer cidade, em um país que é considerado um dos mais pobres do mundo. Se a Michelle tem uma parada pulmonar, vamos fazer o quê? Sei lá, pensaríamos no caminho.

Guardei nossas coisas, fechei a cama e no momento em que a Michelle saiu do carro para respirar ar puro e fresco, sentiu-se melhor e logo respirou normalmente.

Claro que a história virou piada por alguns dias, mas o susto que ambos levamos naquela noite nos fez ser mais cautelosos em nossas compras e na ingerência do que não conhecemos bem.

215 MILHÕES DE PESSOAS FALAM PORTUGUÊS

Logo tudo ficou mais fácil, pois chegamos a um país de língua portuguesa – entrávamos em Moçambique.

O português, assim como o castelhano, catalão, italiano, francês, romeno e outros, é uma língua do grupo ibero-romântico, falada por mais de 215 milhões de pessoas no Brasil, em Moçambique, Angola, Cabo Verde, Guiné-Bissau, Guiné Equatorial, Macau, Portugal, São Tomé e Príncipe, Timor-Leste e Galiza. É a quinta língua mais falada no mundo e a terceira mais falada no Ocidente. Como outros idiomas, o português foi influenciado por outras línguas e evoluiu. Podemos considerar que além de vários dialetos, subdialetos, falares e subfalares, são reconhecidos internacionalmente o português europeu e o português brasileiro.

Do Centro-Oeste fomos ao litoral, na região de Quelimane, Estado da Zambézia, famoso por sua maior floresta de coqueiros do mundo. Mas logo que chegamos à cidade, a correia do alternador estourou. Trocamos e logo se foi a segunda.

Achar a causa foi fácil, o difícil foi lidar com a cadeia de outros problemas que aconteceram na sequência. Uma pedra havia entrado entre a correia e a polia da bomba d'água, o que deu uma pressão excessiva em todo o sistema alimentado por ela, além de ter entortado os dentes da polia, fazendo-os "comer" a correia.

Por causa daquela pedra o alternador quebrou umas cinco vezes, trocamos uma bomba de água, reparamos a bomba da direção hidráulica três vezes e trocamos o rolamento do esticador, fora as trocas de correia. Se até aquela fase da viagem nosso carro ainda não havia incomodado tinha sido sorte, pois dali para frente, seguidamente, eu estava sujo de graxa.

Em Beira, segunda maior cidade do país, fizemos uma parada para comemorar o dia 7 de novembro, meu aniversário. A cidade não tem nada de especial, mas num restaurante tradicional chamado Pappas tivemos que lamber os beiços. Experimentamos uma super hiperdeliciosa feijoada da gambas, que é uma feijoada com camarões.

O restaurante lembrou muito aqueles botequins de São Paulo, onde se senta no próprio balcão para comer. A fachada externa não condizia com a parte interna. Aliás, se não fosse pela dica, nunca imaginaríamos que naquela esquina havia um restaurante.

Moçambique passou por longa guerra civil, entre 1976 e 1992, devido ao desencanto da população frente às políticas de cunho socialista estabelecidas em 1975, quando o país se tornou independente de Portugal.

A consequência até hoje foi mais um pedaço de terra repleto de minas terrestres, os maiores inimigos de quem gosta de se aventurar acampando por aí. Tínhamos que tomar muito cuidado.

Por dificuldade de achar um espaço seguro, no dia em que deixamos Beira paramos para acampar num lugar um pouco diferente, cheio de caminhões, música alta e luzes vermelhas, o que nos deu a impressão não ser uma casa de família. Engraçado, mas essa não era a primeira vez que isso acontecia. No Malauí já havíamos dormido no pátio de uma zona.

Esse país é menos desenvolvido no Norte e mais desenvolvido no Sul, onde se encontra sua capital. Quanto mais ao Sul dirigíamos, melhores eram as estradas, maiores eram as cidades e mais barato ficava o combustível.

Falando das estradas, onde existiam buracos, havia crianças e adultos ao redor, cada um com uma pá. À medida que nos aproximávamos, eles jogavam uma pazada de terra nos buracos, mostrando que estavam trabalhando pela nossa segurança e conforto e já estendiam suas mãos pedindo dinheiro. Não dá para dizer que eles não eram criativos, mas em algumas cidades do interior do Brasil também fazem isso.

Na verdade, esse era um ato comum de se ver em quase toda a África. Os exageros acontecem quando, além de apenas pedirem, obrigam a pagar, pois colocam árvores sobre a estrada e só as tiram se pagamos.

O teatro proferido para mostrar um bom trabalho chegava a ser engraçado, mas a história se tornava triste quando refletíamos sobre a vida daquelas pessoas. A que ponto chega o ser humano quando precisa suprir as suas necessidades mais básicas, como a alimentação!

Apenas uma propina na estrada

A polícia agia pior, muito pior. É notória a corrupção entre policiais de Moçambique. Dentre os amigos que fizemos na viagem, com os quais conversávamos sobre isso, acredito que fomos os únicos a escapar ilesos.

A estratégia deles é geralmente a seguinte: mandam parar e solicitam os documentos. De posse deles, inventam algum problema e não devolvem enquanto não lhes é dado uma gorjeta.

Os europeus com os quais conversamos, para evitar ficar sem seus documentos, fizeram cópias dos mesmos e entregavam somente isso. Ou quando não tinham cópias, mostravam os documentos sem entregá-los aos guardas, muitas vezes, sem ao menos abrir a janela do carro. Disseram que funciona.

Mas eu e a Michelle adotamos outra estratégia: quando solicitavam nossos documentos, simplesmente entregávamos tudo, sem medo. Então administrávamos o tempo.

Quando nos falavam que estávamos errados e que deveríamos pagar algo a eles, concordávamos, mas não pagávamos. Dizíamos que não tínhamos dinheiro. Eles pressionavam para que pagássemos, retendo os documentos e nós ficávamos ali, esperando pacientemente. Se demorasse demais, desembarcaríamos do carro, faríamos um café e talvez até fizéssemos o almoço. Em última instância, acamparíamos.

Aprendemos que não existe policial em sã consciência que correria o risco de levar seu passaporte embora por você não ter pago propina. Eles têm medo disso, têm medo das embaixadas ou até de um superior passar por ali e estranhar o fato de um carro estar lá tanto tempo.

Em nossa viagem, nos mais de 160.000 quilômetros, pagamos apenas uma propina na estrada e isso aconteceu logo no começo, quando ainda não tínhamos experiência. Foi na cidade de Juliaca, no Peru. Mas ali a cara de pau do guarda foi tão grande que por eu não ter dinheiro suficiente ele me acompanhou até um caixa eletrônico para garantir sua propina.

Em Maputo, capital de Moçambique, quando estacionei o carro

para pedir informações a dois guardas municipais, eles retrucaram que eu estava cometendo uma infração, pois estacionara meio metro na frente da entrada de um estacionamento. A nossa sorte, dessa vez, foi que já haviam nos alertado desses guardas municipais, que não são autoridades de trânsito. Trabalham somente pela segurança.

Quando um deles me falou que queria ver minha carteira de motorista, estufei o peito, olhei nos olhos dos dois ao mesmo tempo e mais orgulhoso do que nunca, falei: "Não". Virei as costas e fui embora lentamente. Como foi gostosa aquela sensação.

Há mais histórias. Em Camarões, quando fui pegar o carimbo na aduana para deixar o país, o agente me falou que eu precisava pagar, pois era domingo e ele estava fazendo hora extra. Falei a ele, então, que não se preocupasse em carimbar naquele dia, nós acamparíamos no gramado ao lado e voltaríamos na segunda-feira, quando fosse expediente normal. O cara queria furar meus olhos de ódio. Falou: "Me dá aqui esse papel". E pahm – documento carimbado.

Em Camarões, os guardas chegaram ao cúmulo de nos parar três vezes em menos de 500 metros. Um deles queria que pagássemos uma taxa de publicidade por estarmos com alguns adesivos colados na lateral do carro. Outro veio a nós com uma cara de quem queria nos matar. Estendeu sua mão para me cumprimentar e eu estendi a minha, em resposta. Ninguém falou uma palavra sequer. Ele apertou e eu apertei, cada vez com mais força, de ambos os lados. Quando vimos, estávamos jogando aquela famosa queda de braço. A situação foi tão hilária que todos começamos a rir e ele nos deixou seguir.

Chegou um momento em que já estávamos tão cansados deles, que nem parávamos mais. Eles gesticulavam para nós pararmos e nós respondíamos com nossas mãos como se fosse um aceno ou cumprimento e caíamos fora.

A verdade é que cada negociação era diferente. Cada um tentava de alguma forma, mas a calma e o tempo foram nossos maiores aliados. Isso ajudava inclusive quando estávamos errados, como aconteceu no Quênia, onde não havíamos comprado o seguro obrigatório contra terceiros. A boa conversa terminou quando eu falei aos guardas: "Ok, eu pago um jantar pra vocês". Eles pensaram que iriam ganhar uma graninha, mas que nada: passei o endereço do camping onde pernoitávamos e falei que nós mesmos iríamos cozinhar. Eles seriam nossos convidados. Caíram na gargalhada e falaram que poderíamos seguir. Não tinha jeito, se eles quisessem arrumar um trocado teriam que partir pra cima de algum outro turista.

Nós tivemos, ao todo, 186 paradas policiais, mas o recorde absoluto ficou para a Mauritânia, onde fomos parados 29 vezes nos 9 dias que passamos lá.

Na praia de Inhassoro conhecemos um casal de ingleses com descendência asiática. Jennifer era filha de chineses e Kinh nasceu no Vietnã, mas seu pai o levou ainda jovem para a Inglaterra, onde se nacionalizou.

Passamos dias com eles, vivendo somente em função de comida. A habilidade da culinária asiática dos novos companheiros e a fartura dos frutos do mar de Moçambique davam motivo para a festa gastronômica. Peixes, camarões, moluscos, lulas, arraias, caranguejos e lagostas em todos os modos de preparos possíveis.

A pesca em toda a costa é uma das fontes de economia do país. Em 2006, mais de 30.000 toneladas de vida marinha foi capturada, sendo o camarão o principal produto exportado. Não é difícil encontrar pelo caminho dois homens a carregar peixes, muitas vezes enormes, pendurados na altura dos ombros com a cauda se arrastando no chão.

Quando perguntávamos como haviam pegado aquele peixe, se com a rede, eles respondiam que não, que havia sido na linha de mão.

Vilanculos foi a praia que mais nos encantou. Quando a maré baixava, podíamos caminhar um ou mais quilômetros para dentro do mar, onde pescadores locais faziam seu trabalho diário, com redes e outros apetrechos. Mas por ser uma praia tão bonita e atração turística, ali tudo era mais caro.

Na barganha para acertar o preço do pernoite em um camping, o moçambicano falou:

- Se fosse minha casa, poderia até baixar o preço, mas aqui sou só empregado.

- Sua casa? Perguntamos. Por que não? Se você tiver uma área onde caibam dois carros está perfeita para nós. Te pagamos por isso e todos saímos felizes.

Não deu outra, foi lá que dormimos. Acampamos bem no centro da vila, em uma casa muito simples, mas bem cuidada. Aliás, a vila toda, apesar de pobre, foi um dos pontos fortes da cidade, com suas casas de palha sempre impecáveis. Os jardins das casas em Moçambique, sejam elas simples ou não, eram sempre feitos com capricho e criatividade.

As únicas companhias que não nos agradaram muito naquela noite foram os escorpiões, que passavam por cima dos nossos chinelos a toda hora.

Inhambane é conhecida por sediar um dos mergulhos mais emocionantes do planeta. Imagine só: mergulhar, autônomo ou em apneia, tendo as arraias manta e tubarões baleia como companhia. Isso sem contar com a possibilidade de ver os dugongs, mamíferos marinhos herbívoros parecidos com o peixe-boi.

Queríamos muito fazer esse mergulho, mas como a água estava muito fria, havia dias em que os tubarões-baleia, esses gigantes da água, não eram vistos pela região, possivelmente por terem ido atrás de águas mais quentes. Não foi desta vez que vimos o maior peixe conhecido, que pode medir quase 20 metros. Mas ao menos temos uma razão para voltar.

Em Maputo já tínhamos endereço certo. Primeiro, por dois dias, ainda na companhia dos ingleses Jennifer e Kinh, visitamos um casal de franceses, Hèlene e Pascal, onde conhecemos também Sylvain e Xavier.

Depois, dando continuidade à bela experiência culinária moçambicana, ficamos por mais três dias na casa da dona Maria João e da Melissa, a mãe e irmã da Mônica, que assim como seu marido, o brasileiro Gustavo, tão bem nos acolheu em Nova Deli, na Índia. Dos enormes camarões grelhados e das amêijoas refogadas, parece que ainda hoje sinto o gostinho saboroso.

O final do ano de 2008 se aproximava, fazendo-nos seguir em frente. Logo receberíamos visitas...

9.

Sul da África

Em certa posição geográfica do globo terrestre, no lugar ermo e desolado onde acampávamos, encontramo-nos para uma reunião de diretoria – a Michelle, eu e o nosso mascote, o "pato". Cercamo-nos de mapas, calendário, computador, livros, caneta e papel de rascunho. Jogamos tudo em nossa cama confortável, que aberta oferecia um espaço de 2,8 metros quadrados – mais que suficiente. Um chá verde chinês sem açúcar foi servido com a função de nos ajudar a pensar.

O objetivo era planejarmos as últimas semanas de 2008, pois no dia 25 de dezembro daquele ano não podíamos falhar: tínhamos que estar no Aeroporto Internacional de Johannesburg, África do Sul.

A Suíça Africana

Entramos no relevo montanhoso da Suazilândia, oficialmente Reino da Suazilândia, um pequeno país situado na África Austral e uma das poucas monarquias remanescentes no continente. Por causa de suas montanhas cobertas por savanas e pastagens verdes, dizem que o país é muito parecido com a Suíça – por isso o apelido "Suíça Africana".

A Suazilândia nos surpreendeu pelo seu aspecto desenvolvido, com boas estradas e cidades limpas. Mas apesar deste reinado parecer ir muito bem, infelizmente a saúde pública enfrenta uma catástrofe: o país detém um dos maiores índices de HIV do planeta, que atinge quase um terço da população adulta e dá uma expectativa média de vida de 32 anos para seu povo. Dados recentes da Unaids mostram que na faixa etária entre 25 e 29 anos, 46% das pessoas estavam contaminadas em 2010, um índice mais que alarmante, pois além de deixar o país quase sem mão de obra adulta, a epidemia produz milhares de órfãos.

O expressivo número de contaminados pode ser explicado pela cultura da poligamia. Ali os homens chegam a ter cinco companheiras – muitos casados oficialmente, outros não. Preservativos dificilmente são usados. Um importante exemplo da cultura poligâmica vem do maior líder da nação, o rei Mswati III. Anualmente, ele promove o festival oficial Umhlanga, onde jovens virgens se exibem em danças tradicionais e se oferecem para ser mais uma das suas esposas. Na época em que estivemos no país, ele convivia com 14 esposas.

O pesadelo da Aids é uma realidade em toda a África, principalmente nos países não-islâmicos. Percebíamos isso até nas conversas mais banais. Um dia, enquanto cruzávamos de balsa um rio de Moçambique, fui bater um papo com um policial que deveria ter mais ou menos a minha idade. Perguntei: "Quais as expectativas para a Copa do Mundo de 2010, já que ela será sediada na vizinha África do Sul, tão próxima a vocês?" Era final de 2008 e sua resposta, direta, resumiu o que a Copa representaria para ele próprio: "Olha, com tantas doenças que andam por aí, nem sei se ainda estarei vivo para assisti-la".

Como ver animais é um dos pontos altos da visita à África, fomos a Reserva Particular Mbuluzi. Por coincidência, o proprietário, um sul-africano, era dono de um Land Rover Defender 130 igual ao nosso. E quem tem um desses, pode escrever, é fã de carteirinha do veículo. Os "toyoteiros" argumentam não entender essa paixão. Eu explico: é como cerveja e time de futebol, cada um defende o seu. Em papos de boteco, chega-se a brigar pela primazia em dizer "a minha marca é melhor do que a sua". São as bobagens que os homens fazem, e fazem sem cobrar nada pela propaganda.

A amizade em torno do mesmo tipo de veículo nos rendeu um bom desconto no aconchegante camping do parque, que se situa no meio de uma savana, a apenas 150 metros de um rio de pedras, onde é possível pescar. As áreas de armar as barracas ou estacionar os carros ficam rodeadas por uma cerca de bambu bem fechada, dando ao campista total privacidade. No interior do cercado ficam as mesas, os bancos, a churrasqueira e muita sombra. No chuveiro comunitário, esquenta-se a água com fogo embaixo de uma serpentina. Ela vem tão quente que, se a gente bobear, pode até queimar a pele. É o formato de camping e hospedagem que eu construiria se um dia fosse trabalhar nesse segmento. Naquela noite usufruímos da churrasqueira e assamos um belo frango temperado só no sal e pimenta.

A Reserva Mbuluzi é ótima para ver girafas, kudus, gnus, zebras, nialas, impalas, macacos, javalis africanos (warthogs), cágados e besouros rola-bosta. Por não existirem animais predadores, pode-se caminhar livremente, diferentemente de outras reservas, onde sair do carro é proibido. Os besouros rola-bosta, também presentes em algumas regiões brasileiras, desempenham importante papel no ecossistema local, pois realizam a reciclagem de nutrientes no solo. E são coprófagos, isto é, se alimentam de fezes. O nome se origina de sua habilidade em transformar em bolinhas e rolar pedaços de bosta dos animais na época de reprodução. O esterco é enterrado e, sobre eles, os besouros depositam seus ovos. O material vai alimentar os seus filhotes. É comum vermos os machos empurrando a bolinha, diversas vezes maior que ele, e a fêmea grudada nela, rolando junto. Às vezes, quando já tinham alcançado um ponto alto da estrada, por descuido voltavam rolando agarrados à bolinha descontrolada, o que representava algumas dezenas de minutos de atraso em suas viagens. São tão importantes para o meio ambiente que em vários parques nacionais vimos placas indicando para termos cuidado com os besouros na estrada.

Saíamos de uma reserva e já entrávamos em outra. Nessa altura fizemos a conta: dos BIG 5 – "os cinco grandes animais africanos" faltava apenas vermos o rinoceronte. Até então já havíamos visto, soltos na natureza, os outros quatro: o leão, o elefante, o leopardo e o búfalo. E foi na Reserva Hlane que conseguimos ver o animal faltante. Há quem diga que o que faz parte dos BIG 5 é o rinoceronte preto, e este vimos posteriormente, na Namíbia. Ali no Hlane vimos o branco, que na verdade nem é branco. Seu nome surgiu de umas palavras mal-entendidas: por possuir boca larga, enquanto o preto tem a boca quase em forma de bico, alguém um dia falou que tinha a boca "wide" (larga, em inglês), o que foi entendido como "white" (branco). "Se um é o branco, o outro deve ser o preto", imagino que o cidadão que fez a confusão pensou. O engano ficou e por isso existem as denominações de rinocerontes preto e branco.

Mas os africanos não pararam por aí com as interessantes denominações. Se existem os BIG 5 (cinco grandes), para promover ainda mais a biodiversidade deste continente, surgiram os LITTLE 5 (cinco pequenos) – todos com nomes e características vindas dos grandes: formiga-leão, musaranho-elefante, tartaruga-leopardo, tecelão-búfalo e o besouro-rinoceronte. Vimos alguns deles, mas o que adoramos foi passar tempo brincando com as formigas-leão. Elas fazem buracos na terra em forma de um cone perfeito, com paredes de areia muito fina e lisa. Quando outras espécies de formiga entram despercebidas num buraco desses, ficam patinando e não conseguem mais sair. É a hora da formiga-leão se desenterrar do fundo do cone e atacar. Costumávamos pegar algumas formigas e jogá-las nos buracos, que às vezes formam-se às dezenas pelo chão. Que maldade!

Supermercado, um ponto turístico

Nessa nossa vida de itinerantes, um fato interessante nos acontecia e nos deixava realizados. E compartilho em forma de pergunta: "Quando, em nossas vidas, a ação costumeira de ir a um supermercado fazer compras nos deixaria muito realizados, mas muito mesmo?" Dificilmente, não é? Isso quando você não está em viagem pelo interior da Ásia ou África. Lá supermercados são escassos e quando encontrávamos um, bem organizado, era uma festa, quase um ponto de atração turística para nós.

A Suazilândia, nesse aspecto, nos ofereceu tudo o que desejávamos. Por pertencer à União Aduaneira da África Austral e por fazer fronteira com o país mais produtor da África, a África do Sul, acaba usufruindo suas regalias e oferece bons preços em muitos produtos. Pode-se comprar, com grande variedade de sabores, queijos, salames, carnes, pães, iogurtes, cereais, cervejas e vinhos, entre outros. Além de saciarmos os nossos desejos da gula, a ação nos aproximava de casa, da vida farta que levávamos no Brasil, com as churrascadas, cervejadas e as festas de aniversários com doces e tortas.

A POLÍCIA NOVAMENTE?

Percorremos estradas em meio a vales e montanhas, ora bem pavimentadas, ora de chão batido, até chegarmos à Reserva Natural Malolotja, onde planejávamos fazer mais uma caminhada. Porém, ao chegar perto da Reserva, de repente o céu escureceu transformando o dia em noite, o que nos fez mudar os planos. Não valeria a pena pagar pela entrada, se nem do carro poderíamos descer com tanta chuva. Tocamos em frente, fomos ver algumas peças do artesanato local e à tardinha chegamos a um mirante, um local especial para uma pausa com um café bem tirado. Não pensamos duas vezes: estacionamos, aquecemos a água, passamos o café e ficamos a observar a bela cortina de chuva que caía sobre o imenso vale. O café virou lanche e não tivemos mais vontade de partir. Lá pelas 21 horas, quando já estávamos debaixo dos cobertores, um carro buzinou lá fora. Caramba, será que é a polícia novamente? Será que não vão nos deixar em paz mais uma vez?

Quantas vezes isso aconteceu na viagem? Umas vinte ou trinta? Às vezes, simplesmente nos viam quando passavam na rua; outras, nos abordavam respondendo a denúncias feitas pela vizinhança sobre um objeto não identificado pernoitando na redondeza. Não dava outra, os fardados e bem armados guardas nos abordavam a qualquer hora da noite. Nessas ocasiões eu vestia rapidamente uma calça, saia do carro e explicava aquela história de sempre, estávamos viajando e que nosso carro era a nossa casa e que somente passávamos a noite no local, para no outro dia seguir viagem. O que alegavam, sempre, é que não podíamos ficar, pois poderia ser perigoso para nós.

Nas primeiras vezes, obedecemos, levantando acampamento e procurando por um posto de combustível ou outro lugar escondido no meio do mato. Mas quando pegamos o jeito da coisa, deixávamos esse problema com os próprios policiais. "Podemos até sair, desde que vocês nos arrumem outro lugar para ficar", dizíamos. Quase sempre dava certo.

No Quênia, numa ocasião, nos levaram para a delegacia da cidade mais próxima e passamos a noite em meio a carros furtados e batidos. O lugar era tão tranquilo, com sombra e água de torneira, que perguntamos se poderíamos pernoitar ali por mais uma noite. Em outra ocasião, na Venezuela, a batida policial foi um pouco mais tensa: viaturas nos encurralaram e os policiais, com suas armas apontadas para nós, nos ameaçaram como se fôssemos bandidos. Queriam até nos levar para a delegacia para que prestássemos depoimento. No final eles concordaram que não estávamos fazendo nada de errado e em um contato via rádio com um superior, nos liberaram.

Naquela noite, na Suazilândia, quem nos abordou não foi a polícia, foi o George, um sul-africano que também não achava seguro pernoitarmos ali e nos convidou para passarmos a noite em sua casa, na cidade vizinha.

Relutamos um pouco, mas aceitamos. Seguimos seu carro e chegamos a Bulembu, uma charmosa cidade que no passado era propriedade particular de uma companhia mineradora. Com o esgotamento da mina, 60 anos depois do início da mineração, os quase 10.000 moradores da área abandonaram as suas casas coloridas, feitas de ferro corrugado ao estilo Art Deco e a cidadezinha virou uma cidade fantasma. Atualmente, Bulembu é uma cidade particular, sem fins lucrativos, quase autossustentável e que tem como objetivo servir de refúgio a crianças e viúvas suazis afetadas pela epidemia da Aids. Bulembu possui apenas algumas centenas de habitantes e nos deixou surpresos pela quantidade de jovens de diferentes países, que duma forma contagiante, trabalham voluntariamente na sua restauração. Nosso novo amigo George morava lá, de graça, com a única condição de cuidar bem da casa que recebeu para morar. A tranquilidade do lugar é tanta, que quando sai de casa para trabalhar, nem ao menos se preocupa em trancar a porta.

No dia seguinte, não resistimos a um céu azul lindíssimo e voltamos os 50 quilômetros até a Reserva Malolotja para realizar a caminhada pelas suas verdejantes montanhas a mais de 1.500 metros de altitude, onde ainda existem grandes áreas inexploradas. O belíssimo visual compensou todo o esforço despendido, pois encontramos pequenos antílopes blesbocks, diversos tipos de flores selvagens e dezenas de espécies de aves. Com a sensação de missão cumprida na Suazilândia, seguimos nosso rumo à África do Sul.

Onde tudo começou...

A Michelle e eu já conhecíamos a África do Sul e dela já guardávamos boas lembranças. É que ambos participamos de um grupo musical chamado Grupo Coral e Musical Edelweiss, do qual nos fizemos ausentes somente no período da viagem. São aproximadamente 40 cantores e instrumentistas. O grupo foi fundado em 1985 pela minha mãe, Leones Malewschik Rudnick, que ainda o rege e é a grande empreendedora de suas conquistas. Até o momento, foram duas turnês musicais pela África do Sul, duas pela Europa, duas viagens para a Argentina e diversas outras por cidades brasileiras, todas com finalidade cultural. Numa dessas viagens, precisamente na segunda turnê pela África do Sul, eu e a Michelle começamos a namorar, aliás, foram nos últimos dias dessa viagem que aconteceram as primeiras trocas de olhares, vamos dizer assim.

E ali estávamos novamente, de volta ao país onde havíamos nos conhecido melhor, só que dessa vez de uma maneira totalmente diferente, em nossa própria casa sobre rodas. Quantas mudanças aconteceram em nossas vidas desde a última vez em que estivemos nesse país?

É claro que ao cruzar a fronteira da Suazilândia com a África do Sul, lembranças engraçadas vieram à tona, como o dia do primeiro beijo, quando a Michelle me pagou umas tequilas num barzinho do complexo hoteleiro Sun City. Até hoje brinco dizendo que ela quis me embebedar para me conquistar. A África do Sul tem um marco muito especial em nossa história e por isso gostamos tanto desse país.

E O DIA 25 DE DEZEMBRO CHEGANDO...

Descemos uma linda serra, serpenteando montanhas que rodeiam Barberton e fomos a Nelspruit, capital do Estado de Mpumalanga. A cidade não é muito grande, mas a estrutura em estradas, viadutos, shopping centers, restaurantes e supermercados nos davam a impressão de estarmos no primeiro mundo.

Somente a segurança nos decepcionou – ou a falta dela. Nunca nos sentimos tão inseguros até então, em toda a viagem. Estudos classificam a África do Sul como um dos países mais violentos quanto a assaltos, assassinatos e estupros. Sentimos isso na pele em situações que até já relatamos em um capítulo anterior. Nas conversas com os locais, bastavam dez minutos de papo para que a criminalidade virasse o assunto principal da discussão. Difícil alguém que não mencione a situação de insegurança que o país enfrenta.

Os alertas eram constantes. Em uma ocasião, quando almoçávamos dentro do motor-home, parados no estacionamento de um mirante nas montanhas do Drakensberg, policiais nos pediram para deixar o local o mais brevemente possível. Ali, no dia anterior, um casal havia sido assaltado à mão armada e os bandidos levaram tudo. Comentaram que houvera até tiroteio. Engolimos o arroz com carne de porco em minutos e nos mandamos dali – afinal, o seguro morreu de velho.

Passamos a ser mais cuidadosos na escolha dos lugares onde acampávamos e a pernoitar somente em campings pagos no território sul-africano.

Uma dura realidade

Rivalidades entre negros e brancos ainda persistem e são mais sérias do que em outros países africanos. Se alguém está certo ou errado nessa história, não sabíamos e, na verdade, nem nos dávamos o direito de opinar ou julgar. Apenas procurávamos entender o ponto de vista de cada um.

Do lado dos negros, o passado fala por si. Entre 1948 e 1994, toda a estrutura política, econômica e social era baseada no apartheid, onde legalmente a minoria branca mantinha a discriminação racial. Tudo era separado: praias, banheiros, transportes públicos, escolas e até bancos de praças. Casamentos e relacionamentos entre as duas raças eram proibidos. As últimas leis foram ainda mais severas, pois forçavam os negros a usar documentos de identificação o tempo todo e os proibiam de permanecer nas cidades sem devida permissão. A partir de 1990, quando Nelson Mandela foi libertado dos 27 anos encarcerado, o sistema apartheid começou a ser desmantelado. Em abril de 1994, por meio de eleições multirraciais para o novo parlamento, Mandela se tornou o primeiro presidente negro da África do Sul, país que governou até 1999. Com esse passado, é lógico que os negros ainda cultivam grande antipatia pelos brancos.

A versão dos brancos nos foi contada da seguinte forma. Começou com uma pergunta tipo pegadinha: "Sabem qual a diferença entre o branco sul-africano e o branco estrangeiro?" Resposta: "Duas semanas." Dizem que para quem observa de fora, os negros são os únicos prejudicados e os brancos, os racistas. Com o atual governo de maioria negra, é comum acontecer a desapropriação das fazendas dos brancos, que são divididas e doadas aos negros. Mas pela pouca experiência administrativa em trabalhar a terra, eles não conseguem fazer o negócio girar e ser rentável. Por isso, vendem tudo o que encontram: esquadrias das casas, máquinas agrícolas, animais, plantas, árvores... Depois da limpa, abandonam tudo. Exatamente como aconteceu com o hoje falido Zimbábue. As "duas semanas" da resposta acima se referem ao tempo que o estrangeiro necessita para entender essa realidade. Reforço: o que escrevo sobre esse assunto é o que ouvimos falar e resultado de pesquisas, portanto não se trata de nossa opinião.

Na capital administrativa Pretória, com tempo de sobra, adiantamos alguns vistos para a costa Oeste africana, República Democrática do Congo e República do Congo, dois países diferentes, com nomes quase idênticos. Tentamos também fazer o visto para Angola, país que antecede os dois Congos, mas não foi possível. No dia em que chegamos à embaixada, a casa entrava em férias e voltaria a trabalhar somente no ano seguinte. Notícia que nos arrepiou, pois nos fez lembrar que mais um ano se passara.

E NÓS NA ESTRADA, COM O DIA 25 SE APROXIMANDO...

Ligamos para o casal Berno e Mandi, velhos amigos da minha família, e combinamos que passaríamos alguns dias com eles. Era um caminho longo, de mais ou menos 400 quilômetros, e quando entramos na estrada que dava acesso à fazenda, em frente à Vila Commondale, começou o barulho: pow! pow! pow! "Será que o carro não poderia ter aguentado mais dez quilômetros?", comentei. Já era tarde da noite e não existiam telefones onde estávamos.

Fui até a vila e perguntei a algumas pessoas se alguém me emprestaria um celular, no que fui prontamente auxiliado.

Quando a Mandi atendeu, ficou preocupada e falou que estávamos numa vila perigosa, "de negros". Imagina se eu dissesse que estava justamente, naquele momento, usando o celular dos caras a quem ela se referia.

O mais engraçado dessa história toda é perceber que até os cachorros na África do Sul participam da briga, pois os cães dos negros odeiam os brancos e os cachorros dos brancos, não podem ver negros por perto que já atacam. A cadela da casa da Mandi nos recebeu muito bem, nos lambendo, pulando e brincando, mas à empregada, que é negra e trabalha lá há anos, o cachorro não dá trela. Com os cachorros dos capatazes negros da fazenda, por sua vez, nós é que não tínhamos a mínima chance. Mas vamos deixar esse assunto de lado, a briga é entre os sul-africanos e não nossa. Entendemos os problemas de ambos e os respeitamos.

O estrago foi novamente no alternador do veículo e dessa vez foi feio. A quebra do rolamento fez travar tudo lá dentro. Já mais experiente como mecânico, soltei a correia para liberar o giro do motor e rebocamos o Lobo para ele pegar no tranco. Seguimos até a fazenda sem luz e com um olho sempre na temperatura, pois sem correia a bomba d'água para de funcionar, podendo haver superaquecimento e o motor fundir. Daí o estrago seria maior.

Commondale é uma pequena colônia alemã composta basicamente por fazendeiros, que embora viva cercada por pessoas que falam inglês, zulu e africânder, conserva o alemão como língua-mãe, o que perdura já por cinco gerações.

Berno e Mandi Kohlmeyer, assim como seus filhos, genros, noras, netos e muitos outros dessa pequena vila, são grandes amigos de nossa família – uma amizade cultivada principalmente por minha mãe, à custa de cartas escritas à mão. Começou quando Berno era regente de corais e conheceu minha mãe na Alemanha, num curso de regência. Nas duas viagens do Grupo Edelweiss à África, em 1995 e 2001, Commondale fez parte do itinerário.

Ali estávamos em casa, revimos velhos amigos, pescamos, fomos juntos à igreja e inclusive cantamos no coral que hoje é regido pelo Gerald, filho do Berno.

Até que no dia 24 de dezembro voltamos a Johannesburg, pois não podíamos furar com nosso compromisso. Dia 25 de dezembro de 2008, através de uma parede de vidro do aeroporto internacional, foram aparecendo um a um: Leones, minha mãe; Leomar, meu pai; Arlette, mãe da Mi; Odenir, pai da Mi; Natascha, minha irmã; Hans, meu cunhado; Daniela, irmã da Mi e Cleiton, namorado da Daniela.

Quase dois anos sem vê-los

Que felicidade no reencontro! Rolaram abraços apertados, lágrimas, risos, fotos, momentos em que nem ao menos sabíamos o que falar... Emoção total. Já haviam se passado quase dois anos sem vê-los ao vivo, pois nosso contato era, praticamente, só via internet.

Agora eram três carros, que maravilha: o Lobo e mais duas Grand Livinas alugadas para ajudar a desbravar a misteriosa África do Sul. Como os voos internacionais entre os dias 24 e 25 de dezembro são mais baratos, deixamos para trocar os presentes de Natal e amigo secreto só no dia 25 à noite, num hotel em Pretoria.

Nós já havíamos avistado muitos animais selvagens, mas eles não. E por ser este um dos pontos altos de uma viagem à África, rumamos para a Reserva Natural Balule e passamos lá três dias em pleno safári. Os amigos sul-africanos Berno e Mandi juntaram-se à turma de brasileiros.

Mas ver os animais não era nada comparado às risadas que dávamos com nosso animado guia Cuzzy. Um dia ele entrou em um mato dizendo que iria procurar pistas dos leões. Mas o que ele não se atentou foi que, quando saiu, a camisa estava por dentro da calça e quando voltou, estava por fora. Imagine o que ele foi fazer no mato.

Na sequência da Reserva Balule, fomos ao Parque Nacional Kruger, que nos rendeu ainda mais histórias. Esse é um dos parques naturais mais importantes da África. E é grande: são 20.000 quilômetros quadrados de área protegida, distribuídos em uma extensão de 350 quilômetros de Norte a Sul e 60 quilômetros de Leste a Oeste.

Logo pela manhã, entramos por um portão a Oeste com o plano de sair do parque antes das 18h30, quando se fecham os portões por uma saída ao Sul. A extensa malha de estradas constava toda em nosso GPS e o planejamento do itinerário foi fácil. O dia correu maravilhoso, vimos milhares de animais e belíssimas paisagens. Lembro-me especialmente de uma: um mirante no alto de um morro, de onde se pode avistar uma planície imensa, de perder de vista. Aos poucos, como se nossos olhos passassem a ajustar o foco e melhorassem sua definição, começamos a identificar elefantes, um por um, lá longe. Era uma manada grande, composta por mais de 20 animais, mas pela grandeza do lugar, até elefante passa despercebido aos olhos desatentos.

Quando chegou a hora da saída, uma nuvem preta, carregada, cobriu o céu ao Leste e despencou como uma cortina de água. Vista a distância, formava um belíssimo fundo para fotografias.

O que não imaginamos é que aquela água inundaria o Rio Crocodilo, que fazia fronteira ao Sul do parque. E logo veio a notícia de que estávamos impossibilitados de sair pelo portão que planejávamos, pois o rio já passava por cima da ponte.

"Poxa vida, e agora?", pensei. "A festa acabou..." Encontramos outros carros na mesma situação que a nossa. E as normas locais eram: depois do horário de fechamento dos portões ninguém pode circular na área selvagem. Tem-se que estar fora do parque ou dentro dos complexos hoteleiros.

Tentamos uma segunda saída a Oeste, mas também estava inundada. Buscamos uma terceira, uma quarta, mas nenhuma dava passagem. Rodamos dezenas de quilômetros até perdermos a noção do tempo. E o pior: não tínhamos nem ideia do que nos aguardava naquela noite...

Ao escurecer, um elefante enfurecido veio correndo em direção ao Lobo, como se quisesse pisoteá-lo. Nada parecia segurá-lo. Nessa hora, sem as recomendações do Cuzzy, o guia engraçado do Balule, não sei o que teria acontecido. Em meio àquela cena, lembrei-me da dica que ele nos deu com relação a alguns animais perigosos em situações como essa e no momento certo da proximidade do elefante levantei minha mão esquerda bem alto para fora do carro, o máximo que alcançava e me mantive firme.

O que aconteceu foi incrível, exatamente como o Cuzzy falou. Os elefantes não possuem percepção de tamanho. Não conseguem saber se uma pessoa ou um carro são maiores do que ele. Mas o que conseguem diferenciar é se algo ficou maior do que era, portanto, quando me coloquei para fora do carro levantando a minha mão para o alto, o elefante percebeu que engrandecemos e baixou a guarda, saindo cabisbaixo pelo sentido oposto. Como eu queria ter filmado aquilo!

Além da dica do elefante, o Cuzzy nos falou sobre o crocodilo, o hipopótamo e o leão. O crocodilo, mesmo sendo um animal muito rápido na terra, tenta sempre te levar para a água, pois é ali que ele é rei. Mas, por ter pescoço duro, pouco flexível em se contorcer, não é hábil nas curvas rápidas. Nesse caso, o indicado para um homem em fuga é correr no sentido oposto ao rio fazendo curvas em "S". Quanto ao hipopótamo, o animal que mais mata humanos na África, é um corredor nato e possui grandes mandíbulas. Durante o dia, fica imerso nos rios e sai à noite para pastar, área em que se sente indefeso. Nessas ocasiões, qualquer coisa que ameace o seu caminho de volta ao rio deixa-o enlouquecido e é capaz de matar só para se defender. Portanto, evitar ficar no meio do caminho entre ele e um rio é fundamental para a nossa segurança.

A estratégia com o leão é a mais difícil de seguir. Nem sempre o leão está com fome, correto? E se estiver, exceto aqueles do Tsavo, vai atrás de suas presas costumeiras, como antílopes, gnus e zebras. Mas o problema é que, por ser um animal territorial, pode querer matá-lo pelo simples fato de mostrar superioridade. No caso de um encontro com leões, sei que é quase impossível, mas não o encare e nem saia correndo. Se o encarar, ele pode querer briga e se sair correndo, ele o verá, com seu instinto de caçador, como uma presa fugindo da morte. Finja que nem o viu e caminhe lentamente numa direção segura, sem parar. Ainda bem que tivemos que testar somente uma das estratégias.

Já estava escuro dentro do parque e de repente: pow! pow! pow! O carro havia quebrado novamente. "Deve ter sido a direção hidráulica", pensei, pois ela já vinha apresentando problemas. O pior é que dentro de reservas de animais não se pode sequer pensar em sair do carro, ainda mais à noite, quando os animais estão mais ativos. Mas não tínhamos o que fazer. Mesmo com tantas advertências, desci do carro e o Cleiton veio ajudar. Dessa forma, pelo menos, se um leão atacasse, eu só teria que ser mais rápido do que o Cleiton para sair ileso. Ele deve ter pensado a mesma coisa.

Dito e feito: era a bomba de direção hidráulica, que por ter se quebrado internamente, seu eixo com a polia saiu por completo, escapando assim a correia do alternador e bomba d'água. Colocamos a polia de forma meio improvisada, torcendo para ela ficar no seu lugar por mais algum tempo, e seguimos viagem.

A 10 quilômetros dali, quem aparece? Cinco leões magros de fome e, logo mais à frente, um grupo de hienas. Em bando, as hienas podem ser até mais perigosas do que os leões e desconheço qualquer estratégia de fuga delas. Tivemos sorte de não ter quebrado o carro ali perto.

Lá pelas 22 horas, um dos perdidos da nossa caravana conseguiu se comunicar com um guarda-parque pelo celular. Fomos orientados a voltar para um hotel/camping a 40 quilômetros ao Norte, onde arranjariam hospedagem para nós.

Entramos no cercado às 23 horas em ponto e os primeiros a receber abrigo foram o Berno e a Mandi, pois eram os que pareciam mais cansados. Receberam uma bela tenda e nós fomos nos aninhar em um alojamento.

No outro dia, pela manhã, ao encontrarmos com eles, percebemos que alguma coisa não estava certa. Eles riam sem parar e nos contaram, fazendo pausas para gargalhadas, a sua aventura noturna. Na noite anterior, quando voltavam dos chuveiros comunitários que ficavam cerca de 150 metros de sua tenda, eles se perderam. Tantas eram as tendas idênticas e, cansados do jeito que estavam, nem prestaram atenção no caminho que haviam feito até os chuveiros. Acabaram por sentar num banco qualquer e passaram a noite conversando. Dizia o Berno para a Mandi: "Mandi, queria ver a cara do Roy se ele nos visse aqui nesse banco". E riam às rédeas soltas. O legal foi ouvir suas histórias e observar que, mesmo não tendo dormido nada, em seus mais de 70 anos, não perderam o bom humor.

BRAAI E BILTONG

Para a virada do ano, voltamos à fazenda do Berno em Commondale, agora com toda a família. Quatro dias de muito braai e biltong.

Braai é a abreviatura de braaivleis em africânder, que significa carne grelhada. É tão similar à nossa churrascada que até os costumes desse evento social são parecidos. As mulheres, por exemplo, raramente assam a carne. É uma tarefa dos homens, ou de um deles e os outros ficam para dar assistência. Enquanto os homens batem papo ao redor do fogo, as mulheres preparam a salada e a sobremesa. Na África do Sul, o tal do braai é levado tão a sério que o costume ganhou normas e até existe o Dia de Braai, que é em 24 de setembro.

Já o biltong é algo diferenciado, não pela carne em si, mas pela forma com que o sul-africano vende este produto. Parece-me que foi feito um bom trabalho de marketing para valorizar o biltong, que nada mais é do que carne curada, seca, similar ao nosso charque, mas comumente feita com a carne de caça, como dos cervos springbok e kudu e também do avestruz.

Temperado com sal, coentro, pimenta preta e açúcar mascavo,

é seco no vento fresco ou em caixas de papelão ou madeira. Nos lugares frios, utilizam-se lâmpadas elétricas para aquecer as caixas, sempre tendo o cuidado de manter a ventilação.

A diferenciação que me refiro está no fato desta carne ser saboreada em todos os lugares, até nos cinemas, no lugar da pipoca. Imagine um enorme shopping center, onde, em vez dos quiosques de sorvete, vende-se carne seca, o biltong. A peça é cortada em pequeninas fatias, colocadas em um pacote de papel e saboreada nos corredores entre as lojas.

Terceira maior cidade do país, Durban foi uma das mais importantes sedes da Copa do Mundo 2010, exibindo seu magnífico estádio Moses Mabhida, que chegamos a ver somente na fase da construção. Foram sete partidas jogadas e o placar de 0x0 foi o resultado entre Brasil e Portugal.

Durban está situada na costa Leste, lugar de águas quentes do Oceano Índico e é, literalmente, infestada por tubarões. Para garantir o uso seguro dos banhos de mar são colocadas redes anti-tubarões fixadas logo após a linha de arrebentação, a mais ou menos uns 500 metros da praia.

Nós vimos esses caçadores implacáveis em condições mais seguras, no uShaka Marine World – um dos maiores aquários de água salgada do mundo, onde existe a maior coleção de tubarões do Hemisfério Sul. Foi como um dia de criança para todos nós. Vimos o show de golfinhos e leões-marinhos, fomos às piscinas e aos tobogãs. Mas, como diz o velho ditado, "tudo o que é bom dura pouco". Tivemos que partir rumo a Johannesburg, pois o Odenir, a Arlette, o Hans e a Natascha, depois de 18 dias conosco, tinham que voltar ao Brasil. Ficaram para mais oito dias de confraternização o Leomar, a Leones, o Cleiton e a Daniela. Com eles viajamos até a Cidade do Cabo.

Um pouquinho de falta de juízo não faz mal a ninguém

No caminho, fizemos uma parada no Parque Nacional Addo e tivemos a sorte de ver, juntos, mais de 200 elefantes. Foi um belo e inesquecível espetáculo. Quando chegamos havia menos de 50, mas eles foram chegando aos poucos e de todos os lados. Parecia que os elefantes tinham marcado hora e local de chegada.

Nesse parque quebrei, também, algumas regras: a de não poder desembarcar do carro, pois pode ser perigoso, e a de não poder levar nada da natureza consigo.

Nós estávamos num enorme descampado procurando por leões, pois alguém havia comentado tê-los visto poucas horas antes. Estávamos nós no Lobo e a galera com a Grand Livina. Num lado do descampado, ainda nas redondezas onde os felinos poderiam estar, avistei uma ossada de warthog, um porco do mato parecido com um javali. Seu nome, em português, é facoquero comum. Fiquei tentado e falei para a Michelle: "Vou lá pegar os dentes daquele warthog, pois ninguém está vendo". Não havia ninguém por perto, nem mesmo a Grand Livina. A Michelle não gostou nada da ideia, mas vai segurar um cabra empolgado como eu. Pulei do carro e num relance corri até a ossada, mas os dentes estavam muito presos à mandíbula e eu não consegui arrancá-los.

"Não pode ser", pensei, e voltei ao carro para evitar me expor aos guarda-parques ou aos leões. Nesse momento, a Grand Livina já estacionava atrás de nós. Saí novamente do carro, corri até a ossada e por não conseguir arrancar os dentes de forma rápida trouxe a cabeça inteira comigo. Aí, dentro do carro, com mais cuidado, consegui os três dentes que restavam no facoquero. Recoloquei a cabeça no lugar de onde havia tirado. Os dentes são grandes, bonitos e dois deles fazem parte de nossa exposição fotográfica. O terceiro dei ao Cleiton, que o usa até hoje como abridor de garrafas. Às vezes, um pouquinho de falta de juízo não faz mal a ninguém. É preciso correr riscos se quisermos alguma coisa, mesmo estando entre leões.

Dali para frente, rodamos parte da Rota dos Jardins, passando por Porto Elizabeth; visitamos o Parque Nacional Tsitsikamma; montamos em avestruzes numa fazenda de criação; tomamos vinho em Stellenbosch; fomos a Ponta do Cabo; conhecemos a Table Mountain e diversas outras atrações na Cidade do Cabo. Então, infelizmente, o tempo de permanência dos nossos queridos familiares acabara e a viagem com eles havia chegado ao fim.

Estávamos tristes pela partida deles e ao mesmo tempo felizes por termos feito, juntos, uma viagem tão maravilhosa pela África do Sul. No aeroporto, um adeus para mais um ano inteiro. A dor no peito da despedida foi-se amenizando quando nos demos conta de que teríamos a companhia do Oceano Atlântico dali para frente. Era o quintal da nossa casa, pois mesmo a milhares de quilômetros de distância, tínhamos a sensação de estarmos perto do nosso querido Brasil. Era só atravessar. Brasil e África já não foram grudados há milhões de anos? O Amyr Klink não cruzou a remo esse oceano?

PELA QUINTA VEZ CONSERTAMOS O ALTERNADOR

Sabíamos que o percurso que estava por vir, pela costa Oeste africana, não seria fácil. Aliás, talvez fosse um dos trechos mais difíceis até agora. Iríamos encontrar países pouco desenvolvidos, pobreza extrema, estradas precárias, difícil aquisição de moedas locais, falta de infraestrutura para apoio mecânico, médicos, hospitais e alimentos. E seriam lugares onde praticamente não se fala inglês. Do Congo para cima são quase todas ex-colônias francesas, as quais seguem a mesma regra da França: não falam inglês de birra.

Para que pudéssemos encarar este trajeto que duraria aproximadamente meio ano, nos preparamos durante duas semanas na Cidade do Cabo.

O carro teria que partir inteiro, sem qualquer problema mecânico. Pela quinta vez consertamos o alternador, aquele que eu já deveria ter trocado por um novo havia muito tempo.

Estocamos o máximo de comida que conseguimos dentro e fora dos armários. E isso valeu a pena – os mercados na África do Sul eram duas ou três vezes mais baratos que no resto da África.

Compramos, também, remédio e kit auto-teste para malária, composto por furador de dedo, tubo para coletar sangue, líquido para processar o teste e um dispositivo que se altera quando o sangue está infectado. Por último, tentamos novamente fazer o visto angolano, mas de novo não tivemos sucesso. Desta vez, não queriam nos dar alegando que o visto para a Angola deve ser feito no país de origem do visitante. Parece que gostam mesmo de complicar. Seguimos viagem assim mesmo, assumindo o risco.

Quando vimos que rumávamos para onde o ponteiro da bússola apontava, esse aborrecimento ficou esquecido por algumas semanas. Passamos a fazer grandes deslocamentos em uma região que na primavera fica coberta por tapetes de flores selvagens. Mas na época em que a cruzamos, a monotonia da aridez só era quebrada vez ou outra pelo verde de alguns vinhedos. Ou então pela fronteira que dá acesso a um dos países de menor densidade demográfica do planeta: a Namíbia, cuja população é de dois habitantes por quilômetro quadrado. É como se não existissem pessoas na região, especialmente se a compararmos a países como Mônaco e Singapura, que possuem 16 mil e 6 mil habitantes por quilômetro quadrado, respectivamente.

O português Bartolomeu Dias, em 1846, foi um dos primeiros europeus a explorar a costa Sudoeste africana, porém a região não foi reclamada para a coroa portuguesa. Na sequência, a Alemanha passou a controlar o território até a sua derrota na Primeira Guerra Mundial, quando a União Sul-Africana obteve o mandato para administrar esse território, como sua colônia. Em 1966, a Swapo (South--West Africa People's Organization) – um movimento que lutava pela independência – lançou uma guerrilha contra as forças sul-africanas ocupantes e em 21 de março de 1990, a Namíbia alcançou a sua independência, tornando-se um dos países mais novos da África.

De pronto enfrentamos o Deserto do Namibe. "Namib", no idioma local, significa "enorme" e, de fato, o deserto é muito grande. Estende-se pela costa do Atlântico por 1.600 quilômetros em uma área que atinge 50.000 quilômetros quadrados. Para uns, pode parecer pouco atraente, mas para nós, surgia expectativa de uma boa aventura.

Qual o país mais bonito?

Após nosso regresso ao Brasil, muitos nos perguntam qual o país mais bonito; de qual gostamos mais; e eventualmente, a qual deles voltaríamos para morar. Eu olho para a Michelle, ela olha para mim e vemos nossas faces cheias de interrogação.

Porque dizer qual o lugar de que mais gostamos nesse imenso percurso é difícil. Não temos como responder, pois não dá para comparar lugares tão diferentes em culturas, costumes e paisagens. Mas, se nos dessem a chance de relacionar dez países, com certeza, a Namíbia estaria incluída nessa lista.

No primeiro entardecer, quando aguardávamos o sol se pôr no Cânion do Rio do Peixe, um cidadão nos ofereceu um pedaço de manga, assim, do nada. Aceitamos, trocamos algumas figurinhas e quando partíamos daquele lugar espetacular, convidamos o casal para acampar conosco. Bernard Swart e Hilda Le Roux, sul-africanos da cidade do vinho, Stellenbosch, eram recém-casados e passavam a lua-de-mel pelo continente numa viagem que duraria 10 meses. Tinham tudo pela frente, pois haviam partido de sua casa uma semana antes do nosso encontro.

A noite foi divertida, cozinhamos e contamos causos, mas foi mais tarde que percebemos que havia algo em comum entre nós. Algo que acabou nos mantendo juntos por quase 45 dias. Parecia que eles tinham um pouco de sangue brasileiro ou nós de sul-africanos.

Por ainda existirem descendentes germânicos naquela região, um alemão guarda-parque, chato de galocha, nos chamou atenção, bufando e xingando, dizendo que estávamos depredando a natureza acampando ali.

Parecia o protagonista da piada que meu primo Kleber costumava contar: Quando Deus criou o mundo, saiu pelos continentes distribuindo territórios. Ao passar pela América do Norte, com um pouco de barro, criou pessoas, para as quais entregou aquelas terras. "Americanos", disse Ele, "eis aqui as suas terras, onde poderão plantar, colher e criar as suas comunidades". Em seguida foi para a América do Sul, Oceania, Ásia, África, e praticava sempre o mesmo gesto. Ao chegar na Europa, mais precisamente na Alemanha, criou as pessoas e as presenteou com terras cheias de florestas e montanhas. Um alemão, daqueles bem grossos, já se sentindo proprietário do lugar, virou para Deus e exclamou: "Então, saia já do meu terreno".

Ficamos sem jeito pela brusca expulsão, havíamos metido os dois novos amigos numa fria. Pedimos desculpas, ao que o Berni retrucou: "Contanto que a cada dia seja uma pessoa diferente que nos expulse, não vejo problema nisso". Caímos na gargalhada, pois isso fazia sentido. Nossa desculpa para o alemão foi que não sabíamos que não era permitido acampar naquelas terras. Se a cada dia fosse um sujeito diferente a nos perturbar e expulsar, poderíamos dar sempre a mesma desculpa.

Berni é aficionado por pescaria, apesar de não comer peixe. Tamanha sua paixão, que metade da carga que carregava em sua caminhonete Toyota Hilux, que mais tarde apelidamos de Trovão Azul, era equipamento de pesca. Lembro-me de ter contado dez varas e a

Michelle, um dia, tentou erguer a caixa de chumbos que ele tinha e não conseguiu.

Naquele mesmo dia voltamos ao Rio Orange, fronteira entre a Namíbia e a África do Sul, só para fazer uma espécie de campeonato de pesca. No acampamento, confesso que foi a primeira vez que busquei lenha em outro país para fazer fogueira, pois lenha só havia na outra margem. Apesar de termos pego vários peixes, perdemos o campeonato.

Seguimos viagem por estradas de chão batido até o vilarejo de Aus, cujas redondezas abrigam os cavalos ferais da Namíbia. O termo "feral" caracteriza o cavalo domesticado que se tornou selvagem. Há diferentes teorias sobre sua origem: uns dizem que descendem da cavalaria alemã abandonada durante a invasão sul-africana em 1915; outros, que se originam do estábulo do nobre alemão Barão Hans--Heinrich von Wolf. Quando o barão voltou à Europa para lutar na Primeira Guerra Mundial, ninguém cuidou do estábulo e, após sua morte, os cavalos fugiram para o deserto. A terceira versão conta que os cavalos são oriundos do naufrágio de um navio que viajava da Europa para a Austrália.

Paramos, certo dia, numa estação de trem abandonada para fugir da ventania e, no meio de entulhos, saboreamos um belo prato sul--africano chamado potjiekos. Para cozinhá-lo existem várias regras, apesar do Berni não segui-las com muito afinco. Dentro de uma panela de ferro especial, coloca-se carne, legumes, tempero e um pouquinho de cerveja. Uma vez fechada, não se abre mais a tampa, a não ser na hora de servir. Para evitar que o conteúdo queime, são usadas somente brasas para o aquecimento e para descobrir se o calor é suficiente para levantar fervura, encosta-se uma extremidade da colher de pau na tampa da panela e a outra no ouvido – assim ouve-se a água fervendo.

Em nosso caso, não havia carne, tampouco cerveja. Então foi feito de legumes e Coca-Cola mesmo, que segundo o Berni, é o grande segredo. Eles nos disseram que existem competições na África do Sul de quem faz o melhor potjiekos.

Falando em Coca-Cola, mesmo vivendo na cidade que produz um dos melhores vinhos do mundo, Stellenbosch, Hilda e Berni aderiram a uma de nossas receitas para quando o vinho não é muito bom. É o "pancadão", "dedo sujo", "pé sujo" ou qualquer outro nome que se queira dar. É o vinho misturado com Coca. Diziam eles que se seus pais soubessem que tomaram o "pancadão", seriam deserdados na hora.

Corrida ao diamante

A base da economia namibiana está na extração e processamento de minerais, sendo o quarto maior exportador de minerais não combustíveis da África e o quinto maior produtor de urânio do mundo. Outro mineral muito encontrado na Namíbia é o diamante. Em 1908, o primeiro exemplar foi encontrado na região de Lüderitz por um trabalhador ferroviário e deu origem à corrida ao diamante. Contam os fatos que nem era preciso esforço para extrair as pedras, pois se achava facilmente as gemas na superfície da areia. O maior diamante do mundo, chamado Cullinan, provém desta região.

Eram tantas pessoas que chegavam àquelas terras, na época, que o governo alemão teve que proibir o acesso à área – proibição que perdura até hoje. A forma que encontramos para vivenciar essa fascinante epopeia foi visitar a Cidade Fantasma de Kolmanskop, um assentamento que surgiu na época para prover abrigo aos trabalhadores da mineradora. A vila foi construída como uma autêntica cidade germânica, com hospital, escola, teatro, boliche, central de energia, fábrica de gelo, frigorífico e a primeira estação de raios-X de todo o Hemisfério Sul. O objetivo da máquina de raios-X era saber o que os mineiros andavam engolindo.

A decadência começou após a Primeira Guerra Mundial, quando o preço do diamante caiu vertiginosamente. A cidade foi abandonada definitivamente em 1956, com a saída do último habitante, um enfermeiro. Atualmente, alguns edifícios foram restaurados e muitos ainda estão tomados pelas dunas.

Próximo a Kolmanskop encontra-se Lüderitz, uma cidade costeira que se parece com cidades da Alemanha, diferenciada apenas pelo fato das edificações se localizarem no meio de uma paisagem desértica.

Estávamos ali porque queríamos caçar lagostins. Fomos o Bernard e eu para aquelas águas congelantes, das quais não conseguimos nos proteger nem usando roupas de neoprene. Mas achamos apenas lagostins muito pequenos, não valia a pena captura-los. Difícil foi parar de tremer depois que saímos da água, mesmo com banho quente e muito chá.

Por ter permanecido em condições áridas e semiáridas há pelo menos 80 milhões de anos, o deserto da Namíbia é considerado o mais antigo do mundo e possui belezas indescritíveis. Em Sossusvlei, a parte mais acessível do Parque Nacional Namib-Naukluft, formou--se um vale onde as dunas fecharam o caminho do Rio Tsauchab, impedindo-o de fluir. As altas e vermelhas dunas podem ultrapassar 340 metros de altura.

No Dead Vlei, o Vale Morto, nossas fotos ficaram dignas de cartões postais. O vale é resultante de uma lagoa rasa que se formou entre as dunas após fortes chuvas. A abundância de água permitiu o crescimento de acácias. Entretanto, quando o clima mudou e a seca voltou a dominar, as árvores morreram. Acredita-se que os troncos remanescentes são de coloração preta devido ao intenso sol. Eles possuem 900 anos de idade e pelo fato da umidade do ar ser quase nula, nunca sofreram o processo de decomposição. Estar no meio do Dead Vlei é como entrar numa das pinturas surreais de Salvador Dali.

Por um breve período nos separamos de Hilda e Bernard. Precisávamos ir à capital Windhoek e tratar daquele famoso visto para Angola. Mas no caminho aconteceu um dzzdzddzzzdzddzd seguido de blackout total. Enquanto acampávamos num lugar longe de tudo, instalei um pequeno ventilador de computador na cabine do Lobo e um curto-circuito fez todas as luzes se apagarem. Nem o carro ligava mais. "Agora ferrou!", pensei. Procura daqui, procura dali e nada de encontrar o problema. A escuridão piorava ainda mais a situação. Os fusíveis estavam ok, a bateria idem. O que poderia ter causado aquela avaria, assim, tão de repente? Após quase uma hora de tensão, descobri que a chave geral instalada debaixo do meu banco havia queimado. Ufa, que alívio! Fiz um by-pass e tudo voltou ao normal. Com eletricidade funcionando novamente e um novo ventilador para refrescar a cabine, botamos o pé na estrada no sentido da capital.

Windhoek é pacata, aconchegante e muito bem estruturada. Mas por mais que ela pudesse resolver muitos dos nossos problemas, não conseguiu nos ajudar com os vistos para Angola.

Já somávamos três "nãos" e um "fechado para férias". O primeiro nem havia comentado: foi na capital da Etiópia, Addis Ababa. Se não nos deixassem cruzar a Angola, o único jeito seria despachar o carro de navio. Mais custo e mais burocracia. Não, não podíamos desistir. Se nos restasse uma última esperança, iríamos atrás dela. Sabíamos que em Rundu, uma cidade da fronteira, existia um consulado e decidimos ir até ele.

Quem nos acolheu em Windhoek durante os quase dez dias em que ficamos lá foi a Trudi, filha da Mandi e do Berno, que mora com o marido Alex e as filhas Jéssica e Nikita. Além de mais essa amizade, recebemos a melhor proposta do mundo para trocar os pneus do carro. Um dos irmãos da Trudi, o Manfred, trabalha na Supa Quick Auto Centres, uma distribuidora de pneus que atende a África do Sul e a Namíbia. Dois pneus a empresa financiou e o terceiro foi patrocinado pela própria Bridgestone, sobrando-nos apenas um para pagar – e a preço de custo. O Lobo saiu de lá mais faceiro que égua com dois potrinhos, como diz o gaúcho.

Novamente na estrada, nos encontramos com os sul-africanos em data e local combinado. A partir daí, mais dois parceiros aderiram à nossa caravana: o Claudio Angelini, um suíço que conhecemos na Austrália e viajava o mundo em uma Honda África Twin 750; e a austríaca Ruth Knichtl, amiga do Cláudio, que pilotava uma Honda Transalp 600 e fazia uma viagem pela Ásia e África.

Era uma quinta-feira e para celebrar o reencontro com toda a turma tomamos umas a mais num camping em Swakopmund, na Costa do Esqueleto. Não sei por que entrei na onda do Berni, que quando decide beber, sai de baixo. Sua estratégia é a de não comer nada enquanto bebe, só para dar mais tonturinha. Noutro dia, nossos vizinhos davam risada da gente. Acho que a coisa deve ter sido feia. E pelo estado que estava nosso acampamento, foi mesmo.

Essa festa desencadeou o festival thirsty-Thursday (em português, quinta-feira sedenta). Todas as quintas que passamos juntos foi de arrepiar. Numa, aprendemos a fazer pão de cerveja, noutra, comemoramos os dois anos de nossa expedição e assim foi.

A Costa do Esqueleto compreende o deserto que costeia o Atlântico do Centro ao Norte do país e é assim chamada devido à grande quantidade de esqueletos de baleias que há nela, assim como naufrágios – alguns até bem recentes. O motivo está na dificuldade de visibilidade causada pelas fortes neblinas.

Um fato curioso com relação ao deserto é que num determinado local há massivas ossadas de cavalos, que aparecem e desaparecem devido à ação dos ventos sobre a areia. Apenas recentemente esse mistério foi desvendado, quando foi encontrado um telegrama datado de 15 de maio de 1916, enviado pelo Ministério da Defesa de Johannesburg à Casa do Parlamento em Pretória. O documento contém a informação de que em novembro de 1915, 1.695 cavalos, mais 944 mulas, pertencentes à Força de Defesa Sul Africana, foram mortos em decorrência de uma doença infecciosa. O telegrama conta que um medicamento que poderia evitar essas mortes teria sido enviado por navio da Cidade do Cabo para Swakopmund, mas no meio do caminho o barco afundou e o remédio chegou quando já era tarde.

Domingo foi dia de pescaria em Henties Bay. Enquanto tirávamos da água os peixes que iriam para a panela à noite, Berni queria realizar o seu sonho: fisgar um tubarão de 100 quilos. E Henties Bay é o lugar propício para esse tipo de pesca.

Encantei-me com a maneira como se pesca tubarão: a começar pela isca, que deve ser de outro pequeno tubarão. Corta-se uma parte específica dele, que é fisgada num anzol enorme. O resto da carcaça finca-se numa estaca bem onde as ondas batem na areia. Cada vez que a onda volta para o mar, leva um gostinho da isca junto com o sangue. Isso atrai os maiores.

A vara é comprida e trabalha-se com uma grande carretilha. Como a isca é pesada, lança-se somente o chumbo ao mar o mais longe possível, com o objetivo de atingir os poços mais profundos, que são identificados pela forma que a onda faz ao quebrar. Quando o chumbo está ancorado e a linha fica firme, engata-se uma espécie de mola na linha, onde está pendurado o anzol com a isca. A mola vai deslizando sobre a linha até bater no fundo, próximo ao chumbo. Então basta esperar com paciência. O Berni já havia pegado tubarões na África do Sul, só que menores. Diz ele que não se tem dúvidas da hora em que se deve puxar para fisgar o peixe.

Mas não apareceram tubarões, o que nos fez decidir seguir em frente, sempre seis viajantes, para desvendar ainda mais aquelas terras. No caminho, vimos belezas naturais como o Spitzkoppe, uma indescritível formação rochosa de coloração avermelhada, cheia de piscinas naturais; o Brandberg, maior pico da Namíbia, com suas artes rupestres que datam entre 2.000 e 5.000 anos, feitas pelos Bushmens; Twyfelfontein, nome dado pelo colonizador europeu D. Levin e que significa "fonte duvidosa", pois a água que ele conseguia tirar da fonte não era suficiente para sua demanda. Em Twyfelfontein, ao invés de pinturas, os desenhos rupestres são escavados na superfície da pedra e mesmo expostos às intempéries da natureza, sobrevivem há mais de 6.000 anos.

Se 6.000 anos de idade já parece muito tempo, imagine 250 milhões de anos – a idade das florestas petrificadas da Namíbia. Não havia nenhuma árvore em pé, claro, mas pudemos sentir com nossas próprias mãos os troncos preservados pela ação da petrificação e que ainda mostram perfeitamente os anéis de crescimento, nós e qualquer outra característica da madeira. Nesse mesmo sítio arqueológico, conhecemos a Welwitschia Mirabilis, uma planta endêmica que pode viver entre 500 e 600 anos e cuja maior espécime mede 1,4 metros de altura e 4 metros de diâmetro.

Como disse o dr. Giesecke, "The length of a human life is too short to truly enjoy the full extent of natural processes. The best we can do is stand there and wonder." (A duração da vida humana é muito curta para verdadeiramente apreciar a extensão total dos processos naturais. O melhor que podemos fazer é estar lá e admirar).

Durante o trajeto, além das fortes chuvas que nos obrigaram a buscar longos desvios, a Michelle e eu tivemos que ser mediadores de nossos companheiros. Imagine só: de um lado dois europeus, sendo um deles militar; do outro, um casal sul-africano que, quando decidíamos partir, saía correndo atrás de suas coisas perdidas, como chaves, jaquetas, chuveiros portáteis, etc. O Claudio, muito dedicado, gostava de planejar nos mínimos detalhes o que faríamos durante o dia. Para ele, a viagem tinha que render. Já o Berni mal sabia ligar um computador e quando parávamos para ir ao banheiro, pegava logo seu jogo de La Boule (jogo tipo bocha, só que jogado em qualquer lugar ou terreno) e nos desafiava para uma partida, no meio da estrada, totalmente despreocupado a respeito de qualquer planejamento de viagem. Como fomos os responsáveis em unir os parceiros, ficamos também com a responsabilidade em manter o bom clima da tropa. Mas calma, a história dos seis aventureiros não termina por aqui.

Fomos a Opuwo e conhecemos toda região inóspita no Noroeste da Namíbia, que hospeda uma das tribos mais lindas e intocadas da África, os Himbas. Para encontrá-la, encaramos estradas vicinais que adentram na savana onde ainda existe muita vida selvagem, especialmente o elefante do deserto, que se diferencia dos outros por possuir longas pernas e por ser mais agressivo. Rodamos centenas de quilômetros a uma velocidade média de 20 quilômetros por hora. Mas o que vimos e sentimos valeu a pena.

Os Himbas vivem na região do Kunene, formalmente Kaokoland, que marca a fronteira entre a Namíbia e Angola, mas circulam livremente entre os dois países. São um povo nômade, pastores de gado e cabras, e parentes de outra etnia chamada Herero. Ambas as tribos falam a mesma língua. Os homens usam pouca roupa e as mulheres são famosas por cobrirem-se com uma mistura de gordura, ocre e ervas para protegerem-se do sol, o que dá a elas coloração de um vermelho acentuado. A mistura simboliza a riqueza do solo e da vida. De uma forma impressionante, as mulheres fazem tranças em seus cabelos e os cobrem com exagerada quantidade da mistura de ocre. Elas despendem algumas horas do dia para cuidar de sua beleza.

É evidente que as pessoas das duas vilas que visitamos já tiveram contato com o homem branco, mas eu diria que não é costumeiro, pois nós estávamos muito longe de qualquer cidade. Da mesma forma como nós os admirávamos por suas características marcantes, eles nos olhavam, retribuindo sorrisos e divertindo-se com as imagens que retratamos e que podiam ser vistas no visor da máquina digital. Nem com sinais conseguíamos nos comunicar. Foi incrível! Emocionante.

Tão perto, tão longe

Já estávamos tão ao Norte da Namíbia que enxergávamos, do outro lado do rio, a Angola. Sentados em uma pedra, apreciando a magnitude de uma cachoeira à nossa frente, pensávamos, com aquele pequenino receio de não conseguirmos os vistos: "Angola, tão perto, tão longe".

No Parque Nacional Etosha, nossos corações aceleraram como

naquele dia em que vimos a Grande Migração, no Quênia. Estávamos à procura de leões em um descampado, mas o que vimos foram duas chitas deitadas sob o calor do meio-dia. Mãe e filhote, deduzimos. Estavam longe, víamos só as cabeças no meio do capim. Foi sorte encontrá-las, pois era uma época difícil para se avistar animais, com grande oferta de água, algo que os dispersa. Mas em temporada baixa havia poucos visitantes, o que nos deu a liberdade de desembarcar e subir no teto do Lobo, de onde a visão era privilegiada. Se houvesse muitos turistas, com certeza alguém iria nos denunciar.

Passaram-se alguns minutos e a galera queria ir em frente, mas algo me dizia que alguma ação estava por ocorrer. "Vamos esperar mais um pouco pessoal. Vejam como as duas estão agitadas. Isso não é comum num horário tão quente. Elas precisam comer", eu disse. Não entendo quase nada de comportamento de animais, mas a minha intuição parecia ser guiada pelo meu desejo de ver algo acontecer. Queria muito ver uma caçada. E numa hora dessas, tentar me tirar dali seria mais difícil que tirar criança do parquinho.

As chitas levantaram, andaram de um lado para o outro e, minutos depois, passaram a caminhar no sentido de um grupo de springboks. Às vezes elas sumiam por trás da mata mais densa e apareciam novamente, cada vez mais perto dos cervos.

Quando todos viram que era sério, já não precisei mais de argumentos para convencê-los a ficar. Já estávamos ali havia mais de uma hora.

A mãe sumiu novamente, dessa vez sozinha, e alguns segundos depois, o alvoroço começou. Era springbok correndo para tudo quanto é lado e a chita mãe atrás, numa corrida não muito rápida ainda, pois estava na fase de escolher o infeliz. Quando fixou os olhos numa presa, deu um disparo e os metros que a separavam dele diminuíram drasticamente. Para nós foi até difícil de acompanhar. Imagine, esses animais podem correr 105 quilômetros por hora, sendo o mamífero mais rápido de todos os terrestres e sua aceleração é similar a de um carro de Fórmula 1.

Tudo neste animal é apropriado para correr com rapidez, como as almofadas das patas com ranhuras para tracionar melhor o arranque, a cauda que lhe dá estabilidade, a cabeça pequena e aerodinâmica e a coluna extremamente flexível para viradas rápidas. Mas tamanha explosão muscular lhe custa caro. A chita é rápida, mas tem pouca resistência. Depois de 30 segundos de perseguição, não tem mais força nem para comer, o que a faz perder metade da refeição, sendo, algumas vezes, vítima de roubo por parte de outros animais.

Quando faltavam apenas alguns centímetros para as garras da caçadora encostarem no springbok, ele, esperto, mudou de rumo repentinamente e estragou a investida. A mãe, exausta, caminhou até seu filhote e foi consolada pelas lambidas carinhosas. Olhamos uns para os outros de olhos arregalados e coração disparado, engolimos seco e decidimos seguir viagem. Se meu pensamento foi maldoso eu não sei, mas fiquei triste por ela ter perdido a caça.

Claudio e Ruth foram para um lado, deixando saudades, e nós, junto aos sul-africanos, dirigimos até Rundu, onde teríamos a última chance de conseguir nossos vistos para a Angola. No caminho, em Grootfontein, paramos para dar uma rápida espiada no maior meteoro que já caiu na Terra.

Agora vejam como são as coisas: fomos à Embaixada da Angola em Rundu e o atendente, na hora, nos falou que poderíamos fazer o visto tranquilamente. O custo, porém, seria o dobro dos outros.

Estávamos preparados para gastar muito mais. É que antes de ir à embaixada, fizemos contas de quanto custaria a mudança de planos caso não conseguíssemos o visto. Tínhamos duas opções: voltar até Pretória, na África do Sul, para tentar o visto lá, já que aquela embaixada não estava mais em férias, ou ir a Windhoek e organizar o despacho do carro de navio. Para evitar qualquer uma dessas opções, estávamos dispostos a tudo. Até a pagar mais.

O senhor que me atendeu se vestia bem, com terno e gravata. Disse-me para voltarmos em dois dias, às 10 horas da manhã, que tudo estaria pronto. Que felicidade!

Aguardamos e no "Dia D" fui ao banco trocar algum dinheiro. Esperava pacientemente minha vez de ser atendido quando, de repente, na maior falta de educação, um senhor furou a fila e foi direto até a atendente do banco, por quem foi atendido. Não acreditei no que estava vendo. Será que o cara não poderia ter um pouco de respeito pelas pessoas que esperavam ali na fila? Fui lá e falei: "Meu amigo, o senhor poderia respeitar a fila, por favor? Aguarde a sua vez".

E adivinhe quem era, para minha infelicidade? O cara que me atendeu na embaixada e que estava prestes a me entregar os passaportes com os vistos. Eu não sabia onde enfiar a cara para disfarçar. Vai que ele fica bravo e não queira mais nos dar os vistos. Depois de tanto tempo e tantas tentativas, quando finalmente conseguimos alguém para fazer os vistos, eu o mando para o fim da fila! Mas eu não tinha certeza de que ele havia me reconhecido. Voltei para o carro e contei a história a Michelle, todo desanimado.

Como estava quase na hora de buscar os passaportes, fiquei matutando como poderia escapar dessa. Eu tinha que acreditar na possibilidade de ele não ter me reconhecido. Estava com barba. Falei para a Michelle que poderia fazer a barba e trocar a camisa para o cara não me reconhecer. A Michelle dava risada e decidimos que ela iria buscar os passaportes sozinha.

E assim, lá foi ela. Mas não voltava, não voltava... Claro que não aguentei. A tensão pela possibilidade de que talvez tenha estragado tudo era muito forte. Fui ver o que estava acontecendo e ninguém tinha resposta de nada. Levantei da cadeira, fui ao balcão, chamei o mal-educado furador de fila e, com o rabo entre as pernas, pedi desculpas pelo mal-entendido no banco.

Depois de duas horas angustiantes, fomos chamados em uma salinha, onde nos deram os passaportes com os vistos e solicitaram o dinheiro. Mas, claro, nos disseram que o recibo seria difícil, pois a moça que o faz não estava trabalhando naquele dia. "Tudo certo", eu disse, "não precisamos de recibo". Precisávamos mesmo era dos vistos e mais nada. Se boa parte do dinheiro foi para o bolso deles, não queríamos nem saber. Caímos fora imediatamente.

O que nos incomodava, agora, era passar por mais uma despedida. Toda viagem foi assim – fazíamos uma grande amizade, viajávamos juntos por um tempo e logo vinha a hora do adeus. Não sabíamos sequer se os encontraríamos novamente algum dia. Adeus Bernard e Hilda, e Angola que nos espere do outro lado.

10.
Oeste da África

Enfim, pisamos em território angolano. Foi difícil, mas conseguimos. Se não tivéssemos persistido em obter aquele visto, teríamos que ter sobrevoado o país, enquanto nosso carro seria transbordado pelo Oceano Atlântico para um porto mais ao Norte. Hoje posso dizer que valeu a pena o esforço.

Observando a situação atual da Angola, é fácil entender o porquê da dificuldade do visto: o país está em franco desenvolvimento. Graças à abundância de petróleo e diamantes, a Angola é o país de maior crescimento econômico do continente africano. Com tanto dinheiro, tudo está em reconstrução e muitos investimentos externos estão sendo feitos, inclusive brasileiros. É o novo paraíso para se fazer a vida e ganhar dinheiro, por isso vem atraindo muitos imigrantes.

As embaixadas exigem que o visto seja emitido no país natal do solicitante para evitar que estrangeiros que estão em Angola com vistos perto de vencer usem da estratégia de ir a um país vizinho para ganhar um novo visto e depois voltar. Isso acontece muito com estrangeiros que moram no Brasil e necessitam revalidar o visto – atravessam a ponte, chegam no Paraguai e voltam com a permissão.

Mas a Angola passou por maus momentos nos últimos anos. Quando estava prestes a se tornar independente do colonialismo português, em 1975, os três partidos políticos que, juntos, lutaram por esta causa passaram a brigar entre si, disputando o poder. Cada um – o MPLA, o FNLA e a UNITA – era apoiado por potências estrangeiras, fazendo com que a guerra civil fosse ainda mais destrutiva. Claro, se havia interesse externo, havia grandes riquezas naturais em jogo. Os conflitos duraram 27 anos e estima-se que mais de 1,5 milhão de pessoas tenham morrido e milhares tiveram que ser deslocadas.

Com nossos olhos de visitante, foi difícil aceitar que um país com um dos mais elevados índices de crescimento do mundo detenha padrões tão baixos de desenvolvimento humano. Em lugar nenhum que passamos presenciamos tamanha desigualdade social. A imagem que me vem à mente é a de um luxuoso Hummer com suas janelas fechadas e ar-condicionado ligado, passando por dentro de uma favela.

As estradas também não são o ponto forte da Angola. Aliás, há rumores de que elas já foram as piores do continente, apesar de que melhorias vêm sendo feitas desde a época em que as cruzamos. E quem foi em peso à Angola para reconstruí-las foram os chineses. Víamos muitos deles, com sua característica distinta de serem pessoas de pouca conversa. Lembro-me de um dia, quando acampávamos próximo a uma vila móvel, dessas que acompanham as construções, termos ouvido uma voz com sotaque chinês entoando através de caixas acústicas amarradas em postes por toda a redondeza. Ela falava palavras em português e em seguida, em mandarim, supomos. Eram aulas comunitárias de português que os chineses frequentavam de suas próprias moradias. Quando nós ouvimos aquilo era domingo e mal clareava o dia. Não é à toa que esse povo disciplinado anda tão na frente dos outros.

Nosso progresso até Lubango foi lento, atravessando os buracos, uma roda de cada vez, já que de tantos era impossível evitá-los. Um emendava noutro. Eu tinha dó quando via os caminhões pesados naquelas estradas, pois dava para escutar os chassis se contorcendo. Ali víamos, também, muitos carros e tanques de guerra abandonados na beira da estrada, o que nos lembrava de tomarmos mais cuidado com minas terrestres ativas.

Naquelas terras, esse problema é tão grave que cerca de 800 mortes ou lesões sérias por acidentes com esses resquícios são registrados anualmente. A mina terrestre, ou mina antipessoal, é uma arma barata (algumas custam apenas três dólares) e terrível, pois mesmo anos após a guerra, continuam a matar civis. É muito triste, pois embora trabalhem na reconstrução do país, os angolanos continuam sentindo a tensão da guerra com a ameaça das minas antipessoais. É comum se ver pessoas andando com muletas e sem uma perna.

Lubango está localizada no planalto de Huíla a uma altitude de 1.760 metros. Distingue-se por ser uma das três cidades do mundo que possuem uma estátua do Cristo Redentor. Além da linda vista sobre a cidade do local onde está a estátua, há um lugar ali perto chamado Tundavala – um paredão com 1.300 metros de altura que despenca sobre um imenso vale verde. É de uma beleza de deixar muitos cânions mundialmente conhecidos no chinelo. A vista lá do alto é tão magnífica que uma foto não consegue descrevê-la. Detalhe: não esperávamos encontrar aquilo. A surpresa fez a beleza multiplicar-se exponencialmente.

Descemos o planalto ziguezagueando a Serra da Leba, uma obra ousada, encravada naquele precipício. Em algumas de suas curvas, o Lobo, que não esterça muito, passava raspando, quase pedindo que o manobrasse.

Lá embaixo o calor era intenso. Compramos mangas dos vendedores de beira de estrada e fomos à costa desértica que recebe as correntes frias de Benguela, um dos fatores que explicam a aridez da região. Parece que o deserto da Namíbia simplesmente avança para esta parte da Angola e por isso, imagino eu, a cidade ali se chamava Namibe.

Dirigimos no sentido Sul pela praia, ninguém à vista, só nós, o mar e a planície costeira nos ladeando. Até que, justamente em frente a um navio encalhado, adivinhe: também encalhamos. E isso aconteceu várias outras vezes ao longo dos 60 quilômetros de praia.

O visual compensava esses pequenos tormentos, pois a cada quilômetro percorrido a natureza ficava mais deslumbrante, com dunas e cânions de areia que se formam com a ação da água e dos ventos. Numa das vezes em que parei o carro para que a Michelle pudesse fotografar, olhei para o mar e vi dezenas de golfinhos surfando as ondas e se alimentando dos cardumes de peixes. Achamos ossos de baleia que davam dois de nós no comprimento. Saboreamos mariscos enormes como aperitivo no nosso almoço, que seguiu com purê de batatas, feijão enlatado estilo inglês e salada.

Algum tempo depois de passarmos por ali, ficamos sabendo que Hilda e Bernard, os sul-africanos que viajaram conosco na Namíbia, após terem concluído sua viagem pela África foram para aquela região trabalhar como guias de pesca, no Flamingo Lodge.

A CIDADE MAIS CARA DO MUNDO

Em nosso caminho até Luanda, vivenciamos momentos interessantes: saboreamos, em Namibe, um pãozinho d'água tão delicioso que decidimos aguardar uma nova fornada, já com faca e manteiga na mão; vimos professores dando aula para a criançada embaixo de frondosas árvores; contemplamos belas construções ao estilo português; em determinada praia, avistamos cinco naufrágios num mesmo lugar; vimos uma incrível quantidade de peixes secos à venda na beira de estrada e muitas árvores baobá; e o mais estranho: nos deparamos com uma marca de moto que até então não conhecíamos – Keweseki.

Chegamos à Luanda e por pouco não encontramos o Papa, que passou três dias na capital. Ficamos algumas noites no Clube Naval, onde viajantes como nós eram bem-vindos para usufruir sua infra-estrutura. Do estacionamento, ao som de música brasileira tocada num bar vizinho, contemplamos a cidade que estava à nossa frente, separada por uma baía que recebia a melhor luz do dia ao entardecer. Na "moderna" Luanda, os casarios portugueses à beira-mar dividem cenário com os enormes prédios ao fundo, salpicados por guindastes e andaimes das construções novas que aos poucos vão tomando forma.

A cidade foi planejada para abrigar 300 mil habitantes, mas hoje se estima que a população ultrapasse os 3 milhões. Beleza e tranquilidade são vistas só de longe – quando se chega ao centro é um caos total. Um dos trânsitos mais caóticos que já presenciamos.

Luanda é a cidade mais cara do mundo para se viver, ganhando até mesmo de Tóquio. Tudo é caro, menos o combustível. Por um cafezinho, por exemplo, paga-se o dobro que em São Paulo e os aluguéis chegam a custar cinco vezes ou mais que na capital paulista.

Nossos amigos sul-africanos Mari e Charles Williams, por exemplo, viviam numa casa alugada pela empresa que Charles trabalhava. A casa era boa, mas não era das maiores e o aluguel mensal estava subindo, na época, para 17 mil dólares, segundo eles.

Tivemos o prazer de conhecer, também, o brasileiro Mário, de Presidente Prudente (SP), que mora em Luanda e trabalha para uma construtora brasileira. Fomos convidados para comer uma picanha e tomar uma cerveja em sua casa na companhia de mais sete brasileiros.

Depois de cinco dias em Luanda, chegou a hora de partir. Saímos muito cedo para evitar congestionamento, mas não conseguimos escapar – foram quatro horas e meia de lentidão. Dessa vez, nosso próprio GPS nos enganou e nos levou para uma vila onde o tumulto era da pesada. Está registrado em nosso diário manuscrito que em meio àquele trânsito a Michelle precisava urgentemente de um banheiro, mas não tinha aonde ir. "Foi sofrido", escreveu ela.

Vencido o congestionamento, foi a vez da fila no posto de combustível: uma hora e meia de espera, coisa normal por lá. E quando finalmente pegamos a estrada rumo ao Norte de Angola, um barulho estranho soou no motor. Olhei imediatamente ao painel e vi que a temperatura estava no vermelho. "Só faltava essa agora!", pensei.

Nenhum dos três Land Rovers que tive havia mostrado variação de temperatura. Mas dessa vez o motivo era óbvio – havíamos perdido água do radiador. E já estávamos a uns 60 quilômetros de Luanda.

Enchi o radiador com a água da nossa caixa, liguei o motor e andamos um pouco para sentir o comportamento do veículo. Não estava normal: logo a água baixou novamente e tivemos que parar. Que droga! Não queríamos acreditar que poderia ser um problema maior. "Bem, poderia ter sido pior", pensei. "Já pensou se isso tivesse acontecido longe de alguma capital?"

No caminho de volta à Luanda, quando parei para encher novamente o radiador, achei uma mangueira partida. Consegui arrumá-la ali mesmo, na estrada. Que sorte! Com certeza era esse o problema! Não precisaríamos mais voltar a Luanda. Felizes da vida, demos meia-volta novamente rumo ao Norte, mas 10 quilômetros bastaram para o carro parar novamente.

Não adiantava querer fugir da verdade. O mais provável era que a junta do cabeçote estivesse queimada. Dormimos uma noite na estrada e noutro dia voltamos à Luanda, completando a cada instante o radiador com água.

Achamos uma oficina de uns angolanos muito bacanas que, pelo visto, entendiam de Land Rovers. A oficina era meio de fundo de quintal, mas o ferramental estava lá, espalhado pelo chão. Aliás, estavam lá, também, dois animais de estimação – um macaco e um jacaré. O macaco ficava na coleira por cima dos carros, mas o pobre do jacaré tinha seu lar dentro de uma minúscula caixa d'água e para virar de lado, o pobrezinho tinha que manobrar. Do jeito que aquele jacaré estava bravo, aquele lugar devia irritá-lo muito.

Coloquei o carro para dentro do pátio da oficina e logo fomos fazer o teste para ver se era mesmo a junta do cabeçote. Um teste simples, mas que eu não conhecia até então: abre-se a tampa do radiador, liga-se o motor e verifica-se como a água reage. Se borbulhar é porque a pressão do motor está vazando pela junta queimada para o sistema de arrefecimento. Quando liguei o carro, borbulhou.

Passamos o sábado todo lá, aguardando e acompanhando o trabalho. Demonstraram que estavam fazendo um bom trabalho, apesar das suas formas estranhas de verificar se o cabeçote havia empenado: usando uma régua escolar de 30 centímetros ou um ferro qualquer que aparentava ser reto. Enfim, a conclusão foi que não empenou. Trocaram a junta queimada e montaram o motor.

Ao observar o trabalho de um auxiliar que apertava um bujão de plástico próximo ao radiador, após sangrarmos o ar do sistema de arrefecimento, percebi que ele apertou demais, mas por estar preocupado com outras coisas, na hora não me dei conta de que fazendo isso a peça se partiria. Aliás, eu nem sabia que aquele bujão era de plástico. Ao invés de avisar alguém, ele simplesmente voltou um pouco o aperto e deixou daquele jeito. Decerto pensou que teria que pagar o bujão por causa do seu erro e preferiu deixar o problema estourar na minha mão, mais tarde, quando já estivéssemos bem longe.

Pior que não foi somente esse o problema que os mecânicos angolanos criaram. Na remontagem da parafernália que teve que ser retirada para dar acesso ao cabeçote do motor, não foi colocado de volta o parafuso do LDA – um corretor que faz o ajuste fino da quantidade de diesel enviado pela bomba injetora ao motor, em função da carga de pressão de sobre alimentação do turbo – o que causou perda de força no motor. E eu só fui perceber isso muito tempo depois de ter deixado a oficina, quando terminou o congestionamento e precisei de potência. Era um parafuso muito específico, com um orifício em seu interior e não seria fácil encontrar um igual para comprar. Quanto ao bujão, descobrimos que havia um vazamento centenas de quilômetros à frente, quando a água do radiador voltou a baixar, elevando constantemente a temperatura. Parávamos o carro de 30 em 30 quilômetros para reabastecê-lo, utilizando nosso importante estoque de água potável. E se eu não estivesse atento à temperatura, a junta do cabeçote poderia ter-se queimado novamente devido a um novo superaquecimento.

Numa das paradas, irritado com aqueles angolanos que nos deixaram tantos problemas após a manutenção, tive a ideia de soprar o reservatório de água para ver o que acontecia. Nisso, o maldito bujão partido jorrou água quente, quase queimando a Michelle, que estava ali me ajudando a localizar o vazamento. Mas deu certo, sorte nossa! O bujão foi substituído por uma rolha de vinho que havíamos guardado e que serviu bem para nos deixar seguir viagem. Para que ela se firmasse no orifício do radiador, atarraxei um parafuso no interior da rolha, expandindo-a o suficiente para melhorar o aperto.

Rodamos por três dias até chegarmos à República Democrática do Congo, por uma estrada que não sei se poderia ser chamada de estrada. Aos poucos, o verde passou a tomar conta da paisagem. E o suor escorria, não apenas pelo esforço de dirigir, mas devido ao calor e à alta umidade do ar. Rumávamos em direção à Linha do Equador.

Como andávamos com as janelas abertas, moscas tsé-tsé tentavam nos picar. É um inseto perigoso, pois transmite um parasita chamado trypanosoma brucei, que provoca a doença do sono, em muitos casos fatal.

Entravam com facilidade no carro, já que dirigíamos em ritmo lento por causa da buraqueira na estrada. O incômodo obrigava-nos a usar camisas de manga longa. "Doença do sono...", dizia a Michelle, "Sai pra lá! Já chega o que temos ao final de cada dia".

Por se parecer muito com os barulhos dos problemas mecânicos do carro, o som das cigarras chegou a nos arrepiar. Era como se fosse uma correia solta patinando. Se isso tivesse acontecido antes do carro começar a incomodar, nem daríamos bola. Mas com o Lobo precisando de uma boa revisão e no lugar onde estávamos, escutávamos até o barulho que a "rebimboca da parafuseta" fazia.

A chuva aumentava a cada dia, o que dificultava o nosso progresso. À noite ela era até bem vinda, pois muitas vezes aproveitávamos para tomar banho e coletar água para nossa caixa, colocando diversas panelas no teto do motor-home. Em alguns lugares, a estrada ficava tão lisa que mal parávamos em pé sobre o barro que ainda ficava grudado na sola dos sapatos.

Em Tomboco, perguntamos a um guarda como estava o caminho até Noqui, mas sua resposta não foi animadora. Disse-nos que não havia estradas, somente uma trilha ou espécie de picada. Mas era para lá que queríamos ir e para lá que fomos. O mato havia tomado conta de tudo e quando passávamos com o carro, abríamos uma clareira. A estrada estava muito fechada e repleta de erosões, poças d'água, subidas e descidas íngremes. Passamos por um caminhão com o bloco do motor quebrado e depois disso seguíamos apenas um único rastro.

Nas vilas remotas, despertávamos diferentes reações: alguns sorriam, acenavam, outros xingavam, como se estivéssemos invadindo seu espaço. E muitos pediam dinheiro.

Encontramos o carro daquele rastro e, a partir dali, a única marca que ficou foi a nossa. O motorista dessa Land Cruiser nos alertou que a 12 quilômetros de onde estávamos – o que representava quase uma hora por aquelas estradas – havia uma subida muito difícil e, com chuva, não subiríamos nem rezando. E a chuva já estava ali, prontinha para despencar. Tivemos que parar e pernoitar para continuar com segurança, pois se caíssemos em uma valeta ou algo parecido, não teríamos a quem recorrer socorro.

Foram 165 quilômetros de puro sofrimento a uma média horária muito baixa. Mas, aos trancos e barrancos, fomos progredindo.

A estrada foi melhorando até que virou asfalto. Ops! Que asfalto, que nada, estávamos dirigindo na pista do aeroporto de Noqui. Logo à frente, do alto de um morro, avistamos o Rio Congo e, lá embaixo, mais uma fronteira para ser cruzada.

Riqueza é sinônimo de guerra

A República Democrática do Congo, por vezes designada RDC ou Congo Kinshasa, é o terceiro maior país africano em área e como resultado de sua localização, próxima à linha do Equador, seu clima é quente. As ocorrências de chuvas são frequentes em grande parte do ano, graças à umidade que vem da grande quantidade de rios e de sua floresta densa – a segunda maior do planeta, perdendo apenas para a Floresta Amazônica. O Congo Kinshasa é um dos países mais ricos do mundo em recursos naturais.

É só mencionar riquezas que as guerras vêm a seguir. A Segunda Guerra do Congo foi tão sangrenta que chegou a ser chamada de Guerra Mundial Africana, responsável pela morte de mais de quatro milhões de pessoas.

Um coquetel de rivalidades étnicas somado à disputa pelo poder mais o braço poderoso da ganância pelos ricos recursos minerais do Congo detonou o conflito. Tudo começou com um genocídio no país vizinho Ruanda, em 1994, onde milhares de tutsis foram massacrados pelos rivais hutus. Em 1996, o governo tutsi, que assumiu o poder depois da guerra, invadiu o Congo e foi atrás dos rebeldes hutus.

A guerra deflagrada em 1998 ganhou tamanha expressão que envolveu sete países. Durou até 2003, quando foi assinado um tratado de paz que não valeu nada, pois o país continuou sendo palco de atrocidades, mortes, violência contra as mulheres, incestos forçados e até canibalismo.

Isso sem contar com as mortes ocasionadas por todos os tipos de doenças e desnutrição. As vítimas de estupro passavam a ser renegadas por seus familiares por representarem uma vergonha à sociedade, o que acarretou um efeito cascata. Desamparadas e sem condições de se manter, as vítimas acabavam por destruir os laços comunitários, deixando abandonadas pelos campos milhares de crianças órfãs. Todas com grande chance de carregar o vírus HIV.

Por causa da parca segurança local, a própria embaixada do RDC nos concedeu um visto de trânsito por apenas cinco dias, o suficiente para atravessarmos o país do lado Oeste. O que vimos do país foi, basicamente, o que aparecia da janela do nosso carro, pois os dias em que passamos lá foram somente para deslocamento.

Estacionávamos por volta das 16 horas para acampar, pois gostávamos daquele momento de final de tarde, quando podíamos descansar na sombra, limpar o carro, revisá-lo com atenção e fazer algum trabalho manual. A Michelle gostava muito e ainda gosta de fazer bijuterias. Possui todo o equipamento e material necessário e é capaz de passar horas a fio fazendo brincos, colares, anéis e pulseiras. A viagem colaborou muito com a sua criatividade.

Os meus trabalhos manuais começaram em Angola, em um acampamento no meio do mato. Foi por influência do Bernard, que um dia me contou que colecionava colheres de pau dos diversos países por onde havia passado. Disse também que faria sua própria colher durante o tempo de sua viagem pela África, utilizando as ferramentas que já trazia consigo. Então, naquele acampamento em Angola, quando bati em retirada para queimar um papel, enquanto estava ali, imóvel, deparei-me com um galho de árvore quebrado, todo retorcido, de uns 15 centímetros de diâmetro. "Aí está minha futura colher de pau", pensei. "Vai servir direitinho para cozinhar o potjiekos (prato que os sul-africanos fazem com tanto orgulho)".

Dito e feito: limpei o galho e reduzi seu diâmetro trabalhando somente com o facão. O trabalho não terminado num dia ficava para o outro e assim foi durante semanas. A colher virou, na verdade, multinacional, pois a madeira e os primeiros trabalhos foram feitos em Angola, depois trabalhei nela na RDC e terminei sua confecção na República do Congo. Se não me falha a memória, a primeira vez em que a utilizamos foi na Nigéria, quando fizemos nosso primeiro potjiekos.

A colher ficou perfeita. De um lado a concha e, na outra extremidade, seu diferencial: o desenho exato do galho, que se assemelha a um cabo de guarda-chuva retorcido. Esse lado pode ser utilizado para levantar a tampa quente da panela de ferro na hora de servir a comida. Com a tampa presa naquela extremidade retor-

Roy no Monte Roraima, Venezuela

Dunas de Sossusvlei, Namíbia

Cavalos ferais de Aus, Namíbia

Pesca de tubarão, Namíbia

Mantimentos para a costa Oeste africana

Reencontro com a família, África do Sul

Camping Mbuluzi, Suazilândia

Árvore petrificada, Namíbia

Lenha de outro país, da África do Sul para Namíbia

Mulher himba, Namíbia

Nem com sinais..., Namíbia

Mulheres da tribo Herero, Namíbia

Dead Vlei, Namíbia

Cape Town, África do Sul

Um elefante passou por aqui..., Gabão

Venda de combustível, Rep. do Congo

Família africana, Camarões

Castelos de barro da tribo Somba, Benin

Mesquita de barro, Mali

Animais exóticos à venda, Gabão
Reunião com gorilas, Camarões
Serra da Leba, Angola

Tundavala, Angola

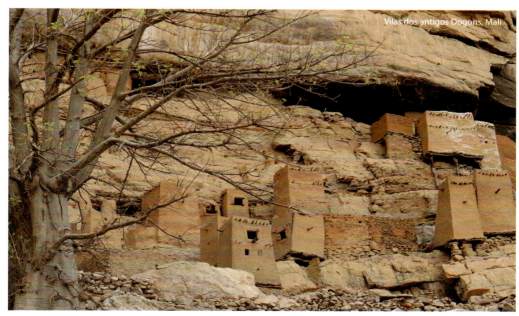
Vilas dos antigos Dogons, Mali

Colher de pau multifuncional
Kinshasa, Rep. do Congo
Mão de Fátima, Mali

Mercado semanal de Djenné, ao mosque de Djenné, Mali

Erg Chebbi, Marrocos

Meio do Saara, Mauritânia

Mercado do Peixe de Nouakchott, Mauritânia

Aqui passou o Rally Dakar, Mauritânia

Camel Grass, Saara, Mauritânia

Dois camelos dentro de um Land Rover, Mauritânia

Estudantes cameroneses

Menino gabonês

Criança himba, Namíbia

Meninos da Rep. Democrática do Congo

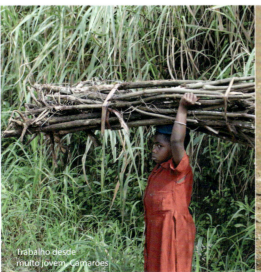
Trabalho desde muito jovem, Camarões

Menino dos Atlas, Marrocos

Canais navegáveis, Leiden, Países Baixos

Salzburg, Áustria

Costa do Mediterrâneo, França

Edelweiss, La Plagne, França
Cabines telefônicas, Inglaterra
Soneca, Andorra

Obra de Gaudí, Barcelona, Espanha

Homem nu, Barcelona, Espanha

Tourada em Sevilla, Espanha

Nördlingen, Alemanha

Vista de Mônaaco, maior densidade domográfica do mundo

Twiet, Twiet, Países Baixos

Alpes austríacos

01-Mandi e Berno; 02-Veerle e Gert; 03-Mathias e Myriam; 04-Werner e Delphine; 05-Mike e Anne Christine; 06-Gustav e Kristina; 07-Klaus e Erdmuthe, 08-Ryan; 09-Eric e Sebastien; 10-Bernard e Hilda; 11-Jennifer, Sylvain e Kinh; 12-Oliver; 13-Loek e Linda; 14-Ruth e Claudio; 15-Janet e Chris; 16-Pilar; 17-Peter e Karina; 18-Gerard, Karen e Vaughan; 19-Angelika e Martin; 20-Haydn e Dianne.

Nado com botos cor-de-rosa, Amazônia, Brasil

Monte Roraima, Venezuela
Cartagena, Colômbia
Iguaçu, Roy, Brick e Avi, Brasil
Cabeleireira profissional, Venezuela
Entrevista para TV de Manaus, Brasil
Transamazônica, Brasil
Caranguejeira, Brasil

Poço Azul, Chapada Diamantina, Brasil

O colorido de Olinda, Brasil

Viagem de balsa, Rio Amazonas, Brasil

Binóculos paraibanos, Brasil

Lara e Michelle

Gustavo e Roy

Os primeiros sinais da chegada, BR 101, Pirabeiraba, Brasil

Recepção em Pirabeiraba, SC, Brasil

cida, pode-se ainda experimentar o tempero com o lado da concha.

Quando fizemos nosso potjiekos, na Nigéria, clicamos uma sequência de fotos que mais tarde usamos para montar uma rápida apresentação em PowerPoint. Descrevemos como eram os primórdios do uso do ferramental para potjiekos e, em seguida, mostramos que a modernidade havia chegado e que se podia fazer tudo com apenas uma colher multifuncional. Minha colher de pau é melhor do que um canivete suíço. Mandamos o arquivo por e-mail para a Hilda e o Berni, que nos responderam ter visto a apresentação em seu laptop quando estavam dentro da barraca fixada no teto do seu Toyota. Segundo eles, quase caíram lá de cima de tanto rir.

Mais tarde, já na América do Sul, fiz outras pequenas obras de arte: algumas colheres tipo saladeiras, utilizando bambu e casca de coco, e um barco de casca e fibras do coqueiro. Já a Michelle não perdia a oportunidade de catar conchinhas, sementes, folhas secas, pedras, etc. Ela trouxe tanta coisa que nem sei como achou lugar para tudo dentro do carro. Hoje, esses itens, que possuem um imenso valor sentimental para nós, fazem parte de nossa exposição de fotos e objetos da viagem.

Chegamos a Kinshasa que, por ser um grande centro urbano, trouxe mais riscos para nossa segurança. Dormimos na sede de uma missão evangélica. Foi naquela noite que, pela primeira vez nesta viagem, tivemos que jogar comida fora. O que cozinhamos para o jantar não dava para comer de tão ruim. Era um macarrão cujo molho instantâneo tinha gosto de água sanitária. Lembrei-me de um acampamento que fiz com o Charles, o Righetto e o Nuno na Pedra Furada, em Urubici (SC), quando nos esquecemos de levar água para cozinhar o macarrão. Usamos vinho tinto no lugar da água e o resultado foi similar: um desastre.

O Rio Congo cruza a RDC de Sudoeste, onde faz fronteira com Angola, até o Nordeste, onde a fronteira é com a República do Congo. Estávamos prestes a cruzá-lo pela segunda vez, de ferry boat, mas antes fomos em busca das peças que foram perdidas ou quebradas na oficina de Luanda ao trocarmos a junta do cabeçote. Achei uma oficina ao meio-dia, horário em que geralmente os mecânicos jogam conversa fora quando não estão almoçando. Perguntei do parafuso e do bujão do radiador e recebi um "sim" de pronto. O custo: 50 dólares. Estranhei a agilidade, assim como o preço – um número redondo que nem precisou ser consultado. Bom, o que importava era que eles tinham o que eu procurava, então negociei o preço e fechamos em menos de 20 dólares.

Enquanto pagava um dos mecânicos, o outro foi correndo a um Land Rover da polícia estacionado na oficina. Abriu o capô, pegou as peças e correu para colocá-las no Lobo, onde a Michelle me esperava. Ficou claro o que acontecia: a agilidade dos moços foi para terminar a troca antes que o chefe chegasse do almoço. Assim, as peças teriam simplesmente sumido do carro da polícia e os dólares pagariam a cerveja depois do serviço.

Quando me aproximei do carro, o mecânico já estava lá, colocando o parafuso do LDA da bomba injetora e o bujão do radiador. Agora, adivinhe o que ele fez com a rolha que eu havia colocado substituindo o bujão? Quebrou-a com uma chave de fenda e jogou os pedaços para dentro do radiador. Como eu fiquei bravo com aquele cara! Tirei-o de lá num instante e não o deixei mais mexer no carro. Dá para imaginar um desleixo deste? Um mecânico "profissional" jogando fragmentos de rolha dentro do radiador! É obvio que poderia entupir o sistema. Não dava para tolerar. Os africanos são bons no que fazem, entendem de mecânica, mas em geral são muito relaxados. Não sei se isso é consequência dos baixos salários, da educação ou fator cultural. Só sei que não dava para deixá-los sozinhos com o Lobo.

No porto foi aquele tumulto. Enquanto corria atrás dos carimbos nos documentos, fui seriamente induzido a pagar propina. Não o fiz e somente liberei dinheiro mediante recibo. Logicamente as coisas foram muito mais difíceis dessa maneira, tanto que perdemos a primeira embarcação.

Quando chegamos do outro lado do Rio Congo, enquanto esperávamos pacientemente que as pessoas tirassem suas bagagens do caminho para que pudéssemos passar com nosso carro, veio a polícia e começou a surrar todo mundo – homens e mulheres – com grossas cordas. As chibatadas os obrigavam a serem mais rápidos.

Que dor no coração ao ver aquilo! As pessoas estavam apanhando por nossa causa... Pergunto: que direito tínhamos mais do que eles? Foi porque éramos brancos? Ou porque tínhamos um belo carro em vez de velhas bicicletas enferrujadas? Teria a polícia nos usado para descontar alguma ira sobre seus compatriotas? O que foi aquela cena? Pessoas apanharam simplesmente por estarem lá.

Mais tarde, naquele mesmo dia, ficamos sabendo que um casal de alemães também foi agredido pelos policiais da RDC. Assim como nós, eles haviam cruzado a fronteira, só que em sentido contrário. Mas não possuíam, até aquele momento, o visto de Angola, pois planejavam fazê-lo próximo à fronteira. Entraram na RDC legalmente e foram expulsos à força, sem direito à conversa.

Percebi então que o problema não era conosco, brancos, nem com os negros que apanharam. O problema estava na cabeça dos policiais, que por usarem um distintivo e uma farda colocavam-se em patamar superior ao "resto" dos humanos. Isso acontecia também na Guerra do Congo, quando as próprias Forças Armadas formaram o maior grupo de agressores sexuais contra mulheres e crianças. É uma realidade deprimente.

A República do Congo tem Brazzaville como capital, então o país é conhecido também por Congo Brazzaville. Ficamos alguns dias por lá. Foi hora de carregar nossas baterias e descarregar as do Lobo com a geladeira que ficava 100% do tempo ligada. Precisávamos, também, fazer o visto do Gabão e trocar dinheiro, ou achar algum caixa eletrônico para sacar com nosso cartão de débito.

Acampávamos no estacionamento de um hotel que, por ser um local seguro e gratuito, com banheiros e chuveiros, servia de ponto de encontro entre viajantes e overlanders para troca de informações sobre roteiros, dificuldades e costumes. Ali conhecemos muitos viajantes, inclusive a Andrea e o Achim – o casal de alemães que teve problemas na fronteira da RDC.

Ao reler nosso diário de bordo, ri muito ao relembrar de uma das noites em que ficamos em Brazzaville, quando voltei a ser sonâmbulo e recolhi, dormindo, toda a roupa do varal.

E por falar em dinheiro...

Dinar, bath, rande, guarani, kwanza, quipe, uguia, quiate, peso, riel, real, sol, libra, birr, dólar, rupia, shekel, ringgit, quacha, metical, dirham, naira, xelim, bolívar, dongue e franco são apenas alguns nomes de moedas que utilizamos pelo mundo. As suas paridades, câmbios, saques, reservas estratégicas e esconderijos dentro do carro eram assuntos de grande importância, por isso vieram a ser um de nossos planos mais meticulosos.

Para entender como tudo funcionava, no Brasil, minha mãe era quem nos dava todo o suporte. Fazia o trabalho financeiro e burocrático que nós não tínhamos condições de fazer por estarmos longe. O dinheiro ficava numa conta poupança em meu nome, mas uma procuração autorizava-a a sacar, depositar, transferir, pagar ou realizar qualquer outra transação. Sem sua grande ajuda, estaríamos encrencados.

A maneira que utilizávamos para obter dinheiro era rápida e segura: os chamados cartões de débito de viagem que dão crédito ao viajante mediante um depósito que, em nosso caso, também era feito por minha mãe. O real depositado era convertido em dólar e no país onde estivéssemos, quando fôssemos sacar em moeda local, a conversão era feita mais uma vez, de acordo com a cotação do dia. Além dos cartões de débito de viagem, tínhamos cartões de crédito, mas quase não os utilizávamos. Tínhamos duas bandeiras, mais como precaução.

Apesar da facilidade e tecnologia dos cartões, eles não funcionam em todos os países. Na costa Oeste africana, por exemplo, encontramos caixas eletrônicos praticamente apenas nas cidades grandes e capitais, e nem sempre tínhamos a sorte de conseguir sacar. Às vezes faltava dinheiro nos caixas, às vezes estavam com problemas. Então, como mais uma garantia para não ficar de bolsos vazios, tínhamos em algum esconderijo no carro uma quantidade em espécie de dólares ou euros – moedas mundialmente conhecidas e que são fáceis de trocar.

Uma boa pesquisa sobre as taxas de câmbio antes de entrar nos países é uma forma de não ser sobretaxado pelos cambistas. Também se deve evitar a troca de câmbio nas fronteiras, onde se praticam as piores taxas. E se não houver outra opção, o segundo lado da fronteira é comumente o melhor, ou seja, ao invés de trocar o dinheiro na alfândega do país de onde estamos saindo, percorríamos mais alguns metros até a imigração do outro para trocá-lo, já sabendo quanto os anteriores estavam pagando. É importante ter calma e confiança de que haverá uma próxima oferta.

Sempre que sacávamos, calculávamos a quantia de dinheiro que iríamos precisar naquele país ou, na pior das hipóteses, que iríamos precisar até chegar a uma cidade de maior estrutura do país subsequente, onde pudéssemos sacar novamente.

A taxa de câmbio do real para o dólar americano sofreu grandes variações enquanto estávamos fora. Os números mostram os picos de variação: fev/2007 (partida) – R$ 2,10; dez/2007 – R$ 1,76; ago/2008 – R$ 1,55; dez/2008 – R$ 2,49; mar/2009 – R$ 1,97; dez/2009 (chegada) – R$ 1,74.

Assim, quando entramos na África, nossa viagem, financeiramente falando, estava ainda mil maravilhas, com o preço do dólar razoavelmente baixo. Mas quando descemos a costa Leste africana, como num passe de magia negra, o dólar subiu violentamente de R$ 1,55 para R$ 2,49. Cada vez que olhávamos na internet ficávamos surpresos com os números, mas mesmo assim, tínhamos que solicitar os depósitos em nosso cartão de débito. Fomos alimentando aos poucos o cartão, pois tínhamos a esperança de que a moeda iria se desvalorizar, o que demorou muito para acontecer.

Para piorar as nossas finanças naquele período, estávamos na África do Sul bem no ponto mais caro do dólar (R$ 2,49) e tivemos que fazer uma boa compra de dinheiro em espécie antes de percorrermos a costa Oeste africana, onde ficam os países menos desenvolvidos, nos quais corríamos o risco de não conseguir sacar moeda local por falta de caixas eletrônicos.

Com a moeda em mãos, assim que subimos a Costa oeste, o dólar passou a se desvalorizar novamente, numa constância, fazendo-nos perder mais e mais. Para acabar de vez com nossa alegria, os cambistas nos pagavam 10% menos que a cotação oficial, simplesmente pelo fato de termos notas antigas (havia pouco tempo que notas novas haviam sido lançadas no mercado). Quando perguntávamos qual a diferença entre uma nota nova e uma antiga, diziam-nos que ninguém queria mais comprar as antigas. O euro é mais bem aceito nessa região.

Mas fazer o quê? Como poderíamos saber disso? Faz parte do dia a dia da economia e não somente de quem viaja. Se tivéssemos com antecedência essas informações preciosas da variação do dólar, quem sabe estaríamos hoje fazendo uma volta ao mundo de helicóptero.

Ao Sul do Congo Brazzaville dirigimos em asfalto, mas ao Norte as condições pioram e a estrada passou a ser de terra e areia. A infraestrutura também era pouca. Nem chegamos a passar por muitas cidades, somente vilas na maioria das vezes. Alguns postos de combustível – ou vendinhas, para melhor defini-los – vendiam gasolina em garrafas pet.

Lá pelas tantas, um ronco estranho vindo do diferencial passou a nos perturbar. Nessas horas, confesso, as estradas ruins até nos aliviavam, pois com a barulheira das panelas chacoalhando, não escutávamos os problemas do carro.

As oficinas locais, só de olhar me davam arrepios. Na verdade, como já falei anteriormente, alguns mecânicos têm boa capacidade, mas suas oficinas improvisadas no meio das ruas de terra e rodeadas por lixo mostravam sua falta de capricho. Possuir uma rampa de concreto para enxergar debaixo dos carros não dava para exigir deles. Mas e o lixo? Ora, não é necessário dinheiro para removê-lo – só boa vontade.

Mesmo assim, parei para verificar o problema. Percebemos que muita água havia entrado no diferencial, o que deixou o óleo cinza e fino. Aí, perguntei-me por que não havia checado o óleo depois de ter passado por dentro dos rios fundos na Namíbia. Afinal, havia feito isso na África do Sul e o óleo do diferencial não é como óleo do motor, que se troca a cada 5.000 ou 10.000 quilômetros.

Trocamos o óleo e não adiantou, o barulho continuou. Preocupado pelo fato de termos muito terreno difícil pela frente, naquele momento tomei uma decisão que agora vejo que não foi a mais correta. Só percebi isso em conversas posteriores com pessoas mais entendidas no assunto. O diferencial traseiro da Defender 130 é robusto e não quebra fácil. Mesmo se abríssemos para tentar descobrir o problema, naquela oficina não poderíamos ter feito nenhum reparo, pois eles não teriam peças sobressalentes. Mas, na dúvida, solicitei que fosse aberto numa rua empoeirada e cheia de lixo. Tudo bem, dos males o menor. Não achamos o defeito, mas pelo menos demos um aperto na folga do cardã e conseguimos colocá-lo no lugar novamente sem, aparentemente, ter levado areia para dentro das engrenagens.

Seguimos viagem e as estradas foram piorando. Quando nos aproximávamos do Gabão, encontramos alguns europeus que faziam o caminho contrário. Trocamos informações sobre as estradas. Eu disse que de onde vínhamos havia sido tudo tranquilo, exceto pelos buracos, bancos de areia e erosões, mas nós não pegamos chuva e eles pegaram. Pela internet, semanas depois, descobrimos que passaram três dias encalhados. Portanto, apesar dos buracos, tivemos mais sorte que eles.

Caça indiscriminada

O Gabão foi um país que nos comoveu pela caça indiscriminada de animais silvestres e retirada de madeira nativa de suas florestas. Nas vilas mais remotas, sobre tambores ou bancadas, é comum se ver vários tipos de animais à venda, como veados, roedores, macacos, jacarés, tartarugas, etc. Se fosse para consumo próprio, talvez nem colocasse em risco alguma espécie, mas muitos animais alimentam os restaurantes requintados das grandes cidades. São milhares de animais mortos por ano, incluindo gorilas e chipanzés.

Mas não me sinto à vontade em julgar esses caçadores. Só estando lá para ver a pobreza em que vivem. É obvio que se não têm o que comer, caçam.

O tráfico de carne exótica também é uma das causas da extinção e a situação pode ser ainda pior em outros países da África Ocidental, como na RDC, onde a densidade populacional é maior e o governo menos estável.

Os primeiros europeus a chegarem às terras gabonesas foram os portugueses, no século 15, e como prática usual, fizeram da costa um entreposto de escravos. No ano de 1849, franceses capturaram o navio negreiro Elizier e libertaram os escravos na embocadura do Rio Komo, local onde surgiu Libreville, cujo significado é "cidade livre" – que hoje é a capital do país. Libreville foi a porta de entrada para a colonização francesa.

Também no Gabão pegamos estradas boas e ruins. Nosso rumo

era o Hemisfério Norte. Grandes rios acompanham a estrada, mostrando, como num corte de um desenho, quão densa e alta é a floresta. O inconveniente em meio a tanta beleza natural é a quantidade de mosquitos, maruins, moscas, borrachudos e tudo o mais que se possa imaginar em termos de insetos insuportáveis. Os ataques ocorrem principalmente de manhã e no final da tarde, quando se torna impossível ficar fora do carro. Mas saber que se está atravessando uma terra de elefantes e gorilas fascina. A qualquer momento algum deles poderia aparecer em nossa frente. No final, acabamos presenciando apenas as pegadas dos elefantes das florestas que haviam cruzado recentemente a estrada. Em mata fechada, ver animais fica bem mais difícil.

Para entrar em Camarões foi possível fazer o visto na própria fronteira. O asfalto no Sul do país era bom, mas as paradas policiais fizeram com que demorássemos a chegar à capital Yaoundé.

Os policiais não nos deram trela nem mesmo no Domingo de Páscoa. O mais chato deles veio com uma cara de bravo, talvez para nos intimidar, pedindo o passaporte, documento do carro e o seguro obrigatório – aquele que não tínhamos, obviamente. Peguei o seguro obrigatório do Brasil, que é esverdeado, e disse que essa era nossa carta verde, que assegurava o carro em toda costa Oeste da África. Estava até vencida desde 2006, mas o guarda nem viu. Devolveu-me o documento e nos deixou seguir. A estratégia dera certo. Acho que ele ficou com vergonha de dar alguma bola fora. Nesse percurso até a capital camaronesa, fomos parados sete vezes por policiais.

Somente no final da década 1870, quando grandes quantidades de quinino (droga antimalárica) tornaram-se disponíveis, que os portugueses começaram a conquistar terra adentro o território batizado de "Camarões". Seu nome deriva da grande quantidade de camarões notada no Rio Wouri. Em 1884, o território camaronês e algumas terras vizinhas tornaram-se colônia alemã, que foi dividida entre o Reino Unido e a França após o final da Primeira Guerra Mundial, tendo a França ficado com a maior parte.

Em Yaoundé, dormimos quatro noites em frente ao Monastério Beneditino, bem no alto de um morro onde a vista é privilegiada.

Tínhamos que resolver alguns problemas mecânicos e fazer nosso visto para a Nigéria, que acabou sendo um dos mais caros de todos: U$ 200,00 por pessoa para 30 dias.

Voltamos pela rodovia que nos trouxe a Yaoundé e fomos até o Parque Nacional Mfou, protegido pelo Cameroon Wildlife Aid Fund, um fundo que financia a proteção aos animais selvagens. Com mil hectares de floresta nativa, o parque abriga cerca de 250 primatas, principalmente chimpanzés, babuínos e gorilas, a maioria resgatada do comércio ilegal. Os animais ficam protegidos dentro de grandes áreas, onde são rigorosamente acompanhados e cuidados por pessoal especializado. Mesmo dentro desse tipo de zoológico, eles vivem em ambiente quase que 100% natural.

Fizemos uma visita guiada de duas horas e os chimpanzés e os gorilas foram a grande atração. O DNA dos chimpanzés é muito similar ao dos humanos – compartilhamos de 98 a 99,4% de nosso DNA com eles, o que os fazem nossos parentes mais próximos no mundo animal. São muito inteligentes, capazes de usar ferramentas, de se reconhecer no espelho e de aprender certos tipos de linguagens, como a dos sinais. O mais incrível é que são capazes de passar ensinamentos de uma geração para outra, como técnicas para extrair cupins dos cupinzeiros utilizando gravetos. O uso de pedras para quebrar sementes e frutos duros é outro exemplo de conhecimento passado de pai para filho. No berçário, fomos recebidos pelos bebês com toda aquela macaquice, mas com os adultos não pudemos ficar muito tempo, pois dois machos estavam impacientes com a nossa presença. Para nos intimidar, o maior demonstrava sua agressividade e força batendo com sua mão no concreto de uma forma que chegava a estalar nossos ouvidos.

A sensação de visitar o ambiente dos gorilas foi surpreendente. Vistos de perto, na natureza, eles se parecem com fortes homenzinhos. Mas, mesmo com todo o seu tamanho e força aparente, não nos intimidaram. Ficavam sentados, com seus olhares penetrantes e tranquilos, nos observando e imitando cada movimento nosso. A sensação era tão boa que poderíamos passar horas ali, olhando para eles enquanto eles nos olhavam, até não sabermos mais quem estava visitando quem naquele parque.

Existem dois tipos de gorilas: os gorilas-da-montanha, que habitam as florestas acima dos 2.200 metros, e os gorilas-do-ocidente, que habitam as florestas densas e os pântanos das terras baixas, que chegam até ao nível do mar. Os que vivem em terras baixas, além de enfrentarem os problemas da destruição das florestas e da caça indiscriminada, tiveram sua população dizimada pelo vírus ebola, que causa uma doença que pode resultar numa extinção rápida. Por esse e outros motivos, o Parque Nacional Mfou desempenha um papel importantíssimo na preservação desses fascinantes animais.

Seguimos ao Centro-Oeste do país e, por sugestão de alguns amigos, costeamos as lindas montanhas verdes ao Norte da cidade de Bamenda. Nosso plano, após este circuito, era dirigir até o extremo Norte de Camarões, mas com os problemas mecânicos que o carro apresentava, não nos sentíamos seguros para enfrentar tamanha quilometragem.

Perguntamos a alguns camaroneses e descobrimos que havia uma passagem via Ako que cruzava direto para a Nigéria, mas nenhum deles havia passado por esse caminho. Ninguém sabia se a rota era transponível ou não.

Mais uma vez, decidimos pelo caminho mais difícil e aquele que nos oferecia aventuras mais radicais. Não sei quem é mais louco – eu ou a Michelle, por me acompanhar. Descemos dos 1.700 metros onde estávamos para 350 metros de altitude, por uma estradinha pequena de chão batido, cercada por uma floresta muito densa e úmida. De tão íngreme que era o trajeto, os freios logo esquentaram e tivemos que fazer paradas constantes para esfriá-los. O cuidado foi descer em marcha reduzida a uma velocidade muito baixa.

Ao chegar às terras baixas, o que marcou foi o povo, com sua simpatia e hospitalidade. Muitos nos cumprimentam dando um sorriso de boas-vindas. Numa vila onde acampamos, Ako, fomos imediatamente rodeados por mais de 50 crianças. Todas querendo posar para foto e ver o carro mais de perto. Dentro do motor-home, usamos luz de velas para não chamar muito a atenção com as luzes fluorescentes num lugar onde nem se sabe o que é energia elétrica.

Em meio àquela estrada de erosões, buracos e pedras, comentei com a Michelle que tivéramos sorte de não ter acontecido nada com nossa barra de direção, que, no Land Rover, fica um pouco exposta. Existe um peito de aço (acessório não original) que a protege, mas nós não o tínhamos.

Em um determinado trecho, numa outra vila, quando analisávamos como passaríamos por um atoleiro gigante, um senhor veio a nós e sugeriu desviarmos, cruzando pela frente das casas da vila. Passaríamos pela frente de umas 20 casas, por uma espécie de corredor de chão batido.

Nós aceitamos a dica e enquanto eu dirigia, a criançada começou a escalar a traseira do carro. Algumas até tentaram abrir a porta. E num relance, quando desviei minha atenção ao olhar para trás para ver se alguma criança havia entrado no carro, pimba! Dei de frente com um cepo de árvore cortada, fazendo a barra de direção e seu amortecedor virarem um oito. Droga, foi só falar na barra e aconteceu isso, aumentando a lista dos problemas mecânicos a resolver.

Uma vez que se entorta a barra, mesmo que a desentortamos, não é fácil alinhar as rodas novamente. O amortecedor foi para o lixo na hora, pois travava quando fazia curva para a esquerda.

E lá fomos nós, tocando o barco, sem saber que o que vinha pela frente era a pior de todas as estradas até então enfrentadas. Tudo começou de forma razoável em Nkambe, então cruzamos por Berabe, Ako, Bogu e aí o bicho pegou. Subimos uma montanha cuja crista delimita a fronteira com a Nigéria. Erosões, pedras gigantes, buracos, tudo num aclive muito acentuado. O suor escorria em nossas faces. Sorte que não choveu, pois caso contrário, acredito que estaríamos encalhados até hoje. Não fosse um Land Rover 109 entulhado de muamba, possivelmente dos anos 80, e uns lenhadores que cortavam uma tora de mogno no meio da trilha, seríamos os únicos naquela estrada.

Depois de quase cinco horas, nosso GPS informou que saímos de Camarões e entramos na Nigéria. Havíamos dirigido apenas 38 quilômetros desde Ako, a vila onde passamos a noite. Após o aclive, veio o declive, ainda em condições muito precárias, mas fomos evoluindo até vermos os primeiros rostos nigerianos marcados por cicatrizes, nos olhando com espanto.

País mais populoso da África

O contraste com os países ao Sul aconteceu quando deixamos a área remota de Bissaula e adentramos na verdadeira Nigéria, o país mais populoso da África. Desmatamento, lixo, nuvens de poluição e muita, mas muita gente. Chamaram nossa atenção as enormes filas de carros e motos para o abastecimento. Existem muitos postos, mas poucos têm combustível, o que é irônico num país onde petróleo jorra. O tumulto é tão grande que a fila é controlada por seguranças munidos com barras de ferros, usadas para bater nos veículos que desrespeitam a ordem. Alguns abasteciam não somente seus tanques, mas dezenas de outros galões para revenderem combustível nas margens de estradas.

A maior cidade do país é Lagos, onde fomos aconselhados a não ir, tal a insegurança local. Dirigimos nossa atenção para Abuja, onde chegamos à noite e fomos direto para o Hotel Sheraton – chique, não? Calma, o nosso quarto foi o jardim dos fundos, depois do estacionamento, onde podíamos acampar sem qualquer custo. Os chuveiros que nos deixavam utilizar eram os da piscina. Naquele calor, depois de tanto esforço, nada seria melhor que um mergulho. Mas como não éramos hóspedes formais, ficamos só na vontade.

Naqueles dias em Abuja, a Michelle não se sentiu bem. Pressão baixa e dores no corpo foram os primeiros sintomas. Havíamos atribuído isso à comida do dia anterior – uns bolinhos tão gordurosos que poderiam ter atacado seu estômago.

Noutro dia, as dores sumiram, mas ela estava mais fraca. Medimos a temperatura: normal. Então fizemos o auto teste da malária e o resultado ficou nas entrelinhas. À noite, a Michelle ficou mal do estômago. No terceiro dia de indisposição, bem cedo, fomos a um laboratório fazer um exame mais preciso e ele acusou positivo: a Michelle estava com malária. Ficamos alarmados, pois essa doença não é brincadeira. Os africanos, talvez acostumados, entregaram o resultado do exame sem fazer nenhum comentário. Tivemos que voltar a eles e perguntar se ela tinha ou não malária, pois não havíamos entendido o resultado. Eles confirmaram.

Não sei se isso nos confortou, mas a realidade africana é a seguinte: eles lidam com a malária de uma forma muito simples, como se fosse uma gripe, de tão comum que é a doença. Então, por que fazer alarde? A Michelle tomou uma dose única do remédio que tínhamos levado e em três dias estava curada.

Analisando essa situação, preferia ter consultado africanos ao invés de europeus quando, lá atrás, entramos no Sudão. Tamanha foi a indignação de nossos amigos suecos por não estarmos adotando profilaxia para viajar pela África. Como forma de prevenção da malária, naquele mesmo dia, na capital sudanesa, fomos a uma farmácia, compramos os medicamentos e começamos a tomá-los. Fizemos isso semanalmente durante quatro meses, mas a composição do remédio era forte e causava vários efeitos colaterais. Então paramos de tomá-los em Moçambique.

Logo que saímos de Abuja, encontramos um médico inglês que nos convidou para dormir uma noite em sua casa, pois morava na Nigéria já fazia 19 anos. Contou-nos que pelo menos uma vez por ano viaja para a Inglaterra para visitar parentes e amigos. Quando volta, geralmente contrai malária logo na primeira semana. Explicou que quando chega a um lugar onde não existe o risco da doença, o corpo relaxa e perde os anticorpos e ao chegar num lugar de risco novamente, fica muito exposto. Ele não indicava a profilaxia, pelo menos para quem fica por um período muito prolongado em regiões de risco.

Consultamos vários farmacêuticos e médicos e percebemos que quem não vive em lugares de risco indica a prevenção e quem vive em local de risco, não a indica. Não somos médicos para indicar ou sugerir qualquer coisa, mas como vivemos esse problema, em nossa concepção, são esses últimos que possuem mais experiência.

Quem não faz profilaxia, ao sentir os sintomas da malária, deve realizar o teste e tratar imediatamente caso mostre positivo. Foi o que fizemos. Além disso, redobramos os cuidados para evitar a picada do mosquito transmissor com o uso constante de mosquiteiro, repelentes, mangas longas nas camisas e calças em vez de bermudas, principalmente nos horários do nascer e pôr-do-sol.

Sahel, nas bordas do Saara

Ainda na Nigéria, rumamos ao Norte e o Platô de Jos foi a nossa última chance de pegar um arzinho fresco – 1.200 metros acima do nível do mar. A temperatura em Kano, na região baixa, oscilava na média dos 45°C durante o dia. Aos poucos, o Deserto do Saara e novamente o mundo árabe iam se apresentando, no início, com o calor seco, depois com os muçulmanos, suas mesquitas e mercados, lá chamados de souq.

Mas antes do Saara ainda vem o Sahel – uma faixa que se estende do Atlântico ao Mar Vermelho, oscilando entre 500 e 700 quilômetros de largura. É uma região da África situada entre o Deserto do Saara propriamente dito e as terras férteis ao Sul. É característico por possuir uma vegetação de estepes e recebe uma precipitação de até 500 milímetros ano. A agricultura, portanto, é possível ali.

Em Kano, já sabíamos onde ficar. Tínhamos o endereço de mais um desses hotéis comuns entre overlanders, onde se paga somente pelos banheiros e chuveiros. Sendo assim, nem sei se foi coincidência ou não, mas encontramos um casal com quem já havíamos conversado em três outros lugares da África: na Cidade do Cabo, África do Sul; Windhoek, Namíbia; e Yaoundé, Camarões. Eles são ingleses, Janet e Chris, mais velhos do que nós, mas muito jovens de espírito.

Em Kano, um impasse para todos: a espera pela resposta da embaixada do Niger sobre os nossos vistos. Eles estavam demorando demais. E se fosse só pela demora, tudo bem, mas ninguém conseguia nos garantir se os conseguiríamos. Além disso, o custo lá é três vezes mais alto do que se os tivéssemos feito em Abuja.

Cada dia que passava, íamos até a embaixada e nada. Os atendentes alegavam que não podiam fazer nada, pois a resposta ainda não havia chegado de Niamey, capital do Niger.

Fazer o quê? Pelo menos dessa vez, ao contrário da situação de Angola, tínhamos como desviar o Niger, passando por outro país. Descemos as escadas do prédio da embaixada, saímos dos portões de entrada e ao lado dos nossos carros, sob um calor de 40ºC, fizemos uma espécie de reunião. Na verdade, fomos nós que convocamos os ingleses e demos uma sugestão: "O que vocês acham de irmos ao Benin em vez de ficarmos aqui nos estressando com esses vistos?" E completei: "Lá é possível fazer o visto na própria fronteira, ao menos foi o que lemos".

Entre os fatores que levávamos em conta numa decisão como essa estavam: distâncias, condições das estradas, custo de combustível, custo e facilidade de se conseguir vistos, atrações, segurança, clima e, se não fosse o suficiente para decidir, o voto de Minerva seria considerar se o país tinha cerveja boa e barata. E o Chris bradou: "Vamos, mas só se você me pagar uma cerveja bem gelada em Benin". Nem retruquei, entrei no carro e gesticulei, como se quisesse dizer "s`imbora!".

Foram dois dias de viagem até a fronteira com o Benin. Em Birnin Gwari, ainda Nigéria, quando dirigia por uma rua movimentada, do nada apareceram uns 15 nigerianos munidos de paus cheios de pregos que foram jogados na frente de nossos pneus com o intuito de nos fazer parar. É claro que tivemos que parar para evitar que furassem nossos pneus. Já na sequência, usando uns crachás sei lá do quê, eles se debruçaram em nossa janela e gritaram, exigindo uma boa quantia em dinheiro ou não nos deixariam passar.

Isso fez subir o meu sangue, pois era evidente a trapaça. Desci do carro – sorte que estava usando uma botina – e dei uma bicuda naquele pau cheio de pregos que saiu voando. O povo ao redor olhava a cena com indignação. O pior foi que quando eu voltei para o carro, logo veio outro sacana e colocou mais um pau cheio de pregos na frente dos pneus. Não tinha jeito de sair dali.

Sorte que estávamos com os ingleses, que foram mais espertos. Quando perceberam que não teria jeito, nem por bem, nem por mal, pegaram o celular e simularam ligar para a Polícia Anti-Corrupção, coisa que essa rapaziada treme na base só de ouvir falar. Quando o Chris fingiu relatar o acontecido, todo mundo deu no pé e nós conseguimos seguir sem precisar deixar um centavo. Essas são as lições que aprendemos com os mais experientes.

Um dia, ainda antes de entrarmos em Benin, mal passava das sete da manhã em um acampamento e os ingleses disseram que iriam partir. "Vocês nos encontram pelo caminho, pois vamos indo devagar". Nós concordamos, pois já havíamos percebido que viajávamos de jeitos diferentes. Eles levantavam cedo, tomavam um rápido café e partiam. Nós, mesmo que também levantássemos cedo, gostávamos de fazer um alongamento, tomar um bom e tranquilo café da manhã e depois de tudo pronto, partíamos. Gostávamos muito da manhã e da tardezinha, pois eram os horários de menos calor, quando na pior das hipóteses de não haver nenhuma árvore por perto, ainda tínhamos a sombra de nosso próprio carro. Eram os horários para curtir o acampamento e a natureza ao redor. Quando esquentava, o melhor era estar viajando.

Mas a estrada nos trapaceou naquele dia. A partir de uma bifurcação, nos deparamos com duas opções que seguiam quase o mesmo rumo, variando, apenas em alguns graus. Seguimos pela maior, pensando que seria a certa.

Engraçado, eu sempre estava de olho no GPS, mas naquele dia, simplesmente não prestei atenção. Quando fui ver, tínhamos rodado 20 quilômetros pelo caminho errado, o que dá 40 quilômetros se contarmos a ida e a volta. "Putz", comentamos, "agora vai ser difícil alcançá-los".

Voltamos e apressamos o passo, mas não os achamos até chegarmos numa vila que seria nosso ponto de encontro caso não nos cruzássemos antes. Mas mesmo tendo saído quase uma hora depois deles e ainda termos rodado 40 quilômetros a mais, eles ainda não estavam lá. Ficamos preocupados.

Fomos até a balsa, esperamos por duas horas e nada, então decidimos voltar. Vai que tenha acontecido alguma coisa, que tenha quebrado o carro, por exemplo... E quando paramos para perguntar a um guarda rodoviário, ele nos informou que haviam passado pouco tempo antes, mas não pegaram o caminho da balsa, e sim, seguiram por uma estrada nova, recém-construída, mas que não estava em nosso mapa.

Quanta confusão! Sei que naquela noite não acampamos juntos e no outro dia cedo, ao carimbarmos nossos passaportes na imigração da Nigéria, recebemos uma carta que os dois haviam nos deixado. Eles haviam feito a papelada de saída antes, mas quem chegou primeiro no Benin fomos nós. Isso porque dessa vez nós pegamos uma estrada de uns 30 quilômetros no meio do mato, de pura areia, enquanto eles rodaram, por uma estrada melhor, o dobro da quilometragem. Foi muito engraçado. Quando nos encontramos, descobrimos que eles também fizeram o mesmo erro naquela bifurcação, mas andaram muito mais do que nós.

ILEGAIS NO BENIN

Para entrar no Benin é possível comprar um visto de trânsito de 48 horas na própria fronteira, segundo nosso livro-guia. Só não contávamos com o fato de não existir imigração, tampouco aduana no lugar onde estávamos. Como iríamos fazer o visto? Queríamos facilitar as coisas adotando o caminho por este país, mas agora a opção parecia ser a pior. Entrar ilegal num país não é a coisa mais indicada a se fazer.

Aconteceu em minha primeira viagem, quando fui ao Ushuaia de moto. Cruzei do Brasil ao Uruguai por uma praça, sem fiscalização nem coisa nenhuma, pois a cidade brasileira de Santana do Livramento, no Rio Grande do Sul, é praticamente colada a Rivera, Uruguai.

Ali, claro, o que aconteceu foi resultado da inexperiência. Eu devia ter procurado em Rivera a imigração para carimbar meu passaporte, mas não o fiz. Lembro-me que, na época, ouvia-se pelas primeiras vezes se falar no Mercosul, que dava liberdade aos que nele vivem de transitarem somente com a sua identidade, assim como é na União Europeia nos dias de hoje. Mas no Mercosul é preciso registrar sua entrada e saída, mesmo que você viaje com identidade.

E eu fui embora, cruzando todo o Uruguai, totalmente ilegal. Em Paysandú, quando queria deixar o país para entrar na Argentina pelo Rio Uruguai, os oficiais da imigração não queriam me deixar sair devido à falta de carimbo em meu passaporte. Falaram-me que eu estava ilegal no país e a solução seria eu voltar a Rivera para pegar o carimbo. Perder um dia naquela viagem significava ter que encurtá-la ou deixar de ver alguma coisa planejada. E falei, como sempre me refiro a alguém de que não sei o nome: "Amigo, por favor, eu não sabia como funciona...".

Eu só escutei o outro oficial falando para ele em castelhano: "Você escutou? Ele te chamou de amigo". Ele olhou para mim meio ressabiado e falou num tom mais calmo: "Pode ir, pode ir. Mas tome mais cuidado da próxima vez!". Eu cruzei o Rio Uruguai com um sorriso que ia de orelha a orelha.

Mesmo sem visto ou carimbo, entramos no Benin. Acho que o Chris e a Janet não gostaram muito, mas fazer o quê? A cada cidade, tentávamos resolver nossa ilegalidade e éramos mandados para a próxima.

Passou o primeiro dia, o segundo, e aquelas 48 horas de duração de um visto de trânsito já excedia há tempos, mas pelo menos quanto a isso tínhamos uma vantagem – ninguém sabia quando havíamos entrado. E foi assim até Parakou, quando um cidadão que trabalhava na prefeitura resolveu nos ajudar: carimbou nossos passaportes com um carimbo da prefeitura. Sabíamos que aquilo não nos tornava legais, mas, pelo menos, nos ajudaria a mostrar, na fronteira de saída, que tivemos a boa intenção de fazer tudo certinho e acabou dando certo.

Falando do Benin, o vodum – religião que cultua antepassados e é marcada pela música, dança e muita comida – é originária desse país. Foi introduzida no Haiti e em outras ilhas do Caribe pelos escravos que saíram do Benin. Na cerimônia do vodum, os praticantes entram em transe, incorporam o loa (considerado a senhora da pureza ritual) e comem os animais sacrificados. É basicamente uma forma de troca, quando humanos e espíritos dependem uns dos outros: enquanto humanos provêm comida e outros materiais, os espíritos provêm saúde, proteção de espíritos diabólicos e fortuna. Apesar de ser uma religião reconhecida formalmente, já foi marginalizada no passado por ser considerada magia negra.

O vodum influenciou a cultura brasileira também, misturando-se com outras culturas, que passaram a ser conhecidas como candomblé jeje, na Bahia, e tambor de mina, no Maranhão e Amazonas. Lucumi, macumba e yorubá também são religiões relacionadas ao vodum.

Por falar em escravos, o Benin foi palco de muita exploração de trabalho braçal. Uma evidência disso está na interessante arquitetura que se vê ao longo da estrada que nos levou ao Noroeste. As casas lá são feitas de adobe em formato de pequenos castelos, erguidos pela tribo Somba como forma de proteção de seu próprio rei, que os caçava e os vendia como escravos aos portugueses.

Essas fortificações davam espaço para mais de uma família, além do rebanho que ficava no pátio cercado. A distância estabelecida entre elas era o alcance das lanças e flechas, para que o inimigo, uma vez que estivesse na vila, não tivesse nenhum ponto seguro.

Após as investidas de capturas dos sombas e de muitos terem escapado da traição de seu rei, a tribo se isolou completamente do mundo, vindo a ser redescoberta na década de 70, quando a comunidade ainda andava nua.

Ouagadougou ou Ouaga

Pelo país Burkina Faso, assim como no Benin, nós passamos somente "de raspão". A maior parte do tempo permanecemos na capital, Ouagadougou ou Uagadugu, onde, para variar, tínhamos que nos virar para conseguir os vistos.

Mas Ouagadougou vale a pena, nem que seja somente pelo nome, gostoso de pronunciar. Para mim, é o nome de capital mais bonito do mundo, opinião que divido com outras pessoas cujos depoimentos sobre isso já li na internet. Quem sabe, um dia, não usaremos o nome para uma nova expedição de volta ao mundo? "Expedição Ouagadougou" ou mesmo "Expedição Wogodogo", que é o nome que deu origem ao atual e que data do século 15. Seu significado: "onde as pessoas são honradas e respeitadas". Ou, quem sabe, poderia ser o nome de nosso futuro carro. O apelido ficaria Ouaga. Será que o Lobo teria ciúmes?

Apressamos nosso passo na Nigéria, Benin e Burkina Faso porque tínhamos mais dois meses apenas de África, tempo que queríamos dedicar ao Saara e aos países Mali, Mauritânia e Marrocos.

Chegamos a Mali com um destino certo: o Vale Dogon, declarado Patrimônio da Humanidade pela Unesco. Localiza-se no centro do país e se insere ao longo de mais de 150 quilômetros do escarpamento Bandiagara, um declive abrupto que pode variar em até 600 metros de altura, ocasionado por movimentos tectônicos.

E de uma forma incrível, o ser humano, seja ancestral ou dos dias de hoje, conseguiu se instalar lá fazendo daquela escarpa sua morada, com construções em barro dotadas de uma arquitetura única. As vilas são encontradas em quatro lugares distintos: nas planícies baixas, ficam as casas dos dogons atuais; nas planícies baixas mais próximas ao paredão, estão os resquícios das casas dos antigos dogons; nas planícies altas, moram também dogons atuais, mas que se distanciaram dos outros por não aceitarem o islamismo imposto; e no paredão – sim, lá no meio do paredão –, em cavernas ou saliências na pedra, são encontradas as ruínas das casas do povo telem.

Os telems, muitas vezes citados como pigmeus por terem sido muito pequenos, não existem mais e muito pouco se sabe sobre eles. O que se conhece é somente o que já contei: que construíam suas casas nos lugares mais inacessíveis do paredão, onde até a chuva e o sol têm dificuldade de penetrar. Os dogons acreditam que os telems podiam voar, mas historiadores acreditam que para chegar às suas casas usavam cordas ou trepadeiras para escalar.

Sentados numa pedra que havia na parte alta do escarpamento, numa espécie de mirante, não queríamos acreditar quando vimos aquelas pequeninas casas. Já era difícil de entender como moravam lá no alto. Agora, como faziam para subir? Se pudéssemos escolher, ficaríamos com a teoria dos dogons, de que os telems podiam voar.

Os primeiros dogons que chegaram à região foi por volta de 1.300 d.C., quando encontraram vestígios de civilizações mais antigas, como os telems. E até hoje possuem uma cultura bastante complexa e muito diferenciada da nossa. Circuncisões ainda são feitas nas meninas e, por incrível que pareça, nos meninos também, mesmo que o governo de Mali proíba tal prática. Para eles, antes deste ato as crianças não possuem um gênero definido.

As casas são construídas com madeira, barro e adobe e a maioria não é maior que dois metros quadrados. No meio da vila existe uma construção chamada de togu-na, que é o local onde os homens mais velhos se reúnem e discutem assuntos comunitários. Interessante é que o togu-na possui telhado bem baixo, forçando todos a permanecerem sentados, o que diminui qualquer possibilidade de uma discussão maior ou briga. Em algumas casas, não é permitida a entrada de mulheres e em outras, são os homens que não podem entrar.

Percorremos muitos quilômetros por estradas precárias que se espalham pela região, tanto na parte alta como na parte baixa. O calor era intenso, não apenas de dia como também à noite, e só era suportável porque viajávamos em meio a uma grande beleza cênica.

Ao Leste, o cenário transforma-se dramaticamente, com mais de 20 rochas brotando no meio da planície desértica em forma de mesas ou agulhas, algumas com até 600 metros de parede.

O lugar é chamado Vale dos Monumentos e está na lista dos melhores lugares do continente africano para escalada técnica. Não somos escaladores, mas valeu a pena conhecer o lugar e sentirmo--nos pequenos frente às monstruosas montanhas. O massivo Hombori Tondo, com 1.155 metros de altitude, é o ponto mais alto do país, mas a montanha que mais chama a atenção é a La Main de Fatima (Mão de Fátima). Possui esse nome por se assemelhar à mão da filha do profeta Maomé. A Mão de Fátima é um símbolo que representa proteção no islamismo.

Acampamos uma noite em frente a essa montanha e de manhãzinha, para nossa surpresa, fomos cobertos por uma tempestade de areia que de uma hora para outra fez a montanha desaparecer à luz do dia.

Mas essa não foi a única surpresa. Quando ainda dirigíamos ao Leste, o carro estragou. O pior é que estávamos num lugar nada seguro, de acordo com a população local. Vários pararam e nos alertaram para cairmos fora. Eles não faziam ideia de quanto queríamos poder fazer isso, mas o carro não andava.

Trabalhei mais de uma hora, mas não consegui achar o problema. Então, por sorte, um mecânico maliano, muito gente boa, parou para ajudar mesmo com pressa de chegar a Gao, sua cidade. Enquanto procurava a solução, comentou que naquela região havia acontecido várias ameaças de sequestro dos tuaregues que habitam as proximidades e que já haviam capturado estrangeiros como reféns. O problema do carro era um vazamento no sistema da injeção de diesel, pelo qual estava entrando ar.

Com visibilidade baixa, voltamos ao Oeste, onde o delta interno do Rio Níger contorna as planícies, formando diversos canais e lagoas, até chegarmos à importante cidade portuária de Mopti.

Mopti foi construída em três ilhas conectadas por diques, o que a tornou conhecida como a "Veneza de Mali". Sua importância cresceu na época da colonização francesa por localizar-se estrategicamente na junção do Rio Bani com o Rio Níger. Durante a seca, estação em que nós a visitamos, as águas estão no seu nível mais baixo. Assim, as ilhas deixam de ser ilhas e o porto perde movimento. Mesmo assim, os pequenos barcos-táxis chamados de pirogues e as grandes pinasses, com seus toldos e bandeiras coloridas, trazem e levam passageiros e todos os tipos de mercadorias o dia inteiro. Essas embarcações possuem incrível capacidade de carga.

Sentamos numa vendinha às margens do porto e ao contemplar a movimentada vida dos malianos, participamos de uma rodinha de chá. Essas rodinhas são o passatempo do povo do Saara durante os dias quentes. São, também, uma oportunidade para se socializarem. A bebida que dividem é o "Chá Africano". Na verdade, usa-se o chá verde da China, mas ele tem esse nome devido ao jeito de prepará--lo. São usadas duas chaleiras pequenas – uma para ferver a erva e outra para misturar o chá com muito açúcar. O calor para a fervura vem de potes com brasa. Apenas dois copos passam de mão em mão em três rodadas. A primeira, conforme nos disseram, é chamada de morte, pois o chá é bem forte e amargo; a segunda, na qual geralmente adiciona-se hortelã ou gengibre, chama-se vida, pois é um pouco mais fraca, mas ainda amarga; a terceira, quando o chá é mais doce e suave, é chamada de amor. Quem opera as chaleiras tenta deixar o processo o mais demorado possível, que é para dar espuma e consistência ao chá e, principalmente, manter os amigos reunidos por mais tempo.

Saímos "bêbados" de chá e com algumas pessoas daquela turma fomos fazer um passeio de pirogue pelo Rio Bani e Níger, para depois nos refrescarmos com um gostoso banho nessas águas.

Percebemos muita sujeira e pobreza pela cidade. Acredito que essa cena fica mais evidente quando as águas estão baixas, pois o lixo se entulha nos canais.

E como visitamos Mopti numa sexta-feira, dia mais importante para a religião islâmica, nos deparamos com milhares de fiéis nas ruas, todos ajoelhados e fazendo suas preces de frente para Meca, cidade sagrada da Arábia Saudita na direção da qual os islâmicos fazem suas preces.

GRANDE MESQUITA DE DJENNÉ

Segunda-feira é dia de mercado em Djenné, a histórica cidade que possui, em sua praça principal, a Grande Mesquita de Djenné, o maior edifício em adobe do mundo. Declarada Patrimônio Mundial pela Unesco, em 1988, a mesquita foi construída pela primeira vez em 1280, no entanto virou em ruínas com o passar dos séculos. Foi reconstruída em 1906 seguindo seu aspecto original e todos os anos é danificada pelas chuvas de julho a outubro, que obrigam a manutenção regular do monumento.

A antiga cidade situava-se originalmente a dois quilômetros da sua atual localização, num sítio chamado Djenné-Djeno ou Djoboro. Escavações arqueológicas comprovam que Djenné-Djeno foi fundada em 200 a.C. e desenvolveu-se como um grande complexo urbano. Foi cercada por muralhas em 850 d.C.. Em 1400 d.C., o local foi abandonado por razões desconhecidas.

Sua importância está relacionada com Timbuktu, quando entre os séculos 15 e 17, foi entreposto de sal, ouro e escravos na rota trans-saara que passava por essas duas cidades.

Assim como acontecia no passado, hoje, nas segundas-feiras, centenas de charretes, carroças e todos os tipos de locomoção e transporte realizam uma espécie de peregrinação comercial, trazendo milhares de pessoas da região. Bambaras, bozos, songhays, tuaregues e fulanis, com seus piercings e tatuagens ao redor de suas bocas, encontram-se para ganhar os poucos trocados que garantem sobrevivência nas inférteis e árduas terras de Mali. Eles espalham suas mercadorias na praça principal em frente à grande mesquita e transformam a cidade numa mistura de cores, sons e cheiros.

Claro que aproveitamos para reabastecer nossa despensa com todas as especiarias e alimentos conhecidos, como amendoim, tâmaras, cebola seca, chá verde e de hibiscos, além de ter comprado tudo o que era novo para nós, como os noz-de-cola (kola nuts) – fruto abundante do Oeste africano que possui um gosto amargo e uma grande quantidade de cafeína. Depois do café, do chá e do tabaco, a noz-de-cola é a principal droga não alcoólica na região. Suas sementes atuam como tônico revigorante e estimulam o sistema nervoso e muscular, além de serem usadas como antidiarreico, anti-anêmico, em problemas estomacais, enxaquecas e perturbações cardíacas. Presentear alguém com kola nuts é uma forma tradicional de demonstrar amizade. Mas para saborear essas sementes, é preciso, primeiramente, acostumar-se com o gosto característico.

Bamako é a capital de Mali e visitá-la foi obrigatório para que pudéssemos tirar os vistos para a Mauritânia. Na salinha de espera da embaixada conhecemos um casal belga que viajava de Land Rover no Oeste da África, além de um grupo de holandeses que fazia parte da Holland Africa Tour, uma frota de três caminhões MAN da década de 70 – um 4x4, um 6x6 e um 8x8, sendo que esse último já fora lança míssil do exército. O objetivo de sua viagem, além da aventura, é levar doações às vilas mais remotas e de difícil acesso, como aquelas que estão no meio do Saara.

Como estávamos todos indo para o mesmo destino, decidimos viajar juntos até a fronteira da Mauritânia e, no caminho, ambos tivemos nossas experiências com esses expressivos caminhões: eu fui na boleia do 6x6 e a Michelle de carona no 8x8, curtindo uma visão panorâmica. Um dos holandeses foi guiando o Lobo.

Um momento emocionante desta etapa foi quando paramos para descansar nas proximidades de uma vila muito pobre, onde um senhor fazia uma corda com fios de saco de batata. Naquele momento, nossos amigos surpreenderam os moradores com roupas para as mulheres, brinquedos para as crianças, canetas para todo mundo e alguns pedaços de cordas coloridas para o senhor tecelão, que surpreso ficou completamente sem reação. Ver a alegria dessa gente foi de encher os olhos de lágrimas.

A República Islâmica da Mauritânia localiza-se a Noroeste da África e faz fronteira com Senegal, Mali, Argélia e Marrocos. Por estar situada no circuito Paris (França) – Dakar (Senegal) e por metade de suas terras estarem cobertas pelas areias do Deserto do Saara, sediou diversas vezes parte do espetáculo do rali mais perigoso do mundo, o Rally Paris-Dakar. Mas após 29 anos de sucesso, a corrida foi cancelada devido às ameaças terroristas lançadas contra a corrida, forçando os organizadores a transferir o rali para a América do Sul, em 2009.

A baixa densidade populacional foi percebida assim que cruzamos a fronteira. A areia tomou conta total do cenário, tanto nas dunas como no ar. Ao cruzarmos pequenas povoações sob um calor de, no mínimo, 47°C, ficávamos boquiabertos ao ver como alguém conseguia viver em condições tão extremas de secura e calor. As pessoas vivem literalmente cobertas de cima a baixo para se protegerem das temperaturas e das constantes tempestades de areia.

E como seriam suas casas por dentro? Um paninho úmido para tirar o pó provavelmente não seria a melhor solução. Com o passar dos dias fomos percebendo que o ser humano se adapta a tudo – ou quase tudo. Naquelas vilas, algumas casas são tipo tendas, com paredes que são erguidas durante o calor do dia. Se o pó e a areia entram, não param e seguem em frente. As pessoas, pelo que percebemos, ficam sentadas ou deitadas em estruturas grandes do formato de camas, altas, feitas com tecido trançado, o que também ajuda a não acumular areia e pó.

Para nós não foi fácil suportar o calor. Quando acampávamos, sonhávamos com o suposto frio que faz no deserto à noite. Mas isso não passou de ilusão, principalmente porque estávamos em pleno verão. A água do nosso reservatório esquentava tanto que chegava a queimar a mão ao tocá-la. Os armários, mesma coisa. Água para reabastecimento era difícil de encontrar. Sombra, quase não se via. Se existisse, seria muito concorrida – com certeza alguém já estaria usando-a. O jeito, então, era continuar viajando, às vezes com a janela fechada, pois o calor que vinha de fora era ainda maior.

Ao escrever essa passagem de nossa viagem, olho pela janela de onde estou e me dou conta de que existe o outro lado da moeda. Imagino que se alguma dessas pessoas que vivem no deserto passasse por São Bento do Sul, certamente pensaria: "Puxa! Como é que alguém consegue viver nessa umidade e frio?" Parece que nós nunca estamos contentes, certo?

Mercado do peixe de Nouakchott

Nouakchott, a capital do país, é uma cidade litorânea e a brisa do mar ajuda a refrescá-la. Nos dias em que ficamos por lá aproveitamos para nos deliciar com frutos do mar provenientes desta costa riquíssima para pesca.

O pescado consegue-se no Mercado do Peixe de Nouakchott, o mercado mais engraçado do mundo. Ali, centenas de pescadores, vendedores, carregadores e ladrões de peixe fazem do seu labor diário um verdadeiro espetáculo. Funciona mais ou menos assim: em meio à colorida multidão, barcos vindos do alto-mar descarregam seus peixes. Os carregadores enchem caixotes com peixes e os levam para terra firme. Vestem calças e jaquetas de lona amarelas impermeáveis para evitar que se molhem e que fiquem expostos ao vento do mar. Quando vão transportando aquele peso sobre as cabeças, em meio à multidão, roubam de sua própria caixa uns peixinhos, que vão direto para os bolsos da jaqueta. Enquanto isso, mais ladrõezinhos vão fazendo a festa. Munidos de sacolas plásticas, vão varrendo os peixes que caem no chão ou mesmo filando os que ficam mais à vista, dentro das caixas. Ladrõezinhos profissionais aceitos por todos. A pesca é farta e é preciso repartir o peixe.

A retirada dos barcos da água também chama a atenção. Como são muito grandes e pesados, são rodeados por homens que entoam uma bonita cantoria para dar ritmo ao trabalho e não desperdiçar força na hora errada. Os barcos vão deslizando a cada compasso por cima de toras de madeira até que cheguem a um lugar onde a maré não os alcança mais.

Nas bancadas da área coberta do mercado são vendidos todos os tipos de peixes, do maior ao menor, fora os frutos do mar. É difícil entender como se organizam lá dentro, pois parece haver mais vendedores que compradores.

Os peixes pequenos partem de lá em carros literalmente caindo aos pedaços. Pudera: transportar peixe todos os dias com água do mar escorrendo sobre tudo, não há carro que aguente. Nouakchott é isso: o Mercado do Peixe.

Da costa, adentramos novamente no deserto para ver os oásis que fazem parte das importantes rotas do comércio trans-saara. Estas vilas estão situadas estrategicamente entre o Mar Mediterrâneo e a África subsaariana e muitas delas tornaram-se famosas não só pela sua história, mas pela arquitetura e seu cenário exótico. Chinguetti, por exemplo, uma das mais famosas por situar-se na borda das dunas do deserto, está ameaçada pela invasão da areia.

Para nós, que gostamos de nos isolar na natureza, a Mauritânia foi um dos melhores países da costa Oeste africana. Em qualquer canto daquele deserto sem fim, era possível achar um lugar de um visual incrível para parar o carro, preparar um chá africano e, após o jantar, contemplar as estrelas e satélites do lugar mais especial de todos – o teto do Lobo. Dependendo da parte do teto onde sentávamos, ficamos a 2,3 metros ou a 2,7 metros do chão. A altitude ao nível do mar e a vista dependiam de onde acampávamos.

Uma vez, a Michelle, sorrindo, disse que achou um cristal sobre a areia. Em seguida, achamos vários, mas nenhum tão perfeito e grande como aquele primeiro. Passamos a caçar esses cristais, numa busca que parecia viciar, pois sempre queríamos achar mais um. Ali, sim, foi difícil fazer com que a Michelle entrasse no carro para que pudéssemos partir.

520 quilômetros de puro Saara

Mas nossos dias estavam contados na Mauritânia. Por estar o país em época de eleições, ganhamos somente dez dias de visto. Nos países africanos, eleição é sinônimo de protestos, barragens, fuzarcas e até confrontos. Não são os melhores momentos para se estar nesses países.

Quando chegou o sétimo dia, tínhamos uma decisão importante a tomar: o caminho que adotaríamos para chegar ao Marrocos.

É que partindo de Atar, cidade maior próxima a Chinguetti, até a fronteira com o Marrocos, o único caminho racional disponível é muito longo, pois ele nos faz voltar até Nouakchott para subir pela costa até Nouadhibou – um trajeto que se compara a dois lados de um triângulo equilátero imaginário. O terceiro lado é puro deserto, sem qualquer estrada, nada, somente um trilho de trem que nos acompanharia pelo lado direito.

Agora, quão longo é esse atalho pelo deserto? São 520 quilômetros – praticamente a mesma distância que separa nossa cidade, ao Norte de Santa Catarina, de São Paulo. Dava um nó na garganta só de pensar, ainda mais com nosso carro dando problemas do jeito que estava. Mesmo assim, a vontade foi grande.

Descobrimos o endereço de um holandês que mora em Atar há sete anos e que, além de boas informações, possui uma mecânica, onde poderíamos fazer uma revisão no carro.

E foi o que fizemos. O oitavo dia foi de pura oficina, do amanhecer ao entardecer, para que pudéssemos partir para o que já estava, na verdade, decidido. Não íamos perder por nada essa oportunidade de cruzar parte do Deserto do Saara.

No outro dia, partimos cedo e rodamos de forma precária de Atar até Choum, onde encontraríamos o trilho do trem e acabariam as estradas. Após Choum, assim que caímos no deserto, bateu aquela famosa sensação do quão pequeno somos diante da natureza, que se não for tratada com respeito, pode nos engolir num piscar de olhos.

Estávamos completamente sós. Já nos primeiros quilômetros, encalhamos. É que como não tínhamos um compressor conosco, eu tentava preservar ao máximo uma calibragem mais alta nos pneus. Não deu certo: tivemos que esvaziá-los e cavar, catar capins secos para formar uma base melhor para os pneus para sairmos. Após outra meia horinha de viagem, uma segunda encalhada, bem quando nos obrigamos a cruzar umas dunas. Nessa segunda encalhada, numa foto que tirei, lembro-me de que consegui enquadrar dois dromedários que estavam ao fundo. Mais um pouco de trabalho e os pneus tiveram que perder ainda mais pressão, indo agora para 15 PSI nos dianteiros e 18 PSI nos traseiros. O terreno, às vezes, ficava duro e liso, permitindo-nos progredir em quilometragem, mas quando as dunas apareciam, parecia que não acabavam mais e a média horária caía drasticamente. Nosso objetivo para aquele dia era de superar a metade daqueles 520 quilômetros, pois estávamos próximos do último dia de legalidade na Mauritânia. Além de muito deserto, teríamos que lidar com a burocracia de fronteira para não termos problemas com o visto. Nós nos baseávamos em um prumo em nosso GPS, mas em certa parte do trajeto, rumamos ao Sul, deixando o trilho a mais de 10 quilômetros para nosso lado direito. Detalhe: para o outro lado do trilho, de acordo com informações que recebemos em Atar, estávamos proibidos de cruzar, seja de carro ou mesmo a pé, pois ainda está repleto de minas terrestres, remanescentes dos recentes conflitos entre a Mauritânia, Marrocos e Argélia.

E se arrependimento matasse, sei lá o que seria de nós. Ao nos afastarmos do trilho, caímos em uma região de "camel grass", capim de camelo, que parece não ter mais fim. Esse é o grande pavor dos pilotos do Paris-Dakar, principalmente motoqueiros, pois são pequenos montes de areia, de entre 50 centímetros e um metro, que se formam ao redor de capins. Em alguns lugares, esses montes são separados um do outro a uma distância de um metro, o que faz qualquer piloto chorar. Eu tinha que dirigir em primeira reduzida a uma velocidade de um camelo pastando. Quando eu passava com a roda traseira sobre um morrinho desses, a dianteira já subia outro. Eu queria comer aquele volante de tanta raiva que dava. Olhávamos para frente e não víamos o fim daquilo. Tínhamos que ter paciência.

A noite chegou e, para dormir, paramos o carro próximo ao trilho de trem novamente. Descemos cansados e abrimos o teto para ventilar e refrescar um pouco, tiramos o pó dos armários, cama, pia, chão e de tudo mais que se possa imaginar. Eu falo nós, mas geralmente era a Michelle que fazia esse trabalho.

Fizemos o jantar e ficamos atentos, só esperando o barulho do trem, que possui a fama de ser um dos mais longos do mundo, podendo alcançar 2,5 quilômetros de comprimento. E ele passou quando tomávamos nossos chás, sentados sobre uma duna ao lado dos trilhos. Não sei se contamos exatamente o número de vagões, mas chegamos perto de 130. O que não esperávamos era que todo aquele movimento iria levantar uma quantidade imensa de poeira. Nosso trabalho de limpeza foi mais que dobrado, pois havíamos deixado o carro aberto.

No outro dia, partimos cedo e, para nossa alegria, o terreno melhorou um pouco, mas ainda tivemos que cruzar muitas dunas, camel grass e outras encrencas. Logo após o meio-dia, botamos o pé no asfalto e, dali a pouco, deixávamos a Mauritânia para entrar no Marrocos, o último país africano da nossa lista. Já dava quase para dizer: "África, adeus".

UM PAÍS DE CONTRASTES

Marrocos é uma mistura de sociedade conservadora e liberal ao mesmo tempo. Seu povo secular, islâmico, meio rural e meio urbano, com tradições árabes e berberes e a premente necessidade de se fazer dinheiro imposta pela sociedade moderna fazem do país um lugar de intensos contrastes.

Os primeiros habitantes do Marrocos foram nômades que possuíam parentesco distante com os egípcios. Depois chegaram os fenícios e os romanos, que passaram a chamá-los de berberes, o que quer dizer "bárbaros". Em seguida, vieram os bizantinos e, por último, século 7º, os árabes, que difundiram o islamismo. Os berberes assumiram o controle no século 11 e governaram não só o Marrocos, mas também os reinos vizinhos e a parte Sul da Península Ibérica. A França tomou o controle em 1912 e cedeu à Espanha uma porção de terra no extremo Norte. Porém, sob pressão tanto dos marroquinos como dos países aliados, a independência começou a ser negociada e foi proclamada em 1956.

Na década de 70, quando o Marrocos estava altamente endividado, seus governantes viram uma oportunidade no país vizinho ao Sul, rico em minérios e principalmente fosfato, e solicitaram o território. Em 1975, invadiram os limites do Saara Ocidental com a chamada Marcha Verde, constituída de 350.000 voluntários desarmados. A Espanha, com grande influência na região, evitou o conflito e conduziu a assinatura de um acordo em que eram satisfeitas as ambições marroquinas. A Argélia e a Mauritânia também entraram no conflito de interesses e apesar de as terras atualmente serem ditas marroquinas, essa questão ainda não está 100% resolvida.

Nós, que havíamos percorrido mais de 520 quilômetros em pleno deserto, entramos em mais deserto ainda, só que dessa vez em puro asfalto, sem grama de camelo para nos incomodar. Acabou-se o off-road. Os ventos fortes vindos do Oeste traziam um cheirinho de América, mas dificultavam o nosso progresso, pois vinham quase que de frente, contra o andar do Lobo, um carro nada aerodinâmico. Foi perceptível o aumento do consumo de diesel.

Mas os ventos não nos seguraram tanto quanto a polícia. Barreiras policiais aconteciam de hora em hora, mas isto ocorreu somente neste novo território marroquino, onde ainda existe instabilidade política. O governo constituído quer saber tudo: quem você é, como anda, de onde vem, para onde se dirige, etc.

Para diminuir o tempo nas paradas ao responder sempre as mesmas perguntas, escrevemos em várias vias de papéis nossos nomes, números dos passaportes, números dos vistos, nacionalidade, marca do veículo e a placa. Assim que nos paravam, entregávamos o papelzinho, emendávamos com um aceno e íamos embora.

Os cinco dias em que rodamos pelo deserto que uma vez já foi o Saara Ocidental foram extremamente solitários. A monotonia só era quebrada ao passarmos por vilarejos de cor avermelhada, onde os homens enchem as bodegas de cafés e as mulheres quase não são vistas. Mas Land Rovers existem para dar com o pé.

E por falar nesses carros, tiramos uma foto que, por seu conteúdo, merece prêmio. Em um Land Rover Defender 109, modelo fechado, um marroquino transportava dois camelos grandes. Seguimos aquele carro por um tempão e ríamos à beça. Discutimos entre nós sobre como o marroquino havia conseguido colocar os camelos dentro do carro. Quem sabe foi assim: "Camelinho, meu amigo, entra de ré para você caber no carro. Primeiro dobra uma pata traseira, depois outra. Agora, escorregue a bunda para trás até chegar a vez das pernas dianteiras. Mas não tome muito espaço, pois seu parceiro também precisa entrar". Era muito hilário, até hoje me arrependo por não ter parado e pedido àquele senhor que nos explicasse o milagre do Defender 109 e seus dois camelos.

Outra cena que chamou a atenção foi ver pescadores com varas e molinetes no alto do penhasco, a uns 30 metros de altura. Embaixo um mar muito revolto fazia-nos entender o porquê da distância. Mas haja linha para tudo isso.

Assim que cruzamos a divisa imaginária que separava o Marrocos do antigo Saara Ocidental, percebemos mais movimento e vida. Próximo a Agadir, as montanhas Atlas começaram a aparecer. São elas que formam a maior cadeia montanhosa do Norte da África. Cruzam diagonalmente o país desde a costa do Atlântico até a Tunísia, passando pela Argélia. Não é para menos que na língua berbere, as montanhas são chamadas de "Idraer Draren", que em português se traduz como "a montanha das montanhas". Seu ponto culminante, o Jebel Toubkal, está a 4.167 metros de altura ao nível do mar.

A maioria das vilas berberes, com suas construções em barro, parece pendurada montanhas abaixo, enquanto as margens dos rios e riachos no fundo dos vales são tomadas por terraços irrigados que aproveitam cada gota d'água de uma região predominantemente seca. As partes mais altas são inabitadas. Os únicos que se aventuram lá em cima são os pastores com seus rebanhos de ovelhas e dromedários.

Existem diversos vales que cortam as montanhas, como os que visitamos: o Dades Gorge e o Todra Gorge. Seus penhascos se retorcem de uma maneira extraordinária e os paredões que brotam do leito dos rios sobem até uma altura de 300 metros. Em parte dessa cadeia, as montanhas ficam cobertas por florestas de cedros centenários; outras, durante o inverno, viram estações de esqui.

Passamos dias e dias nas altitudes do Marrocos, principalmente para curtir o ar fresco e compensar o calor que passamos ao cruzar o Saara. Dirigimos constantemente acima dos 2.000 metros de altitude, caminhamos por muitas trilhas, assistimos ao movimento da vida local e até procuramos por fósseis e cristais, comuns na região. Os acampamentos são sempre fascinantes, seja na beira dos rios cristalinos ou na beirada de penhascos, de onde se tem as melhores vistas.

Algumas importantes cidades marroquinas fizeram parte do nosso itinerário. Marrakesh possui o maior souq – mercado tradicional – do país e uma das praças mais movimentadas da África, a Djemaa el Fna. Todos os dias, ao entardecer, é invadida por saltimbancos, acrobatas, encantadores de serpentes, engolidores de espadas, curandeiros, músicos, dançarinos, contadores de história e muitas barraquinhas de especiarias e comidas, onde uma das iguarias vendidas é a cabeça de cabra. Adoramos o prato tradicional tajine, do qual ficamos fãs de carteirinha. Ele é feito com carne de cabra e vegetais ao bafo, cozidos lentamente num tradicional prato de barro.

Visitamos também Taroudannt, cercada por muralhas impecáveis e Ouarzazate, também muito turística, por ter sido cenário de filmes como O Gladiador, Lawrence das Arábias e Jesus de Nazaré.

Fes e Chefchaouen foram as cidades que mais nos encantaram. Fes é a maior cidade medieval islâmica do mundo. Sua Medina foi fundada no século 9º e declarada Patrimônio Mundial da Unesco em 1981. Possui milhares de ruas estreitas que cruzam mercados, bazares, lojas, restaurantes, pequenas fábricas, mesquitas e residências escondidas atrás de cada esquina. Andar por ali é extremamente confuso, impossível não se perder, o que faz parte da diversão. São tantos sons, cheiros, pessoas, que não dá para descrever tudo o que acontece em um dia naquelas ruelas. Imagine então por detrás das paredes. Um exemplo são as tanneries, fábricas rudimentares onde trabalhadores processam couro de cabra, vaca e camelo em troca de pouquíssimos dólares por dia trabalhado. Se os vendedores das lojas de couro não nos levassem para os terraços de suas lojas, jamais saberíamos da existência das tanneries no meio da Medina.

Chefchaouen, localizada ao Norte do país, é uma das cidades marroquinas mais bonitas, tendo sua Medina com edifícios azuis e brancos, um colírio para os olhos.

Depois de visitarmos montanhas e cidades, demos uma escapada e voltamos ao deserto do Saara, em Erg Chebbi. Nossa intenção era realizar algo que vínhamos sonhando há tempos: cavalgar em dromedários. E foi o que fizemos. Cavalgamos em uma espécie de caravana por 6 quilômetros no deserto até chegarmos a umas tendas berberes, onde passamos a noite. Nosso guia, um extrovertido berbere, animou a festa com música tradicional e muitas piadas. Embebedou-nos com o uísque marroquino: chá verde com hortelã. À meia-noite, deixamos as tendas para escalar uma duna de mais de 200 metros de altura. Quando voltamos, cansados de andar na areia fofa, dormimos a céu aberto. Que experiência fascinante.

QUEM MANDOU SER TÃO CARETAS?

Ao Norte do Marrocos, nas montanhas Rif, rolou um acontecimento cômico: acabávamos de sair de uma vila onde eu havia comprado pão, quando uma moto nos ultrapassou e o passageiro passou a acenar para nós, mostrando algo marrom em suas mãos.

Solicitei à Michelle, rapidamente, que procurasse minha carteira, pois aquele objeto na mão do homem era muito parecido com ela. Podia ser que eu a houvesse esquecido na bodega do pão e que os caras estivessem querendo devolvê-la.

Parei o carro e logo vieram os dois gritando, com aquele tijolo marrom na mão: "Haxixe, haxixe!". Como é que não percebemos? Estávamos no Marrocos, famoso pela produção de haxixe, mas nem lembramos. Quem mandou sermos tão caretas? Cumprimentamos os dois e logo dissemos que estariam perdendo tempo conosco, pois não compraríamos nada, absolutamente nada. Eles insistiram, mas caímos fora.

Seguindo por aquelas montanhas, nos demos conta das plantações de maconha que estavam por todos os lados e que deixavam aquele vale todo verde, lindíssimo. São produções ilegais, assim como acontece em muitos outros países, mas lá a polícia faz vista grossa. Deve ser grande a quantidade de famílias que dependem da droga para o seu ganha-pão.

Alguns quilômetros à frente, parei para uma foto e já vieram os dois marroquinos novamente. Eles não se cansavam fácil. Fizeram-nos as melhores propostas. "Não, não e não", dissemos. "Então venham conosco até a nossa casa, gostaríamos muito de oferecer-lhes um chá. Esqueçam o haxixe", disseram.

Ei! Pra cima de moá, com essa estratégia velha! Chá era apenas um pretexto. Por trás do convite havia muito interesse em jogo. Mas não é que aceitei o convite do chá? Quem lê não deve acreditar que foi pelo chá, mas foi! A Michelle quis me bater, de tão brava que ficou. Eles foram à frente e nós os seguimos até uma casa grande, de dois andares, que ficava numa rua íngreme que saía à esquerda da principal.

Para o chá, vieram mais pessoas e o baseado bacamarte logo rodou em suas mãos. Contaram-nos toda a história: quanto tempo trabalham com isso, como e quantos trabalham, onde vendem... Tudo, inclusive nos levaram para conhecer suas plantações, que ficavam ao redor da casa, assim como nós plantamos cebolinha verde e salsinha em nosso quintal.

A conversa foi esquentando, esquentando e chegou ao que eles queriam de nós: que transportássemos uma quantia para a Europa, pois lá estaria alguém nos esperando, com uma boa quantia em dinheiro. Juraram que isso pagaria boa parte dos custos de nossa viagem.

"Não!" Fomos incisivos, sem faltar com o respeito. "Isso não é coisa para nós". Não faz muito tempo, vi no Globo Repórter um programa sobre Singapura, no qual um milionário deu uma entrevista sobre o segredo de sua fortuna. Concordei em gênero e número com o que ele disse: "Faça aquilo que você sabe, que conhece e gosta".

Após nosso quinquagésimo "não" é que a história ficou legal naquela casa. Quando todos perceberam que éramos as pessoas mais caretas que eles já haviam conversado, os comerciantes se despediram e ficaram só os que pertenciam à família. Passamos de clientes potenciais a amigos e eles passaram a fazer tudo por nós. Haveria, por conta disso e naquela noite, uma ceia especial: cuscuz marroquino, feito com todo carinho pelas cinco mulheres da casa. Havia cinco, pois alguns parentes foram convidados para que também viessem nos conhecer. Eu fiquei com os homens tomando chá e me inteirando do assunto que eles tanto dominavam, enquanto a Michelle foi ajudar as mulheres na cozinha.

O cuscuz ficou pronto lá pela meia-noite – horário comum de jantarem lá. É que produtores de haxixe, segundo eles, não têm muito trabalho e lucram bastante. Suas responsabilidades são de ir às bodegas de chás e bater papo o dia todo, pois é numa conversa ou outra que os negócios acontecem. Então dormem tarde e levantam tarde. O haxixe é liberado a qualquer hora do dia. Os homens da casa me disseram que têm muita sorte de ter o haxixe como negócio, pois no Marrocos a maioria das pessoas trabalha muito e ganha pouco.

Sentamos ao redor de uma mesa redonda, onde foi colocada a grande panela de cuscuz. Não havia talheres nem pratos, tínhamos que comer com a mão. Os mais de dez que sentaram à mesa atacaram a comida com suas mãos direitas – ao mesmo tempo e da mesma panela. E como éramos visita, as mulheres da casa pegavam os maiores pedaços de carne e jogavam para o nosso lado, sendo gentis.

Fomos dormir às duas da manhã, mas os homens ficaram até umas cinco horas conversando. Noutro dia, partimos depois de muitas fotos e de um belo café da manhã. Infelizmente, a pedido de nossos anfitriões, seus nomes e fotos tiveram que ser censurados.

O Mar Mediterrâneo chegou e, com ele, um tremendo frio na barriga. Após 11 meses e 9 dias, nossa aventura pela África chegava ao fim – estávamos prestes a cruzar o Estreito de Gibraltar. Entramos na Espanha ainda nesse continente, em Ceuta, um enclave espanhol situado ao Norte da África e que já faz parte para a União Europeia. Alguma coisa nos dizia que muita coisa iria mudar.

O primeiro mundo era logo ali em frente.

11.
Europa

São poucos os lugares neste planeta onde, em curta distância, podemos observar diferenças sociais e culturais tão contrastantes como as que vemos dos dois lados do Estreito de Gibraltar – a abertura entre o Mar Mediterrâneo e o Oceano Atlântico, entre os continentes africano e europeu. Em sua parte mais estreita, são apenas 14,4 quilômetros separando dois mundos tão distintos: o Ocidente e o Oriente. O contraste nos pegou de surpresa, pois não planejávamos cruzar com a balsa naquele dia. Foi uma valiosa informação que nos fez antecipar a travessia: a alta temporada estava por começar, fazendo os preços da balsa subirem consideravelmente.

Em menos de uma hora tudo havia mudado. Havíamos pisado no continente europeu via Algeciras, na Espanha – um país que não tinha mais nada em comum com os lugares que havíamos vivido nos últimos dois anos. Pessoas, dinheiro, língua, carros, estradas, comidas, costumes, leis, religião, preços e tudo mais havia mudado bruscamente. Era o começo da readaptação e do aprendizado.

Já conhecíamos a Europa, onde cheguei a morar durante meio ano, mas nunca com nosso próprio carro e vivendo em uma casa ambulante. Seria diferente viver assim em países chamados de primeiro mundo? Qual seria a diferença entre circular por uma estrada africana e uma autoroute francesa ou uma autobahn alemã? Era isso que iríamos descobrir.

Estranhamos já de início o fato de, ao contrário do que vínhamos experimentando, não terem nos pedido nada – nem ao menos nossos passaportes ou documento do carro – quando chegamos na fronteira, ainda no continente africano. Isso foi na cidade de Ceuta, pertencente à Espanha, por consequência da União Europeia. Nós é que tivemos que implorar por um carimbo para legalizar nossa entrada no país.

Antes da fronteira, a Michelle suava frio só em pensar que poderia perder suas conchinhas, flores e folhas secas que havia coletado pelo mundo, pois imaginávamos que a inspeção da aduana seria mais severa.

Quanto ao Lobo, não fosse pela papelada gerada no porto de saída, Roterdã, quase três meses depois, ninguém saberia que algum dia ele passou pela Europa. Ficamos surpresos com isso.

Um "Hola, que tal?" nos deu a certeza de estarmos na Espanha, terra de Salvador Dali, Gaudí, Picasso e Miró, das oliveiras, do azul da Costa do Sol, da arquitetura e da obra Dom Quixote de La Mancha. Sem falar nas paisagens de Andaluzia, do Caminho de Santiago de Compostela, do flamenco e dos vinhos de Rioja.

São tantas atrações, que o turismo é uma das principais bases da economia espanhola e percebemos isso logo de início, quando optamos pelas estradas não pedagiadas na Costa do Sol. Ficamos trancafiados junto a milhares de outros carros, por estarmos ali justo no verão europeu.

Em Málaga conhecemos a casa onde nasceu Pablo Picasso e, em seguida, fomos a Granada, uma cidade distinta, linda, especialmente pela arquitetura baseada na tripla influência: muçulmana, judaica e cristã.

Percebemos, já nos primeiros dias, que na Espanha as "siestas" acontecem de verdade, principalmente na região Sul. As lojas fechavam às 13h30 e reabriam somente às 17 horas. Apesar das cidades ficarem desertas nesse período de siesta, a vida noturna é bastante agitada, pois o comércio fecha normalmente às 21 horas. Com este estilo de vida, a Espanha parece transmitir um viver mais intenso do que os outros países europeus.

O difícil foi se acostumar à quase ausência dos pipi-rooms. Passamos algum sufoco, pois nosso carro não atendia a esse quesito.

Na África e Ásia, qualquer lugar era lugar para um xixi. Parávamos o carro, corríamos para o mato e não queríamos nem saber o que acontecia ao redor. Mas a Europa é mais populosa, muito mais difícil de achar essas oportunidades, e com leis muito mais severas. Como lá não há a mesma liberdade, muita vezes entrávamos nas grandes redes comerciais, tipo El Corte Inglés, só para usar os banheiros.

Outro exemplo dessas leis de primeiro mundo é que não se pode acampar em qualquer lugar e os campings são caros. Lemos sobre esse assunto quando já estávamos na cama e o Lobo estacionado num desses lugares proibidos. Fazer o quê? Tivemos que correr certos riscos em algumas ocasiões e praticar a estratégia que usávamos na Namíbia – "Puxa, não sabia disso!" – caso alguém nos abordasse. Outra boa alternativa, na Espanha, são os postos de combustível.

A ABOMINADA TOURADA

Em Sevilha fomos a uma Plaza de Toros para assistir à abominada tourada, tradição antiga da Península Ibérica que é ainda praticada não só na Espanha como em Portugal, França, México, Colômbia, Peru, Venezuela e Guatemala, cada um com seu estilo de lide. No Brasil já houve touradas, mas foram proibidas por Getúlio Vargas em 1934. Em nosso estado, Santa Catarina ainda persiste a "farra do boi", mas a turma só cansa o animal – matar boi, só no matadouro.

Nossa intenção era mais conhecer a cultura do que prestigiá-la. Achamos cruel a morte de um animal só por esporte e foi, para nós, difícil testemunhar seis touros bravos sendo mortos pelas espadas dos toureiros, assim como ver as seções que antecedem suas mortes. Os picadores, com seus cavalos protegidos por mantas, atacam o pescoço do touro com uma espécie de lança em ponta cortante e fazem uma lesão na musculatura do animal a fim de mantê-lo de cabeça baixa. Os bandarilheiros fincam três pares de bandarilhas com arpões nas costas dos touros que, ao tentarem livrar-se delas, causam a si próprios ainda maiores sofrimentos. Quando morto, o touro é arrastado para fora da arena por dois cavalos e logo se abrem as porteiras para a entrada da próxima vítima. O espetáculo é tenso do começo ao fim.

Existem muitos argumentos que defendem as touradas: há quem diz que, se não fosse por elas, a raça touro bravo provavelmente estaria extinta; outros dizem que, por ser muito antiga, essa forte tradição deve ser mantida e perpetuada. Mas quem não cresce e evolui? Tradições têm suas origens no passado, onde os meios de vida e a mentalidade das pessoas eram muito diferentes. Em minha opinião, elas fazem sentido quando condizem com nossos conceitos vigentes. Ou continuaremos a crer que basta dançar ou sacrificar um animal para fazer chover?

SEM EIRA NEM BEIRA

Nosso primeiro contato com Portugal foi numa cidadezinha bem típica: a Vila Real de Santo António, que nos fez sentirmos em casa, tamanha similaridade com São Francisco, Antonina ou Parati. A maior parte das cidades brasileiras carrega muito da arquitetura colonial portuguesa – as casas com ou sem "eira e nem beira." E para aumentar a nossa alegria, todos, sem exceção, falavam português!

De Foia, no alto da Serra de Monchique, avistamos Sagres – a pontinha Sudoeste da Península Ibérica, que antes de existirem as expedições marítimas, era considerada o fim do mundo ou o ponto mais ocidental do mundo conhecido. Naqueles tempos, ninguém sabia que a algumas centenas de quilômetros a Oeste, após toda aquela água salgada, existiriam as imensas terras da América.

Mas a tentação do além-mar, para os portugueses, transformou--os em grandes desbravadores, e por isso tiveram papel crucial no destino do mundo, sobretudo na época dos descobrimentos. Apesar de pequeno, Portugal possuiu várias colônias fora de suas terras, tendo levado seu idioma para os quatro cantos do mundo.

O poeta Fernando Pessoa retrata este espírito desbravador no seu poema Mar Português:

Ó mar salgado, quanto do teu sal
São lágrimas de Portugal!
Por te cruzarmos, quantas mães choraram,
Quantos filhos em vão rezaram!

Quantas noivas ficaram por casar
Para que fosses nosso, ó mar!
Valeu a pena? Tudo vale a pena
Se a alma não é pequena.

Quem quer passar além do Bojador
Tem que passar além da dor.
Deus ao mar o perigo e o abismo deu,
Mas nele é que espelhou o céu.

Portugal sempre teve seus altos e baixos e hoje não está entre a lista dos mais desenvolvidos do continente europeu, mas sua qualidade de vida é alta. O país consegue manter-se tradicional, com seu jeito de ser que o difere aos extremos quando comparado ao país vizinho, a Espanha. Foi uma pena que não tenha fotografado um papel colado na parede de uma casa em Lisboa, que definia exatamente o que quero dizer. Não me lembro da forma exata como estava escrito, mas o recado ao visitante era para ficar em silêncio, principalmente à noite, e se quisesse fazer baderna, que tivesse a bondade de se dirigir à Espanha. Ao lermos isso, caímos na gargalhada.

A fama dos portugueses no Brasil é contada em inúmeras piadas, como aquela que diz que foram os portugueses que inventaram o limpador de pára-brisas, mas os brasileiros que o colocaram na parte externa do vidro. Escrevo essa piada não para satirizar o português, muito pelo contrário, conto com o intuito de mostrar que até isso faz parte da história da colonização. Como o Brasil era colônia portuguesa, Portugal conquistava as terras brasileiras levando a maior quantidade possível de portugueses para lá. Abriam-se editais para a emigração ao Brasil e, é claro, aceitavam os menos favorecidos, aqueles que não tinham uma boa oportunidade de crescimento em Portugal, muito provavelmente por terem baixa educação ou até mesmo por serem analfabetos. Disso surgiram as piadas. Da mesma forma, na história da Austrália, os primeiros que foram enviados para lá foram prisioneiros britânicos.

Ao cruzar a Ponte 25 de Abril, do lado direito, avistamos a terceira estátua do Cristo Redentor, das três que existem no mundo. Fora a do Rio de Janeiro, a outra está em Lubango, Angola, conforme relatei noutro capítulo. Então, ao cruzar o lendário Rio Tejo, chegamos à majestosa capital de Portugal, Lisboa, uma cidade que definitivamente faz jus à quantidade de turistas que a visitam anualmente. O centro possui sete colinas e, em cada uma, um bairro por desvendar.

Tudo é perto, mas íngreme. Da vista excepcional da cidade oferecida do alto onde se situa o Castelo de São Jorge, consegue-se ver a imponência da arquitetura e o traçado harmonioso da Baixa de Lisboa, também chamada de Baixa Pombalina, uma obra edificada por ordem do Marques de Pombal. Os edifícios possuem formas semelhantes, com vãos e pés direitos uniformes, que permitiram maior rapidez na construção e a utilização de elementos pré-fabricados padronizados.

Estivemos na Torre de Belém, no Mosteiro dos Jerônimos e no Monumento dos 500 anos de Descobrimentos. Claro que não deixamos de experimentar o famoso pastel de nata, em Belém. Em Oeiras fica a casa de nosso amigo Rui Ferreira e sua esposa Cristina, casal que conhecemos na Namíbia e que nos ofereceu abrigo em nossa passagem pela capital portuguesa.

Foi uma volta curta por Portugal, pois não dispúnhamos de muito tempo, mas gostamos muito. No caminho de volta à Espanha, conhecemos as cidades de grande importância histórica Sintra e Évora.

De volta à Espanha

Do outro lado da fronteira, uma cidade espanhola pequena que nos impressionou foi Segóvia, com suas muralhas altas, castelos, catedrais e um aqueduto construído nos séculos 1º e 2º pelos conquistadores romanos. O que restou desta obra foram pilares com 29 metros de altura e 728 de longitude, tudo feito com blocos de granito. Para a construção de seus arcos gigantescos, as pedras foram cuidadosamente anguladas para que, juntas, ficassem autoportantes. Até hoje a arquitetura dos romanos espanta quem a estuda a fundo. Parece que eles sabiam de tudo.

Enfim chegamos a Barcelona, a cidade que a Michelle tanto sonhava em conhecer. Além de seu futebol colossal, no qual já jogaram Ronaldo, Romário, Rivaldo e Ronaldinho Gaúcho, a capital do modernismo foi onde viveu e trabalhou Antoni Gaudí, o tão admirado arquiteto catalão que buscava inspirações na natureza.

Sua obra mais expressiva, que fez mudar meu conceito sobre arquitetura e me deixou fascinado, é o Templo Expiatório da Sagrada Família. Não sei se existem palavras para expressar essa maravilha. Talvez "desumana", pelo fato de o arquiteto nem sequer tê-la visto acabada e nem mesmo nós – as obras, que começaram em 1882, serão concluídas somente em 2026, segundo as previsões.

Gaudí idealizou sua estrutura como se fosse uma floresta, com um conjunto de colunas arborescentes divididas em diversos ramos. Dentro do templo, quase quebramos o pescoço, pois não conseguíamos parar de olhar para cima. Os detalhes na parte externa são cuidadosamente esculpidos em pedra.

Ao final, a obra contará com 18 torres, sendo a maior (de nada menos que 170 metros de altura) dedicada a Jesus Cristo. Para mostrar a grandeza do templo, estima-se que seu coro comportará 1.500 cantores, 700 crianças e cinco órgãos. Quando tudo estiver pronto, prevê-se que a parte mais antiga já estará passando por uma restauração. Em 2026, com certeza, esse templo nos receberá novamente.

Gaudí foi um arquiteto que surpreende até hoje pela sua ousadia. Seu estilo está presente também em outras obras, como as casas Batlló e Milà, além do Parque Güell.

Barcelona, por si só, é uma cidade envolvente, que atrai milhares de pessoas de todo o mundo. Possui um clima vibrante e muitíssimo agradável. Caminhar pela La Rambla de Barcelona é como ser figurino de um espetáculo de circo com artistas de rua que nos fazem participar de suas apresentações.

Existe uma figura em Barcelona que já deve ser conhecida mundialmente. É um senhor de cerca de 60 anos, que anda pela cidade completamente nu, usando apenas tênis, meias e uma pochete. O que de longe parece uma sunga é apenas uma tatuagem.

Nós ríamos que não aguentávamos. E, de repente, apareceu ele em frente a duas senhoras muçulmanas cobertas por burcas, que mal podiam mostrar suas mãos e rostos. Começamos a reparar nas pessoas em sua volta e não havia quem não ficasse chocado. Todos queriam olhar, mas ficavam sem jeito. Quando ele passava, olhavam para trás com a mão sobre o rosto, rindo.

E AS NOSSAS METAS?

Os dias, semanas e meses avançavam rapidamente no sentido do final do ano, quando, segundo nossos planos, seria o término da nossa viagem. Nossas horas estavam sempre tomadas por afazeres, viagens, atrações, coisas para explorar e tudo isso parecia fazer com que o ponteiro do relógio andasse mais depressa.

E as nossas metas, como é que estavam naquele momento? Sim, claro que tínhamos metas e muito bem definidas. Aliás, o não cumprimento delas seria algo extremamente frustrante para mim, pois durante toda a viagem tivemos tempo suficiente para alcançá-las. Eram elas: dar a volta ao mundo; passar pelos cinco continentes; entrar em 60 países; percorrer 160 mil quilômetros; ficar dentro do nosso orçamento; e não voltar nenhuma vez para casa antes do término, pois isso iria desconfigurar a viagem, transformando-a em duas ou mais.

Cumprimos todas, sem exceção, mas não foi fácil. Tivemos que ser muito determinados, abrir mão de muitos luxos e confortos, além de ter que assistir de longe, pela internet, aos acontecimentos familiares. Meu irmão casou-se nesse período e teve o segundo filho. Minha mãe, na época, mandou-nos um e-mail dizendo que tinha milhagens, com as quais poderia comprar nossas passagens para não perdermos o casamento, mas tivemos que dizer não. Para nós aquilo era muito importante e foi uma das resoluções, acredito eu, que nos manteve motivados. Metas motivam principalmente se são palpáveis. A irmã da Michelle também teve uma filha. Estar longe das nossas famílias foi especialmente difícil quando soubemos do falecimento do avô da Michelle e da minha avó.

Nos quesitos quilometragem e quantidade de países fomos rigorosos. Já imaginou chegar ao Brasil tendo completado 59 países quando o objetivo era 60, ou uma quilometragem de 159.745, quando a meta era 160.000? Seria muito frustrante. Ali na Espanha, quando contávamos nos dedos quantos países faltavam e os somávamos com os que havíamos percorrido, o resultado dava 58.

Nesse caso, a Europa nos ajudou muito, pois para visitar um país a mais naquele continente não é preciso pagar pelos vistos ou esperar uma semana por sua emissão; nem ao menos parar nas fronteiras e carimbar passaportes. Os países são abertos e livres, desde que o tempo de permanência na União Europeia não ultrapasse 90 dias.

Aumentamos nosso número de países cruzando da Espanha para Andorra, ao invés de irmos diretamente à França. Andorra é um pequeno país situado num enclave na cadeia montanhosa dos Pireneus. Mônaco, que também estava fora dos planos, acabou entrando na lista para completar os 60.

Quanto à quilometragem, agimos de forma idêntica à viagem que fiz ao Ushuaia, com minha Super Teneré. Na volta, quando cheguei a São Bento do Sul, o hodômetro marcava 13.985 quilômetros, então porque não dar uma voltinha pelo centro da cidade para completar os 14.000? Deu 14.001 quando cheguei em casa. Nessa viagem de volta ao mundo, para atingir nossa meta de quilometragem, adentramos Minas Gerais e o esforço foi certamente recompensador.

E não é que a decisão de ir ao Principado de Andorra foi mesmo acertada? O país é próspero devido ao turismo e possui o status de paraíso fiscal. Tentamos até nos deixar contaminar pela longevidade de seu povo, cuja expectativa de vida está entre as maiores do mundo.

O país é lindo: tem montanhas nevadas e construções típicas. As casas usam muita pedra, madeira e flores nas janelas. Quando cruzamos sua única cidade e capital, Andorra la Vella, por acaso soubemos que o Tour de France estaria passando por ali nos dias seguintes. Essa corrida acontece desde 1903 e tem como objetivo percorrer, de bicicleta, distâncias superiores a 3.000 quilômetros no período de três semanas. Seu prestígio é de ser um dos mais importantes eventos ciclísticos do mundo.

Nas montanhas acima de 2.000 metros, ao lado de mais de 50 motor-homes que também aguardavam ansiosos pela passagem dos ciclistas, montamos nosso acampamento, pois ainda tínhamos um dia de espera. O lugar é tão bonito que fomos caminhar pela encosta das montanhas, com um pasto verde perfeito. De repente, nos deparamos com cavalos da raça Bretão. Eram quase 30 – lindos, fortes, enormes. Fomos nos aproximando devagar para que não saíssem correndo assustados, mas, ao contrário, foram eles que vieram em nossa direção, todos muito mansos. Os potros só queriam brincar, seguindo-nos o tempo todo. Havia um que, quando sentei na grama, começou a mordiscar minha cabeça e meus ombros, mas sem machucar, usando apenas os lábios, como se estivesse fazendo carinho. Quando fomos atrás dos outros para fotografar, esse potro vinha atrás, não nos dava um segundo de trégua. O sol foi subindo e o calor aumentando. Acho que por viverem num país vizinho da Espanha, aqueles cavalos também gostam de tirar uma "siesta" depois do almoço e foi nesse momento que fizemos as melhores fotos. Deitamos junto a eles como se fossem cachorros, colocando suas patas sobre nós ou até mesmo suas cabeças no nosso colo e eles chegavam a roncar. Essa experiência foi inesquecível.

Noutro dia, o Tour de France cruzou a montanha onde nós os aguardávamos, envolvendo muita gente: patrocinadores, carros de apoio, carros alegóricos, ciclistas e espectadores. Assistimos a tudo de camarote.

"Rei de Mônaco"

A primeira passagem pela França foi devagar, quase parando, com os congestionamentos nas cidades litorâneas da Côte d'Azur (Costa Azul). Também chamada de Riviera Francesa, essa região é considerada uma das áreas mais luxuosas, caras e sofisticadas do mundo, por isso, não muito adequada para nós, pobres viajantes.

Seguimos em frente até chegar ao país de maior densidade demográfica do mundo e que possui apenas dois quilômetros quadrados. Trata-se do Principado de Mônaco, segundo menor país do mundo e sede de um GP de Fórmula 1, vencido por Ayrton Senna em 87, 89, 90, 91, 92 e 93. Sua fama foi tão grande que Ayrton passou a ser conhecido como "rei de Mônaco", o que deu a ele o direito de quebrar o protocolo, quando diversas vezes deu banho de champagne na família real.

Mônaco é um país de atmosfera vibrante e intensa. Às vezes dirigíamos no próprio circuito de F1 e encontrávamos pelas ruas Ferraris, Rolls-Roys e barcos milionários ancorados em frente ao cais. A arquitetura e localidade da cidade esbanjam beleza e riqueza.

Na Itália tínhamos planos de dirigir pela costa até Gênova, mas acabamos desistindo da ideia, pois o trânsito lá é muito lento no verão. Existem congestionamentos sem fim, o que nos faria passar mais tempo dirigindo do que curtindo as belezas da costa italiana. O jeito foi mudar de rumo, então dobramos à esquerda na primeira oportunidade e fomos a Torino.

Torino não é o principal destino para se apreciar as verdadeiras maravilhas da Itália, pois a cidade, que foi a capital do país entre 1861 e 1864, é uma das principais áreas industriais, sendo sede da Fiat – Fábrica Italiana de Automóveis Turim. Mesmo assim, é interessante sentir um pouco da vida dos italianos e presenciar a mudança radical que está acontecendo na indústria automobilística europeia, com os carros ficando cada vez menores e mais econômicos. Nós é que sabemos o quão difícil é dirigir um veículo grande em centros urbanos congestionados e achar um lugar para estacionar. Com 5,5 metros de comprimento e 2,7 metros de altura, nosso carro não entra na maioria dos estacionamentos fechados.

O relevo começa a ficar mais montanhoso, sinalizando que os Alpes estão chegando – a cordilheira que inicia na França cruza a Itália, Suíça, Alemanha, Liechtenstein e termina na Áustria e Eslovênia. Seu ponto culminante (4.810 metros) é, também, o mais alto da Europa Ocidental, chamado Monte Branco (Mont Blanc, em francês e Monte Bianco, em italiano). Localiza-se na fronteira entre a Itália e França, mas seu cume é tema de controvérsia entre os dois países: enquanto esse ponto mais alto coincide com a fronteira nos mapas italianos, nos franceses aparece inteiramente no território da França.

A primeira escalada a atingir o pico do Monte Branco ocorreu em 1786. Mas hoje em dia, para os menos aventureiros, um teleférico faz o percurso do centro da vila Chamonix ao cume da Agulha do Midi, subindo em vinte minutos 2.812 metros. Cerca de cinco mil pessoas ascendem por esse meio todos os dias.

Nessa montanha, outra obra importante construída foi o túnel de 11.611 metros que a atravessa ao meio, o que fez desse atalho uma das maiores vias de comunicação entre a Itália e a França.

Planejávamos cruzar o túnel, mas na cancela de pedágio, quando queriam nos cobrar quase 50 euros, desistimos. Contornamos a montanha pelo passe São Bernardo, onde curtimos um dia de sol magnífico. Pelo túnel, não teríamos visto nada disso. Há males que vêm para o bem. Foi engraçado quando a atendente do pedágio, muito amigavelmente, saiu de sua cabine para solicitar aos carros que já estavam colados ao nosso, na fila, que dessem uma ré, pois o Land Rover branco desistira do túnel.

Raridade dos Alpes

Voltamos para a França e ali iniciaríamos uma peregrinação de visitas a amigos que conhecemos na viagem. Talvez por uma questão financeira, o europeu viaja mais do que qualquer outro povo desse mundo, por isso a maioria dos viajantes que encontramos são oriundos dessas terras. Mas não é só isso: existe a questão cultural também. Como exemplo, a Inglaterra, desde séculos atrás, incentivava a viagem de jovens que recém haviam concluído os estudos, tratando isso como um rito de passagem educacional. Era o chamado Grand Tour.

Na estação de esqui La Plagne, que fica acima de 2.000 metros de altitude, visitamos Sylvain, que conhecemos em Moçambique. Um lugar maravilhoso e com infraestrutura excepcional. Chamam a atenção os estacionamentos subterrâneos que deixam a pequenina vila nas montanhas ainda mais charmosa. Na alta temporada, quando chegam milhares de turistas, veem-se apenas pessoas.

Sylvain é o operador do único cinema de La Plagne, o que nos deu uma liberdade que não imaginávamos ter algum dia: escolher o filme, o horário e qualquer uma das poltronas, pois alguns filmes ele projetou somente para nós. Nas sessões normais, ficávamos tomando vinho e cerveja na salinha de projeção.

Em pleno verão nevou e fez muito frio. Com um manto branco gelado sobre a montanha, fomos atrás de uma raridade dos Alpes, a edelweiss – uma flor rara que dá o nome do grupo musical que participamos no Brasil.

Sempre ouvimos falar que essa flor é muito difícil de ser encontrada na natureza. Por isso, algumas lendas afirmam ser uma prova de amor um rapaz subir aos Alpes, num percurso íngreme e perigoso, em busca dessa raridade aveludada para presentear sua mulher amada.

Um amigo do Sylvain afirmou com convicção que, em anos anteriores, havia visto edelweiss e que nos levaria ao lugar exato de onde, com muita sorte, poderíamos encontrá-las. Topamos na hora. E não é que estavam lá, mais de trinta delas, minúsculas quando comparadas ao seu habitat, resistindo a temperaturas muito baixas. Plantas que vivem em climas extremos, seja de frio ou calor, para evitar a perda de água e consequente ressecamento, protegem-se recobrindo sua superfície com densos pelos. A edelweiss possui pelos que recobrem também suas pétalas e é onde reside a grande beleza desta flor. É extremamente branca, mas com a umidade que retém na penugem, torna-se prateada.

No passado, ela quase se extinguiu, devido ao aumento do alpinismo e turismo ecológico, pois todos queriam levar consigo um exemplar da flor que, após seca, pode durar por dezenas de anos. Por iniciativa austríaca, esse pequenino arbusto é patrimônio tombado nos cinco países onde pode ser encontrado: França, Itália, Suíça, Iugoslávia e Áustria. Hoje a edelweiss é uma planta protegida por lei. Por isso, nós levamos conosco apenas lindas fotos como recordação e seguimos viagem para a Suíça.

A Suíça é uma das economias mais ricas do mundo, no entanto, não é membro da União Europeia. Sua história é marcada pela neutralidade política perante as outras nações, sendo que desde 1815 não entra em nenhuma guerra. O país é famoso não só pelos relógios, chocolates e queijos, mas também por ser sede de inúmeros bancos privados e organizações internacionais, como Fifa, FIA, Unesco, WWF, ISO, ONU e Cruz Vermelha, dentre muitas outras. Mesmo sendo um país tão pequeno, possui quatro línguas oficiais: francês, italiano, alemão e romanche.

Nós entramos pela parte francesa e nos dirigimos à parte alemã, cruzando o país todo de Sudoeste a Nordeste. Caracterizada pelos Alpes, a paisagem é magnífica, situando-se a uma altitude média de 1.700 metros e repleta de lagos resultantes do derretimento das geleiras. Os campos verdes são impecáveis e as pequenas vilas salpicadas nas montanhas exibem casas ricas em detalhes de madeira e coloridas pelas típicas floreiras.

Dirigíamos pelas estradas secundárias para evitar pedágios e nos sentimos um pouco fora do cenário. Vou tentar explicar melhor: imagine uma montanha linda, campos verdes, picos nevados, muitas árvores e um horizonte de perder de vista e o que nos leva a ela é uma estrada impecavelmente asfaltada, sem acostamento, com enormes guard-rails em toda sua extensão, impedindo-nos até de parar o carro para tirar uma foto. De tanto rodar pela África, não estávamos mais acostumados a tantas regras e regulamentos. Queríamos simplesmente estacionar o carro, dirigir por uma estrada de terra, encontrar um rio, estacionar, fazer um fogo e acampar ali mesmo, mas nada disso era permitido. Para fazer isso, existem lugares específicos e para ter acesso a eles é necessário pagar. Sentíamos falta do nosso direito de cidadão, aquele de ir e vir. A sensação ao cruzar a Suíça é a de alguém visitando uma exposição de fotos lindíssima, mas que não se pode tocar em nada, pois corre-se o risco de deixar marcas, impressões digitais ou até mesmo de danificar as fotos por sua fragilidade.

Em Zurique conhecemos o Matt, um assíduo seguidor do nosso website que nos convidou para visitá-lo em sua cidade. Foi muito legal, apesar da chuva. Adoramos o centro financeiro, sede de uma das bolsas de valores mais importantes da Europa, mas tivemos que percorrê-lo debaixo de marquises, sempre correndo para nos mantermos o mais seco possível.

Cerca de 25% das atividades da cidade são ligadas ao setor financeiro, sendo que vários bancos possuem matriz ali. Quem nunca ouviu falar dos bancos suíços, famosos por serem um porto seguro para os investidores devido ao alto grau de sigilo bancário, moeda local muito estável e tributação baixa? O lado negativo desses investimentos é que muitas dessas transações fazem parte do processo de lavagem de dinheiro.

Com tanto dinheiro rolando, não é para menos que Zurique seja considerada uma das cidades com melhor qualidade de vida do mundo.

Um fato interessante que nos ocorreu na Suíça é que não gastamos um tostão sequer. Só tínhamos euros e a moeda do país é o franco suíço, que nem chegamos a trocar. Entramos abastecidos tanto de combustível como de alimentos e tudo foi suficiente até que chegamos à Áustria.

Um sofá e uma TV, exatamente do que precisávamos

O Peter e a Karina, dois grandes amigos que conhecemos na Índia, nos aguardavam em Lauterach, na Áustria. Eles são viajantes como nós, então, logo no primeiro dia, entenderam exatamente do que estávamos precisando naquele momento: casa, paz, sossego, um sofá e uma televisão – mais nada. Claro que nos seis dias com eles fizemos caminhadas, passeios de bicicleta e jantares deliciosos, mas definitivamente não fomos atrás de nenhuma atração turística. Parece esquisito esse nosso desejo, mas, esporadicamente, era real. Já se passara tanto tempo que não sentávamos em um sofá e assistíamos à televisão!

Outros amigos que visitamos, por quererem fazer o melhor por nós, organizavam uma programação que tomava o dia todo, ou até mais dias, para que pudéssemos aproveitar ao máximo o curto espaço de tempo em que estivéssemos com eles. Se eu fosse o anfitrião faria o mesmo por eles, exatamente o mesmo. O que não se percebia é que estávamos nesse esquema de "aproveitar ao máximo" durante quase 900 dias, sem parar. Nossas cabeças, assim como um computador, necessitavam passar por um desfragmentador de disco antes que dessem "tilt", como num fliperama. Era muita informação entrando todos os dias e isso precisava ser reorganizado. Como qualquer ser humano, cansamo-nos até de ver coisas belas se isso se torna rotina.

Na Malásia conhecemos um casal dos Países Baixos que criticaram a forma como estávamos viajando. Isso foi no primeiro semestre da nossa viagem. Disseram-nos que não aguentaríamos "o tranco" e que, se resistíssemos, em determinado período, deixaríamos de aproveitar. Eles viajam por no máximo seis meses, voltam para casa, trabalham por um período e pegam a estrada novamente por mais seis meses.

Por um lado, concordo com eles, mas dessa maneira nosso grande objetivo da volta ao mundo jamais se concretizaria. Realmente, aconteceu de ficarmos tão cansados em certos momentos que corríamos o risco de olhar uma maravilha e falar: "Pois é... Bonito né?".

Quando falamos, hoje, sobre como seria legal fazer uma segunda viagem, comento com a Michelle que o tempo deveria ser um pouco mais curto. Gosto de planejar, realizar, finalizar e medir o resultado para poder refazer esse ciclo. Agora, se planejamos, realizamos, realizamos, realizamos, realizamos para então finalizar e verificar o resultado, o período é mesmo muito longo.

Mas sempre existe o outro lado da moeda. Nós não estávamos viajando apenas para conhecer lugares, culturas e pessoas. Estávamos ali com o intuito de concretizar algo diferente para nós, talvez uma grande mudança de vida. Buscávamos a felicidade longe das circunstâncias que a sociedade ao nosso redor nos impõe, que são crescer, estudar, trabalhar, ter filhos, comprar um carro, construir uma casa, vestir-se bem e fazer a barba todos os dias. Para uma grande mudança, talvez não seja necessário tanto tempo, mas ele ajuda. Nós conseguimos entender a transformação de vida somente quando do caiu a ficha de que estávamos realmente em outra vida e não em uma simples viagem. Acredito que essa empreitada, se não valeu para mais nada, ao menos nos deu a oportunidade de, em 1.033 dias, sermos nós mesmos, de deixarmos aflorar nosso instinto, intuição e de usarmos todo o conhecimento acumulado. Nós fomos diferentes SIM no período que viajamos.

Fizemos uma passagem rápida pelas autovias alemãs, que não são pedagiadas e voltamos para o território austríaco nas redondezas de Salzburg. Essa cidade é o segundo maior destino turístico do país depois de Vienna, não só pela bela arquitetura barroca ou pelas lindas paisagens, mas por sua grande contribuição histórica e por ter sido o local de nascimento de Wolfgang Amadeus Mozart.

A praça principal de Salzurg foi o ponto de reencontro com um casal austríaco que conhecemos na Nova Zelândia. Angelika e Martin foram até lá especialmente de Vienna para nos encontrar. Nos intervalos de nossas conversas sobre as experiências mundo afora, pudemos apreciar a cidade antiga dominada pelas impressivas torres e igrejas barrocas.

Conhecemos também a Caverna de Gelo em Werfen e o Castelo Hellbrunn, construído pelo arcebispo Markus Sittikus no século 17. Esse castelo é interessante pelo fato de, entre seus elementos paisagísticos, encontrarem-se numerosas fontes, esculturas e figuras da antiga mitologia que se movimentam pela ação da água. Naquela época, os hóspedes do arcebispo, ao visitarem os jardins, costumavam ter surpresas imprevisíveis, como armadilhas com água que os faziam sair completamente molhados. Havia uma mesa feita de pedra onde cada banco, menos o do arcebispo – é claro – tinha um condutor invisível de água. Como na época a etiqueta não permitia levantar-se da mesa antes do anfitrião, em algum momento os hóspedes sentiriam seus traseiros encharcados e não podiam mover-se, somente desconfigurar suas faces. Divertimo-nos à beça, principalmente quando o guia chamou alguns voluntários para experimentar tal sensação. Passei o resto do dia molhado, mas não podia perder a oportunidade.

Hora de despedir-se novamente e lá fomos nós para mais encontros e reencontros no país mais populoso da União Europeia: a Alemanha, com seus 83 milhões de habitantes. Aguardavam-nos o Klaus e a Erdmuthe, em Durach.

Por e-mail, haviam perguntado a que horas chegaríamos. Dissemos que para o jantar, mas tomei como base uma informação que o Klaus me passou lá no Irã e que eu ainda lembrava. Como ele disse que moravam pertinho de Munique, nem me dei o trabalho de olhar sua cidade no mapa. Quando chegássemos mais perto, aí sim veria onde ficava. Mas estando no Irã com um mapa-múndi em mãos, realmente, 150 quilômetros não são nada. Mas estando na Alemanha, esse percurso nos fez perder o jantar.

Fomos também a Monheim ver o Peter, um amigo que conheci por intermédio do meu primo Charley, que treinava ginástica olímpica nessa cidade. Peter, Karen e seus filhos Natascha e Thomas não sossegaram enquanto não tiraram uma foto do carro com placa de São Bento do Sul em frente à casa deles. Thomas também não deixou por menos: se não pudesse dormir sozinho dentro do Lobo, seu pai teria que dormir com ele – e por duas noites.

Em Tübingen fomos conhecer o que deveria ser o melhor schnitzel da Alemanha. Trata-se de um prato que se assemelha ao nosso filé à milanesa de carne de porco. Para isso, fomos à casa dos pais do Mike, o Rolf e a Kornelia. Mike e Anne Christine também conhecemos no Irã, e como os encontraríamos novamente na América do Sul, passamos na casa de seus pais para levar alguns equipamentos fotográficos a eles. Em Stuttgart visitamos outros grandes amigos que fizemos na Nova Zelândia: Myriam e Mathias e o pequeno bebê que já na época estava para nascer. Em Preussisch Oldendorf encontramos Dieter, Briguite, Frank e Monica. Essa pequena vila foi um dos lugares onde morei em 1994 e onde fiz um estágio em uma fábrica de cozinhas. Por último, revimos familiares da minha mãe, que se mantiveram na cidade de Witten, ao contrário de seu pai e avó, Leo Malewschik e Hedwig Malewschik, que migraram para o Brasil em 1924. Foram ótimos dias com Simone, Dirk, Sascha, Sofie, Traudel, Margot e Erich.

Vezes de menos, vezes demais

Em cada lugar onde estivemos, a receptividade não poderia ter sido melhor, com camas confortáveis e refeições que havia tempos não faziam parte do nosso cardápio. Antes da Europa, sentíamos falta de queijo, carne, cerveja e doces com os quais chegávamos até a sonhar! Mas nessa fase da viagem a comilança foi tamanha que chegamos a recuperar os quilos perdidos. Que ironia, hein? Mas a vida é assim: uma vez temos pouco, outra vez temos demais.

Como são bonitas as cidades da Alemanha. As casas antiguíssimas com seus estilos típicos em Nördlingen e Tübingen são um show. Nas construções de antigamente, as adaptações foram feitas assim: se a rua era curva, a casa era curvada; se a necessidade era ganhar espaço, o andar térreo era o único que se alinhava à calçada, pois a cada pavimento superior, a casa ia crescendo no sentido da rua. No estilo enxaimel, se a madeira fosse torta, assim ficava a fachada da casa, com a maior naturalidade. Lindo de morrer. Se pararmos para pensar, as casas de que mais gostamos foram justamente as tortas, mais fora do comum. Detalhes que, talvez, nem tenham sido previstos pelos arquitetos ou engenheiros. Simplesmente, ao construir, os pedreiros adaptavam como podiam.

Participamos da Schützenfest, a Festa do Tiro, relembrando um pouco de nossa cidade que até hoje cultiva as tradições germânicas. Tomamos muita cerveja nos "Biergartens" – isso não poderia faltar. Visitamos o bairro Weissenhof em Stuttgart, onde as primeiras obras modernistas de arquitetura foram expostas, dentre muitas outras coisas. Infelizmente, nessa parte da nossa viagem, a máquina fotográfica pifou e não foi possível consertá-la. Tivemos que comprar uma nova.

Dias contados

Quando entramos nos Países Baixos, não conseguíamos esquecer que nossos dias além-mar estavam nas últimas e, se contados, caberiam nos dedos de nossas quatro mãos. É que Roterdã, importante cidade portuária do país, seria de onde despacharíamos nosso carro de volta para a América do Sul – o quarto e último despacho marítimo.

Países Baixos é, na verdade, apenas um país. Soa estranho, mas é isso mesmo: ele é assim denominado por localizar-se numa região de terras baixas e constituir províncias que no passado foram países. Nós o chamamos de Holanda, o que é tecnicamente incorreto. Holanda do Norte e Holanda do Sul são apenas duas das 12 províncias dos Países Baixos. Quanto ao nome "holandês" que utilizamos ao nos referirmos ao povo e ao idioma, o correto é utilizar "neerlandês".

Geograficamente, os Países Baixos recuperaram áreas significativas do que já foi o mar, com a elaboração de diques e pôlderes para conter as águas. É por isso que o país possui quase metade de seu território abaixo do nível do mar, a cerca de um metro.

Desse tipo de curiosidade, o país está cheio, principalmente quando se trata de Amsterdã. O espírito liberal herdado da época da Idade de Ouro fez as drogas e a indústria do sexo serem legalizadas no país. Perambulando por Amsterdã é comum deparar-se com os famosos coffee shops, lugares onde estranhamente seu produto principal não é o café, e sim drogas leves. No Distrito da Luz Vermelha, prostitutas expõem-se em vitrines como se fossem manequins em lojas de roupas. Veem-se bares com shows eróticos, cinemas pornográficos e existe até o Museu do Sexo. Nos sex shops os utensílios são para todos os gostos, da forma, cor ou tamanho que o cliente quiser. É engraçado como tudo isso é mostrado com tanta naturalidade.

A quantidade de bicicletas que se espalham pelos cantos dessa cidade também é considerável. Há uma população de cerca de 700.000 ciclistas para seus 750.000 habitantes. A cada ano, 80.000 bicicletas são roubadas. Por isso já surgiram piadas que contam como funciona quando alguém que é roubado e vai à polícia dar queixa. Quando chega à delegacia, a vítima precisa preencher um formulário onde constam as seguintes perguntas: nome, endereço, características da bicicleta, local do roubo e, por último, onde ela roubou a bicicleta.

A aproximadamente 30 quilômetros de Amsterdã, em Hazerswoude, nossos amigos Loek e Linda nos aguardavam em sua casa, que passou a ser nossa base nos mais de dez dias em que ficamos no país.

Conhecemos Loek em Mali quando viajava com aquela expedição dos enormes caminhões MAN. Esta figura, de espírito muito jovem, contornou o Continente Africano nos anos 1968 e 1969 com um carro nacional 4x2 chamado Daf. Sua expedição gerou uma mídia intensa no país, além dela ter sido patrocinada pelo próprio fabricante do carro, que por ter somente uma marcha para frente e uma para traz, fácil de dirigir, estava pegando conotação de carro para mulheres, o que a companhia queria mudar. Por isso, patrocinou-os para aventurarem-se na África – uma viagem não tão feminina assim.

Mas veja que curioso o sistema desses carros: seu funcionamento é similar ao das motos de pequeno porte, como as novas lambretas, que aumentam a velocidade com o aumento ou diminuição das polias, não alterando na mesma proporção o giro do motor. O detalhe do Daf é que se ele anda a 80 quilômetros por hora para frente, pode fazer a mesma velocidade em marcha a ré.

Loek e Linda moram numa pequena e antiga fazenda que faz frente ao Rio Reno Velho. Das enormes construções de tijolos à vista, antigos celeiros, fizeram suas rústicas e aconchegantes moradias. Todos os dias, pela manhã, no jardim da casa, ao sol do verão europeu, tomávamos nosso delicioso café com leite, repleto de pães e queijos em companhia de dezenas de patos, gansos e galinhas que embelezavam e davam vida àquele local. Uma das patas, que tentava mais uma vez chocar seus ovos, sendo que nunca antes havia tido sucesso, nos dava um caloroso cumprimento – twiet, twiet – sempre que passávamos na sua frente.

Era norma da casa que sempre respondêssemos, senão ela ficaria triste, dizia o Loek. Hoje, quando trocamos e-mails e cartas com esses nossos amigos, ao invés de finalizarmos com "um abraço" ou outro tipo de saudação, utilizamos o mais caloroso de todos: "twiet, twiet".

A bordo do CSAV Santos

Quanto ao Lobo, após termos aproveitado o arsenal de ferramentas do Loek para uma boa manutenção, o colocamos num container de 20 pés para seu despacho. A bordo do navio CSAV Santos, o Lobo atravessaria o Atlântico em direção a Cartagena das Índias, Colômbia, num tempo estimado de 18 dias.

Essas fases da viagem em que negociávamos o despacho do carro de um continente a outro sempre nos davam arrepios, pois os preços são altos, nem todo agente aduaneiro tem interesse ou conhece os procedimentos desse tipo de carga e – o mais difícil – tínhamos que conseguir um bom contato do outro lado do oceano que pudesse ser o destinatário. A empresa CSAV só nos autorizou a carga quando arranjamos um nome com residência comprovada na cidade. Agora imagina o que corremos para conseguir isso, já que não conhecíamos uma alma viva por lá?

No tempo em que o carro viajava, decidimos permanecer na Europa. Nossa passagem de volta para a América do Sul foi marcada para três dias antes da chegada do carro em seu destino.

No fim de semana subsequente ao despacho, Loek nos emprestou seu carro e fomos à Bélgica visitar Veerle e Gert, um casal que também conhecemos em Mali. Eles nos levaram para as cidades Lier e Antwerp, muito lindas, cheias de casas típicas, igrejas, torres com relógios e sinos que tocavam música a cada 15 minutos.

Mas o ponto alto desse passeio foi no boteco mesmo, tomando cerveja. Fomos orientados por nossos amigos, pois como saberíamos o que pedir dentre tantas opções? A Bélgica é produtora de cerca de 1.500 tipos de cerveja e boa parte delas são feitas por monges trapistas. Os teores alcoólicos chegam a ultrapassar 10% e os rótulos vêm com advertência: o consumo deve ser moderado. É uma cerveja para apreciação e não para matar a sede, como muitas vezes fazemos no Brasil. Cada cerveja que pedíamos vinha com um copo específico para aquela marca.

Na culinária, os belgas também possuem uma tradição: a fritura. Nos "frietkots ou fritures", pequenos restaurantes tipo fastfood espalhados pelo país, encontra-se tudo o que é possível para aumentar o seu nível de colesterol – sem exagero. A batata-frita de lá, segundo eles, é a melhor do mundo: por ser frita duas vezes, chega naquele ponto crocante. Os belgas disputam com os franceses o título de ter inventado as mundialmente famosas batatas-fritas. Ah, há também os chocolates belgas, que não são de se jogar fora.

Voltamos aos Países Baixos para mais alguns dias inesquecíveis. De bicicleta, quando pedalávamos pelas vias asfaltadas específicas para ciclismo, às vezes cruzávamos com barcos que navegavam nos canais, porém a uma altura superior à nossa. A sensação é engraçada, mas que tem toda lógica, pois um rio que deságua no mar não tem como ter seu nível a um metro abaixo do mar. E como a terra fica a um metro negativo, essas coisas acabam acontecendo. A quantidade de canais e rios é tanta, que é possível viajar por quase todo o país por água. Ir a Amsterdã, Roterdã e muitas outras cidades por água é fácil, desde que se tenha um barco.

Nós também tivemos a nossa noite de gala quando fomos com Loek e Linda para a histórica cidade Leiden a bordo de um barco clássico, regado a vinho e petiscos. A viagem começou exatamente em frente à casa onde estávamos e percorremos cerca de 15 quilômetros só de ida para ancorarmos em frente a um belo restaurante em Leiden, jantarmos e depois voltarmos para casa, à noite, com direito a mais vinho. O canadense Mark, dono do barco, nos disse que ali dentro ele se sentia a pessoa mais livre do mundo, pois os canais navegáveis dos Países Baixos são um dos únicos lugares na Europa onde não existem regras. Por incrível que pareça, mesmo com a imensa quantidade de barcos, não é necessário carteira de piloto, documento do barco ou qualquer outra coisa. Sem controles policiais, não corríamos risco de precisarmos usar o bafômetro.

Partimos, então, à Inglaterra, o sexagésimo país visitado, onde passaríamos nossa última semana na Europa. Pegamos um ônibus em Roterdã, cruzamos a Bélgica, entramos na França e de lá passamos por baixo do Canal da Mancha.

O Canal da Mancha é um braço de mar que separa a Ilha da Grã--Bretanha do Norte da França, assim como o Mar do Norte do Oceano Atlântico. A palavra Mancha vem de "manche", em francês, e foi erroneamente traduzido por portugueses e espanhóis, pois não quer dizer "mancha" e sim "manga". O cruzamos através da megaconstrução Eurotunel ou Túnel da Mancha – um túnel ferroviário submarino de 50,5 quilômetros que atravessa o Canal da Mancha unindo a França à Inglaterra. Sobre essa obra magnífica, há uma curiosidade: nos sete anos de escavação, a obra começou por ambos os lados, tanto na Inglaterra como na França, e no dia em que os dois túneis se encontraram, a 40 metros abaixo do fundo do oceano, estavam com um erro de 2 centímetros. Que falha, hein?

Nós fomos diretamente a Londres, onde também tínhamos lugar para ficar, com nossos amigos Jennifer e Kinh, que conhecemos em Moçambique. Como os dois possuem origem chinesa e vietnamita, comida asiática não faltou. Tivemos até a sorte de sermos convidados por uma família vietnamita para participar de um jantar que é tradição budista, onde primeiramente são feitas oferendas aos antepassados com comida e dinheiro de papel.

Matamos a saudade de nossos acampamentos quando fomos ao Sul da Inglaterra, em Sandbanks, para acampar e pescar. Kinh, o vietnamita, disse que é muito comum seus familiares irem para aquele lugar, onde armam as redes para pegar um peixinho. O detalhe é que é proibido. Aparentemente, os orientais têm algo em comum com os latinos. Fomos inclusive expulsos de lá por um guarda-parque, pois estávamos fazendo tudo o que não podíamos: fogo, acampamento e pescaria.

Participamos do carnaval de Londres em Notting Hill; fomos ao teatro assistir ao musical Shall We Dance; revimos os amigos Chris e Janet, aqueles que viajaram conosco no Oeste africano; no mais, andamos, pedalamos, andamos, pedalamos pela cidade toda, percorrendo o que era possível de seus pontos de interesse. Por esse aspecto, Londres é especial. Sua importância mundial no que tange aos setores financeiro, cultural, de entretenimento, moda e artes ratifica seu status de "cidade global".

É nos arredores de Londres, também, que fica Greenwich, onde se localiza o meridiano "0", a partir do qual passa-se a contar os 360 graus de longitude da terra. A cada 15 graus, uma hora no fuso-horário. Nós, para completar nossa passagem por cada marco de longitude, ainda tínhamos um trajeto a fazer: cruzar o Oceano Atlântico para chegar a América do Sul – lar doce lar.

12.
América do Sul 2

Chegamos exaustos ao destino após cerca de 30 horas de check--in, voos, espera e uma noite mal dormida nas cadeiras do aeroporto Luton, em Londres. Mas nada disso nos incomodou, pois precisávamos mesmo de passagens aéreas econômicas. Desta forma, a melhor opção foi fazer conexões em Londres, Madrid e Bogotá até Cartagena das Índias.

Ao colocarmos os pés em Bogotá para fazer a última conexão, percebemos o valor de uma grande conquista. Não era apenas mais uma meta. Era, talvez, a maior de todas: a primeira vez em que passamos pela Colômbia havia sido em março de 2007 e então, em setembro de 2009, estávamos lá novamente, após completarmos uma volta inteira ao redor da Terra. Pisar novamente em solo da América do Sul e rever os nossos conterrâneos de continente, mesmo com a viagem chegando a cada dia mais perto do fim, foi gratificante.

Cartagena das Índias nos recebeu com o seu clima tropical, quente e úmido, e o suor escorreu de imediato. Do táxi que nos levava à pensão, assistíamos à vida de uma cidade que parecia pacata, pois já passava da meia-noite. Na primeira cama que vimos à nossa frente caímos feito duas pedras.

Fundada em 1533, Cartagena das Índias enriqueceu rapidamente, tornando-se o principal porto espanhol em terras caribenhas. Funcionava como uma espécie de armazém de grandes tesouros, sendo que quase todo o ouro e a prata extraídos do continente passavam por lá rumo à Espanha. Por causa disso, passou a ser alvo de ataques piratas e para se protegerem, os espanhóis construíram 11 quilômetros de muralhas ao redor da cidade, além de diversas fortificações. Em 1552, um incêndio destruiu um grande número de edifícios de madeira, o que gerou uma transformação no estilo da construção local – passaram a usar com mais intensidade materiais não inflamáveis, como pedras, tijolos e telhas.

Hoje, a cidade do romance, das lendas e da beleza é Patrimônio Mundial da Humanidade e apesar de nós, brasileiros, termos uma imagem negativa da Colômbia, devido aos boatos de insegurança, é um lugar seguro e encantador. Está certo que nos roubaram uns trocadinhos quando arriscamos trocar dinheiro no câmbio negro, mas essas coisas acontecem em todos os lugares. No mundo inteiro é preciso estar de olhos bem abertos quando se trata de dinheiro.

A crise de segurança teve origem no final dos anos 1990, quando o país praticamente faliu, pois vinha de uma espiral de violência interna que durava quatro décadas, ocasionada pela ameaça das Forças Armadas Revolucionárias da Colômbia (Farc). Entretanto, desde que o presidente Álvaro Uribe Vélez assumiu o cargo, em 2002, a estabilidade e a segurança aumentaram significativamente. A causa parece ser a estratégia linha-dura imposta por este presidente para empurrar os grupos rebeldes o mais longe possível das grandes cidades, estradas e locais turísticos que possam atrair visitantes internacionais. Os ataques realizados por grupos armados ilegais contra cidades rurais diminuíram 91% entre 2002 e 2005. Entre 2002 e 2008, a Colômbia registrou uma redução no número de homicídios de 44%. Nesse período, os sequestros caíram 88%, os ataques terroristas 79% e as agressões à infraestrutura do país baixaram 60%.

A guerrilha ainda conserva sua capacidade de lançar ataques de grande impacto nas regiões montanhosas e de selva para as quais recuou, mas muitas cidades colombianas, hoje, possuem índices de segurança melhores que algumas cidades brasileiras. O mote da campanha utilizado para atrair turistas na época em que passamos por lá era: "Colômbia, o perigo é você querer ficar".

Cheirinho de café

Entre os trabalhos burocráticos para retirar o carro no porto, sempre nos sobrava um tempinho para uma caminhada na parte histórica da cidade. Adoramos percorrer suas ruelas de arquitetura espanhola, com balcões e fachadas coloridas e floridas ou sentar nos bancos das suas diversas praças e apreciar o cheirinho do café doce servido pelos vendedores ambulantes. Era enlouquecedor.

Nas noites quentes, quase todos os dias, havia apresentações de danças locais ao ritmo de batucada. Sentávamos no meio-fio com uma latinha de Club Colombia na mão — cerveja nacional — e naquele clima agradável batíamos papo com os nossos companheiros recém-chegados, Mike Schmid e Anne Christine Berner, os alemães que conhecemos no Irã e que depois visitamos seus pais quando estivemos na Europa.

Esse encontro não foi mais uma coincidência: foi bem planejado por meio de e-mails. Como estaríamos na mesma época em terras caribenhas e traçávamos planos similares, decidimos fazê-los juntos. Mike e Anne Christine viajavam pela América do Sul após terem feito o caminho entre a Europa e a Índia com seu Toyota Land Cruiser.

Mike é engenheiro e Anne trabalhava numa empresa de eventos e ambos vivem em Stuttgart. Em sua viagem, que durou aproximadamente dois anos, fizeram belíssimas fotos, algo que também faziam profissionalmente com foco em Mountain Bike, pois vendiam reportagens para uma revista especializada.

O navio que trouxe o Lobo chegou três dias depois de nós e a liberação na aduana foi de um dia e meio. Houve alguns problemas de avarias no container, o qual tivemos que pagar, além de outras taxas que achamos indevidas, mas no final tudo ficou acertado. Esse tempo de tramitação foi nosso recorde de agilidade, graças à ajuda do Manfred, um alemão que reside na Colômbia há muito tempo e trabalha na marina da cidade. É claro que Manfred não perdera seu jeitinho alemão de lidar com as coisas.

Caímos na estrada, nós e os alemães, um dia após o nosso carro estar liberado, rumo a qualquer lugar onde pudéssemos fazer um foguinho — de preferência, à beira-mar. Nos acampamentos, Anne e Mike, para dormirem, ajeitavam-se dentro do Toyota criando uma cama por cima das caixas de madeira. Tudo era bem planejado e organizado, mas muito apertado. Temos que dar o braço a torcer pela sua ousadia, pois dormir todos os dias num espaço pequeno daqueles não é para qualquer um. Eu, sonâmbulo do jeito que sou, daria com a cabeça no teto todas as noites.

O nosso carro não é dos maiores, mas é como coração de mãe: sempre cabe mais um. Nos dias de chuva e frio, acomodava tranquilamente quatro pessoas – a Michelle, eu e mais os amigos que estivessem viajando conosco – sentadas em pequenas banquetas para uma refeição ou atiradas na cama para um jogo de cartas ou uma sessão de cinema, projetada no computador.

Passamos rapidamente por Santa Marta, a cidade mais antiga da América do Sul, e seguimos em busca das praias mais remotas ao Leste. Enquanto dirigia, eu tinha que dobrar o pescoço para a direita para avistar as montanhas pertencentes ao Parque Nacional Natural da Serra Nevada de Santa Marta. São as montanhas costeiras mais altas do mundo, abrangendo os dois maiores picos colombianos: os gêmeos Simón Bolívar e Cristóvão Colombo – ambos de 5.770 metros de altitude.

A Serra Nevada de Santa Marta e os diversos outros ecossistemas colombianos dão à Colômbia o título de um dos países com maior biodiversidade do planeta. Além de uma abundante vida selvagem, o país abriga cerca de 30 mil indígenas, cujos ascendentes deixaram diversos vestígios arqueológicos, como o Pueblito e a famosa Cidade Perdida, com seus terraços, sacadas e caminhos pré-hispânicos incrivelmente traçados no meio da floresta.

Nós já não tínhamos mais dinheiro colombiano, pois pensávamos que não precisaríamos mais. Estávamos bem abastecidos de comida e água e a Venezuela, o país da sequência, estava logo ali. Para alguns pescadores, em troca de podermos usufruir da sombra dos coqueiros de seus terrenos e poder caçar caranguejos, demos bonés, camisetas e outros utensílios que não nos eram mais importantes.

Mas antes da fronteira, apareceu um último pedágio e não tínhamos nenhum tostão. A Anne achou umas moedas, mas suficientes somente para a passagem dela e do Mike.

Desci do carro daquele jeito meio caboclo, vestindo uma bermuda surrada e uma camiseta que vinha usando havia vários dias e falei: "Oh gente, estamos com um probleminha, não temos dinheiro para pagar o pedágio. É que utilizamos tudo o que restava para não precisarmos trocar na fronteira".

Abolir o pagamento não havia como – o único jeito seria alguém pagar por nós. E não é que um dos atendentes se prontificou? Acho que olhou meu jeito esculhambado e ficou com pena. Pagou o pedágio de seu próprio bolso para que pudéssemos passar. Por sua bondade, deixamos alguns adesivos como retribuição.

Boas lembranças do combustível barato

Quando cruzamos a fronteira com a Venezuela, percebemos que pouca coisa havia mudado desde a última vez em que estivemos naquele país, dois anos e meio antes. O presidente Hugo Chávez trabalhava na Revolução Bolivariana socialista, entretanto, aparentemente, o país sofrera poucas mudanças positivas. Em nosso caso, o que esperávamos com boas lembranças, era que o preço do combustível continuasse baixo. Na verdade, estava quase duas vezes mais barato, pois nesses dois anos em que estivemos longe, a moeda local desvalorizou-se bastante. Com menos de um dólar, enchíamos o tanque principal.

Ao Nordeste da Venezuela está o Lago Maracaibo, em cujas águas foi descoberto, em 1914, muito petróleo. Ouvimos dizer que onde deságua o Rio Catatumbo, nesse lago, ocorre um fenômeno interessante e isso nos fez rodar quilômetros e mais quilômetros para termos uma chance de contemplá-lo. Trata-se do Relâmpago de Catatumbo, que sucede quase continuadamente em nuvens verticais de grande porte, formadas pela topografia dramática da região. De um lado, um vasto lago ao nível do mar e, coladas a ele, a cadeia montanhosa Perijá e a Cordilheira de Mérida, o ramal venezuelano dos Andes. Por seu efeito orográfico que desacelera os ventos vindos do Nordeste, surgem nuvens de grande desenvolvimento vertical, concentrando-se na bacia do Rio Catatumbo. Os relâmpagos ocorrem entre 140 a 160 noites por ano com duração de dez horas por noite, produzindo até 280 descargas por hora. Essa frequência de luz deu mais um nome a esse fenômeno: Farol do Maracaibo, pois embarcações, na época dos barcos à vela, podiam navegar à noite sem problemas. Além disso, estas tormentas elétricas são responsáveis por um bom percentual da produção da camada de ozônio a uma escala mundial, pois a origem da formação de ozônio é encontrada na ionização de gases atmosféricos com choques elétricos intensos.

Já que os Andes estavam logo ali, cobiçamos subi-los pela cidade

El Vigia. Fizemos um trajeto lindo, que abrange os picos Bolívar – o maior da Venezuela, com 5.007 metros – e o El Águila, onde a estrada chega a 4.118 metros do nível do mar. Nessas altitudes, as vilas são inexistentes e a vegetação é rara, sendo que a única sobrevivente às grandes variações de temperatura é uma planta conhecida localmente como frailejones – espeletia, em português.

De Trujillo a Boconó, os 44 quilômetros não puderam ser feitos em menos de quatro horas e meia, tamanha a dificuldade. Era uma estrada alternativa, espécie de atalho, que nem moradores locais sabiam se havia passagem. Partimos de 900 metros e subimos de forma verdadeiramente íngreme até os 3.179 metros, para depois descermos em marcha reduzida até 1.200 metros novamente. Essa é a estrada que os neozelandeses deveriam conhecer, para ver se sua Baldwin Street é mesmo a mais íngreme do mundo, como eles afirmam. Nossos carros subiram em marcha reduzida e mesmo assim o motor apanhou. Eu temi que o carro parasse repentinamente e os freios não dessem conta de segurá-lo. Os penhascos pelas encostas são muito altos.

Ao Nordeste da Venezuela, passamos por Valência, Caracas, Barcelona e então fomos ao Sul, por El Tigre e Ciudad Bolívar. Ao cruzar o Rio Orinoco, entramos no Estado Bolívar, onde se situa a Gran Sabana, um território que faz fronteira com o Brasil (escrever Brasil deu até um frio na barriga). A Gran Sabana possui uma natureza sobrenatural repleta de rios, cachoeiras, planícies e mais de 100 tepuis – as montanhas do tipo mesa com altas paredes verticais e topo plano, que são consideradas as formações rochosas mais antigas do planeta. Os tepuis brotam dramaticamente nas vastas planícies da Gran Sabana.

De um desses tepuis despenca o Salto Angel, a maior queda d'água do mundo, com 979 metros de altura. Diz-se ser um lugar maravilhoso, mas para se chegar lá na época de chuvas é preciso pegar um avião, um barco e ainda fazer um bom trajeto a pé, o que para os padrões da nossa viagem ficaria muito caro.

Magnífico Monte Roraima

Mas do Monte Roraima não abriríamos mão. Planejávamos subir seu cume em tempo, pois as informações sobre a caminhada até ele, que é um dos mais conhecidos tepuis, eram ótimas. Em São Francisco de Yuruaní anotamos em nosso caderno alguns nomes de guias que poderíamos contratar em Paraitepuy, a última vila de acesso de carro. Rumamos para lá e logo encontramos o Elias, um índio da tribo Taurepang que nos acompanharia à montanha.

Preparamos nossas mochilas com comida, roupas, barraca, equipamento fotográfico e tudo o mais para os cinco dias de aventura que estavam por vir. Mas às 16h30, no local onde acampávamos, a 200 metros da vila, caiu uma chuva tão forte, que tivemos que correr para os carros para nos proteger.

A chuva – uma daquelas de verão – logo se foi. Então noutro dia cedo, às 5 horas da manhã, quando ameaçamos partir, Mike nos avisou que Anne Christine havia adoecido, solicitando que adiássemos nossa partida para quando melhorasse. Já que não estávamos com pressa, não havia problema nenhum.

Naquela mesma manhã, quando tomávamos tranquilamente nosso café, percebemos um agito que não parecia normal entre os índios moradores da vila. Eles estavam por toda parte, uns armados com espingardas, outros somente com facões, mas dificilmente víamos alguém sozinho e desarmado.

Não queríamos passar por bisbilhoteiros, por isso nem fomos ver o que sucedia. A única coisa que vimos foi um senhor, ainda com vida, sendo socorrido pelos companheiros que o acharam a apenas 150 metros de onde acampávamos. Colocaram-no numa maca e o levaram ao pronto-socorro.

Imaginamos que ele ficara doente e que morasse naquela direção, mas que nada, a história verdadeira nos foi contada quando alguns índios Taurepang nos perguntaram se, no dia anterior, enquanto chovia forte, havíamos visto ou ouvido algo anormal, já que estávamos ali tão perto.

Esse senhor, que faleceu depois de algumas horas, havia sido atacado por índios de outra etnia. Pelo que nos contaram, esses ataques, com o intuito de simplesmente matar, aconteciam com certa frequência e os inimigos deveriam estar dopados por uma droga que os seus antepassados utilizavam quando caçavam para ficarem fortes, corajosos e rápidos. O nome da droga era "cumi", pelo que ouvimos em uma conversa. O corpo de quem mata uma pessoa é invadido por um espírito do mal causando uma dor infernal no coração, músculos, juntas e é somente aliviada quando o assassino bebe o sangue da vítima e come seu fígado, livrando-se também do mau espírito. Eu, hein!

Para nós, segundo eles, não existia nenhum risco, pois não éramos alvo dessa matança. Mas uma coisa era certa: nosso facão passou a ficar mais à mão também. Até o dia seguinte, quando começamos nossa pernada rumo ao Monte Roraima, os próprios índios da vila faziam patrulhas, cada um nas encostas de uma parte da mata onde, segundo eles, esses índios rivais estariam vagando, uivando como lobos e agindo como animais, possuídos pelo mau espírito. Algo impressionante. A propósito, segundo Elias, nosso guia, o senhor que morreu era seu tio e ele estava com parte do corpo cortado bem na região do fígado.

Quando partimos, com uma porção de quilos nas costas, já era de tarde. A caminhada, de cerca de quatro horas, não foi puxada, mas rendeu alguns calos nos pés da Michelle. Dormimos nas proximidades do Rio Tek.

No segundo dia, o sol que despontou por entre os tepuis deu à planície um visual surreal. A cada passo, ficávamos mais tentados a chegar ao topo, mas não era hora ainda. O destino nesse dia foi o acampamento base situado ao pé da montanha, onde a mata fechada e o frio já mostravam suas caras. Em uma inclinação não muito acentuada, caminhamos cerca de dez quilômetros até os 1.870 metros de altitude, tendo partido de mil metros. À noite, uma forte chuva alagou o interior de nossa barraca.

Chegamos ao topo do Monte Roraima, a 2.875 metros de altitude, ao meio-dia do terceiro dia, após uma subida muito inclinada e exaustiva. O trajeto foi percorrido debaixo de muita chuva, mas, num determinado ponto, não sabíamos mais se a água vinha das nuvens ou da cachoeira que se formou paredão abaixo – o chamado Paso de Las Lágrimas. Matas fechadas, rios e cachoeiras, além da vista que se tem da planície: é tanta beleza, que a caminhada até o topo já fascina o viajante.

Agora, lá em cima, tudo parece mágico, um mundo perdido, local onde nasceu Macunaíma, filho do sol e da lua, índio guerreiro cheio de poderes que se tornou herói dos Macuxis. Curioso, Macunaíma é o nome do "herói brasileiro sem nenhum caráter", do romance de

Mário de Andrade.

A essa altura, a paisagem muda drasticamente, como para outra dimensão. As pedras predominam em paisagens como a do Vale dos Cristais e das piscinas de águas cristalinas, batizadas de Jacuzis. Em La Ventana, uma espécie de janela natural na borda do paredão, pode-se contemplar centenas de quilômetros de uma vista magnífica.

A flora é nativa com espécies únicas – metade dos 2.000 exemplares encontrados no local só existe ali. Dentre eles estão flores carnívoras. Acampamos no topo, onde os locais chamam de "hotéis" – cavernas naturais escavadas pelo tempo e protegidas da chuva.

Lá em cima está o Ponto Triplo – encontro de três nações: Venezuela, Guiana e Brasil. Pena que não pudemos chegar até lá.

No quarto dia tivemos que partir e caminhar morro abaixo por cerca de oito horas até o Rio Tek, para no quinto dia chegar novamente a Paraitepuy.

Eita, Brasilzão querido!

E foi no momento em que partimos com nossos carros dessa vila indígena que as pernas começaram a tremer. Não por estarem doídas devido à caminhada, mas porque após exatamente 958 dias estaríamos voltando para a terra amada Brasil. Estávamos transbordando de felicidade – o Brasil se aproximava.

Quando chegamos à fronteira, tudo estava fechado, tanto no lado da Venezuela como no do Brasil. Os oficiais estavam em horário de almoço. Eita! Brasilzão querido! Parece que só aqui que essas coisas acontecem. É o estilo brasileiro de ser, mais descontraído, menos estressado. Até a fronteira fecha para o almoço. Como estávamos loucos por um espeto corrido, negociamos com alguns militares venezuelanos nossa ida ao Brasil, até a cidade Pacaraima, só para almoçarmos, depois voltaríamos para regularizar nossos passaportes. Fomos à Churrascaria do Negão e desfrutamos, com um atendimento de primeira linha, de uma cerveja gelada e do melhor churrasco dos últimos tempos. Queria ver alguém conseguir tirar o osso da minha mão naquela hora – seria pior que mexer com cachorro bravo.

E, de repente: "Ei! Vocês são de São Bento do Sul? Lembram-se de mim?". Não dava para acreditar! Era o Eduardo, de Florianópolis, o brasileiro que dois anos antes havia cruzado conosco a passagem mais alta em que já estivemos, o Thorong-La Pass, 5.416 metros de altitude, no Himalaia, Nepal. Ele almoçava com a Júlia, sua namorada italiana, com quem estava indo a Paraitepuy para subir o Monte Roraima.

Após o almoço, enquanto esperávamos que o Mike e a Anne Christine regularizassem seus documentos – o que demorou por ter acabado a energia elétrica, que fez com que o "sistema" caísse – fiquei observando atentamente tudo à minha volta e tudo era motivo para abrir um sorriso. Um rapaz de uns 15 anos escutava música sertaneja no máximo volume do seu celular, um som estridente e distorcido devido às minúsculas caixas de som do aparelho. Cada detalhe nos dava a certeza de estarmos de novo junto ao nosso querido povo e todos pareciam possuir uma alegria intrínseca, totalmente diferenciada do resto do mundo.

Nossos corações transbordavam de uma felicidade difícil de esconder e que causou, talvez, algum constrangimento perante nossos amigos. Queríamos mostrar tudo, nos vangloriar de tudo, como os seres mais bairristas da face da Terra.

O engraçado é que os brasileiros de Pacaraima, nossos conterrâneos, pensavam que éramos estrangeiros. E nos diziam: "Pessoal, vocês falam muito bem o português". "Obrigado", respondíamos com um sorriso.

Estávamos ansiosos em rever o Brasil que deixamos. Mas não com a visão que tínhamos antes de partir para a viagem: queríamos formar uma nova impressão, com olhos que viram paisagens e pessoas de outros 59 países. Desejávamos descobrir qual a sensação que os estrangeiros sentem ao visitar as nossas terras. Este é o papel de um bom profissional de marketing: se colocar no lugar do cliente e descobrir se ele está ou não satisfeito com o produto comprado.

Seguimos ao Sul pela BR-174, caminho para Boa Vista, e acampamos na sede da área indígena de São Marcos. A estrada, com alguns buracos no começo, retratava um Roraima despovoado e isolado do resto do Brasil. Para acessá-lo por terra é mais fácil a partir da Venezuela ou da Guiana do que do Sul do Brasil, pois de Manaus para cima, tudo fica distanciado pelo Rio Amazonas.

Roraima cresceu com a descoberta do ouro e do diamante. No

auge do garimpo, a capital Boa Vista tinha um dos três aeroportos mais movimentados do Brasil, junto ao Rio de Janeiro e São Paulo. Mas se antes a importância foi a extração de minérios, atualmente essa capital atrai imigrantes de todos os cantos do país pelo fato de ser um lugar de oportunidades, oferecendo empregos públicos e espaços para qualquer tipo de negócio ligado ao comércio.

Boa Vista ainda carece de muita infraestrutura. Mas na cidade existe algo muito além de oportunidades, difícil de explicar. Um amigo paulista que conhecemos na Venezuela em 2007 foi a Boa Vista com o intuito de ter suas primeiras experiências no ramo da medicina, mas encantou-se de tal forma que nada mais o tira de lá. Estou falando do Loras, Ricardo Loureiro, boa-vistense por escolha e por paixão. Acolheu-nos em sua casa nos dias em que ficamos por lá.

Às vezes, nos finais de tarde, os adeptos dos 4x4 se reúnem na Retífica Central, onde o bate-papo e uma carninha rolavam soltos. Quando participamos de um desses encontros, Elmer e seu pai nos mostraram a criação de seu grande orgulho: um superjipe chamado Crocodilo.

Havia hospitalidade por todos os lados. O radioamador Paulo (PV8DX) nos apresentou a seus colegas de radioamadorismo que, nesse assunto, são muito ativos. Fora suas salas de rádio e antenas, o tambaqui assado fez sucesso na casa do Edinho (PU8TEP) e da Andressa, onde, nos fundos, passa um igarapé de água cristalina, do jeito que qualquer pessoa sonharia ter em casa.

Os dias na capital roraimense passaram rapidamente e a hora de partir chegara. Esse cantinho Norte do Brasil nos deixou saudades, mas se o ditado "quem bebe das águas do Rio Branco volta para Boa Vista" for verdade, com certeza voltaremos.

"Coração da Amazônia" ou "Cidade da Floresta"

A savana deu lugar à maior floresta tropical da Terra. Passamos por Presidente Figueiredo e logo veio Manaus, a capital do Amazonas, principal centro financeiro, corporativo e econômico do Norte do Brasil. É uma das cidades brasileiras mais conhecidas no exterior, devido ao seu potencial ecoturístico localizando-se no centro da maior floresta tropical do mundo, bem na confluência dos rios Negro e Solimões, que formam o Rio Amazonas, o maior do mundo.

Manaus despontou na época áurea da borracha, quando foi batizada de "Coração da Amazônia" ou "Cidade da Floresta". Atualmente, graças à sua principal força econômica, o Polo Industrial de Manaus, a cidade tem o sexto maior Produto Interno Bruto (PIB) do país, sendo assim uma das mais ricas do Brasil. Apesar de Manaus estar isolada no meio da mata, prejudicada pelas difíceis vias de acesso, é uma potência descomunal.

Rui Tiradentes foi quem nos deu todo o apoio nessa metrópole e o lugar que conseguiu para nos instalar foi diferente de todos os que havíamos ficado até então: no pátio de carros usados de uma concessionária Mitsubishi.

Não foi fácil encarar o calor de 40 graus. Então, o jeito era levantar com os primeiros raios de sol e buscar abrigo no centro da cidade, voltando ao lar apenas quando nossos carros já estavam na sombra.

Nessas peregrinações pela cidade, percebemos o quão Manaus agrega de cultura e história ao nosso país. O Teatro do Amazonas é um deslumbramento. Dos dois espetáculos a que assistimos, o da Orquestra Sinfônica Municipal foi de cair o queixo. Confesso que estando ao lado de nossos amigos europeus naquele momento, filhos de terras de onde se originou nossa cultura, senti orgulho de ser brasileiro. O centro histórico é lindo; o Mercado Municipal Adolpho Lisboa é interessante; o porto às margens do Rio Negro, imponente; e as praças cheias de vida mostram Manaus como uma cidade verdadeiramente brasileira. Que povo amigável. Fomos também ao Instituto Nacional de Pesquisas da Amazônia - INPA, onde visitamos um pequeno museu de curiosidades e vimos de perto os peixes-boi. Por fim, participamos do Boi Manaus, um festival que celebrou os 340 anos da cidade, puro carnaval manauense.

Mas não estávamos 100% contentes. Havia algo que ainda tínhamos que fazer, já que Manaus se localiza no coração verde do mundo. Queríamos ver, sentir, tocar, embrenhar-nos na selva amazônica, nem que fosse por um dia apenas.

Procura aqui, pesquisa lá, as opções e os preços dos pacotes turísticos eram muitos. Até que, por indicação do Rui, o amigo que nos recebeu na cidade, fomos falar com Ellen e Ribamar, da Empresa Ariaú Amazon Towers.

Imagino que tenha ficado claro como era o nosso padrão de vida nesta viagem, certo? Optávamos sempre pelo mais simples e econômico, já que nosso orçamento andava na estica. Então, quando entramos na sala de espera da empresa que Ellen e Ribamar trabalhavam, ao vermos as imagens aéreas do complexo Ariaú quase demos meia-volta e fomos embora, pois o negócio era lindo demais, mas não parecia ser para o nosso bolso.

Ribamar, depois de narrar um pouco da história da empresa, contou quem eram seus clientes, alguns dos quais ele mesmo recebia no aeroporto, vestindo suas havaianas, é claro – uma característica pela qual já é conhecido. Famílias reais, presidentes, ex-presidentes e tantas outras celebridades do Brasil e exterior estavam entre os que ele já havia atendido. Bill Gates, segundo ele, sempre voltava para uma visita.

Eu já estava com um olho na porta de saída, quando, muito educadamente, Ribamar nos perguntou:

- Mas o que posso fazer por vocês hoje?

"Nada" foi o que pensei, mas passei a contar toda a nossa história de viagem, para terminar a sentença dizendo:

- Nós só queríamos ter uma experiência na selva amazônica. Se o senhor pudesse nos dar uma dica, ficaremos muito gratos.

- Quantos dias vocês pensam em ficar por lá? – perguntou.

- Não sabemos ao certo, pois teríamos que ver o custo disso.

- Cinco dias seriam suficientes?

- Seria ótimo, mas achamos que extrapolaria nosso orçamento.

- Quando vocês querem partir? Amanhã, depois de amanhã?

- Como assim Ribamar? Nós nem sabemos do preço, nada!

- Vejam, vocês querem ou não conhecer a floresta amazônica? Vão e aproveitem ao máximo. Por cinco dias terão, como uma gentileza do Ariaú, direito a estada, café da manhã, almoço e jantar. E ainda arrumarei um guia só para vocês, que os acompanhará em todos os passeios que nós oferecemos no Ariaú. Está bom assim? Agora, para finalizar, em qual hotel peço para nosso motorista buscá-los depois de amanhã cedinho?

Olhamos um para o outro e com um sorriso amarelo respondemos:

- Hotel Mitsubishi. Ala dos veículos usados!

Nosso quarto era o branco e o do Mike e Anne o verde musgo! Caímos todos na gargalhada quando explicamos ao certo onde pernoitávamos. Naquele dia, ainda, para ter uma oportunidade de conhecer nossos carros, Ribamar nos deu uma carona até a concessionária.

Agora imagine a felicidade desses quatro viajantes. Passaríamos mais um dia na capital amazonense e na manhã seguinte, bem cedo, partiríamos ao Ariaú Amazon Towers para cinco dias em contato com a selva amazônica.

Ariaú Amazon Towers

Esse hotel, que se encontra a cerca de uma hora e meia de barco de Manaus, subindo pelo Rio Negro, foi um dos pioneiros no meio da selva amazônica. Parte de sua história começou em 1982, quando o oceanógrafo Jacques Cousteau, em sua expedição pela Amazônia, fez uma declaração que soou mais como uma premonição: "Hoje o mundo está ciente das guerras nucleares, mas essa ameaça irá desaparecer. A guerra do futuro será entre aqueles que defendem a natureza e aqueles que a destroem. A Amazônia estará no topo das discussões. Cientistas, políticos e artistas virão aqui para ver o que está sendo feito pela floresta". Francisco Ritta Bernardino sabiamente deu ouvido às palavras de Cousteau e em 1986 começou a construir um pequeno hotel no meio da floresta, o qual se transformou num grande complexo com cerca de 360 acomodações construídas sobre palafitas que já hospedaram celebridades de todo o mundo.

Além da bela estrutura, os passeios e excursões pela mata e rios oferecidos pelo hotel são fantásticos. Saíamos de barco a toda hora, seja para pescar piranha, focar jacaré à noite ou admirar as incontáveis espécies de pássaros chegando a seus poleiros ao entardecer. Fizemos caminhadas pela mata e o nosso guia ensinava tudo sobre a flora e a fauna, desde sapos de poucos milímetros até as histórias de encontros com a onça pintada, das plantas medicinais e até das venenosas. Dentro do coco do buriti são abundantes as larvas de um coleóptero, conhecidas por "turu". Boa fonte de proteína, são comidas cruas, fritas ou guisadas. Quando cruas, seu gosto é semelhante ao do coco, muito gostosas.

Visitamos a vila local São Tomé e aprendemos um pouco da extração e produção da borracha. Na casa do caboclo Francisco, conhecemos o processo da mandioca e comemos tapioca com castanha-do-pará – de lamber os dedos. Visitamos uma vila indígena que possui uma característica interessante: os meninos, para tornarem-se adultos, diferentemente das circuncisões que são comuns nas tribos africanas, passam por um ritual no qual devem colocar a mão numa luva cheia de formigas venenosas e aguentar a dor sem chorar.

Como tudo o que fizemos já não fosse suficiente, fomos nadar com os botos cor-de-rosa no Rio Negro. Isso sim foi uma experiência maravilhosa. Havia 10 ou mais que nadavam ao nosso redor com o intuito de roubar os peixes oferecidos pelo guia. Podíamos tocá-los o tempo todo e uma coisa para mim ficou evidente: são animais dóceis, mas muito fortes e ágeis. Se eles quisessem, fariam de nós uma bola de futebol aquático.

Existe uma lenda no folclore amazonense referente ao boto cor-de-rosa. A história conta que ele sai dos rios nos dias de festa junina metade de baixo homem e metade de cima boto. Veste-se de branco e usa um chapéu para disfarçar seu nariz grande. Adora bebida e muita festa e, com seu jeito galanteador, convence as mulheres desacompanhadas a dar um passeio nas margens do rio, onde as engravida. Essa cultura popular justificava a gravidez das ribeirinhas fora do casamento. Lá, criança sem pai até hoje é dita como filha do boto.

GOSTO DE PEIXE NÃO, MOÇO!

De volta a Manaus, passamos a tratar da travessia via Rio Amazonas até Santarém. Existem meios de viajar ao Sul por terra, como a BR-319, mas essa rodovia nos levaria a Porto Velho, sentido oposto do que havíamos planejado. Juca, o rio-negrinhense que vive em Manaus há vários anos, nos ajudou com os contatos. Por meio dele conhecemos o proprietário de uma balsa que faz comumente frete de bois rio acima e desce com o que tiver para levar, sejam carros, ferro-velho ou qualquer outro tipo de mercadoria. A balsa acabou atrasando umas 15 horas, pois só partia quando não coubesse mais um grama de carga. Então no sábado, ao meio-dia, depois de um suador danado para colocar 11 carros e mais algumas toneladas de mercadorias, partimos. Eu gostei do pensamento positivo do dono da balsa, que se tivesse que transportar mais um elefante, mesmo não cabendo mais nada ali, daria um jeito. Ninguém de nós podia acreditar que mais carga e mais carga entraria naquela balsa. Volta e meia olhávamos para ver se a balsa ainda boiava.

Legalmente, nessas embarcações cargueiras só podem viajar tripulantes. Nós teríamos que ter viajado num barco para passageiros, mas como estávamos no país do jeitinho brasileiro, conseguimos ficar junto com os carros.

Nossos companheiros de viagem, fora os tripulantes, eram paraibanos vendedores de redes, cintos, carteiras e outros produtos fabricados no Nordeste. Quando vêm para Manaus, assim como os que vão para o Sul, passam temporadas de até quatro meses de vendas. Seu caminhão, única base nesse período, vai abarrotado de produtos e volta vazio. Esse grupo, composto por oito paraibanos, com a guaiaca cheia de dinheiro por estar no fim de um período de vendas, lá pelas 9 horas da manhã já estava todo bêbado, amaldiçoado pela cachaça quente. Das 9h às 14 horas não se ouvia um "pio" com sotaque nordestino, pois estavam todos dormindo em suas redes.

Conversei bastante com essa turma (fora desse horário em que eles estavam em meditação profunda), e com a tripulação do barco, a fim de saber como viviam, pois me interessa muito ouvir essas experiências. Cheguei até a pilotar a balsa. Mas, apesar do bom entrosamento que tivemos com os paraíbas ambulantes, percebemos que trocavam uma amizade por cinção. Enquanto viajávamos rio abaixo, ribeirinhos vinham com seus pequenos barcos ao nosso encontro para vender papagaios, tartarugas, peixes e até filé de 20 quilos de pirarucu. Numa dessas, quando vendiam uns tambaquis, um dos nordestinos comprou todo o estoque, só porque viu meu interesse num peixe. Pensou que se havia pagado cinco, iria me vender por dez. Direito dele, é claro, estava fazendo papel de comerciante. Mas para completar uma negociação, a outra parte tem que aceitar.

Fiz jogo duro, pois sabia que estavam somente em oito e não dariam conta de tanto peixe. "Gosto de peixe não, moço", respondi com seu próprio sotaque. Foi engraçado, pois não demorou dez minutos e veio ele com um dos maiores peixes que comprou, falando que faria pelo preço vendido pelo ribeirinho – os cinco reais.

Minha conclusão: eu não fiz jogo duro com ele por causa dos cinco reais. Somente porque estávamos todos no mesmo barco naquela travessia e eu esperava que ele me tratasse com a mesma igualdade que eu os tratei. Eu, ali, não era um turista abonado, era um viajante como eles, que há muito tempo estava longe de casa, dormindo onde desse na telha.

Mas nessa vida cada um se vira com o que tem e isso eu achei muito legal desses animados paraíbas. Um deles, justo aquele que queria me tirar o trocado, contemplava as vilas nas margens do rio utilizando-se de dois pedaços separados de uns binóculos desmontados – a lente de trás e a lente da frente. Quando o utilizava, parecia que segurava uma luneta invisível, não binóculos. Vi aquilo e pedi emprestado, pois precisava ver se funcionava. E não é que funcionou? Todos seus amigos caíram na gargalhada.

Nosso carro viajou com a parte traseira estando a alguns centímetros para fora do casco da embarcação, no sentido da proa. Acessávamos o motor-home somente pelas portas da cabine, mas lá dentro, com as portas e o teto abertos, viajamos de camarote. Podíamos assistir ao espetáculo do Rio Amazonas com toda a sua vida estando deitados em nossa cama. E foi desse lugar que contemplamos o Encontro das Águas – quando as águas escuras do Rio Negro juntam-se com as águas barrentas do Rio Solimões. Neste encontro, os dois rios correm lado a lado por mais de 18 quilômetros sem se misturar. Esse fenômeno ocorre devido às diferenças de temperatura, densidade e correnteza das águas dos rios. Enquanto o Rio Negro corre cerca de 2 quilômetros por hora, a uma temperatura de 28° C, o Rio Solimões corre de 4 a 6 quilômetros por hora a 22°C.

A viagem de 42 horas navegando a uma média de 15 quilômetros por hora entrou no estado do Pará e nos deixou em Santarém, de onde nosso destino estava na direção da BR-230, a Transamazônica.

Próximo a Santarém, cidade localizada no encontro dos rios Amazonas e Tapajós, existe um lugar que foi batizado de Caribe do Amazonas. Para entender esse título, basta se deslocar alguns quilômetros no sentido do vilarejo Alter do Chão para encontrar uma praia de rio para ninguém botar defeito. Areia branca e águas mornas e límpidas embelezam uma localidade aconchegante.

A estrada Santarém – Uruará foi ainda mais emocionante, pois cruza uma das mais altas florestas por que passamos, quase intocada. Topamos com uma castanheira caída sobre o caminho. Era tão grande que, quando paramos com os carros na sua frente, eles praticamente desapareceram. Foi mais fácil abrir uma estrada que a contornasse que removê-la, tal o tamanho da árvore.

Mas quanto mais nos aproximávamos da Transamazônica, mais as cicatrizes na mata ficavam evidentes. Víamos clareiras enormes resultantes do desmatamento.

Transamazônica em três Falcon 400

Em Uruará, assim que contornamos o trevo principal, me veio à memória uma bela passagem de minha vida: o dia em que, sujo de poeira da cabeça aos pés, cruzei ali com o James e o Tico, quando em três Hondas Falcon 400 percorremos a Transamazônica de Humaitá a Marabá, sem contar os deslocamentos por asfalto de casa a Porto Velho e de Marabá até nossa casa novamente. Foi em 2003, quando essa estrada ainda era um grande desafio. Na época, nos 400 quilômetros entre Apuí e Jacareacanga, a estrada deixou de existir. Havia apenas um carreiro onde mal as motos passavam. Eu geralmente pilotava na frente e, numa dessas, fui presenteado com a oportunidade de ver uma suçuarana, onça parda, que quando percebeu minha presença, num pulo só desapareceu no mato. Esse trajeto de off-road que fizemos em dois dias sofridos foi o único em que choveu, mas bastou, pois a água misturada com a poeira fina do trecho era um pesadelo para os pneus originais. O barro empastava tudo e os tombos eram inevitáveis.

Entretanto, de acordo com informações do povo local, as coisas têm mudado um pouco por ali e hoje já é possível realizar o mesmo trajeto de carro. Mas mesmo com as mudanças, a poeira e os buracos ainda reinam na rodovia.

A Transamazônica (BR-230), que virou um mito entre jipeiros, motoqueiros, ciclistas e outros aventureiros, foi projetada no governo do presidente Emílio Garrastazu Médici, no poder entre 1969 e 1974. Pelas imensas proporções que sua construção impunha, era uma das chamadas "obras faraônicas".

Planejada para integrar melhor o Norte com o resto do país, bem como conectar o Brasil ao Peru e Equador, a rodovia foi inaugurada no dia 30 de agosto de 1972 e desde essa data não sofreu grandes modificações ou melhorias. Por seu estado de abandono, fora até apelidada de "Transamargura", ou "Transmiseriana". A Transamazônica começa na cidade portuária de Cabedelo, na Paraíba, e se estende em 4.000 quilômetros até Lábrea, no Amazonas, sendo a terceira maior rodovia do país.

Nós, de Uruará, fomos ao Leste, passando por Brasil Novo, Altamira, Anapu, Pacajá, Novo Repartimento e, por último, Marabá, onde as condições das estradas já eram bem melhores. Entre Anapu e Pacajá, vimos uma cena que foi de arrepiar e lembrou de imediato as músicas do Sérgio Reis, que contam histórias dos boiadeiros transportando suas boiadas ainda da forma antiga. Viajavam em seus cavalos e burros quatro boiadeiros, conduzindo 1.112 cabeças de gado que, numa média de 13 quilômetros por dia, enfrentavam o sexagésimo sétimo dia. Para chegar ao destino, ainda faltavam cinco. Vestidos como peões boiadeiros, carregavam pendurados nos ombros o berrante imprescindível. Lá essas cenas ainda são comuns e isso não significa que o progresso não tenha chegado. É que o custo do transporte de mais de mil cabeças de gado em caminhão boiadeiro seria inviável.

Cruzamos o estado do Tocantins em poucos quilômetros e chegamos a Imperatriz do Maranhão, onde familiares da Michelle nos aguardavam para uma visita: José, Solange, Thiago, Caroline, Manu, Janos, Ika e Luiz. No dia do meu aniversário, para comemorar, fomos a uma cachaçaria local e passamos da cota na bebida, pois queríamos experimentar um pouquinho de cada. Além de matar a saudade, fizemos algo muito simples, mas que há muito tempo não fazíamos: um domingo de futebol na TV, enquanto as mulheres faziam feirinha na cidade.

Deixamos Imperatriz para fazer um longo caminho de quase 2.000 quilômetros, seguindo pelas BR-230, 316 e 232, cruzando o Maranhão, Piauí e Pernambuco. Para quebrar a tristeza da monotonia, valeu a dica de visitarmos as belezas naturais de Riachão, com cachoeiras e poços azuis cristalinos que já foram cenários de novela.

Olinda é linda mesmo

Na costa Nordestina, alguns anos após o descobrimento do Brasil, o fidalgo português Duarte Coelho teria dito: "Oh! Linda situação para se construir uma vila!", e de acordo com esse mito popular, foi então que Olinda, essa linda cidade, ganhou seu nome. De tão linda e preservada, Olinda é a segunda cidade brasileira a ser declarada Patrimônio Histórico e Cultural da Humanidade. Em seu agitado carnaval, ela se destaca pelos bonecos gigantes, que dançam pela cidade ao som do frevo, maracatu e outros ritmos originais de Pernambuco. A maior concentração da folia do carnaval é numa esquina de quatro ruas, com casas coloniais de todas as cores, batizada de Quatro Cantos.

Deixar de comer tapioca nessa cidade, tão cheia de coisas para ver e fazer, seria pecado. Ela é vendida em tendas nas ruas e pode ser recheada com carne seca, camarão, queijo ou coco ralado.

Cruzamos Recife e rumamos devagar ao Sul, aproveitando as praias paradisíacas que o Nordeste tem a oferecer, além das pessoas, amigáveis, felizes e descontraídas – aquelas que prosperam mais de 100 anos de vida. Fizemos belos acampamentos em praias como Porto de Galinhas e Tamandaré no Estado de Pernambuco. Em Alagoas, dirigimos pela Rota Ecológica, que é uma estrada pequenina, com vilarejos de pescadores e praias (Porto de Pedras, Tatuamunha, Praia do Toque, Praia do Riacho) que formam um paraíso. Passamos por Maceió, Praia do Gunga, Jequiá da Praia e Lagoa do Pau, até que chegamos ao Rio São Francisco, onde paramos para uma visita em mais uma encantadora cidade colonial, Penedo. Tudo ainda na companhia dos amigos alemães.

Quando cruzamos o Rio São Francisco pela BR-101, deixamos Alagoas e entramos em Sergipe, local que, apesar da ótima recepção dos radioamadores, não tivemos muito tempo para explorar. Dirigimos pelo interior e apreciamos as enormes fazendas, com suas casas coloniais, e as grandes plantações de cana de açúcar, que é uma das forças da economia do Estado.

Aí veio a Bahia da alegria, o Estado brasileiro de maior influência da cultura africana, seja na religião, culinária ou música. A miscigenação do índio nativo com o português colonizador e o negro escravo resultou numa cultura muito diversificada e num dos povos mais alegres e festivos do nosso país. Foi nessa terra que nasceu o carnaval, posteriormente levado para o Rio de Janeiro. Dali também surgiu o Trio Elétrico, que segundo o ditado, "atrás dele só não vai quem já morreu".

Nós fomos logo a um paraíso escondido. Lindas dunas, coqueiros, lagoas e praias, um cenário de novela (para quem ainda se lembra, da Tieta do Agreste, do autor baiano Jorge Amado). Falo de Mangue Seco, uma pequenina vila de pescadores que, devido às dificuldades de acesso, conserva-se praticamente intocada.

Ali acontece um momento mágico da natureza: os primeiros passos rumo à imensidão do mar das recém-nascidas tartarugas-marinhas. Das sete espécies que existem no mundo, cinco são encontradas no litoral brasileiro. Entre setembro e março, durante a noite, as fêmeas desovam nas praias, podendo gerar, cada uma, 120 ovos, os quais são enterrados na areia. Após 60 dias, dos ovos que não foram comidos pelas raposas e conseguiram desenvolver-se, nascem as tartarugas. Guiadas pelo instinto de seguir a claridade, que é mais intensa no branco da rebentação das ondas, seguem ao mar. Tão pequeninas e indefesas, no mundo marinho encontram todos os tipos de perigo. As estatísticas mostram que de cada mil ovos, somente uma tartaruga chegará à vida adulta, sendo capaz de reproduzir-se. Uma característica fascinante desses animais é que mesmo que viajem milhares de quilômetros entre países e continentes, na época de sua reprodução retornam às praias onde nasceram.

Eram 9 horas quando soubemos que teríamos a chance de vê-las, mas a equipe do projeto Tamar iria chegar somente no final da tarde para cavar os locais de desova e ajudar as tartaruguinhas que já estavam no ponto de partir, mas que por algum motivo não haviam conseguido. Fazer o quê das 9 horas até o final da tarde? Um boteco logo ali ao lado foi a nossa salvação.

Fizemos amizade com a família do bar. Também, pudera: passamos o dia inteirinho com eles. Eu já estava para lá de Bagdá mais uma vez nessa viagem, só que agora como resultado da cerveja e cachaça. Num determinado momento, a Michelle, a Anne e as filhas daquela família quase se afogaram devido a um repuxo no mar. Poderiam ter ido todas e eu, de costas para o mar, sem ver nada, comendo mais um peixe frito. A Michelle disse que jamais havia passado por um sufoco tão grande no mar em toda sua vida. E ainda precisou ajudar as meninas, que não sabiam sequer nadar. Que susto!

Às 17 horas, o pessoal do Tamar apareceu e nós fomos junto cavar os locais de desova das tartarugas. Quando soltaram as pequeninas criaturas, me deitei na areia para fotografá-las, pois são muito pequenas e ligeiras. De repente: chuáá!!! Uma onda me cobriu, molhando até a máquina fotográfica. Realmente, a quantidade de cerveja que ingeri naquele dia passou um pouco do limite.

À noite fomos à vila, na casa dessa querida família anfitriã, comer cuscuz para festejar o aniversário da filha mais velha.

É na Praia do Forte que fica a sede principal do Projeto Tamar, o instituto brasileiro que é reconhecido internacionalmente como uma das mais bem-sucedidas experiências de conservação marinha. O nome Tamar vem de TArtaruga MARinha. Tudo começou nos anos 70, quando um grupo de estudantes de oceanografia percorreu as praias brasileiras realizando pesquisas. No trajeto, perceberam que havia muitas tartarugas mortas, principalmente por pescadores. Fotos e relatórios foram enviados a autoridades, já cientes da situação, e assim foi fundado o Projeto Tamar (1980), com o objetivo de proteger espécies de tartarugas-marinhas ameaçadas de extinção. Na época, percebeu-se que as ações não poderiam ficar restritas à conservação e pesquisas aplicadas às tartarugas, mas deveriam abranger as comunidades costeiras, com as quais é feito um trabalho de educação ambiental. Assim, o projeto também ajuda no desenvolvimento sustentável, oferecendo alternativas econômicas que amenizem a questão social e diminuindo a caça das tartarugas para a sobrevivência. A ferramenta principal de trabalho é a criatividade em atividades que envolvem atualmente cerca de 1.200 pessoas. O Tamar também protege outras espécies, como o tubarão-lixa, a raia, a enguia e o mero.

Uma igreja para cada dia do ano

Em Salvador, nos encontramos com o Moacir e a Cristina, uma amizade que surgiu através das publicações que fazíamos em nosso website. Estes amigos, que até então eram virtuais e nos deixavam recados de incentivo no site, agora em carne e osso nos guiaram por toda a cidade. Salvador é dividida em Cidade Alta e Cidade Baixa – conectadas por ladeiras e elevadores, como o histórico Elevador Lacerda. Diz-se existir 365 igrejas católicas, uma para cada dia do ano. Apesar de esse número não ser exatamente preciso, os templos católicos na cidade são muitos e se sobressaem na paisagem. Interessante é perceber a tolerância religiosa no Brasil, especialmente em Salvador, onde o sincretismo faz com que o catolicismo e o candomblé convivam em perfeita harmonia. O maior exemplo está na Igreja de Nosso Senhor do Bonfim.

Salvador é a cidade brasileira com o maior percentual de pessoas da raça negra. Enquanto em outras partes do Brasil os negros vieram, em sua maioria, de Angola, na capital baiana eles provêm da Nigéria, Togo, Benin e Gana.

No interior do Estado, o destaque é a Chapada Diamantina, que como o próprio nome diz, já foi um importante centro do garimpo de diamante e ouro. Apesar de o Parque Nacional da Chapada Diamantina ser delimitado, a serra da chapada abrange muito mais do que os domínios oficiais. De tanta água e beleza que abunda na região, tornou-se um oásis no meio da caatinga.

Conhecemos lugares lindos, como a cidade de Lençóis, o balneário do Rio Mucugezinho, o Morro do Pai Inácio, a Gruta da Pratinha, a Gruta Azul e a Cachoeira da Fumaça, mas o que se destaca é o Poço Azul – um poço de água literalmente cristalina que fica dentro de uma caverna. Foi nesse lugar que pesquisadores encontraram ossadas de animais pré-históricos, como as de preguiças gigantes (de 2x6 metros!) de mais de 10 milhões de anos.

Quando entramos na caverna, a água ainda estava parada – ninguém havia tocado nela ainda. Parecia que não existia água, tamanha a clareza debaixo dela. Tínhamos visibilidade de mais de vinte metros. Quando entramos para fazer flutuação, ficamos mais encantados, pois parecia que flutuávamos no ar. Perguntei ao guia se ele sabia qual seria a visibilidade, mas ele não tinha ideia: para todos os lados que se olhava, era total. Percorremos o maior caminho possível para visitar essas águas, mas fico feliz que o fizemos, mesmo tendo rodado o mundo inteiro antes. Dessa forma, parece que damos mais valor ao que é nosso.

Estádio Jornalista Mário Filho

Mas o Brasil não é só praias, carnaval e paisagens exuberantes. Para ser bem brasileiro, tem que haver futebol. Esse sentimento nos fez abrir mão da costa Sul da Bahia para irmos ao Estádio Jornalista Mário Filho – Maracanã, pois a última rodada do Campeonato Brasileiro 2009 estava para acontecer e nosso time, o Flamengo, iria jogar. Sei que alguns devem estar pensando: "Tinha que estragar tudo no final do livro!". Mas isso faz parte. Brasileiros de coração e alma têm que torcer por algum time.

No caminho, em Vitória, ES, só paramos para comer uma bela muqueca capixaba, feita pelos amigos Marco Antonio e Beatriz. Em Macaé, nos encontramos com o Roberto e, em Niterói, com outro Roberto e sua esposa Sueli. O compromisso com o Roberto de Niterói estava prometido desde que saímos de casa: na volta iríamos nos deliciar com bolinhos de bacalhau no botequim mais tradicional da cidade, o Caneco Gelado do Mário.

Chovia muito quando finalmente chegamos ao Rio de Janeiro, onde Marcus Rodrigues e toda a sua família foram nossos anfitriões na Ilha do Governador. No tempo em que morei no Rio, por um ano, trabalhei com o Marcus – então já conhecia essa figura especial que nos fez sentir mais em casa do que nunca.

Para o jogo Flamengo x Grêmio não foi fácil conseguir ingressos. O estádio lotou mais do que a sua capacidade e passou longe dos 100 mil. Somente uma minoria era do time visitante. Muitos falavam que o Grêmio iria entregar o jogo, mas não foi tão fácil assim. Pulamos junto com a nossa torcida quando a bola ia ao campo adversário, calamos com eles quando a situação apertou e sentimos o estádio tremer ao término do jogo. Deu Flamengo 2 x 1 Grêmio, fazendo do nosso time o Campeão Brasileiro pela sexta vez. Ver seu time ser campeão é um espetáculo tão lindo e emocionante que todo brasileiro deveria experimentar.

Nossos amigos alemães, em meio a toda aquela loucura de gritos e hinos, puxaram seus tampões de ouvido para se proteger. Não é todo dia que podemos ouvir esse barulho enlouquecedor e maravilhoso. Ali entendemos que Brasil é Brasil, que somos um povo diferente.

"24H POR DIA, SEM TRÉGUA"

Mesmo felizes com a vitória do nosso time do coração, os dias seguintes não foram dos melhores em se tratando do relacionamento entre mim e a Michelle. Mas, imagine, já se passavam dos mil dias juntos, sem trégua, 24 horas por dia. Nem quem é casado passa tanto tempo junto. Entre casais, há sempre um momento em que se distanciam para o trabalho, fazem coisas diferentes, encontram outras pessoas e, no final do dia, cada um compartilha o que vivenciou. No nosso caso, os assuntos eram os mesmos, pois havíamos ido aos mesmos lugares, encontrado as mesmas pessoas, visto as mesmas coisas durante aquele dia, semana, mês ou ano. Brincávamos que, na África, até no matinho tínhamos que ir juntos, para um cuidar do outro a fim de não termos surpresas com leões ou outros predadores. Acabávamos não tendo a oportunidade de sentir saudades um do outro – esse sentimento tão importante e que ajuda na sobrevivência de um casal.

Veja a história que ouvimos de um casal de viajantes, não me lembro de qual país da Europa. Estavam casados há mais de 30 anos e quando se aposentaram, decidiram viajar por um caminho que os levaria à Índia. Quando cruzavam o Oriente Médio, talvez devido à sina das "24 horas por dia, sem trégua" que nos 30 anos de casados jamais haviam experimentado, brigaram e, de tão feio que foi o entrevero, nem conversaram para decidir com quem ficaria o carro. Cada um saiu para um lado e o carro ficou lá, sem dono, abandonado no meio do caminho.

Apesar de nossas brigas acontecerem esporadicamente, creio que conseguimos administrá-las de uma forma positiva. Éramos conscientes de que "24 horas por dia, sem trégua" não é muito favorável, então, de uma forma pensada e planejada, passamos a tolerar mais e criticar menos. É engraçado, pois se pararmos para analisar, é mensurável algumas melhorias que tivemos no processo de tolerância: terminamos nossa viagem, por exemplo, cozinhando juntos, tarefa que quando tentávamos fazer antes da viagem gerava discussão na certa: "por que não faz assim", "por que não faz assado", "coloca antes para ferver", "o alho frita depois da cebola", "tem pouco sal!", "deveria pré-assar a massa". Palpites, palpites e mais palpites, que se fossem bons, não seriam dados, e sim, vendidos.

Nós estávamos 100% do tempo juntos, mas por outro lado éramos somente nós. Quando brigávamos, não tínhamos a quem recorrer – pais, amigos, irmãos ou irmãs. De certa forma, recorríamos a nós mesmos quando precisávamos de alguém para desabafar e falar mal do companheiro. Fazíamos o papel de pai, amigo, irmão, irmã e namorado ao mesmo tempo. Antes da viagem, nossas brigas podiam durar uma semana, enquanto ali, no meio do nada, sem ninguém a recorrer, 30 minutos bastavam para voltarmos a conversar normalmente num gostoso bate-papo. A pergunta sobre como aguentamos um ao outro durante 1.033 dias é a que mais nos fazem. Quer dizer, meus amigos perguntam direto à Michelle como ela me aturou durante esse tempo. Respondíamos que quando estávamos de mal, estendíamos uma cortina virtual entre nós, no meio dos bancos do passageiro e do motorista, e ficávamos sem nos ver por algum tempo.

Mas se querem mesmo saber o segredo do nosso bom relacionamento durante tanto tempo, eu vou contar. Já que insistem: o segredo está num CD de música que ganhamos do meu pai. Havia apenas quatro das dezenas de cantorias de autoria dele mesmo. Leomar é compositor há muito tempo, desde que me conheço por gente, então, na escola, quando tínhamos que declamar poemas, eu e meus irmãos optávamos sempre pelos de nosso pai. Eu declamava "São Bento do Sul", "Sou um Caboclo Brasileiro", "Manhã de Sereno", dentre outros e os versos eram extraídos das estrofes das próprias músicas.

Em "Sou um Caboclo Brasileiro", há uma parte que fala assim:
"... urra o leão,
pia o inambu
e eu já estarei de pé,
a fazer o meu café,
puxo do meu violão
e ao longe aumenta o barulhão.
É a voz do sertão
a alegrar meu pobre coração!"

Intuitivamente, brigados ou não, após tocar o "urra o leão" – imitávamos ambos um rugido UHHAARRRRR e um atacava o outro com cócegas. Depois vinha o "pia o inambu", que era representado como se fosse um pica-pau, com cutucadas de dedo para fazer mais cócegas. Na frase "puxo do meu violão", aí ninguém mais aguentava: fingíamos tocar violão na barriga do outro – e mais cócegas. Eu podia estar dirigindo no centro de uma cidade movimentada ou contornando penhascos, mas não havia escapatória: o ataque sempre acontecia. Ficávamos tão entusiasmados com aquilo que quando os versos se aproximavam, esquecíamos as brigas.

Mas no Rio de Janeiro a história foi diferente. Ambos experimentávamos uma angústia danada. Estávamos muito perto de casa, a menos de mil quilômetros. Há um ditado que diz que os últimos quilômetros de uma viagem são os mais perigosos. E eu concordo. São neles que nos esquecemos de nos cuidar, pois somos atraídos pela sensação de já estarmos em casa. Em nosso caso, descuidamos até de nós mesmos como namorados e companheiros de viagem. Nossas cabeças estavam a um milhão. Ansiedade e receio de um sonho que estava por acabar. Na chegada, todos estariam lá, com beijos e abraços. Mas e depois? Por quanto tempo nossos parentes e amigos iriam aturar nossa história? Estávamos prestes a passar por um momento sobre o qual já havíamos sido alertados por pessoas que já o experimentaram: no primeiro mês da volta tudo é alegria, mas isso passa, tudo passa.

O descuido quase nos levou a chegarmos em dias diferentes em nossas casas, o que seria imperdoável se comparado a tudo o que havíamos superado juntos. Ainda bem que ficou no quase...

Viajamos por Minas Gerais nas duas semanas subsequentes ao jogo, pois após esses 14 dias, voltaríamos ao Rio para ir a um casamento. Mike e Anne rumariam a Foz do Iguaçu, mas passando por Minas também.

A arquitetura e importância histórica de Ouro Preto nos atraíram para lá. De fato, é linda. Além das construções em estilo colonial, a disposição da cidade entre montanhas faz dela um esplêndido cartão postal. Caminhamos por tudo, nas íngremes ladeiras, visitando igrejas e museus e a Igreja de São Francisco de Assis, obra de Aleijadinho.

Para quem está meio esquecido das aulas de história, este incrível artista, Antônio Francisco Lisboa, mais conhecido como Aleijadinho (1730 – 1814) era filho de um arquiteto português com escrava africana. E, mesmo com a perda do uso de mãos e pés aos 30 anos, seguiu com a arte da escultura usando martelo e formão amarrados aos braços. Além de escultor, ele foi entalhador, desenhista e arquiteto no Brasil Colonial. Seu estilo está relacionado ao barroco e, especialmente, ao rococó.

De suas incontáveis obras, a que merece uma visita especial é a do Santuário do Bom Jesus de Matosinhos, em Congonhas, com suas 66 estátuas de madeira representando a Via Sacra e os 12 Profetas, esculpidos em pedra sabão. Magníficas! Suas esculturas parecem possuir vida. Fomos a Tiradentes e São João Del Rei e a cada visita ficávamos mais cheios de orgulho da grande riqueza da história brasileira.

Por entre essas cidades e em alguns outros trechos da nossa viagem por Minas, dirigimos pela Estrada Real, nome dado a qualquer via terrestre que na época colonial fazia parte do processo de povoamento e exploração econômica. A designação de Estrada Real (caminho oficial) se dava pelo fato de que esse era o único caminho autorizado para a circulação de pessoas e mercadorias, sendo a principal via de transporte do nosso ouro para as terras internacionais. A abertura ou utilização de outras vias constituía em crime de lesa--majestade, provindo daí a origem da palavra "descaminho", com o significado de "contrabando".

No caminho de volta ao Rio de Janeiro, relembramos muito nossa terra natal ao cruzarmos montanhas cheias de neblina e chuva, repletas de araucárias. E de lama... Houve quatro dias de férias totais, em que não mexemos uma agulha sequer, em Visconde de Mauá. E um dia antes do casamento do meu primo Pablo com Ana Paula, tivemos o feliz encontro com parte dos meus familiares no Aeroporto Galeão.

O casório foi um show. Em meio à festa na Sociedade Hípica, quem apareceu para alegrar ainda mais foi o Bloco Cordão da Bola Preta, um dos mais tradicionais e conhecidos blocos carnavalescos do Rio. Havia muito tempo que não participávamos de uma festa dessas.

No domingo após o casório ocorreu um fato engraçado: levamos Pablo e Ana Paula ao aeroporto, para a sua viagem de lua de mel. Fomos com seu próprio carro, que estava todo enfeitado e escrito no vidro traseiro "recém-casados". Na volta, chamando mais atenção do que com o Lobo da Estrada, um cidadão abriu a janela de seu carro, tirou suas duas mãos e nos faz aquele tradicional gesto de "se ferrou". Não conseguíamos mais parar de rir, é claro, pois não éramos as vítimas reais.

Para São Paulo, utilizamos o caminho mais curto: a rodovia Presidente Dutra, onde tomamos um cafezinho com o amigo Leo e seu filho e de lá fomos direto a Curitiba, fazendo somente uma parada em Aparecida para uma visita e um agradecimento a Nossa Senhora.

Em Curitiba, participamos de uma grande festa na casa do Iguaçu, local exato onde essa ideia maluca de volta ao mundo surgiu. Revimos o Iguaçu e a Silvia, o Brick e a Elaine com seus filhos, o

Avi, amigo israelense que nos ajudou com informações, a Fer, que estudava arquitetura com a Michelle, o Xande, seu namorado, o Júnior, fornecedor do Guincho Ekron, o Mauro e tantos outros. O dia terminou com todos nós sentados no teto do Lobo da Estrada vendo as estrelas, contando "causos", tomando cerveja e fumando charuto.

O DIA TÃO ESPERADO

Vinte e três de dezembro de 2009 – o dia tão esperado, tão importante para as nossas vidas – ao meio-dia em ponto brilharam nossos olhos no instante em que vimos nossos familiares e amigos, todos vestidos com a camiseta Mundo por Terra no trevo de Pirabeiraba, a 60 quilômetros de São Bento do Sul. Paramos nosso carro e corremos para os beijos e abraços em pessoas que não víamos desde o casamento, no Rio; ou desde o último natal, na África do Sul; ou desde nossa partida, em 25 de fevereiro de 2007, exatos 1.033 dias antes.

Pela foto, ficou fácil relacionar quem estava lá: Leomar e Leones, Arlette, Igor e Simone com os filhos Henrique e Gustavo, Natascha e Hans, Viviane e Vasco, Daniela e Cleiton, Mafra e Liane, Rainer, Leo, Nelson, Fabiano, James, Cláudio, Daiana e Mary Alice.

Fomos todos comer pastel de palmito na pastelaria Rio da Prata e, em seguida, subimos a linda Serra Dona Francisca, todos em comboio, para chegar a São Bento do Sul, cidade natal, às 15 horas. Fizemos uma pequena passeata nas ruas centrais, com muita buzinada e cumprimentos e terminamos nossa viagem de volta ao mundo na Associação Recreativa Leopoldo Rudnick, com música e chopp até às 20 horas.

Sem nos dar tempo para descanso, um amigo promoveu mais uma festa, a Gin com Bells. A animação só terminou na manhã do dia 24, quando o dia clareava. Compramos pães, manteiga, queijo e, com alguns amigos, fomos tomar café dentro do Lobo, estacionado frente à Padaria Fendrich, no centro da nossa querida São Bento do Sul.

CUSTOS DE VIAGEM - EM DÓLARES

COMBUSTÍVEL	14.000,-
DESPACHOS MARÍTIMOS	12.400,-
MERCADO + REFEIÇÕES	8.800,-
VOOS	8.700,-
MANUTENÇÃO	4.800,-
VISTOS	3.700,-
PASSEIOS	3.000,-
ESTADIAS	2.350,-
(CAMPING, POUSADAS OU SEGURANÇAS, DE POSTOS DE COMB.)	
BALSA	2.100,-
OUTROS TRANSPORTES	1.900,-
INTERNET	850,-
DOCUMENTOS	760,-
SOUVENIR	700,-
TAXAS	600,-
PEDÁGIOS	400,-
CORREIOS	300,-
TELEFONE	300,-
LIVROS	300,-
ESTACIONAMENTO	250,-
FARMÁCIA	250,-
LAVANDERIA	170,-
OUTROS	2.488,-
TOTAL	**69.118,-**

OBS:. OS VALORES SÃO APROXIMADOS E NÃO INCLUEM
EQUIPAMENTOS E O CARRO.

13.
Epílogo

Mais do que nos números alcançados nessa viagem – 160.733 quilômetros, 60 países, cinco continentes e 1.033 dias –, a passagem do tempo em que ficamos longe de casa ficou evidente ao vermos, pela primeira vez, pessoalmente, nossos sobrinhos já crescidos.

Lara, a primeira sobrinha da Michelle, nasceu no primeiro ano da nossa viagem, em 8 de setembro de 2007. Então já haviam se passado mais de dois anos de seu nascimento quando retornamos. Gustavo, meu segundo sobrinho, nasceu no dia 5 de novembro de 2008 e quando o vimos havia se passado poucos dias do seu primeiro aniversário – aliás, por pouco não celebramos juntos. Henrique, meu sobrinho mais velho e irmão do Gustavo, o único que chegamos a conhecer antes de partir, já estava enorme, havia crescido muito nesse tempo em que ficamos fora. A verdade é que os adultos pouco mudaram, mas as crianças e adolescentes, quase não os reconhecíamos mais.

Esses são alguns resultados das nossas escolhas. Se por um lado fizemos uma viagem maravilhosa, por outro, ficamos longe das pessoas que amamos e deixamos de participar de momentos especiais de família, como o nascimento, os primeiros passos e todo o aprendizado das crianças.

MAIS UMA GRANDE MUDANÇA

O retorno ao lar nos assustava um pouco. É o medo natural da mudança que o ser humano carrega dentro de si. Se estivemos receosos na hora da decisão e da partida, tínhamos também medo da volta, do conforto e da segurança de um lar fixo, com o qual não estávamos mais acostumados.

Nossa vida havia mudado muito, externa e internamente. Durante a viagem, por exemplo, eu havia experimentado todos os estilos e modismos: cabeludo, careca, barbudo, com cavanhaque, gordo, magro e super magro. Só não usei bigode. A Michelle também mudou o cabelo, deixando-o mais curto do que o usual, e também emagreceu. E o legal foi isso: a oportunidade da mudança. Chegamos a comentar várias vezes: "Essa viagem é a chance que temos de poder mudar tudo, de todos os jeitos, sem nos preocupar com críticas".

As mudanças internas são mais difíceis de serem descritas. Já nos primeiros dias após o nosso retorno, meu pai perguntou: "Roy, o que você aprendeu nessa viagem?" Na época não soube responder, até porque a pergunta veio de surpresa. Mas quando penso nisso, agora, depois de algum tempo, posso dizer que tivemos uma grande lição de vida. E foi uma lição intensa, pois a cada dia lidávamos com situações inesperadas, que ora nos levavam a alegrias esfuziantes, ora a tristezas profundas. Ora batia saudades, ora admiração, entusiasmo ou cansaço.

As situações que vivemos longe de casa não nos permitiam o luxo de dizer o que disse ao meu pai: "Não sabemos a resposta". Tínhamos de agir por conta própria, mesmo sem nunca ter vivido ou vivenciado algo parecido. Ligar para um 0800 da Central de Atendimento 24 horas de uma seguradora não adiantaria nada. Aliás, para ligar, nem ao menos celular tínhamos. Já pensou numa vida, hoje, sem celular? Resumindo, a resposta abrangente que daria ao meu pai agora: "Nós aprendemos a viver e a nos sairmos bem em qualquer situação".

Mas e aí? Em viagem, deu vontade de desistir?

Estaria mentido se dissesse que não. Mas posso afirmar com convicção: jamais conversamos sobre esse assunto. Nem demos chance para o ato "desistir" aparecer. Quando aconteciam os momentos de fraqueza, naturais para ambos, jamais falamos um ao outro que queríamos abandonar tudo e voltar às nossas casas. Eu não diria isso à Michelle por nada. E pelo que a conheço — e conheci muito bem nessas mais de 24 mil horas ininterruptas de convivência – sei que ela também não daria o braço a torcer tão facilmente. Essa maneira de enfrentar as coisas nos manteve firmes e unidos rumo ao objetivo final.

Mas não foi fácil.

Essa viagem, definitivamente, não foi férias de 1.033 dias. Para encarar todas as dificuldades, acreditamos que existia um fator muito importante: a força psicológica.

É interessante como a nossa mente tem poder sobre nós. Cito um exemplo como prova. Li recentemente que o atleta radical Lewis Gordon Pugh nadou somente de sunga, toca e óculos cerca de um quilômetro no Pólo Norte, com a temperatura da água em -1,5ºC – um pouquinho acima do ponto de congelamento da água salgada. Foram 18 minutos e 50 segundos para fazer o percurso e sequer seu corpo ficou hipotérmico. De acordo com os preparadores, a temperatura corporal de Pugh aumentava em quase dois graus à medida que ele se concentrava antes de se jogar em água gelada. É a força da mente. Ele comentou, momentos antes da travessia: "Se você pensa no frio, você fica com frio".

Gosto também de nadar e vejo que até em piscinas aquecidas o fator psicológico está presente, mas comigo acontece de uma forma diferente: como de costume, dia desses fui nadar às 6h15 da manhã, num frio congelante (0,4ºC), mas a água estava com uma temperatura de quase 30ºC. Meus treinos normalmente duram 45 minutos, mas pelo frio daquele dia, poderia ter continuado invadindo o horário seguinte, pois as raias estavam vazias. Eu até tentei continuar, mas logo desisti, pois estava sem forças, ou melhor, sem vontade. Estava preparado psicologicamente para 45 minutos – não mais do que isso. E pode estar certo de que lá pelos 40 minutos de aula já estava de olho no relógio. Posso até nadar mais que os 45 minutos – e sem parar –, mas para isso eu preciso entrar na água prevendo esse tempo, ou preparado psicologicamente para ele. A gente ganha forças com isso.

Em viagens acontece a mesma coisa. Não existe esse "vamos indo para ver no que vai dar". Temos que ter um objetivo. Tudo acontece conforme nossos planos iniciais, pois nossas cabeças se preparam para eles. Se o plano é de uma semana, não tem como nos cansarmos logo no segundo dia e, pode ver, lá pelo sexto estaremos com vontade de voltar, com saudades de casa. Se nos preparamos psicologicamente para um mês, a vontade de voltar começa a bater lá pelo vigésimo quinto dia e não na primeira semana. Nessa viagem, nossas cabeças partiram com o objetivo de mil dias. Pronto, era isso que tínhamos como meta, então era isso que teríamos que suportar. Seria muito frustrante e uma perda de tempo pensar em voltar antes disso. Uma curiosidade sobre como este mecanismo psicológico funciona: os últimos dias da viagem foram os mais difíceis e cansativos, pois sabendo que num curto prazo estaríamos em casa, a vontade de voltar aparecia de forma massacrante.

Nossa cabeça é a nossa fortaleza, muito mais do que nossos músculos e ossos.

Para finalizar...

Aron Ralston, aventureiro nato, cuja história foi contada no livro "127 Horas", que virou filme de mesmo nome, fez uma referência em seu livro sobre os conceitos de Christopher Johnson McCandless, o jovem que chocou o mundo com sua filosofia de vida, que gerou o livro (de Jon Krakauer) e, mais tarde, o filme "Na Natureza Selvagem". A referência é a seguinte:

Christopher, usando seu apelido de viagem Alexander Supertramp, escreveu em uma carta a um amigo: "Tantas pessoas vivem presas a circunstâncias que as deixam infelizes e ainda assim não tomam a iniciativa de mudar as suas situações porque estão condicionadas a uma vida de segurança, conformismo e conservadorismo. Isso lhes parece dar uma sensação de paz de espírito, mas na realidade nada é mais prejudicial ao espírito aventureiro presente em cada ser humano do que a perspectiva de segurança no futuro. O verdadeiro sentido no âmago do espírito que vive no ser humano é a sua paixão pela aventura. A alegria de viver vem dos nossos encontros com as experiências novas e por isso não existe uma alegria maior do que ter um horizonte que esteja mudando sempre, com um sol novo e diferente a cada dia".

Em minha opinião, um sonho não precisa ser uma aventura. Um sonho é um sonho! É o que sonhamos dormindo ou até acordados. É o que queremos para a nossa vida no presente e no futuro.

Pergunto, então, ao leitor, se ainda se lembra do primeiro capítulo deste livro, da conversa que tive com o colega da pós-graduação em marketing, do qual não lembro o nome, mas que mudou o rumo da minha vida? Na época, após contar toda sua história, ele me retrucou: "E você Roy, quais são suas experiências, expectativas e sonhos?".

Lembrou? Pois é, após contar a minha história e a da Michelle, faço igual a ele e digo: conte-me agora a sua história. Quais são suas experiências, expectativas e sonhos? E a partida para correr atrás deles, já tem data marcada?

"O dia de amanhã ninguém usou, pode ser seu."
Autor desconhecido.

2 VOLTAS AO MUNDO POR 5 CONTINENTES

2.230 dias de viagem, 103 países visitados
160 fronteiras, 302.484 km rodados,
6 despachos marítimos, e muito mais...

NOSSOS LIVROS

**LIVRO
VOLTA AO MUNDO 1**

**LIVRO
VOLTA AO MUNDO 2**

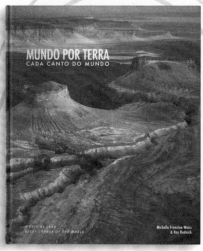

**LIVRO
FOTOGRÁFICO**

mundoporterra.com.br/loja →

PALESTRA

METÁFORAS ABORDADAS:

- ✓ Entre o sonho e a decisão de sair pelo mundo
- ✓ Planejamento é constante e para todos
- ✓ Cumprir metas, custe o que custar
- ✓ Administrar orçamentos apertados
- ✓ Quebra de paradigmas
- ✓ Tolerância, uma exigência da globalização
- ✓ Adaptação as dificuldades e aos riscos
- ✓ Confiança, paixão, desapego, inovação, resiliência
- ✓ Quanto mais amizades, maior a sorte
- ✓ Trabalho em equipe
- ✓ Assumir o risco da mudança
- ✓ Querer é poder

LEVE O **MUNDO POR TERRA** EM SEUS SEMINÁRIOS E CONVENÇÕES E MOTIVE SUA EQUIPE ATRAVÉS DE **BELAS HISTÓRIAS, IMAGENS MARCANTES E METÁFORAS INESQUECÍVEIS.**

↑ mundoporterra.com.br/palestras